Roxin · Internationale Wettbewerbsanalyse und Wettbewerbsstrategie

D1735139

Management International Review

Herausgeber / Editors:

Prof. Dr. Klaus Macharzina
Universität Hohenheim, Stuttgart

Prof. Dr. Martin K. Welge
Universität Dortmund

Prof. Dr. Michael Kutschker
Universität Hohenheim, Stuttgart

Prof. Dr. Johann Engelhard
Universität Bamberg

In der mir-Edition werden wichtige Ergebnisse der wissenschaftlichen Forschung sowie Werke erfahrener Praktiker auf dem Gebiet des internationalen Managements veröffentlicht.

The series mir-Edition includes excellent academic contributions and experiential works of distinguished international managers.

Jan Roxin

Internationale Wettbewerbsanalyse und Wettbewerbsstrategie

GABLER

Dr. Jan Roxin war wissenschaftlicher Mitarbeiter am Lehrstuhl für Internationales Management der Universität Hohenheim.

Dr. Jan Roxin worked as senior lecturer in the Department for International Management, Universität Hohenheim.

Die Deutsche Bibliothek – CIP-Einheitsaufnahme

Roxin, Jan:
Internationale Wettbewerbsanalyse und Wettbewerbsstrategie /
Jan Roxin. - Wiesbaden : Gabler, 1992
(MIR-Edition)
Zugl.: Hohenheim, Univ., Diss.
ISBN 3-409-13745-9

Abonnenten von mir Management International Review erhalten auf die in der mir-Edition veröffentlichten Bücher 10% Rabatt.

Subscribers to mir Management International Review are entitled to a 10% price reduction on books published in mir-Edition.

D 100

Der Gabler Verlag ist ein Unternehmen der Verlagsgruppe Bertelsmann International.
© Betriebswirtschaftlicher Verlag Dr. Th. Gabler GmbH, Wiesbaden 1992
Lektorat: Brigitte Siegel

Höchste inhaltliche und technische Qualität unserer Produkte ist unser Ziel. Bei der Produktion und Verbreitung unserer Bücher wollen wir die Umwelt schonen: Dieses Buch ist auf säurefreiem und chlorfrei gebleichtem Papier gedruckt. Die Einschweißfolie besteht aus Polyäthylen und damit aus organischen Grundstoffen, die weder bei der Herstellung noch bei der Verbrennung Schadstoffe freisetzen.

Die Wiedergabe von Gebrauchsnamen, Handelsnamen, Warenbezeichnungen usw. in diesem Werk berechtigt auch ohne besondere Kennzeichnung nicht zu der Annahme, daß solche Namen im Sinne der Warenzeichen- und Markenschutz-Gesetzgebung als frei zu betrachten wären und daher von jedermann benutzt werden dürften.

Druck und Buchbinder: Lengericher Hanndelsdruckerei, Lengerich/Westf.
Printed in Germany

ISBN 3-409-13745-9

Geleitwort

Der sprunghafte Anstieg ausländischer Direktinvestitionen und grenzüberschei-
tender Kooperationen zeugen von der zunehmenden internationalen Verflechtung der Wirtschaft. Es fehlt weder an Theorien noch an Beraterkonzepten, die
analytische und strategische Hilfestellung bei Entwurf und Prüfung von
Internationalisierungsstrategien geben wollen. Nicht selten wird dabei unterstellt,
daß die Werkzeuge, die für die Analyse nationaler Branchen entwickelt sind,
auch für globale Branchen gelten. Charakteristisch hierfür ist das Porter'sche
Wettbewerbskonzept, das auch für internationale Branchen Gültigkeit
beansprucht.

Roxin sucht die Auseinandersetzung mit diesem von ihm als traditionell
bezeichneten Konzept und weist überzeugend nach, daß für
internationalisierende Branchen andere, reichhaltigere Analyseinstrumente und
Strategieempfehlungen notwendig sind. Er weist Lücken des traditionellen
Ansatzes auf und schließt diese unter Heranziehen von Erkenntnissen der
unterschiedlichsten betriebs- und volkswirtschaftlichen Disziplinen. Er trägt
damit in dreifacher Weise zum Erkenntnisfortschritt im Internationalen Management bei:

1. Offensichtlich sind Internationalisierungsstrategien ein Problembereich des
   Internationalen Management, der dieses Fach von einer allgemeinen Mana-
   gementlehre unterscheidet und zu seiner Eigenständigkeit beiträgt.

2. Roxin gelingt eine außerordentlich umfassende, interdisziplinäre Literaturaus-
   wertung, die systematisierend die Entwicklungslinien, Parallelitäten und Wi-
   dersprüche der einzelnen theoretischen Konzeptionen nachvollzieht.

3. Auch den Praktiker interessierende Analyseinstrumente und Strategievorschläge werden ans Licht gebracht und in theoretische Diskussionen einge-
   bunden.

Nicht zuletzt die Aktualität der aufgenommenen Beiträge zum Internationalen Management machen das Buch für denjenigen interessant, der sich einen Überblick über die mittlerweile existierende Vielfalt der Ansätze zu Wettbewerbsstrategien internationalisierender Unternehmen verschaffen möchte.

Michael Kutschker

Vorwort

Die vorliegende Arbeit entstand als Dissertation an der Wirtschafts- und Sozialwissenschaftlichen Fakultät der Universität Hohenheim. Für die Veröffentlichung wurden noch einige (geringfügige) Korrekturen am Manuskript vorgenommen.

An dieser Stelle möchte ich all jenen "flankierenden Systemen" danken, ohne deren unterschiedliche Beiträge dieses Buch in seiner jetzigen Form niemals hätte entstehen können:

Dies gilt besonders für Herrn Prof. Dr. Michael Kutschker, der das Thema angeregt hat, mir die nötigen geistigen und zeitlichen Freiräume gewährte und in persönlichen Gesprächen mit mannigfaltigen Anregungen zum Gelingen der vorliegenden Arbeit beigetragen hat. Herrn Prof. Dr. Klaus Macharzina danke ich für die freundliche Übernahme des Korreferates, aber auch für die vielen Einsichten, die ich aus seinen zahlreichen Veröffentlichungen zum Thema gewinnen konnte.

Herzlichen Dank auch Herrn Torsten Eistert für die massive Unterstützung bei der operativen Erstellung einer Vielzahl der komplizierten Abbildungen.

Zu besonderem Dank bin ich nicht zuletzt meinem ehemaligen Kollegen am Lehrstuhl für Internationales Management, Herrn Dipl.-Kfm. Martin Winkler, verpflichtet. Er hat nicht nur das Manuskript inhaltlich durchgesehen, kritisch kommentiert und intensiv mit mir diskutiert, sondern auch in den unvermeidlichen Situationen mentaler Niedergeschlagenheit des Autors unschätzbare (therapeutische) Aufbauarbeit geleistet.

Jan Roxin

Inhaltsverzeichnis

Abbildungsverzeichnis

1. Die Internationalisierung von Branchen: Neuer Bedingungsrahmen für Wettbewerbsanalyse und Wettbewerbsstrategie

In diesem Kapitel wird zunächst die durch das Thema 'Wettbewerbsanalyse und Wettbewerbsstrategie in internationalisierenden Branchen' implizierte Problemstellung expliziert (**Kap. 1.1**). Sodann unterstreichen wir die Bedeutung dieser Problemstellung: Es wird gezeigt, inwiefern die Internationalisierung von Unternehmen und mithin Branchen zu einem *neuen* Bedingungsrahmen von Wettbewerbsanalyse und Wettbewerbsstrategie führt (**Kap. 1.2**). Einige Erläuterungen hinsichtlich des weiteren Vorgehens der Untersuchung runden das Einleitungskapitel ab (**Kap. 1.3**).

1.1 Das Phänomen der Internationalisierung als Problem von Wettbewerbsanalyse und Wettbewerbsstrategie

Das empirisch evidente[1] Phänomen der Internationalisierung von Unternehmen und den aus ihnen bestehenden Branchen kann seitens der Betriebswirtschaftslehre auf vielfältige Weise problematisiert werden. Verschiedene ordnend-gruppierende Literaturübersichten[2] offenbaren, aus welcher Fülle von Erkenntnisperspektiven man sich diesem Problem zu nähern versucht.

In dieser Arbeit wird das Phänomen der Internationalisierung aus der Sicht des strategischen Management angegangen. Genauer: Es wird versucht, Bausteine zu einem Wettbewerbsapproach des strategischen internationalen Management zusammenzutragen. Dieser umfaßt die Wettbewerbsanalyse und Wettbewerbsstrategie in internationalisierenden Branchen. Internationale Wettbewerbsstrategie bezeichnet dabei solche Maßnahmen eines Unternehmens, die darauf abzielen, (internationale) Wettbewerbsvorteile gegenüber den Konkurrenten aufzubauen und auszunutzen. Aufgabe und Gegenstand der internationalen Wettbe-

---

1   Man betrachte nur das statistische Zahlenmaterial bezügl. des Anwachsens von Weltexportvolumen, Ausfuhrvolumen der Bundesrepublik und ausländischen Direktinvestitionen. Vgl. Institut Der Deutschen Wirtschaft (Hrsg., 1990: Tabellen 107 ff.; 113); Statistisches Bundesamt (Hrsg., 1989: 61 ff.; 181 ff.).

2   Vgl. beispielsweise: Colberg (1989:3 ff.); Macharzina/Engelhard (1984:10 ff.); Macharzina/Welge (1989); Paul (1984).

werbsanalyse ist demgegenüber das Erkennen der (strukturellen) Bedingungen des Aufbaus und Ausspielens (internationaler) Wettbewerbsvorteile. Sowohl die Objekte der Wettbewerbsanalyse, als auch die Wettbewerbsstrategie unterliegen im Zeitablauf Wandlungsprozessen und sind somit dynamisch zu sehen.

Mit dieser Konzeption knüpfen wir, wie schnell zu erkennen ist, an einem spezifischen Kontext des strategischen Management[3] an, der etwa ab Beginn der achtziger Jahre in Beratungspraxis[4] und Wissenschaft, dort vor allem anhand der herausragenden Veröffentlichungen von Porter[5], diskutiert wird. Es handelt sich dabei um einen Kontext, der im Gegensatz etwa zur absatzmarktorientierten Sichtweise des Marketing oder zum allokationsorientierten Portfoliodenken verstärkt die Perspektive der Branche ins Zentrum seines Interesses rückt: Wie und unter welchen Bedingungen lassen sich in einer Branche Wettbewerbsvorteile gegenüber der Konkurrenz erzielen? Von dieser Kernfrage geleitet, wird strategisches Management aufgefaßt als Entwurf und Implementierung von Wettbewerbsstrategien, deren Konzipierung auf Grundlage umfassender Analysen der Wettbewerbsbedingungen der jeweiligen Branche erfolgt.

Obgleich also so etwas Ähnliches wie der von uns postulierte Wettbewerbsapproach bereits existiert, erübrigen sich die folgenden Analysen durchaus nicht: Immerhin haben wir es mit *internationalisierenden* Branchen zu tun, mit *internationaler* Wettbewerbsanalyse und *internationaler* Wettbewerbsstrategie. Die traditionellen Beiträge zu Fragen der Wettbewerbsanalyse und Wettbewerbsstrategie hingegen sind zumindest nicht explizit auf das Phänomen der Internationalisierung ausgerichtet. Immerhin streben wir mit dem Instrument von Wettbewerbsanalyse mehr an, als die herkömmliche Branchenanalyse, mit dem Konzept der Wettbewerbsstrategie mehr als die Nennung einfacher Strategiealternativen.

So läßt sich nun die Problemstellung der vorliegenden Arbeit in Fragen gekleidet präzisieren:

---

3   Zu verschiedenen Kontexten des strategischen Management vgl. die Rekonstruktion von Henzler (1988).
4   Vgl. Altschul (1982); Lochridge (1981); Schossleitner (1982).
5   Vgl. vor allem Porter (1986), (1988).

*Welche neuen Anforderungen stellt das Phänomen der Internationalisierung an Wettbewerbsanalyse und Wettbewerbsstrategie?

*Welche Instrumente und Konzepte der Wettbewerbsanalyse und -strategie gibt es bisher? Genügen sie auch dann noch, wenn man internationalisierende Branchen betrachtet?

*Auf welchem Theorie- und Empiriefundament könnten Überlegungen zur internationalen Wettbewerbsanalyse und -strategie fußen?

*Sind neuartige Methoden der Wettbewerbsanalyse denkbar, die auch den spezifischen *Wettbewerbskräften* in internationalisierenden Branchen Rechnung tragen?

*Gibt es "generische" Internationalisierungs - Strategien jenseits der klassischen generischen Wettbewerbsstrategien?

Beginnen wollen wir mit der ersten Frage:

1.2 Elemente des neuen Bedingungsrahmens für Wettbewerbsanalyse und Wettbewerbsstrategie

Die Frage, inwiefern das Phänomen der Internationalisierung von Branchen zu Veränderungen in der Wettbewerbssituation und zu spezifisch aus dem Aspekt des Internationalen resultierenden neuen Anforderungen an Wettbewerbsanalyse und Wettbewerbsstrategie führt, ist zwar für die Bedeutung unserer oben skizzierten Problemstellung von hoher Bedeutung, wird in der Literatur jedoch bemerkenswert selten diskutiert:

> "Despite the clear and startling trend towards global competition, there does not exist a substantive understanding of what is different about international competition relative to domestic competition. Do firms need to change their strategic postures in order to meet this new challenge? Or is the issue essentially cognitive, that is, firms only need to recognize that their market place consists of foreign as well as domestic firms? If the issue is cognitive, then the task for strategic planners is simply to reformulate their strategies in terms of this widened competition. There is no need to tinker with the basic tools of strategic analysis. But if there is a distinctive international factor which

affects the fortunes of firms, then the framework of competitive analysis must be altered to incorporate strategic implications of international competition."(Kogut (1984:151))

Zwar existieren durchaus Ansätze, die das Besondere des internationalen Mo-
ments aus wissenschaftstheoretischer Sicht[6] untersuchen. Doch zumeist be-
gnügt man sich damit, den neuen Bedingungsrahmen von Wettbewerbsanalyse
und Wettbewerbsstrategie zu umschreiben:

(1) So stellt man fest, die Internationalisierung erwirke zunehmende Komplexität[7]
und zählt eine Reihe von Besonderheiten auf, die neu hinzukommen:[8] Etwa die
Vielfalt der im internationalen Rahmen möglichen Marktbearbeitungsformen und
Wettbewerbsstrategien, die Vielfalt der bestehenden Austauschbeziehungen
zwischen den Unternehmensteilen und die Zunahme des Wettbewerbs auf den
Weltmärkten. Des weiteren spricht man von 'new strategic requirements'[9], von
international variierenden politischen, ökonomischen, regulatorischen und so-
ziokulturellen Bedingungen.

(2) Darüber hinaus bemüht man sich, Solvell (1988:182 ff.) hat dies beispielsweise getan, die Internationalisierung von Branchen als einerseits durch gewisse
exogene Faktoren bedingt und andererseits gewisses Verhalten seitens der
Unternehmen provozierend anzusehen. Im Zusammenhang der exogenen
Faktoren des neuen Bedingungsrahmens wird dann oft[10] vom politischen, sozi-
oökonomischen und technologischen Wandel gesprochen: Die Internationalisierung von Branchen, so die Argumentation, werde wesentlich vorangetrieben
durch weltweite Kommunikation, erleichterte Reisebedingungen, Konvergenz im
Kaufverhalten, regionale wirtschaftliche Integration[11], Einflußnahme der Natio-
nalstaaten, verkürzte Produktlebenszyklen usw.. Diesen Faktoren steht ein Internationalisierungsverhalten auf Unternehmensseite gegenüber, welches sich
spiegelt in internationalem Handel, internationalen Direktinvestitionen und insbe-

---

6   Vgl. Albach (1981); Dunning (1989); Macharzina (1981), (1989a). Dülfer
     (1981) hält die *Umweltberücksichtigung* für das Kernproblem des interna-
     tionalen Management.
7   Zur Problematik des Begriffes 'Komplexität': Bretz (1988:232 ff.); Kny-
     phausen (1988:279 ff.).
8   Vgl. Dymsza (1984:169 f.); Macharzina (1986); Toyne/Walters
     (1989:300).
9   Vgl. Bartlett/Ghoshal (1987a).
10   Vgl. beispielsweise Cichon (1988:36 ff.).
11   Man denke hier beispielsweise an den europäischen Binnenmarkt, wie er
     für 1993 angestrebt wird.

sondere auch *internationaler Kooperationsaktivität*.[12] Auch dies führt zu neuen Bedingungen für Wettbewerbsanalyse und Wettbewerbsstrategie: etwa zu internationalen Akquisitionen und Fusionen und damit zu Konzentrationstendenzen, des weiteren zu zunehmender internationaler Reaktionsgeschwindigkeit der Konkurrenz und zu verstärktem Auftreten neuer Konkurrenten, etwa aus den Schwellenländern.[13]

Diese Ansatzpunkte der Umschreibung des neuen Bedingungsrahmens von Wettbewerbsanalyse und Wettbewerbsstrategie wollen wir nun durch einen abstrakteren Vorschlag anreichern, der zu erfassen versucht, welche neuen Anforderungen im Gefolge der Internationalisierung an Wettbewerbsanalyse und Wettbewerbsstrategie zu stellen sind (vgl. Abb. 1-1).

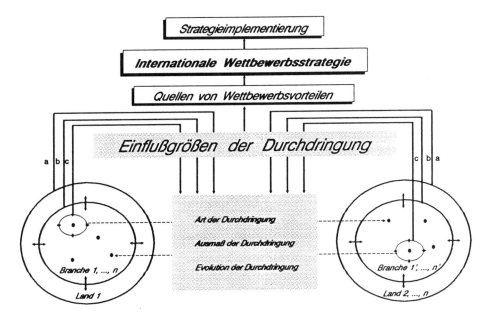

Abb. 1-1: Der neue Bedingungsrahmen für Wettbewerbsanalyse und Wettbewerbsstrategie

---

12 Zur Bedeutung von Kooperationen und strategischen Allianzen in internationalisierenden Branchen: Ghemawat/Porter/Rawlinson (1989); Gorde/Teece (1989). Einen interessanten Überblick über die zahlreichen internationalen strategischen Allianzen des Hauses Siemens gibt: Mirow (1990).
13 Vgl. Voß (1989:92 ff.).

Abb.1-1 faßt den internationalen Wettbewerb im Gegensatz zum rein nationalen Wettbewerb als ein Phänomen der Durchdringung auf. Im Zentrum des internationalen Wettbewerbs steht der *Prozeß* wechselseitiger Durchdringung von Branchen verschiedener Länder, im Maximalfalle aller Länder der Welt. Treibende Kraft dieses Verschränkungsprozesses sind Unternehmen, in der Abbildung als Punkte gekennzeichnet, die beispielsweise in ein anderes Land exportieren oder dort eine Tochtergesellschaft gründen (vgl. gestrichelte Linien in der Abbildung). Es sind also letztlich die Aktionen von Unternehmen, die Art, Ausmaß und Evolution der Durchdringung bestimmen. Freilich sind diese Unternehmen in ihre Branchenumwelt eingebettet, genauer gesagt: sie koevolieren mit ihrer Branche. Diese wiederum ist jeweils in ein Land eingebettet: Unternehmen, Branche und Land werden mithin als koevolviv verschleift angesehen.[14]

Betrachtet man den neuen Bedingungsrahmen auf diese Weise, so lassen sich relativ leicht einige Anforderungen an internationale Wettbewerbsanalyse und internationale Wettbewerbsstrategie formulieren, die zugleich den Entwurf eines internationalen Wettbewerbsapproach legitimieren:

Internationale Wettbewerbsstrategie ist nunmehr als Aufbau und Ausnutzung jener Wettbewerbsvorteile zu sehen, die auf den Einflußgrößen basieren, welche Art, Ausmaß und Evolution der Durchdringung determinieren. Internationale Wettbewerbsanalyse hat dem Entwurf solcher Wettbewerbsstrategien insofern zu dienen, als sie einerseits Art[15], Ausmaß und Evolution der Durchdringung ermitteln muß. Andererseits ist es erforderlich, die Ausprägungen von Unternehmens-, Branchen- und Ländereinflußgrößen[16] der Durchdringung zu erfassen und mit den Möglichkeiten der Wettbewerbsstrategie in Verbindung zu bringen.

Vor diesem Hintergrund kann das Ziel der vorliegenden Arbeit weiter konkretisiert werden: Es geht uns vor allem darum, eben jene Einflußgrößen der Durchdringung herauszuarbeiten und deutlich zu machen, wie sie zu neuartigen Konzepten der Wettbewerbsstrategie und Wettbewerbsanalyse führen können. Wie dabei im einzelnen vorgegangen wird, soll im nächsten Kapitel erläutert werden.

---

14 Zum Konzept der Koevolution vgl. Jantsch (1982). Mit Bezug auf das Phänomen der Internationalisierung: Carl (1989:20 ff.).

15 Zu denken ist hier neben Handelsbeziehungen usw. auch an die Feststellung verschiedener Kooperationsformen.

16 Vgl. zur Bedeutung von Ländereinflußgrößen auch: Porter (1990); (1990a).

1.3 Zum weiteren Vorgehen dieser Arbeit

Der in Abb. 1-1 wiedergegebene 'neue Bedingungsrahmen' ist nicht zugleich *Bezugsrahmen* der vorliegenden Arbeit. Streng genommen hat die Arbeit überhaupt keinen Bezugsrahmen, sehr wohl aber eine *regulative Leitidee*, die sich beispielsweise in unserer obigen ersten Definition des Wettbewerbsapproach, aber eben auch in Abb. 1-1 spiegelt und mithin hilft, zu selektieren, Unterscheidungen zu treffen.

Statt der beengenden Einnahme *eines* Bezugsrahmens ist unser Vorgehen mithin von der Überlegung geprägt, daß sich über die Betrachtung möglichst vieler alternativer *Formen der Betrachtung* und derer Resultate ein reichhaltigeres Bild ergeben könnte. Wenn also im folgenden sehr viele verschiedene Autoren und ihre Konzepte in Hinblick auf die Schaffung eines 'Wettbewerbsapproach des internationalen Management' untersucht werden, so betreiben wir - unter Aufgreifen neuerer Überlegungen Luhmanns (1990) - eine Art Beobachten zweiter Ordnung, das radikalen Konstruktivismus[17] und damit *blinde Flecke* der einzelnen Wissenschaftler bejaht, deren Bedenklichkeit jedoch abzuschwächen versucht, indem *mehrere* Autoren und ihre Bezugsrahmen gewissermaßen aus Metaperspektive betrachtet werden. Man lernt so die verschiedenen *blinden Flecke* kennen und kann sich ein besseres - allerdings gleichfalls durch blinde Flecke gekennzeichnetes, konstruiertes - Bild der Welt machen.

In diesem Sinne analysiert **Kapitel 2** zunächst die herkömmlichen Konzepte der Wettbewerbsanalyse und Wettbewerbsstrategie. Es wird analysiert, inwieweit diese in der Lage sind, auch dem Phänomen der Internationalisierung von Branchen gerecht zu werden. Angesichts der vielfältigen Lücken und offenen Fragen, die dabei zu Tage treten werden, überprüft **Kap. 3** jene neueren managementtheoretischen Ansätze der Wettbewerbsanalyse und Wettbewerbsstrategie, die explizit mit Bezug auf das Phänomen der Internationalisierung entwickelt wurden. Auch diese haben, wie sich zeigen wird, Grenzen, lassen Fragen offen, entbehren vor allem der tiefgreifenden theoretischen Basis - es handelt sich

---

17   Vgl. dazu: Bretz (1988:219 ff.).

eben "*nur*" um Managementtheorie. Daher widmen wir uns im **vierten Kapitel** der Suche nach einem erweiterten theoretischen und methodischen Fundament für die Betrachtung von Wettbewerbsanalyse und Wettbewerbsstrategie in inter-nationalisierenden Branchen: Ist es möglich, so lautet die Frage, Einflußgrößen der Durchdringung, Quellen von Wettbewerbsvorteilen, Konzepte der internatio-nalen Wettbewerbsstrategie und Wettbewerbsanalyse aus tiefergreifenderen Theorien abzuleiten? Einige rück- und zugleich ausblickende Ausführungen werden die Arbeit beschließen (**Kap. 5**).

2. Zur Berücksichtigung des Phänomens der Internationalisierung in herkömmlichen Konzepten der Wettbewerbsanalyse und Wettbewerbsstrategie

Wie im vorangegangenen Kapitel (1.2) gezeigt wurde, führt das Phänomen der Internationalisierung von Branchen durchaus zu Veränderungen in der Wettbewerbssituation und zu spezifisch aus dem Aspekt des 'Internationalen' resultierenden neuen Anforderungen an Wettbewerbsanalyse und Wettbewerbsstrategie.

Damit wird nun freilich nicht ohne weiteres das Erfordernis neuartiger Instrumente und Konzepte von Analyse und Strategie begründet. Immerhin könnte es sein, daß die traditionellen Ansätze durchaus genügen, um auch den neuen Anforderungen gerecht zu werden. Porter scheint dieser Ansicht zu sein. Nach seiner Meinung sind die wesentlichen Wettbewerbskräfte in weltweiten und einheimischen Branchen dieselben. Die Branchenanalyse, die u.a. die Ermittlung dieser Kräfte zum Gegenstand hat, bedürfte damit keiner neuen Instrumente:

> "*Die in weltweiten Branchen wirksamen Strukturelemente und Marktkräfte sind ... die gleichen wie in einheimischen Branchen.* Die Analyse der Struktur weltweiter Branchen muß ausländische Konkurrenten einbeziehen, einen größeren Kreis von Eintrittskandidaten erfassen, ein breiteres Spektrum potentieller Ersatzprodukte berücksichtigen, und die erhöhte Wahrscheinlichkeit ins Auge fassen, daß die Ziele, Profile und strategischen Prioritäten der Unternehmen voneinander abweichen. Dennoch sind die gleichen fünf Wettbewerbskräfte am Werk ... und die gleichen zugrundeliegenden strukturellen Faktoren bestimmen ihre Stärke." (Porter (1988: 346 f.))

Ähnliche Aussagen finden sich auch bezüglich des Konzeptes der Wettbewerbsvorteile. Dieses spielt für die Wettbewerbsstrategie eine große Rolle, denn Wettbewerbsstrategie bedeutet Aufbau und Ausnutzen von Wettbewerbsvorteilen. Wenn aber Wettbewerbsvorteile *universell* sind, bedürfte es eigentlich gar keiner spezifisch internationaler Wettbewerbsstrategien. Kappich (1989:45) deutet in diese Richtung, wenn er meint, daß

> "... Wettbewerbsvorteile keinen ganz speziell auf eine Internationalisierungstheorie der Unternehmung zugeschnittenen Baustein darstellen, sondern ein wesentlicher Bestandteil (Ausgangspunkt) der allgemei-

nen Theorie der Unternehmung sein müssen. Durch die Einbeziehung internationaler Aspekte wird der Entscheidungsprozeß betreffs der Verwertung der vorhandenen Potentiale sicherlich um einiges komplexer werden; das grundsätzlich anzuwendende Kalkül bleibt davon aber gänzlich unberührt."

Ob derartigen Ansichten zugestimmt werden kann, soll in diesem Kapitel überprüft werden. Dazu wird der Wettbewerbsapproach des strategischen Management zunächst überblicksartig vorgestellt und anhand des Entwurfs von Porter (1988) konkretisiert (**2.1**). Nach diesem Überblick wird genauer überprüft, inwieweit das Theoriefundament des Wettbewerbsapproach (**2.2**), die Konzepte der Wettbewerbsanalyse (**2.3**) sowie jene der Wettbewerbsstrategie (**2.4**) tatsächlich dem Phänomen der Internationalisierung von Branchen gerecht werden. Im Ergebnis (**2.5**) wird durchaus das Erfordernis einer Suche nach theoretisch, empirisch und praktisch reicheren Konzepten der Betrachtung internationalisierender Branchen konstatiert.

2.1 Konzeptionelle Struktur und Konzepte des Wettbewerbsapproach: ein Überblick

Die den (herkömmlichen) Wettbewerbsapproach betreffenden Literaturkreise und Ansätze lassen sich geordnet gruppieren, wenn man drei Schichten des Wettbewerbsapproach unterscheidet (vgl. Abb. 2-1): Die Schicht des Theoriefundamentes (1), die darauf basierenden Instrumente der Wettbewerbsanalyse (2) und schließlich die Konzepte der Wettbewerbsstrategie (3).

Theoriefundament	Instrumente der Wettbewerbsanalyse	Konzepte der Wettbewerbsstragie
/O-Ansatz: Bain (1968); Caves 1982); Kaufer (1980); Mason 1939); Porter (1981); Scherer 1980). **spieltheorie:** Axelrod (1984); ouraker/Siegel (1963); Hardin 1982); Luce/Raiffa (1957); Aorgenstern (1963); Schelling 1960). **Dligopoltheorie:** Chamberlin 1950); Fellner (1949); Gutenberg 1976:272ff.); Simonis (1971); '.Stackelberg (1934).	**Konzepte von Porter:** Porter (1976), (1979), (1988); Caves/Porter (1977). **Branchen-und Wettbewerbsvorteils-Matrix:** Lochridge (1981); Oetinger (1983); Strüven (1981); Strüven/Herp (1985). **Multifaktormatrix:** o.V. (1982). **S-Modell der Forschungseffizienz:** Edge/Wiese (1981); Kiechel (1981). **Technologiedynamik:** Arthur D. Little (1981).	**Generische Strategien:** Porter (1986:62ff.). **Strategisches Spielbrett:** Buaron (1981). **Wettbewerbsstrategien nach Walker Lewis:** Kiechel (1981a). **Outpacing Strategies:** Gilbert/Strebel (1985), (1987).

Branchenstrukturanalysen
Branchenevolutionsanalysen
Unternehmensanalysen
...

Abb 2-1:   Der Wettbewerbsapproach des strategischen Management im Überblick

(1) Als *theoretische Basis* und paradigmatisches Fundament benutzen Branchenanalytiker vielfach das empirisch orientierte, wettbewerbstheoretische Konzept der Industrial Organization. Dieses entwickelte sich "... einmal aus der Unzufriedenheit darüber, daß sich aus Fallstudien zur Entwicklung von ... Industriezweigen allgemeine Einsichten kaum ableiten ließen, und zum anderen aus der Unzulänglichkeit der Preistheorie, die nur für praktisch kaum anzutreffende Extremfälle (Monopol und vollständige Konkurrenz) eindeutige Voraussagen über den Zusammenhang zwischen Marktstruktur und Preisbildung herzuleiten vermochte".[1]

---

1   Neumann (1979:645).

Dem Industrial Organization-Ansatz liegt - in den ursprünglichen Fassungen - die Annahme zugrunde, es gäbe "... spezielle Ausprägungen der Marktstruktur (structure), die das Verhalten (conduct) der Firmen auf dem Markte bestimmen, wobei dieses Verhalten wiederum die sog. 'market performance', also das Marktergebnis, determiniert."[2] Dieses 'structure-conduct-performance'-Paradigma wurde später (Scherer (1980)) um die Kategorie der "Grundbedingungen" ergänzt, so daß man schließlich zu den folgenden Strukturgrößen und Variablen gelangte:[3]

Grundbedingungen:

Orte und Eigentümer von Quellen wichtiger Rohstoffe; Art der verfügbaren Produktionstechnologie; Dauerhaftigkeit des Produktes; Wert-Gewicht-Charakteristika des Produktes; politische Einstellungen; gewerkschaftlicher Einfluß; Preiselastizität der Nachfrage; Wachstumsrate der nachgefragten Produktmenge; Existenz von Substitutsprodukten; zyklischer oder saisonaler Charakter von Produktion und Umsatz.

Marktstruktur:

Anbieterkonzentration; Nachfragerkonzentration; Produktdifferenzierung; Markteintrittsbedingungen für potentielle Konkurrenten; Ausmaß der vertikalen Integration; Ausmaß der Diversifikation; Fixkostenanteil an den gesamten kurzfristigen Kosten einer markttypischen Firma; regionale Verteilung von Anbietern und Nachfragern.

Marktverhalten:

Preispolitik; Produktpolitik; Werbepolitik; offene oder heimliche Kooperation; gegenseitige Verhaltenskoordination; Abschreckungstaktiken; Marktsignale.

Marktergebnisse:

Unternehmensgewinne; Ausmaß ungenutzter Kapazitäten; Innovationsrate; allokative Effizienz; Produktqualität.

Neben der Ermittlung solcher Größen, ist es Gegenstand des Industrial Organization-Konzeptes, Beziehungen zwischen den vier Kategorien empirisch zu

---

2   Böbel (1978:19).
3   Vgl. die Kriterienkataloge bei: Bain (1968:7 ff.); Buchs (1978:28 ff.); Koch (1980:5); Scherer (1980:4).

überprüfen.[4] Dabei gab man rasch das zunächst vorherrschende Konzept einseitig deterministischer Zusammenhänge (Marktstruktur beeinflußt Marktverhalten beeinflußt Marktergebnis) zugunsten einer zyklisch-interdependenten Beziehung zwischen Grundbedingungen, Marktstruktur, Marktverhalten und Marktergebnissen auf[5] und öffnete damit zugleich die Türen für eine dynamischere Sichtweise der Branchenbetrachtung:[6] Selbstverständlich kann beispielweise das Marktverhalten auch die Marktstruktur beeinflussen, etwa wenn koordinierte Preispolitik zur Erhöhung der Markteintrittsbarrieren führt. Selbstverständlich gibt es im Zeitablauf Verbindungen zwischen Marktergebnis und Marktstruktur: In der Vergangenheit von den Unternehmen als unbefriedigend empfundene Marktergebnisse können zu Fusionen führen und auf diese Weise die Marktstruktur beeinflussen.

Diese Weiterentwicklung ist maßgebliche Ursache der Annäherung zwischen Industrial Organization-Ansatz und strategischem Management, welches durchaus eine gewisse Gestaltbarkeit des Branchenumfeldes unterstellt.[7] Damit ist diese Weiterentwicklung zugleich auch maßgeblicher Grund der Entstehung des Wettbewerbsapproach:

> "The traditional Bain/Mason paradigm of industrial organization (IO) offered strategic management a systematic model for assessing competition within an industry, yet the model was seldom used in the business policy (BP) field. IO and BP differed in their frames of reference (public vs. private), units of analysis (industry vs. firm), views of decision maker and stability of structure, and in other significant respects. Development of IO theory during the 1970s has narrowed the gap between the two fields, to the extent that IO should now be of central concern to policy scholars." (Porter(1981:609))

Es sind vor allem die vom Industrial Organization-Konzept als bedeutsam ermittelten Einflußvariablen der Wettbewerbsstrukturen, Wettbewerbsintensität, Rentabilität und Wettbewerbsdynamik, auf die im Rahmen der Wettbewerbsanalyse und Wettbewerbsstrategie zurückgegriffen wird: **Wettbewerbsanalyse** bedeutet in diesem Lichte die Ermittlung der Marktstruktur und damit der *strukturellen Be-*

---

4   Über die empirische Forschung berichtet im Überblick: Böbel (1978); vgl. auch Neumann (1979).
5   Vgl. Baldwin (1969:123 ff.); Herdzina (1981:247 f.); Hofmann (1982:21 ff.); Hoppmann (1974:12); Schreyögg (1984:53 ff.).
6   Die folgenden Beispiele stammen von Hofmann (1982:25).
7   Vgl. Child (1972); zur etwas vorsichtigeren Sichtweise eines gemäßigten Voluntarismus: Kirsch (1984a: 605 ff.).

dingungen des strategischen Management. Erst auf Basis der Kenntnis dersel-
ben wird die Gestaltung einer adäquaten **Wettbewerbsstrategie**
(Marktverhalten) möglich, die auch ansprechende Gewinne (Marktergebnis) zei-
tigt.

Ergänzend zu diesem theoretischen Hintergrund werden zuweilen noch Erkenntnisse der Spieltheorie und der Oligopoltheorie für das Verständnis des
Wettbewerbs fruchtbar gemacht, wobei Porter (1981:611f.) die Zusammenhänge folgendermaßen umreißt:

> "Oligopoly theory sought to specify the link between industry struc-
> ture and firm-to-firm rivalry, providing a rich set of determinants of the
> difficulty firms face in coordinating their actions in the marketplace ...
> It filled the gaping hole for the analysis of real markets that had been
> left by economists' traditional exclusive focus on the polar cases of
> pure competition and pure monopoly. Game theory ... introduced a
> potentially rich framework for examining competitive interaction ...
> (and) took its place in IO as a part of oligopoly theory."

Obgleich Porter beispielsweise im Rahmen seiner Diskussion von Marktsignalen
explizit darauf verweist[8], ist insbesondere hinsichtlich der Spieltheorie durchaus
Skepsis abgebracht[9], die sich vor allem am Informationsproblem entzündet: Für
eine ernstzunehmende Analyse müßte man[10] die Zielsetzungen der an den
Wettbewerbsprozessen beteiligten Unternehmen angeben können, man müßte
die zu jedem Zeitpunkt unterschiedlichen Rahmenbedingungen des Spiels kennen und darüber hinaus über die sich im Zeitablauf ändernden Mengen von zu-
lässigen Strategien der Unternehmen und die diesen zugeordneten
'Auszahlungen' informiert sein.

(2) *Instrumente der Wettbewerbsanalyse* dienen vor diesem Hintergrund insbesondere der Analyse der Wettbewerbskräfte und ihren Einflußgrößen, mit denen
sich ein Unternehmen auseinanderzusetzen hat. Dazu werden Branchenstrukturanalysen, Branchenevolutionsanalysen sowie ergänzend Konkurrenzanalysen und Unternehmensanalysen betrieben. Abb. 2-1 verweist beispielhaft auf die
Konzepte Porters, die Branchen- und Wettbewerbsvorteilsmatrix der Boston
Consulting Group, die Multifaktormatrix von McKinsey, das S-Modell der For-
schungseffizienz sowie die wettbewerbsorientierte Untersuchung der Technolo-

---

8   Vgl. Porter (1988:110, Fußnote 1).
9   Vgl. Phillips (1962:6); Scherer (1980:140 ff.).
10   Vgl. zum folgenden: Hofmann(1982:121 f.).

giedynamik von Arthur D. Little. In Kapitel 2.3 werden einige dieser Instrumente in Hinblick auf ihre Berücksichtigung des Phänomens der Internationalisierung genauer analysiert werden.

(3) *Konzepte der Wettbewerbsstrategie* konstituieren schließlich die dritte Schicht des Wettbewerbsapproaches. Auch sie sind vom Theoriefundament durchtränkt, beziehen sich z.T. jedoch zusätzlich auf die Instrumente der Wettbewerbsanalyse. Als besonders bedeutsam hebt Abb. 2-1 die generischen Strategien Porters, das strategische Spielbrett von Mc Kinsey, die Wettbewerbsstrategien nach Walker Lewis und das Konzept der "outpacing strategies" hervor. Kapitel 2.4 wird diese Strategievorschläge unter dem Aspekt der Berücksichtigung des Internationalisierungsphänomens genauer betrachten.

Nicht alle Konzepte des Wettbewerbsapproach umfassen sowohl Theoriefundament, wie auch Wettbewerbsanalyse und Wettbewerbsstrategie. Reichweite und Reichhaltigkeit der Ansätze zur Wettbewerbsanalyse und Wettbewerbsstrategie bemessen sich im Kontext dieses Ordnungsprinzips somit nach dem Ausmaß, in dem sie alle Schichten *umspannen*. So gesehen wird die außerordentliche Prominenz der Analysen Porters[11] verständlich. Seine Überlegungen nehmen sowohl auf den theoretischen Hintergrund (Porter (1981)), wie auch auf Wettbewerbsanalyse und -strategie Bezug.

Die aus dem Theoriefundament entnommenen Kategorien und Determinanten finden sich in Porters konzeptionellem Bezugsrahmen wieder. Abb. 2-2 versucht, einige Grundbegriffe dieses Bezugsrahmens miteinander in Verbindung zu bringen. Allerdings ist festzuhalten, daß dieser Bezugsrahmen von seinem Urheber nicht formuliert wurde. Es handelt sich um den Versuch einer Rekonstruktion.[12]

---

11 Vgl. in chronologischer Reihenfolge: Porter (1973), (1976), (1976a), (1976 b), (1979), (1981), (1981a), (1983), (1986), (1987), (1988).
12 Die Rekonstruktion basiert auf einer Analyse der Veröffentlichungen Porters, vor allem aber auf den Ausführungen in (1986:19-45).

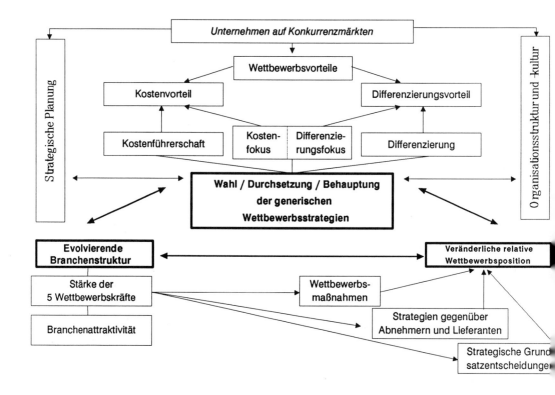

Abb. 2-2:   Der konzeptionelle Bezugsrahmen von Porter (1988)

Der Bezugsrahmen kreist, wie die Abbildung zeigt, um die Begriffe Wettbewerbsstrategie (die wiederum das Ausnutzen und Ausspielen von Wettbewerbsvorteilen[13] zum Inhalt hat), (veränderliche) Branchenstruktur und (veränderliche)
relative Wettbewerbsposition. Diese drei Bausteine beeinflussen sich gegenseitig. Will man seine relative Wettbewerbsposition erfassen und möglicherweise
verändern, so muß man die Branchenstruktur kennen. Diese allerdings unter-
liegt, nicht zuletzt im Gefolge der Wettbewerbsstrategien, Wettbewerbsmaßnahmen, Strategien gegenüber Abnehmern und Lieferanten sowie strategischen
Grundsatzentscheidungen von Unternehmensseite, ihrerseits Veränderungen.

---

13   Oftmals wird der Begriff des Wettbewerbsvorteils zum eigentlichen Zen-
      trum des Wettbewerbsapproach erklärt. Vgl. beispielsweise Coyne
      (1986); Ghemawat (1986), Rothschild (1984); Simon (1988).

Die Verbindung zum Industrial Organization-Paradigma ist offensichtlich: Branchenstruktur steht für "Marktstruktur", Wettbewerbsstrategien für "Marktverhalten", relative Wettbewerbsposition entspricht dem "Marktergebnis". So finden sich denn auch die Wettbewerbsvariablen des Industrial Organization-Ansatzes im Bezugsrahmen wieder: Etwa in den fünf Wettbewerbskräften und ihren Determinanten, auf die Porter die Variablen der Branchenstruktur reduziert:[14] Die Bedrohung durch neue Konkurrenten analysiert Porter[15] beispielsweise in äußerst enger Anlehnung an das Konzept der Markteintrittsbarrieren, dessen Ursprünge im Industrial Organization-Konzept liegen.[16]

Auf Basis dieser konzeptionellen Struktur entwickelt er seine Instrumente der Wettbewerbsanalyse und Wettbewerbsstrategie.

Die Instrumente der Wettbewerbsanalyse beinhalten die allgemeine Branchenstrukturanalyse, die brancheninterne Strukturanalyse (also die Analyse strategischer Gruppen), die Analyse des Wandels von Branchenstrukturen sowie die Analyse spezieller Branchenbedingungen (zersplitterte, junge, reife, schrumpfende und weltweite Branchen)[17]. Auf dieser Grundlage der Kenntnis von Wettbewerbskräften und ihren Determinanten können Konkurrenz-[18], aber auch Unternehmensanalysen stattfinden:

> "Once the corporate strategist has assessed the forces affecting competition in his or her industry and their underlying causes, the strategist can identify the company's strengths and weaknesses. The crucial strengths and weaknesses from a strategic standpoint are the company's posture vis-a-vis the underlying causes of each force. Where does it stand against substitutes? Against the sources of entry barriers?" (Porter (1983a:165))

---

14   Der Wettbewerb in Branchen und deren Struktur wird nach Porter (1988:25-61) vor allem von folgenden Größen beeinflußt: Potentielle neue Konkurrenten, Macht der Abnehmer, Bedrohung durch Ersatzprodukte, Verhandlungsstärke der Lieferanten, Rivalität unter den bestehenden Unternehmen.
15   Vgl. Porter (1988:29 ff.).
16   Und zwar bei Bain (1956).
17   Vgl. in entsprechender Reihenfolge: Porter (1988: 25-61; 173-207; 208-245; 247-372).
18   Vgl. Porter (1988:78-125).

Wir werden diese Instrumente in Kapitel 2.3 in Hinblick auf ihre Berücksichtigung des Phänomens der Internationalisierung genauer untersuchen. An dieser Stelle interessiert vielmehr das dahinterstehende Prinzip:

Die Instrumente der Wettbewerbsanalyse *bestehen* im Nennen von bedeutsamen Faktoren und im Aufzählen von deren denkbaren Einflußgrößen, wobei sowohl die Faktoren, wie auch ihre Determinanten aus Theorie und Empirie abgeleitet werden: So ist es innerhalb der allgemeinen Branchenstrukturanalyse nach Porter (1988:42 ff.) u.a. wichtig, den Grad der Rivalität unter den bestehenden Wettbewerbern zu analysieren. Das *Instrument*, das er zur Verfügung stellt, besteht in der Auflistung einer Reihe zusammenwirkender struktureller Faktoren, die hohe Rivalitätsintensität bewirken können: zahlreiche oder gleich ausgestattete Wettbewerber, langsames Branchenwachstum, hohe Fix- oder Lagerkosten, fehlende Differenzierung oder Umstellungskosten, große Kapazitätserweiterungen etc.. Branchenanalyse hat also sehr viel zu tun mit der Benutzung von *Listen von Einflußgrößen.*

Porters Konzepte der Wettbewerbsstrategie bestehen demgegenüber im Nennen von Strategiealternativen, ihren Vor- und Nachteilen, aber auch ihrer Verbindung zu den Bedingungen der Branchenstruktur. Strategische Aktionen können dabei dreierlei beinhalten:[19]

* Positionierung des Unternehmens so, daß seine Fähigkeiten die beste Handhabung der Wettbewerbskräfte ermöglichen.

* Beeinflussung der Balance der Wettbewerbskräfte durch strategische Bewegungen zur Verbesserung der Position des Unternehmens.

* Antizipation von Veränderungen in den Determinanten der Wettbewerbskräfte mit dem Ziel, schneller zu sein als die Konkurrenz.

Im einzelnen betreffen diese Konzepte nicht nur die bekannten drei generischen Strategien (Kosten, Differenzierung und Fokus), sondern auch Wettbewerbsmaßnahmen, Strategien gegenüber Abnehmern und Lieferanten und strategi-

---

19   Vgl. Porter (1983a:165).

schen Grundsatzentscheidungen (vertikale Integration, Kapazitätserweiterung, Eintritt in neue Märkte).[20]

Ich möchte zusammenfassen: Der (herkömmliche) Wettbewerbsapproach des strategischen Management besteht aus den Schichten: Theoriefundament, (konzeptioneller Bezugsrahmen), Instrumente der Wettbewerbsanalyse, Konzepte der Wettbewerbsstrategie. In dieses Ordnungsprinzip lassen sich die verschiedenen Ansätze und Literaturquellen gruppieren. Zugleich kann es als Analysehilfe dienen. Wettbewerbsstrategie bezeichnet offenbar solche Maßnahmen eines Unternehmens, die darauf abzielen, Wettbewerbsvorteile gegenüber der Konkurrenz aufzubauen bzw. auszunutzen. Wettbewerbsanalyse umfaßt demgegenüber das Erkennen der (branchen-) strukturellen Bedingungen des Aufbaus und Ausspielens von Wettbewerbsvorteilen. Theoretische, aber auch empirische Erkenntnisse helfen bei der Identifizierung bedeutsamer Einflußgrößen und Determinanten der strukturellen Bedingungen.

2.2 Die Berücksichtigung der Internationalisierung im Theoriefundament

Wie im vorangegangenen Abschnitt gezeigt wurde, ist die Theoriebasis des (herkömmlichen) Wettbewerbsapproach vor allem im Industrial Organization (IO)-Ansatz zu erblicken. Will man also prüfen, ob die herkömmlichen Instrumente der Wettbewerbsanalyse und Wettbewerbsstrategie dem Phänomen der Internationalisierung gerecht werden, so empfiehlt es sich, bei eben dieser Theoriebasis zu beginnen.

2.21 Der traditionelle Industrial Organization-Ansatz und das Phänomen der Internationalisierung

Fahndet man in den Stichwort- bzw. Inhaltsverzeichnissen von entsprechenden Standardwerken nach Begriffen wie "multinationales Unternehmen", "Direktinvestitionen" oder "Internationalisierung", so wird man bei Böbel (1978) ebensowenig fündig wie bei Kaufer (1980), Masson/Qualls (Hrsg., 1976) oder

---

20   Vgl. in entsprechender Reihenfolge: Porter (1988: 62-77; 126-150; 151-172; 373-443).

Shepherd (1979). In der Tat hat der traditionelle Industrial Organization-Ansatz das Phänomen der Internationalisierung nicht zum primären Gegenstand:

> " ... industrial organisation has been largely a closed-economy subject ... Indeed, neglect of the international side of the subject has been greater in the more analytical and statistical lines of research ... the multinational corporation has been studied almost exclusively as a problem of business management or the theory of the firm rather than a phenomenon of industrial organization."[21]

Caves (1974:141) vertritt allerdings gleichwohl die Ansicht, daß die 'basis concepts and hypotheses' des IO auch multinationale Unternehmen umfassen könnten und sollten, weil "... foreign trade as well as foreign investment cries out for incorporation in the standard research concepts and techniques."[22]

Eine solche Aufnahme des Phänomens der Internationalisierung findet sich z.B. bei Buchs (1987) durch Berücksichtigung des Merkmals "Internationale Verflechtung" in die Kategorie der Marktstruktur.[23] Abb. 2-3 gibt wieder, welche Kriterien nach Buchs für dieses (neue) Merkmal relevant werden. Dies sind zugleich auch (neue) Kriterien, die in der **Wettbewerbsanalyse** in internationalisierenden Branchen zu ermitteln wären.

---

21   Caves (1974:141).
22   Caves (1974:141).
23   Vgl. Buchs (1987:102 ff.).

- Charakterisierung der Branche als weltweit oder nicht-weltweit
- strategische Vor- bzw. Nachteile weltweit bzw. nur national aktiver Unternehmen
- Formen internationaler Operationen
    - Aussenhandel (Export/Import)
    - Kooperationsformen (Lizenzverträge, Beratungs- und Managementverträge, Auftragsfertigung, Konsortien, Joint Ventures, Verbundgeschäfte)
    - Direktinvestitionen
- Entwicklung der Exporte (Umsatz)
- Entwicklung der Exportquote (Exporte/Gesamtumsatz der Branche)
- Entwicklung der Importe (Umsatz)
- Entwicklung der Importquote (Importe/Gesamtumsatz ./. Exporte + Importe)
- Direktinvestitionen von Branchenmitgliedern im Ausland
- Direktinvestitionen ausländischer Konkurrenten im Inland
- Internationale Kooperationsmatrix und Kooperationsformen
- Faktoren, die die internationale Verflechtung fördern
    - komparative Vorteile
    - Grössenvorteile
    - Produktdifferenzierung
    - exogene technische Entwicklungen
- Faktoren, die die internationale Verflechtung hemmen
    - ökonomische Hindernisse (Transport- und Lagerkosten, verschiedenartige Produktanforderungen, Zugang zu Absatzwegen, Vertriebsform, Lieferzeiten, Mangel an weltweiter Nachfrage)
    - institutionelle Hindernisse

Abb. 2-3:   Kriterien der "internationalen Verflechtung" (leicht verändert aus: Buchs (1987:106))

Begrüßenswert ist besonders das Aufgreifen von Triebkräften der Internationalisierung wie komparativen Vorteilen[24], Größenersparnissen, Produktdifferenzierung und exogenen technologischen Entwicklungen (Fortschritte in der Transport-, Kommunikations-, Lagerungstechnik usw.). Auch Faktoren, die die internationale Verflechtung hemmen[25] sowie die so bedeutsamen internationalen Kooperationsformen finden Berücksichtigung.

Offen bleibt freilich bei einem solchen Vorgehen, ob durch das Phänomen der Internationalisierung nicht auch neue Aspekte in den Kategorien Marktverhalten und Marktergebnis zu berücksichtigen wären. Desweiteren ist zu überlegen, ob nicht manche Kriterien, die Buchs anführt, weniger einem eigenen Merkmal "internationale Verflechtung" zuzuordnen sind, als vielmehr zu einer Modifikation und Erweiterung klassischer Merkmale, etwa der Eintrittsbarrieren, führen sollten. Unberücksichtigt bleibt auch, daß man bei einer Anwendung des 'structure-conduct-performance'-Paradigmas auf den internationalen Kontext grundsätz-

---

24   Vgl. den Ursprung bei Ricardo (1817).
25   Zu tarifären und nicht-tarifären Handelshemmnissen vgl. z.B. Glismann/Horn (1984).

lich drei denkbare Analyseebenen unterscheiden muß:[26] Struktur, Verhalten und Ergebnis können im Ursprungsland des Investors, im anvisierten Zielland, aber auch in Aggregaten von Länderbranchen, also auf internationaler Ebene, untersucht werden. Caves (1974) spricht sich dagegen aus, nationale Märkte als Analyseeinheit über Bord zu werfen, sondern schlägt vor, "... (to;J.R.) accept the national market as the basic unit of analysis and modify the concepts and hypotheses ordinarily applied to it, in order to allow for the fact that some players (actual or potential) are multinational enterprises."[27] Auch heute sollte man, wie neuere Analysen zeigen[28], durchaus den Faktor 'Land' im Auge behalten. Gleichwohl erscheint angesichts des heutigen Ausmaßes an internationaler Verflechtung und *Globalisierung* die Vernachlässigung der internationalen Ebene nicht mehr tragbar. Es ist daher dafür zu plädieren, alle drei Analyseebenen zu bearbeiten.

2.22 Der Industrial Organization-Ansatz der Internationalisierung

Das Verhältnis zwischen ausländischen Direktinvestitionen und Industrial Organization-Konzept hat daher schon früh zu tiefgreifenderen Überlegungen, konkret: zu einem Industrial Organisation-Ansatz der Internationalisierung[29] geführt, wobei dieser "... industrial-organization approach to international direct investment examines the effects of industry structure and firm conduct associated with imperfect competition."[30] Angeregt durch die Beobachtung, daß das Ausmaß an Auslandsverflechtungen von Branche zu Branche differiert, ging man im Rahmen dieses Ansatzes der Frage nach, inwieweit Elemente der *Branche* die Auslandsinvestitionen beeinflussen können. Dieser Ansatz geht vor allem auf Hymer (1976)[31] und Kindleberger (1969) zurück. Er stellt für die Internationalisierungstheorie insofern ein *neues* Paradigma dar, als man vom Modell des perfekten Wettbewerbs, unter dessen Bedingungen es überhaupt keine Direktinvestitionen geben dürfte, abrückt und das Phänomen der Internationalisierung im Lichte

---

26 Vgl. Caves (1974:115); Jahrreiß (1984:188).
27 Caves (1974:115).
28 Etwa die Untersuchungen von Porter (1990), (1990a), die sehr stark am Aspekt des Wettbewerbsvorteils von Nationen anknüpfen.
29 Vgl. Buckley/Casson (1985:2 ff.); Caves(1974); Colberg (1988: 66 ff.); Jahrreiß (1984:186-222); Rugman (1979:3 ff.).
30 Parry (1980:29).
31 Es handelt sich dabei um Hymers Dissertation aus dem Jahre 1960, die erst 1976 veröffentlicht wurde.

struktureller Marktunvollkommenheiten thematisiert. Internationaler Wettbewerb ist im Ansatz Hymers "... simply the extension of oligopolistic rivalry across borders. The themes of this research should strike familiar cord with strategists of the industry analysis cloth: entry barriers, competitive signaling, and preemptive investments."[32] Insofern stellt diese Theorie sicherlich einen aussichtsreichen Kandidaten dar, um die Vernachlässigung der Internationalisierung im Theoriefundament von Wettbewerbsanalyse und Wettbewerbsstrategie vertieft zu beheben. Daher sollen im folgenden kurz einige Erkenntnisse in Bezug auf Marktstruktur und Marktverhalten dargestellt werden.

2.221 Die modifizierte Sicht der Markteintrittsbarrieren

Im Bereich der **Marktstruktur** sind es vor allem die Markteintrittsbarrieren, deren Betrachtung im internationalen Kontext einer Konkretisierung und Ergänzung bedarf. Das Konzept der Eintrittsbarrieren[33], das vielfach um Überlegungen zu Austrittsbarrieren ergänzt wird[34], untersucht traditionell jene Faktoren, die den Eintritt bzw. Austritt (neuer) Konkurrenten in bzw. aus eine(r) (nationale(n)) Branche beeinflussen und ist daher auch integraler Bestandteil der Wettbewerbsanalyse. In den Analyseinstrumenten Porters stellen Eintrittsbarrieren die wesentlichen Determinanten der 'Gefahr durch neue Konkurrenten' dar.[35] Abb. 2-4 gibt einen Überblick über die in verschiedenen Ansätzen diskutierte Vielzahl von Ein- und Austrittsbarrieren.

---

32   Kogut (1989:384).
33   Vgl. Bain (1956); Caves/Porter (1977); Herck (1984); Mann (1966); Porter(1988:29 ff.); Wolf (1970); Yip(1982:1-65).
34   Vgl. Harrigan (1980); Porter (1976).
35   Vgl. Porter (1988:29 ff.).

Autor	Eintrittsbarrieren	Austrittsbarrieren
Bain (1965), (1968)	Ursachen von Markteintrittsbarrieren: - Produktdifferenzierungsvorteile - absolute Kostenvorteile - Betriebsgrößenvorteile	
Porter (1988)	Porter will seine Barrieren als Mobilitätsbarrieren verstanden wissen: - Spezialisierung - Markenidentifikation - Wahl des Vertriebswegs - Produktqualität - Technologievorsprung - Vertikale Integration - Kostenposition - Beziehungen zu einheimischen und ausländischen (Gast-) regierungen	
Yip (1982)	Indicators of barriers: - economies of scale - product differentiation - absolute cost - access to distribution - capital requirement - incumbent reaction	

Meffert/Ohlson (1982)	Die Höhe der Eintrittsbarrieren hängt ab von:
	- Unternehmensstruktur im Markt und
	  Verhalten des Management
	a) erforderliches Investitionsvolumen
	b) Fixkosten des Markteintrittes
	  - Erfahrungsökonomien
	  - Know-How-Bedarf
	  - Umstellungskosten
	  - Erschließungskosten
	c) Risiken des Eintritts
	  - Verlusterweiterung bei Mißerfolg
	  - Wahrscheinlichkeit eines Mißerfolges
	- Marktstruktur und Verhalten der
	  Marktteilnehmer
	a) Struktur des Handels
	b) Wettbewerbsstruktur
	c) Nachfragestruktur
	- Umweltstruktur und Verhalten des
	  Staates
		Die Höhe der Marktaustrittsbarrieren hängt
		ab von:
		- Unternehmensstruktur und Verhalten des
		  Management:
		a) Art des gebundenen
		  Produktionsvermögens
		b) Fixkosten des Marktaustritts
		  - Sozialpläne
		  - Ausschreibungen von Restlägern
		  - Produktivitätsausfall
		  - Vertragsstrafen
		  - Verwaltungsaufwand
		c) Verbundwirkungen (Imageverluste
		  usw.)
		d) Emotionale und soziale Vorbehalte
		- Verhalten der Marktteilnehmer
		- Verhalten des Staates und der
		  Gewerkschaften

Meffert/Katz (1983:40)		- Imageaspekt
		a) Vertrauens- und Imageverluste
		  gegenüber Marktpartnern
		b) ...geg. Abnehmern
		- Arbeitnehmeraspekt
		c) hohe Kosten durch Sozialpläne
		d) Widerstände von
		  Arbeitnehmervertretern
		e) Loyalität gegenüber Mitarbeitern
		- Kostenaspekt
		f) siehe c)
		g) negative Auswirkungen auf die
		  anderen Unternehmensbereiche
		h) vorhandene hohe Lagerbestände
		i) Geringe Liquiditätserlöse

Abb. 2-4:   Ein- und Austrittsbarrieren in verschiedenen Ansätzen (verändert aus:Müller (1986:167))

Bain (1956) war der erste, der Eintrittsbarrieren thematisierte. Er ging davon aus, daß der Preis, den bereits in der Branche etablierte Wettbewerber für ihre Produkte verlangen können, ohne dadurch Eindringlinge anzulocken, mit wachsenden Eintrittsbarrieren steigt. Kritischer Preis ist dabei jener, der "... gerade die Ertragschancen aus dem Eintritt ... mit den erwarteten Kosten (aus der Überwindung struktureller Eintrittsbarrieren und drohender Vergeltungsmaßnahmen) ins Gleichgewicht bringt."[36] Wie Abb. 2-4 zeigt, erachtet Bain (1956) insbesondere drei Arten von Eintrittsbarrieren für wichtig:

(i) *Größenvorteile* (economies of scale) der etablierten Wettbewerber gegenüber Eindringlingen. Diese Barriere resultiert aus den relativ geringeren Stückkosten der Etablierten, die sich aus deren größerer Betriebskapazität ergeben.[37] Sie verfügen über bessere Ausnutzung von Kapazitäten, Spezialkonditionen bei großer Abnahmemenge von Roh-, Hilfs- und Betiebsstoffen usw.. Nimmt man analoge Erscheinungen in den Bereichen F&E und Marketing hinzu, so wird deutlich, daß Neueintreter durch derartige Barrieren gezwungen werden, gleich mit sehr großen Volumina einzusteigen[38], sofern ein Kostennachteil vermieden werden soll.

(ii) *Produktdifferenzierungsvorteile* beziehen sich demgegenüber auf Präferenzen der Konsumenten für Produkte der bereits etablierten Konkurrenten. Insbesondere Werbung[39], aber auch Produktgestaltung und Verkaufsförderung werden als Ursachen der Produktdifferenzierung genannt.[40] Neueintretende müssen, um das bestehende Level zu erreichen, außergewöhnlich hohen Aufwand betreiben, der somit eine Barriere darstellt.

(iii) *Absolute Kostenvorteile* können etablierte Konkurrenten unabhängig von Betriebsgrößenersparnissen dann erlangen, wenn sie über besonders günstige

---

36   Porter(1988:38). Die Ermittlung dieses kritischen Preises ist allerdings wegen des Problems interdependenter Entscheidungen höchst problematisch: vgl. Minderlein (1990) zu einer tiefgreifenden Analyse.
37   Zur produktions- und kostentheoretischen Argumentation: Bain (1968:166 ff.); Jürgensen/Berg (1968:54 ff.); Scherer (1980:180:72 ff.). Economies of scale bezeichnen das Sinken der Stückkosten bei steigendem Produktionsvolumen innerhalb einer vorgegebenen Zeiteinheit.
38   Vgl. auch Harrigan (1981:396).
39   Vgl. Bain (1956:125 ff.).
40   Siehe im einzelnen: Chamberlin (1975).

Produktionstechnologien, günstigen Zugang zu Rohstoffen, günstige Standorte usw. verfügen.

Als weitere wichtige Eintrittsbarrieren werden vielfach genannt: *Kapitalerfordernisse*, denen Neueintreter oft nicht gewachsen sind, *Umstellungskosten* im eintretenden Unternehmen, aber auch bei dessen Abnehmern, und *Zugang zu Vertriebskanälen*, sofern die etablierten Unternehmen über ein effizientes Absatzsytem verfügen.

Diese klassischen Überlegungen zu Markteintrittsbarrieren haben im Laufe der Zeit zwei entscheidende Erweiterungen erfahren, die beide - in unterschiedlichem Ausmaß - an der Überlegung anknüpfen, daß der Geltungsbereich von Eintrittsbarrieren nicht in der ganzen Branche zu sehen ist:

So wurde von Caves/Porter (1977) vorgeschlagen, Eintrittsbarrieren auf strategische Gruppen und nicht auf alle Unternehmen in der Branche zu beziehen. Das auf Hunt (1972) zurückgehende Konzept der strategischen Gruppen[41] sagt aus, daß sich Unternehmen innerhalb von Branchen anhand bestimmter Kerndimensionen dergestalt gruppieren lassen, daß die interne Varianz geringer ist als die Varianz zwischen den Gruppen. Die Konstruktion strategischer Gruppen erfolgt dabei i.d.R. anhand zweier Dimensionen (etwa: Spezialisierung und vertikale Integration[42]), neuerdings aber auch dreidimensional.[43] Dadurch wird das Konzept der Eintrittsbarrieren insofern relativiert, als nunmehr die Mobilitätsbarrieren zwischen strategischen Gruppen betrachtet werden.

Die zweite Erweiterung der Theorie der Eintrittsbarrieren besteht im erstmals bei Yip (1982) zu findenden Vorschlag, die Barrieren sogar unternehmensspezifisch zu sehen. Nach Yip ist von einer *relativen* Höhe der Eintrittsbarrieren auszugehen, die sich nach der Ressourcenausstattung des Unternehmens und nach seinen Stärken und Schwächen bestimmt. Barrieren sind also nicht extern gegeben, sondern von der *strategischen Plattform* des einzelnen Unternehmens abhängig. Mit Berücksichtigung "... der strategischen Plattform (erfolgt) die Anerkennung der Heterogenität der Wettbewerber in ihren Stärken und Schwä-

41   Vgl. auch Mascarenhas/Aaker (1989); Mc Gee (1985); Mc Gee/Thomas (1986); Newman (1978), Thomas/Venkatramen (1988).
42   Zu denkbaren Dimensionen siehe: Porter (1988:174 ff.).
43   Etwa bei Hinterhuber/Kirchebner (1983).

chen, ihren Strategien, ihrer Anlageausstattung (gebunden und ungebunden), ihren Risikohaltungen, ihren Definitionen des Geschäfts usw.."[44]

Diese Theorie der Markteintrittsbarrieren bedarf nun angesichts des Phänomens der Internationalisierung der Erweiterung in zweierlei Hinsicht. Zum einen sind Ländermarktbarrieren, etwas breiter formuliert: Internationalisierungsbarrieren neu einzuführen (1), zum anderen wird eine teilweise Relativierung der traditionellen Eintrittsbarrieren erforderlich (2).

(1) Völlig neu ist zunächst einmal das Auftreten von *Ländermarkt-Eintrittsbarrieren* bzw. Internationalisierungsbarrieren, die es zu berücksichtigen gilt. Im Rahmen des IO-Ansatzes der Internationalisierung verkörpern sie die Vorteile nationaler Unternehmen in ihren Heimatmärkten und heißen "barriers to International Operations".[45] Es handelt sich dabei um absolute Kostenbarrieren. Hymer (1976:43 ff.) nennt im einzelnen folgende Vorteile der im betrachteten Land bereits ansässigen nationalen Unternehmen:

* Bessere Länderkenntnis bezügl. der wirtschaftlichen Bedingungen, der Sprache, der Gesetze der Politik. Für ausländische Neueintreter ist der Erwerb solcher Kenntnisse durchaus kostspielig und stellt daher eine, freilich einmalige, im Zeitablauf erodierende Barriere dar.

* Diskriminierungen durch die Gastlandregierung (Restriktionen, Enteignungsgefahr, Auflagen, local content Vorschriften), die Konsumenten und die Lieferanten.

* Wechselkursrisiko: "A change in the exchange rate effects nationals and foreigners quite differently. If the franc depreciates, all holders of francs lose. But those planning to spend francs in France lose less than those planning to spend the value of the money in the United States."[46]

Weitere Internationalisierungsbarrieren resultieren für Eindringlinge aus tarifären und nicht tarifären Handelshemmnissen, aus hohen Reisekosten, Kommunikationsproblemen, Mißverständnissen, Zeitverlusten, kultureller und psychischer Di-

---

44   Müller(1987:172 f.).
45   Siehe Hymer (1976:34). Vgl. auch Litvak/Maule (1970:15 ff.).
46   Hymer (1976:35 f.); vgl. auch Luehrman (1990).

stanz[47] und den bereits bestehenden Geschäftsbeziehungen der heimischen Konkurrenten.[48] Um derartige Ländermarkteintrittsbarrieren sind die klassischen Eintrittsbarrieren zu erweitern.

(2) Eine zusätzliche Ergänzung besteht im Erfordernis der relativierten Betrachtung der traditionellen Eintrittsbarrieren. Dieses resultiert aus der Tatsache, daß es sich beim Auslandsmarkteintritt stets um einen *relativen* Neueintritt handelt, während die "... theory of entry barriers, as originally set forth, assumes that the prototypical entrant is a firm created *de novo*, and only casual attention has been given to constraints on entry by going firms located in other product markets."[49] Ein Unternehmen, das eine Tochter im Ausland gründet, besteht natürlich bereits, während es diese Tochter gründet, verfügt möglicherweise sogar über eine Vielzahl von Töchtern in anderen Ländern. Konsequenz ist, daß die "... multinational enterprise establishing a subsidiary holds several clear advantages over the *de novo* firm...: the barriers to entry do not tumble entirely, but their relative significance changes."[50] So kann eine neu gegründete Auslandstochter Größenvorteile aus der Zentrale importieren, sich über die Muttergesellschaft erweiterten Zugang zu Kapital verschaffen, von spill over-Effekten der Werbung und des Images in anderen Ländern profitieren. Differenzierte Produkte und Marken werden "... once in hand ... 'public goods' to the firm and reduce the expected cost of a goodwill investment elsewhere, if they are not entirely culture-specific to the parent firm's national home."[51]

Im Kontext der IO-Theorie der Internationalisierung spricht man von (monopolistischen) Vorteilen internationalisierender gegenüber rein nationalen Unternehmen[52], die die Ländereintrittsbarrieren überkompensieren können und aus der überlegenen Fähigkeit multinationaler Unternehmen resultieren, die traditionellen Eintrittsbarrieren zu überwinden. Fast könnte man sagen, die traditionellen Eintrittsbarrieren erübrigten sich angesichts der vergleichsweise hohen strategischen Plattform multinationaler Unternehmen und würden daher zu *Auslösern* der Internationalisierung:

---

47   Vgl. zur psychischen Distanz als Exportbarriere: Müller/Köglmayr (1986).
48   Vgl. zu Markteintrittsbarrieren des internationalen Geschäftes ausführlich: Simon (1990).
49   Caves (1974:117).
50   Caves (1974:117).
51   Caves (1974:118).
52   Diese entsprechen den Eigentumsvorteilen bei Dunning (1988). Man betrachte daher auch die in Abb. 2-18 wiedergegebene Auflistung.

"In short, each source of barriers to entry bears at least some relationship ... to the reasons why MNEs exist in the first place. And MNEs have some advantage over single-nation firms in getting over these barriers to entry ... Therefore the height of barriers and the extent of foreign-investment activity should be highly correlated."[53]

Vor diesem Hintergrund überrascht es denn nicht, daß Faktoren wie Unternehmensgröße, Kapitalintensität, Qualifikationsniveau der Beschäftigten, Forschungs- und Entwicklungsausgaben und Produktdifferenzierung sowohl theoretisch wie auch empirisch als Ursachen ausländischer Direktinvestitionen untersucht wurden.[54] Denn hinter diesen Faktoren verbergen sich viele der strukturellen Marktstörungen, die der IO-Ansatz der Internationalisierung als Auslöser ausländischer Direktinvestitionen betrachtet.[55] Dabei identifizierte man als besonders wichtige Besonderheiten multinationaler Unternehmen den Vorteil "öffentlicher Güter" im Unternehmen[56] (etwa die Mitbenutzung spezieller Fähigkeiten durch die Filialen), die Produktdifferenzierung[57] und die Vorteile im F&E-Bereich.[58]

---

53 Caves (1982a:96).
54 Vgl. den Überblick über die Forschung bei Jahrreiß (1984:192 ff.).
55 Kindleberger(1969) unterscheidet (1) Störungen in den Gütermärkten (z.B.: Produktdifferenzierung), (2) Störungen in den Faktormärkten (z.B.: Zugang zu Kapital), (3) interne und externe economies of scale) und (4) Regierungseingriffe.
56 Vgl. Johnson (1970).
57 Vgl. Caves (1971),(1974a:280). Caves fand heraus, daß internat. horizontale Direktinvestitionen insbesondere in oligopolistischen Marktstrukturen mit Produktdifferenzierung auftreten. Vgl. auch die neueren Analysen von Gray/Martin (1980).
58 Vgl. Hirsch (1976).

	(1) Schutz vor neuen ausländischen Konkurrenten			(2) Schutz vor neuen inländischen Konkurrenten	

Schutz für wen? / Schutz wodurch?	rein nationales Unternehmen	Multi-nationales Unternehmen	Schutz für wen? / Schutz wodurch?	rein nationales Unternehmen	Multi-nationales Unternehmen
Klassische Eintritts-barrieren	-	+	Klassische Eintritts-barrieren	+	+
Internatio-nalisierungs-barrieren	+	~	Internatio-nalisierungs-barrieren	-	-

Legende: "+": greift   "-": greift nicht   "~": kann greifen

Abb. 2-5:   Das modifizierte Eintrittsbarrierenkonzept

Abb. 2-5 versucht, die diskutierten Modifikationen im Konzept der Eintrittsbarrie-ren zusammenzufassen: Rein nationale Unternehmen können klassische Ein-trittsbarrieren nur noch gegenüber neuen rein nationalen Unternehmen auf-bauen. Gegenüber neuen ausländischen Eindringlingen werden sie allenfalls durch Ländermarkteintrittsbarrieren geschützt, sofern diese nicht "überkompensiert" werden. Andererseits wird das traditionelle Konzept der Ein-trittsbarrieren für das Verhältnis zwischen multinationalen Unternehmen durch-aus nicht obsolet, da deren strategische Plattformen wieder auf ausgeglichener Höhe sein können. Ländermarkteintrittsbarrieren können freilich ausländische Unternehmen nur vor neu eintretenden Ausländern, nicht jedoch vor neuen In-ländern schützen, wobei auch ersteres für den Fall multinationaler neuer Kon-kurrenten neuerdings in Frage gestellt wird:

> "Established multinational firms have gained worldwide dominance and have developed techniques to 'learn in advance' local conditions ... It is now only the entry into unusually isolated markets (such as the People's republic of China) where heavy 'costs of foreignness' are still encountered."[59]

---

59   Buckley/Casson (1985:4).

2.222 Die modifizierte Sicht der Marktverhaltensweisen

Auch die Kategorie der Marktverhaltensweisen bedarf unter Berücksichtigung des Phänomens der Internationalisierung einiger Korrekturen.

So können beispielsweise Marktstrukturen vertikaler Abhängigkeiten bestimmter Zulieferindustrien deren Internationalisierungsverhalten erklären. Durch ein Nachfolgen der Zulieferer, so die Argumentation, würde nicht nur der Verlust eines Kunden vermieden werden, sondern es würde auch verhindert, daß Konkurrenzunternehmen, ausgehend von ihren Lieferbeziehungen mit dem Kunden im Ausland, ihren Lieferanteil auch im Inland oder in Drittländern ausdehnen. Diese auf Juhl (1980)(1981) zurückgehende 'follow-up'-These erscheint umso wahrscheinlicher, je abhängiger die Zulieferer von ihren Kunden sind.

Spezifische durch das Phänomen der Internationalisierung hervorgerufene Marktverhaltensweisen werden jedoch noch intensiver im Zusammenhang horizontaler Abhängigkeiten diskutiert:

Da internationale Direktinvestitionen vielfach in konzentrierten Branchen, die den Charakter von Oligopolen aufweisen[60], auftreten, wurde häufig ein verändertes Marktverhalten im Gefolge oligopolistischer Interdependenz[61] diskutiert. Traditionell nimmt man bei (wahrgenommener) oligopolistischer Interdependenz wechselseitige Einflußnahmen und Reaktionen der Marktpartner insbesondere bei der Preisbildung an.[62] Laut Jahrreiß (1984:208) eignet sich das Konzept der oligopolistischen Interdependenz auch "... zur Erklärung von Verhaltensweisen ("Market Conduct") bei Direktinvestitionen innerhalb einer Branche; es erklärt jedoch nicht, warum für Mitglieder der betreffenden Branche Direktinvestitionen vorteilhaft sind. Somit ist es als Ergänzung der monopolistischen Theorie der Direktinvestition geeignet."

---

60   Vgl. Caves(1974); Kogut (1988:328 ff.).
61   Vgl. auch die Überlegungen von Pennings (1981) zur *strategischen Interdependenz*. Er definiert strategische Interdependenz wie folgt: "Strategic interdependence is ... defined by the similarity of organizations' input acquisition or output disposal. Strategically interdependent organizations are aware that such behaviors are contingent on the behavior of some other organizations traditionally seen as competitors. Due to this mutual awareness, competitors often display collusive behavior."(Pennings (1981:433))
62   Vgl.Bain (1968:114); Chamberlin (1950:46 ff.); Khandwalla (1981:414 ff.); Triffin (1960:121 ff.).

Greift man auf die eingangs getroffene Entscheidung zurück, Marktstrukturen, Verhaltensweisen und Ergebnisse sowohl auf nationaler Ebene, wie auch im internationalen Bereich zu betrachten, so sind mindestens drei Fälle zu unterscheiden, in denen oligopolistische Marktverhaltensweisen angesichts des Phänomens der Internationalisierung neu zu überdenken sind:

(1) Das oligopolistische Verhalten ausländischer Unternehmen gegenüber rein nationalen Konkurrenten in einem Ländermarkt ändert sich, da "... the subsidiary of a profit-maximizing multinational could behave toward a given national market differently from an identical but independent firm."[63] Ursache dieses geänderten Verhaltens ist die Eigenschaft des internationalen Unternehmens als **multinationales Netzwerk**, die durchaus dazu führen kann, daß "... a subsidiary might rationally pass up an otherwise profitable local use of funds if they could be employed for a higher expected yield elsewhere within the enterprise. The subsidiary's range of reaction strategies might differ from that of a competing national firm, because of the parent's inventory of proprietary knowledge assets."[64] Darüber hinaus haben die international verstreuten *Netzwerkknoten* des multinationalen Unternehmens besseren Zugang zu Kapitalquellen, vor allem jedoch zu Informationen über ausländische Märkte und die Opportunitätskosten alternativer Ressourcenallokation: "The point is that *at any time* the multinational enterprise by its nature already has the superior information-stock in hand, whereas its national rival may or may not."[65]

Dies hat zur Konsequenz, daß international aktive Unternehmen im Verhältnis zu ihren nationalen Konkurrenten eher geneigt sind, auf Kosten der Beachtung oligopolistischer Interdependenz Kollisionskurs zu fahren, zumal die 'tacit understandings and rules of the game developed by the previous market occupants' ihnen zunächst wenig geläufig sein dürften.[66]

(2) Anders sieht die Lage aus, wenn man die Verhältnisse in nationalen Olipopolen betrachtet, aber für alle Marktpartner die internationale Aktivität zuläßt. In diesem Zusammenhang ist die vielzitierte Untersuchung von Knickerbocker

---

63   Caves (1974:121).
64   Caves (1974:121).
65   Caves (1974:122).
66   Caves (1974:123).

(1973) zu sehen. Knickerbocker analysierte alle Auslandsinvestitionen von 187 US-Unternehmen in 23 Ländern im Zeitraum 1948 bis 1967. Zu prüfende Hypothese war dabei die Abhängigkeit der Direktinvestitionsaktivitäten von oligopolistischen Marktstrukturen im Heimatland. Knickerbocker nahm an, im Falle nicht allzu eng geknüpfter Oligopolsituationen müsse es zu einer Art 'follow the leader'-Verhalten der Internationalisierung kommen. Beginne ein Unternehmen im Ausland zu investieren, so seien die Konkurrenten praktisch gezwungen, ihren Wettbewerbern zu folgen, wenn sie vermeiden wollten, daß das zuerst investierende Unternehmen uneinholbare Vorteile erlange.[67] Solche Vorteile könnten sein: weltweite Größenvorteile, Abschöpfung des Exportgeschäftes der nationalen Konkurrenten, Möglichkeit zur Subventionierung einzelner Länderengagements mit Überschüssen aus anderen Ländern usw.. Diese theoretisch plausible These wurde von Knickerbocker für die USA und später von Flowers (1976) für Europa und Kanada auch empirisch bestätigt[68] und bietet daher einen interessanten Ansatzpunkt für modifizierte Überlegungen zur internationalen **Wettbewerbsstrategie**.

(3) Betrachtet man schließlich drittens internationale Oligopole und damit die Rivalität zwischen Unternehmen verschiedener Länder auf internationaler Ebene, so ergeben sich auch auf dieser - vom traditionellen IO - Ansatz nun wahrlich vernachlässigten - Ebene interessante Überlegungen hinsichtlich des Marktverhaltens. Wenngleich die Frage der Kollision differierender nationaler Oligopole bisher kaum diskutiert wurde, liegen doch einige relevante Untersuchungen vor: Graham (1974) beobachtete beispielsweise, daß europäische Unternehmen auf US-Direktinvestitionen ihrerseits mit Direktinvestitionen in den USA reagierten, um das internationale Oligopol wieder auszutarieren. Diese 'exchange of threats' oder auch 'exchange of hostage'-These genannte Erscheinung ist nicht nur Ausgangpunkt zu Überlegungen hinsichtlich der internationalen **Wettbewerbsstrategie** des cross-investment, sondern wurde zusammen mit anderen oligopoltheoretischen Überlegungen auch von Vernon in seine Produktlebenszyklustheorie der Internationalisierung aufgenommen.[69] Vernon betrachtet somit das Marktverhalten in internationalen Oligopolen unter zusätzlicher Integration

---

67   Vgl. die instruktive Abbildung bei Jahrreiß (1984:210 f.).
68   Zu weiteren empirischen Untersuchungen siehe Jahrreiß (1984:212 f.).
69   Die ursprüngliche Fassung der Produktlebenszyklustheorie von (1966) hat Vernon in späteren Versionen um Aspekte der oligopolistischen Interdependenz erweitert: vgl. Vernon (1971), (1974), (1979). Zur empirischen Überprüfung: Wells (Hrsg.,1972).

des Zeitaspektes, der durch die Phasen des Produktlebenszyklus eingebaut wird. Die in der Reifephase auftretenden Exporte und Übersee-Investitionen betrachtet Vernon als defensive, reagierende Antworten auf Bewegungen von Wettbewerbern. Der Internationalisierungsprozeß wird in dieser Argumentation sehr stark über die gegenseitige Orientierung am Verhalten der Konkurrenz erklärt, auf deren Kosten die Wettbewerber Marktanteile zu erlangen suchen. Die Erschließung von Auslandsmärkten wird so zur Resultante der Jagd nach Marktanteilen. In der Abstiegsphase des Lebenszyklus werden die Preiskämpfe derart intensiv, daß nur noch überleben kann, wer am billigsten, oftmals in Entwicklungsländern, produziert.

2.23 Zusammenfassung

Gegenstand dieses Abschnittes war die Überprüfung, inwieweit das (traditionelle) Theoriefundament von Wettbewerbsanalyse und Wettbewerbsstrategie das Phänomen der Internationalisierung berücksichtigt. Dabei erfolgte eine Konzentration auf den Industrial Organization-Ansatz.

Es wurde festgestellt, daß der traditionelle IO-Ansatz nicht ausreicht, um dem Phänomen der Internationalisierung voll Rechnung zu tragen, daß er sich aber in vielerlei Hinsicht erweitern läßt, um dieses Defizit zu tilgen. Diese Erweiterungen sind zugleich auch Ansatzpunkte für Überlegungen hinsichtlich der Kreation neuer Instrumente und Konzepte von Wettbewerbsanalyse und Wettbewerbsstrategie.

So sollte die **Wettbewerbsanalyse in internationalisierenden Branchen** die verschiedenen Formen internationaler Operationen in ihrem Auftreten sowie die Entwicklungen der Ex- bzw. Importe und Direktinvestitionen erfassen, internationale Kooperationsbeziehungen transparent machen, und Faktoren, die die internationale Verflechtung fördern und hemmen, erkunden.[70] Desweiteren sollte sie mit einem modifizierten Eintrittsbarrierenkonzept[71] operieren, das auch Ländermarkteintrittsbarrieren integriert. Drittens schließlich erscheint es ratsam, innerhalb der Wettbewerbsanalyse den horizontalen Interdependenzen zwischen oligopolistischen Wettbewerbern Aufmerksamkeit zukommen zu lassen.

---

70   Vgl. Abb 2-3.
71   Vgl. Abb 2-5.

Die angestellten theoretischen Überlegungen erbrachten auch erste interessante Einsichten in das Wesen der **internationalen Wettbewerbsstrategie**:

> "Indeed, the impressive work of the early 1970s, which was largely centered around a Cambridge (Massachusetts) axis[72], has laid the often unacknowledged foundation to recent theoretical treatments of cross-border dumping, strategic trade theory, and foreign investment as signaling commitment. These ideas underlie the more recent writings on the importance of being able to counter competition in multiple markets (Hout/Porter/Rudden (1982)) and cross-subsidize across markets (Hamel/Prahalad (1985))."[73]

2.3 Die Berücksichtigung der Internationalisierung in den Konzepten der Wettbewerbsanalyse

Im folgenden soll überprüft werden, inwieweit das Phänomen der Internationalisierung in den traditionellen Instrumenten der Wettbewerbsanalyse berücksichtigt wird. Der oftmals in der Literatur vorzufindenden Trennung der Analysebereiche in Unternehmen und Umwelt[74] folgend, differenzieren wir dabei die (traditionellen) Instrumente in die Branchen- und Geschäftsfeldabgrenzung als Voraussetzung, Analyse der allgemeinen Wettbewerbssituation, brancheninterne Strukturanalysen (Analyse strategischer Gruppen), Analyse der Branchenentwicklung, aber auch Unternehmens- und Konkurrentenanalyse.

2.31 Branchen- und Geschäftsfeldabgrenzung

Voraussetzung einer jeden Wettbewerbsanalyse ist es, daß man abgrenzt, was untersucht wird. Wettbewerb findet seinen 'eigentlichen Schauplatz' in der Branche.[75] Wettbewerbsanalyse bezieht sich somit auf die strukturellen Bedingungen der Konkurrenz verschiedener Unternehmen in Branchen. Was aber sind Branchen? Was kann man zur Branche rechnen, was nicht? Wo liegen die Grenzen der Branche? Mit dieser Frage zwar nicht identisch, aber doch verwoben, ist

---

72 Kogut meint hier die im Rahmen des "Industrial Organization-Ansatzes der Internationalisierung" entstandenen Arbeiten.
73 Kogut (1989:384). Zitierweise geändert.
74 Vgl. Andrews (1971); Glueck (1980); Paine/Naumes (1978:57 ff.); Steiner/Miner (1977:123 ff.).
75 Vgl. Porter (1986:19).

jene nach den Grenzen von Geschäftsfeldern (business units)[76], auf welche sich Wettbewerbsstrategien beziehen.

Angesichts der gerade im internationalen Kontext so außerordentlich hohen Bedeutung der Grenzziehungsfrage, enttäuscht es etwas, daß die traditionelle Wettbewerbsanalyse das Problem der Branchenabgrenzung weitgehend ausklammert. Daß man weiß, was, wer und wo seine Branche ist, wird einfach vorausgesetzt. Dies mag damit zusammenhängen, daß die vielfältigen Versuche seitens der Volkswirtschaftslehre, aber auch der Marketingtheorie, zu klaren Kriterien der Abgrenzung zu gelangen, in mancherlei Hinsicht unbefriedigend sind:[77] Weder ist die Unterscheidung zwischen Markt und Branche klar[78], noch überzeugen die Vorschläge im einzelnen:

Das preistheoretische Konzept der Substitutionslücke etwa ermittelt die Teilnehmer einer Branche nach dem Kriterium der relativ höheren Substituierbarkeit derer Produkte in den Augen der Konsumenten.[79] Unklar ist nun allerdings, wie Substituierbarkeit zu bestimmen ist. Greift man etwa auf Kreuzpreiselastizitäten zurück[80], so bleibt immer noch festzulegen, ab welchem Wert der Elastizität man eine Substitutionslücke und damit die Grenze einer Branche identifiziert. Pragmatischere Abgrenzungsvorschläge knüpfen daher weniger am Konsumenten, als vielmehr an sachlichen Abgrenzungskriterien wie physikalisch-technischer Produktäquivalenz, funktionaler Produktäquivalenz oder der Produktionsbasis der Unternehmen[81] an:

---

76 Ein Geschäftsfeld entspricht "... einem möglichst isolierten Ausschnitt aus dem gesamten Betätigungsfeld des Unternehmens, für den ein relativ unabhängiges strategisches Programm geplant werden kann." (Mauthe (1983:183)). Zu den Kriterien der Bildung von Geschäftsfeldern (business units): Albach (1978); Gerl/Roventa (1983); Hinterhuber (1982); o.V. (1979).

77 Zu einem Überblick vgl. Bauer (1989); Zum Dilemma der Marktabgrenzung in der Preistheorie siehe: Winterstein (1971).

78 Vgl. Herdzina (1981:135 ff.); Nightingale (1978); Oates (1982). Markt bezeichnet oft (aber eben nicht immer) vertikale Beziehungen (vgl. Busse von Colbe/Hammann/Laßmann (1990:3); Rentsch (1974); v. Stackelberg (1951.18 f.)), während Branche horizontale Beziehungen betrifft.

79 Vgl. Bain (1968:124 f.); Robinson (1949:4 ff.), (1964:17).

80 So geschehen bei Triffin (1960:97 ff.). Er bildet Märkte aus denjenigen Produkten, die durch hohe symmetrische Kreuzpreiselastizitäten verbunden sind. Zum Einbezug des Kapazitätsproblems in diesen Ansatz: Papandreou (1949).

81 Dieser Begriff geht auf Penrose (1961:109 f.) zurück und meint die Produktionstechniken und -prozesse, auf die sich Unternehmen spezialisieren.Vgl. auch Downie (1958:30 f.).

"Haben mehrere Unternehmen die gleiche Produktionsbasis, dann können sie gleichartige Produkte auf denselben Märkten anbieten. In der Erzielung von Erlösen stehen sie auf allen Märkten , die mit der gemeinsamen Produktionsbasis beliefert werden können, in Wettbewerbsbeziehungen zueinander."(Hofmann (1982:107))

Allen Kriterien bleibt freilich letztlich etwas Subjektives. Die jeweiligen Betrachter - so wird offen eingeräumt - haben oft stark voneinander abweichende Sichtweisen und bilden sich ihren eigenen *relevanten Markt*.[82] Eine Übernahme der ohnehin recht weiten, dem System der Standard Industrial Classification (SIC) angelehnten, amtlichen Brancheneinteilungen (Kaufer (1980:18 ff.)) erscheint schon aus diesem Grunde problematisch. Insgesamt bleibt festzuhalten, daß die Branchenabgrenzung wohl als ein ungelöstes Problem zu betrachten ist, das vor allem keine statische Angelegenheit ist. Man sollte davon ausgehen, daß einmal getroffene Abgrenzungen nicht nur kontextspezifisch, sondern im Rahmen der Dynamik der Wettbewerbsprozesse durchaus revidierbar sind.

In Anbetracht dieser Situation wird in der Tat verständlich, daß die Literatur zur Wettbewerbsanalyse das Problem der Branchenbestimmung ein wenig umschifft. Wenn sie sich doch mit ihm auseinandersetzt, dann geschieht dies entweder unter Aufgreifen obiger Kriterien oder mit ebenfalls unbefriedigenden neuen Vorschlägen:

Ein Beispiel für den ersteren Fall ist im Vorschlag Abells (1980) zu erblicken. Ihm zufolge werden Märkte, Branchen und Geschäfte nach den Kriterien Technologie, erfüllte Abnehmerfunktion und angestrebte Abnehmergruppe abgegrenzt. Aus diesen Kriterien bildet Abell ein dreidimensionales Raster: Branchen werden - ähnlich dem Konzept der Produktionsbasis - nach Technologien abgegrenzt, Märkte nach Abnehmerfunktion und Geschäfte wahlweise nach Abnehmergruppen oder -funktionen.

Porter schlägt demgegenüber vor, sich von der allgemeinen Verwirrung über Branchengrenzen dergestalt zu lösen, daß man ihr *direktes* Ermitteln völlig unterläßt. Die Grenzziehung ist für Porter

"... im wesentlichen eine graduelle Frage, die wenig mit der Strategiewahl zu tun hat. Hat man diese vielfältigen Quellen des Wettbewerbs

---

82   Vgl. Hoppmann (1974:7-41).

aber erst einmal erkannt und ihre Relevanz bestimmt, so wird die Frage nach dem genauen Verlauf der Grenzen mehr oder weniger unerheblich für die Strategieformulierung. Weder werden dann die latenten Quellen des Wettbewerbs noch seine Schlüsseldimensionen übersehen."(Porter (1988:60 f.))

Porters Argumentation lautet also, daß die Branchenabgrenzung im Grunde nur ein vermeidbarer und überflüssiger Umweg ist bei der Ermittlung der viel interessanteren Quellen des Wettbewerbs (Konkurrenten, Lieferanten, Abnehmer). Man solle mithin direkt die Quellen des Wettbewerbs erforschen. Bei genauerm Hinsehen entpuppt sich diese Argumentationsfigur allerdings als Zirkelschluß! Wie kann man die von den Konkurrenten ausgehenden Wettbewerbskräfte untersuchen, ohne diese Konkurrenten überhaupt zu kennen?[83]

Die (traditionellen) Instrumente der Wettbewerbsanalyse bieten somit zur Frage der Branchen- und Geschäftsfeldabgrenzung schon im nationalen Bereich nicht allzuviel Klarheit. Das ist bedenklich, denn im internationalen Kontext treten zwei weitere, Verwirrung stiftende Faktoren hinzu. Zum einen erweitert sich das Spektrum der Branchenteilnehmer, zum anderen tritt die räumliche Komponente hinzu:

Branchenabgrenzung bezieht sich im nationalen Kontext vornehmlich auf die Ermittlung der Wettbewerber, die eine Branche konstituieren. Internationaler Wettbewerb spielt sich nun aber keineswegs nur zwischen horizontal interdependenten Konkurrenten ab, sondern hat sehr viel zu tun mit netzwerkartigen Beziehungen zu vertikal verknüpften Abnehmern und Lieferanten sowie - im Sinne des vieldiskutierten politischen Imperativs[84] - lateralen Kontakten etwa zu Regierungsstellen. Damit wird eine Branchenabgrenzung allein über die Feststellung von Konkurrenten obsolet. Der Kreis der Branchenteilnehmer und damit der Gegenstand der Branchenanalyse weitet sich aus und erhält eine neuartige Dynamik. Es bietet sich daher an, die Branchenabgrenzung zusätzlich über Beziehungsmaße vorzunehmen.[85]

---

83 Diese Kenntnis wäre eben gerade Resultat der Branchenabgrenzung.
84 Vgl. Doz (1979) oder etwa Ring et al. (1990).
85 Dazu könnte die Netzwerktheorie einen Beitrag leisten. Vgl. für nationale Märkte die Überlegungen von Burt/Carlton (1989).

Auch der Vorschlag, daß im Sinne pragmatischer Abgrenzungen das räumliche Kriterium verwendet werden kann[86], wird in den traditionellen Konzepten der Wettbewerbsanalyse kaum aufgegriffen, obwohl dieser Gesichtspunkt durchaus weitreichende Konsequenzen haben kann. So dokumentieren die in der Literatur zum internationalen Management reichlich zu findenden Überlegungen zur internationalen Marktsegmentierung[87] und zur Bildung internationaler Geschäftsfelder[88] nicht nur die Problematisierung der Grenzfrage an sich, sondern auch das Erfordernis ihrer im internationalen Rahmen *spezifischen* Thematisierung. Dies soll im folgenden anhand einiger Aspekte aufgezeigt werden:

- Zuverlässigkeit von branchenbezogenen Maßgrößen

Messungen des Internationalisierungsgrades von Branchen[89], Konzentrationsraten, Wachstumsraten und Geschäftsfeldpositionen werden bei unklarer Bestimmung auch der räumlichen Branchengrenzen völlig unzuverlässig.

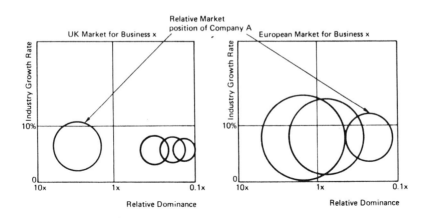

Abb. 2-6: Die Bedeutung geographischer Branchenabgrenzung für die Geschäftsfeldanalyse (aus: Channon/Jalland (1979:110))

---

86 Wobei, wie Hoppmann (1974:32) unterstreicht, Staatsgrenzen bedeutungslos sind.
87 Vgl. beispielsweise Althans (1989); Carl (1989:91 ff.); Segler (1986:189 ff.); Die Beziehung zwischen Marktabgrenzung (Vogelperspektive) und Marktsegmentierung (Perspektive der Marktbearbeitung) ist enger, als oftmals angenommen. Dagegen wird die dringend erforderliche Trennung der Marktsegmentierung von Marktselektion allzu selten durchgehalten.
88 Vgl. statt anderer: Voß (1989:147 ff.).
89 Zum Internationalisierungsgrad von Unternehmen: Schmidt (1989).

Abb. 2-6 verdeutlicht die große Bedeutung der internationalen Komponente für Geschäftsfeldbewertungen: Die klare Dominanz der Unternehmung A auf dem britischen Markt relativiert sich bei Betrachtung des Europamarktes erheblich:

> "When measured against the context of the European market ... Company A's business has transformed from an apparent cash generator to being a dog. In reality, despite the fact that the European market leader did not compete in the UK market at all, the implied threat that its potential entry generated was sufficient to significantly reduce the cash flow potential of Company A's business since the prices it charged were affected by the position in Western Europa as a whole."[90]

- Strategische Relevanz von Marktanteilsgrößen

Die Betrachtung von Marktanteilen im Rahmen der Wettbewerbsanalyse setzt im internationalen Kontext mehr denn je die klare Abgrenzung dessen voraus, worauf sich die Marktanteile beziehen sollen. Es ist durchaus problematisierungsbedürftig, wo die geographische Basis für Marktanteilskalkulationen sinnvollerweise anzusiedeln ist. Die Unterscheidung zwischen nationalen und internationalen Marktanteilen und damit die möglichst genaue Abgrenzung nationaler und internationaler Branchen, ist nicht nur für das Verständnis der (veränderten) Beziehung zwischen ROI und Marktanteil höchst bedeutsam.[91] Vielmehr stellt eine differenzierte Marktanteilsanalyse auch die Grundlage für neuartige Überlegungen zur internationalen Wettbewerbsstrategie dar. Hamel/Prahalad (1988:34f.)[92] schlagen deshalb vor, mit vier Konzepten des Marktanteils zu arbeiten:

Marktanteil für weltweiten Kostenwettbewerb: Er bezieht sich auf den minimal erforderlichen Marktanteil, also das minimale Volumen für eine weltweite Kostenstrategie. Ist dieses Volumen größer als das im Heimatmarkt verfügbare, so ist ein weltweites Marktanteilmaß zu verwenden.

Marktanteil für nationale Rentabilität: Dies ist der für die Rentabilität in nur einem Lande minimal erforderliche Marktanteil. Er hängt ab von der Größe des nationalen Marktes, den Distributionskosten, dem Verhalten der Wettbewerber usw..

---

90   Channon/Jalland (1979:110 f.).
91   Vgl. hierzu die Überlegungen von Leontiades (1984).
92   Vgl. auch Prahalad/Doz (1987:59 ff.).

Marktanteil für Vergeltungsmaßnahmen: Hiermit ist der minimale nationale Marktanteil im Heimatland eines Agressors gemeint, der erforderlich ist, um eventuellem Cross subsidizing dieses Wettbewerbers mit Rückschlägen in dessen Heimatmarkt zu begegnen.

Marktanteile für den Schutz heimischer Marktführerschaft: "Vulnerability arises ... because a large market share in one national market, without the ability to retaliate in other markets, offers globally-minded competitors an opportunity to attack the firm's profit base with relative impunity. If this happens, the only option is to respond in the home market by price reductions, increased advertising, trade discounts, and other such measures which reduce cash flow in the firm's volume Base."[93]

- Problematik der Branchenabgrenzung nach Abnehmerkriterien

Die spezifische Problematik der Branchenabgrenzung im internationalen Kontext zeigt sich desweiteren darin, daß eine Grenzziehung über Abnehmergruppen und damit über demographische, sozio-ökonomische und psychographische Merkmale zusätzliche Schwierigkeiten aufwirft.[94] Diese resultieren aus der von Land zu Land differierenden Aussagekraft von Merkmalen wie Religion, Ausbildung, soziale Schicht, Persönlichkeit, Einstellungen usw.. Dieser Weg der Branchenabgrenzung versagt daher oft bei der Identifizierung länderübergreifender Branchen.

- Probleme der Abgrenzung geeigneter Aggregate von Länderbranchen

Es wurde bereits darauf hingewiesen, daß sich die internationale Wettbewerbsanalyse nicht nur auf einzelne Länderbranchen oder den gesamten Weltmarkt, sondern auch auf Aggregate von Länderbranchen beziehen kann und soll. Hieraus ergibt sich das Problem der Abgrenzung derartiger Gruppen von Länderbranchen. Obwohl es dabei nicht primär um die Auswahl von Ländern geht, können doch die Kriterienkataloge der internationalen Marktselektion zu Rate gezogen werden. Im einzelnen werden genannt:[95] Geschäftsrisiko (politisch, rechtlich, finanziell), Marktpotential und -wachstum, Konkurrenzintensität, Preisniveau, Länderrisiko, Kostenbelastung (Vorhandensein von Infrastruktur, Res-

---

93 Hamel/Prahalad (1988:34).
94 Vgl. Althans (1989:1473 ff.).
95 Vgl. z.B. Bernkopf (1980); Köhler/Hüttemann (1989); Stahr (1989:62 ff.).

sourcen), Zugehörigkeit zu supranationalen Organisationen (EG, COMECON, EFTA, ASEAN), geographische Nähe, Sprachverwandtheit. Solche und ähnliche Faktoren können schließlich über Clusteranalysen zur Abgrenzung von Länderaggregaten führen. Johansson/Moinpour (1977) haben beispielsweise eine Vielzahl von Variablen auf sieben Faktoren (Lebensstandard, Wirtschaftsgröße, Urbanisierungsgrad, Wachstumsrate, Außenhandelsstabilität, Bevölkerungsunterschiede, Tote durch politische Unruhen) reduziert und damit 37 Staaten in 5 Ländercluster gruppiert, wobei allerdings bereits die ersten vier Faktoren 70% der Gesamtvarianz erklärten.[96]

- Probleme der Abgrenzung strategischer Geschäftsfelder im internationalen Rahmen

Strategische Geschäftsfelder sind eigenständige Planungseinheiten der Unternehmung, für die eigene Ziele und Strategien entwickelt werden können. Wettbewerbsanalyse und -strategie beziehen sich daher streng genommen weniger auf ganze Unternehmen, als vielmehr auf deren Geschäftsfelder. Die Abgrenzung von Geschäftsfeldern stellt gewissermaßen die unternehmensseitige Spiegelung des Grenzziehungsproblems dar. In Anbetracht der vielfältigen Verflechtungen, die zwischen solchen Geschäftsfeldern auftreten können[97], bewegt man sich bei deren Definition schon im nationalen Kontext in einer Art Dilemma zwischen Synergieverlust und Isolierungsgewinn. Hinzu kommt die Abhängigkeit der Grenzziehung von Art und Anzahl unterschiedlicher Aktivitäten der betrachteten Unternehmung. Im internationalen Unternehmen erhöht sich die Komplexität durch die Möglichkeit und teilweise das Erfordernis, Geschäftsfelder auch nach geographischen Gesichtspunkten zu parzellieren. Es wird daher meist eine Geschäftsfelddefinition nach Ländern und Produktgruppen vorgeschlagen.[98] Wann eine Bildung länderspezifischer oder länderübergreifender Geschäftsfelder ratsam erscheint, wird in der Literatur[99] meist davon abhängig gemacht, inwieweit gewisse Schlüsselfaktoren des Marketing (etwa:Stadium im Produktlebenszyklus, Konsumentenverhalten, Bedarf einer gezielten Marktbearbeitung) und der Fertigung (etwa: Bedeutung von Skaleneffekten, Kapitalintensität Be-

---

96   Weitere Beispiele der Bildung von Länderaggregaten finden sich beispielsweise bei:Hansz/Goodnow (1973); Liander et al. (1967); Sethi (1971).
97   Vgl. Hax/Majluf (1988:56).
98   Vgl. Leontiades (1985:41 f.).
99   Vgl. etwa Davidson (1982:317 f.).

schaffungskomplexität) zu einem global integrativen bzw. lokal adaptiven Vorgehen bei der strategischen Planung zwingen. Ein solches Vorgehen ist aus zwei Gründen problematisch: Erstens müssen nicht unbedingt alle Einflußfaktoren gleichgerichtet *eine* Entscheidung favorisieren. Und zweitens "... kann es trotz langsamen technologischen Wandels, geringer fertigungstechnischer Komplexität und unterschiedlichen Abnehmerbedürfnissen sinnvoll sein, die einzelnen Ländermärkte innerhalb eines Produktbereichs gemeinsam zu betrachten, weil in den Ländern die gleichen Wettbewerber vertreten sind und ein Unternehmen auf diese Weise die Aktivitäten seiner Konkurrenten besser beobachten und entsprechend darauf reagieren kann."[100] Angesichts der beträchtlichen Probleme einer Geschäftsfeldabgrenzung im internationalen Rahmen wird zuweilen sogar vorgeschlagen, dieses Konzept völlig aufzugeben. So bemerken Hamel/Prahalad (1988:36):

> "Perhaps the most difficult problem imposed by the emerging global competition is that of resource allocation. Typically, large firms are organised ... into strategic business units (SBUs), or their equivalent. Yet in our experience, an SBU-type organisation may provide an inappropriate frame of reference for dealing with the new competition."

Die Ansicht der Autoren basiert dabei auf folgenden Gründen:[101]

* Geschäftsfeldorganisationen verhindern die so bedeutsamen tiefgreifenden Investitionen in die internationale Distribution, denn es läßt sich keine Art der Geschäftsfeldabgrenzung finden, die nicht das Erfordernis eines Commitment mehrerer Geschäftsfelder für diese Entscheidung nach sich zöge.

* Bei der Geschäftsfeldabgrenzung müßte mit separaten Fertigungs- und Marketingsubsystemen operiert werden, weil "... global co-ordination of manufacturing system is obviously required, even though marketing may still take place on a local-for-local basis."[102]

* Eine Abgrenzung von Geschäftsfeldern verhindert die im internationalen Kontext eventuell ratsame Trennung der Verantwortung für globale Wettbewerbsstrategie (etwa: Timing des Markteintritts, strategische Grundhaltung,

---

100   Voß (1989:153).
101   Vgl. Hamel/Prahalad (1988:36 f.).
102   Hamel/Prahalad (1988:36).

Marktanteilsziele, Investitionen) und lokale Marketingstrategien (etwa: Entwicklung der Markteintrittsstrategie).

*Geschäftsfeldübergreifende Technologieinvestitionen werden erschwert.

Fassen wir zusammen: Ein erster Schritt zur Wettbewerbsanalyse ist die Branchen- und Geschäftsfeldabgrenzung. Unserer Untersuchung der hierzu existierenden herkömmlichen Ansätze ergab, daß diese den internationalen Kontext weitgehend vernachlässigen. Zugleich wurde gezeigt, in welche Richtung Überlegungen zur Berücksichtigung des Phänomens der Internationalisierung gehen müßten (geographische Branchenabgrenzung, differenzierte Marktanteilsbetrachtungen, Verzicht auf Abnehmerkriterien bei länderübergreifenden Branchenabgrenzungen, Bildung von Clustern von Länderbranchen, Aufgabe des Geschäftsfeldkonzeptes).

2.32 Analyse der allgemeinen Wettbewerbssituation

Auf der Branchen- und Geschäftsfeldabgrenzung aufbauend, ist es Gegenstand vieler Instrumente der Wettbewerbsanalyse, die allgemeine Branchensituation für das Unternehmen transparent zu machen. In diesem Abschnitt soll daher überprüft werden, inwieweit diese Konzepte dem Gesichtspunkt der Internationalität Rechnung tragen.

Die vorliegenden Konzepte befassen sich mit Analysen der Branchenattraktivität (1), des Technologiebezugs der Wettbewerbsdynamik (2), vor allem aber mit der Untersuchung der allgemeinen strukturellen Bedingungen der Branche (3).

(1) Beraterorientierte Ansätze haben vornehmlich die Bestimmung der Branchenattraktivität, also ihres langfristigen Gewinnpotentials, zum Gegenstand. Es wurden Instrumente kreiert, die den Unternehmen aufzeigen, welche grundlegenden Entfaltungsmöglichkeiten das allgemeine Wettbewerbsumfeld bietet. Der Branchen- und Wettbewerbsvorteils-Matrix[103] zufolge bestimmt sich die Branchenattraktivität nach der Größe und Anzahl von Vorteilen, die ein Unternehmen gegenüber den Konkurrenten aufbauen kann. Die Kombination

---

103   Vgl. Kiechel (1981); Lochridge (1981); Mauthe (1983:332 ff.); v. Oetinger (1983:44 ff.); o.V. (1982); Strüven (1981); Strüven/Herp (1985).

dieser beiden Kriterien in eine Matrix ergibt die Einteilung von Branchen und Geschäften in Volumen-, Spezialisierungs-, Patt- und Fragment-Situationen mit jeweils spezifischen Erfolgsbedingungen (vgl. Abb. 2-7).

Anzahl der Vorteile	Größe des Vorteils	
	Klein	Groß
Groß	Fragmentiert	Spezialisierung
Klein	Patt	Volumen

Abb. 2-7:   Branchen - Wettbewerbsvorteil - Matrix (aus: Mauthe (1983:320))

Volumengeschäfte bieten kaum Differenzierungsmöglichkeiten (Bsp.: Flugzeugbranche), aber wenigen Großunternehmen über economies of scale sehr ansprechende Ertragschancen. Die Ausrichtung der Unternehmensstrategie muß daher auf die Größen- und Erfahrungseffekte ausgerichtet sein. Marktanteilsstabilisierung oder -ausbau gelingen vornehmlich über Kostenstrategien. Spezialisierungsgeschäfte gewähren demgegenüber eine Vielzahl von Möglichkeiten, Wettbewerbsvorteile aufzubauen, wobei auch Raum bleibt für Differenzierungsstrategien. Verglichen mit diesen beiden günstigen Branchensituationen erweisen sich Patt-Geschäfte als wenig attraktiv. Meist handelt es sich dabei um Branchen, die ehemals dem Volumengeschäft zugeordnet waren, in denen jedoch nunmehr die Kostensenkungspotentiale ausgeschöpft sind, Technologievorsprünge erodierten und somit weder große noch viele Vorteile vorliegen, so daß selbst einem hohen Marktanteil keine besondere Bedeutung mehr zukommt (z.B. Papierbranche). Fragmentierte Geschäfte schließlich beziehen sich auf zersplitterte Branchen, die vielen kleinen Anbietern durchaus günstige Gewinnchancen gewähren.

Es ist durchaus möglich, auf diese Weise auch Einblicke in die Situation internationalisierender Branchen zu gewinnen. Allerdings müßten dazu die Bedingungen der Anzahl und Größe von Vorteilen genauer spezifiziert werden. Schon unabhängig vom internationalen Kontext wird kaum aufgezeigt, wie man die Größe von Vorteilen ermittelt. Auch bleibt offen, worin Vorteile im einzelnen bestehen können. Offensichtlich orientiert man sich sehr stark an der Unterscheidung zwischen Kosten- und Differenzierungsvorteilen. In Bezug auf eine Anwendung in internationalisierenden Branchen wäre das auf jeden Fall zu spezifizieren und zu erweitern: Hier werden durchaus andere Vorteile (etwa: Standortvorteile, komparative Vorteile, Internalisierungsvorteile[104]) relevant.[105] Auch aus anderen Gründen ist eine Anwendung der Matrix zur Erfassung der Branchensituation nicht unproblematisch: Nicht nur, daß durchaus Branchen denkbar sind, die sich auf mehrere Felder beziehen. Die Matrix darf gerade im internationalen Zusammenhang auch nicht als statisch angesehen werden. Die Positionierung von Branchen kann sich - gerade durch den *Prozeß* der Internationalisierung[106] - leicht verändern. Es müßten also auch die speziellen Bedingungen des Wandels im Rahmen der Internationalisierung von Branchen in das Modell eingebaut werden.

Stärkere Berücksichtigung findet der dynamische Aspekt in der Multifaktormatrix von McKinsey.[107] Die Beurteilung der Branchensituation erfolgt auch hier über die Erfassung der Branchenattraktivität. Diese wird aber allein an der Summe der Deckungsbeiträge aller Wettbewerber festgemacht. Auf Grundlage umfassender Datenerhebungen und Experteninterviews werden die vergangenen, gegenwärtigen, aber auch zukünftigen Deckungsbeiträge der Wettbewerber ermittelt und zur Marktattraktivität aufsummiert. Die relative Position einzelner Unternehmen (jeweils anteiliger Deckungsbeitrag) läßt sich dem gegenüberstellen. Auf diese Weise wird dann die vergangene, momentane und zukünftige "Richtung" des Unternehmens visualisiert. Auch dieses Instrument könnte durchaus zur Beurteilung der Dynamik internationalisierender Branchen herangezogen werden. Die Beschränkung auf Deckungsbeiträge als Branchenattraktivitätsmaß setzt allerdings auf einem zu hohen Niveau an. Anhaltspunkte für Überlegungen zur internationalen Wettbewerbsstrategie ergeben sich so nicht ohne weiteres. Auch müßten bei der Prognose zukünftiger Deckungsbeiträge, deren Kriterien und Methodik im einzelnen verborgen bleibt, die speziellen Bedingungen der Internationalisierung beachtet werden.

---

104   Vgl. Dunning (1988:13 ff.).
105   Vgl. dazu die Ausführungen in Kapitel 2.42.
106   Zur Internationalisierung von Einzelunternehmen als Prozeßphänomen: Dörnberg (1982:93 ff.); Johanson/Vahlne (1977); Macharzina/Engelhard (1984).
107   Vgl. Mauthe (1983:332 ff.).

(2) Demgegenüber wird die besondere Beziehung zwischen Technologie und Wettbewerbsdynamik, die das Analysekonzept von Arthur D. Little (1981) unterstreicht[108], auch im internationalen Management hervorgehoben.[109] Das Konzept geht davon aus, daß es vor allem Gegenstand der Wettbewerbsanalyse sein sollte, die relevante Technologie der betrachteten Branche zu identifizieren. Dies sei der strukturelle Bedingungsrahmen, an dem sich die Entwicklung von Wettbewerbsstrategien[110] zu orientieren habe. Zu einem betrachteten Zeitpunkt sind dabei Schlüsseltechnologien, Basistechnologien und Schrittmachertechnologien zu erfassen. Der Zeitaspekt ist deshalb wichtig, weil Technologien einem Lebenszyklus folgen[111], so daß beispielsweise Schrittmachertechnologien durchaus zu Schlüsseltechnologien und schließlich sogar zu Basistechnologien werden können. Schlüsseltechnologien sind solche, die den stärksten Einfluß auf den Wettbewerb ausüben. Sie sind Ergebnis und Antriebsmotor von Wettbewerbsdynamik und Wettbewerbstrends. Basistechnologien sind dagegen einem breiteren Kreis von Wettbewerbern verfügbar, während mit Schrittmachertechnologien (z.B. Mikroprozessoren) junge, aber höchst bedeutsame Technologien gemeint sind.

Freilich stellt sich der Zusammenhang zwischen Technologie und Wettbewerbsbedingungen in internationalisierenden Branchen ungleich komplexer dar. Zu berücksichtigen wären beispielsweise:

*Probleme der Technologieanpassung bzw. Angepaßtheit an differierende Umsystembedingungen, denn "... neben das Problem der Erfassung und Beschreibung des Umsystems, der Technik und deren Interaktionen treten nun die einzelnen Aspekte (sozial, ökonomisch, ökologisch) mit ihren vielfältigen Unteraspekten (z.B. einzel-, volks- oder weltwirtschaftlich) bei den Urteilenden entsprechend deren spezifischer Sichtweise und Interessenlage in den Vordergrund."[112]

---

108 Vgl. auch: Kantrow (1980).
109 Vgl. Kortzfleisch (1989); Muroyama/Stever (Hrsg.,1988); Perlitz (1989); Robinson (1988); Schiemenz (1989); Staudt (1989); Stobaugh/Wells (Hrsg.,1984).
110 Hingewiesen sei in diesem Zusammenhang auch auf den technologischen Ansatz der Wettbewerbsstrategie von Ansoff/Steward (1967) sowie den Timing-Ansatz von Maidique (1980).
111 Vgl. Edge/Wiese (1982); Kiechel (1981:144 f.).
112 Schiemenz (1989:2023 f.).

* Länderspezifische Einflußfaktoren der Technologieauswahl (Ausbildungsstand, Einstellung zur Arbeitssicherheit, Einstellung zur Aus- und Weiterbildung, Beherrschbarkeit der erforderlichen Betriebsmittel durch lokale Arbeitskräfte, Aspekte des Umweltschutzes, Sicherheit der Vormateriallieferung, F&E-Kapazität im Ausland, Qualitätsanforderungen im Ausland, ausländische Anti-Trust-Bestimmungen, Industrienormen usw.).[113]

* Aspekte staatlicher Technologiepolitik. Diese wird zunehmend zu einer sehr gefährlichen Art von Politik, "... weil sie gerade im internationalen Bereich zu einer Eskalation in Protektionismus und Subvention verleitet."[114]

* Schwierigkeiten im Zusammenhang des Technologietransfers im internationalen Unternehmen[115], die etwa zusammenhängen mit den Kosten des internationalen Technologietransfers, Technologieexportkontrollen, dem Einfluß steuerlicher Rahmenbedingungen auf die Form des Technologietransfers und internationalem Technologieschutz.

(3) Der mit Abstand größte Teil traditioneller Konzepte der Wettbewerbsanalyse befaßt sich mit der Ermittlung der allgemeinen strukturellen Bedingungen der Branche. Für Scheld (1985:104 ff.) ist deshalb die Analyse von Wettbewerbsstruktur und generellem Wettbewerbsverhalten der wesentliche Gegenstand der Wettbewerbsprognose. Er schlägt vor, folgende Aspekte zu analysieren:

* gegenwärtige Wettbewerberzahl und Größenverhältnisse
* Prognosen von Größenveränderungen
* Beziehungen zwischen Konkurrenzunternehmen nach Art und Häufigkeit
* Beobachtung der Neuzugänge von Wettbewerbern (abhängig von deren Zielen, Fähigkeiten und den Markteintrittsbarrieren)[116]
* Analyse des Ausscheidens von Wettbewerbern (über Konkurse, Unternehmensverkäufe oder Fusionen).

Im Vergleich zu dieser relativ zusammenhanglosen und vor allem in ihrem Bezug zur Wettbewerbsstrategie nicht immer transparenten Listung von Analysegegenständen ist der Ansatz Porters (1988) erheblich konsistenter. Er soll daher im folgenden etwas genauer durchleuchtet werden. Porter greift, wie bereits erläu-

---

113 Vgl. dazu ausführlich: Perlitz (1989).
114 Staudt (1989:2044 f.).
115 Vgl. Marton/Singh (1988) und Robinson (1988).
116 Vgl. unsere für den internationalen Kontext modifizierte Betrachtung der Eintrittsbarrieren in Kap. 2.221.

tert wurde, auf die wesentlichen Variablen des Industrial Organization-Ansatzes zurück und gießt diese in ein Analysekonzept, das fünf Wettbewerbskräfte in den Vordergrund stellt: die Bedrohung durch neue Konkurrenten, die Verhandlungsmacht der Abnehmer, Bedrohung durch Ersatzprodukte und -dienste, Verhandlungsstärke der Lieferanten sowie Rivalität unter den bestehenden Unternehmen. Dies sind die wesentlichen Triebkräfte des Branchenwettbewerbs (vgl. Abb. 2-8). Dies sind die entscheidenden Einflußfaktoren der Branchenattraktivität und damit von Gewinn und Rentabilität.

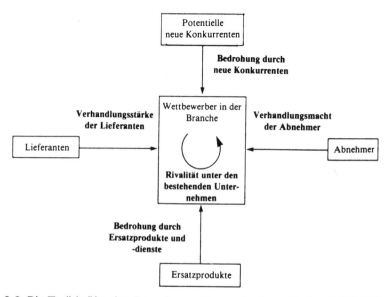

Abb. 2-8: Die Treibkräfte des Branchenwettbewerbs (aus: Porter (1988:26))

Porters Instrumente der allgemeinen Strukturanalyse bestehen nun in der Bereitstellung von Listen struktureller Einflußfaktoren auf die fünf Triebkräfte, die der Analyst zu untersuchen habe:

* Einflußfaktoren auf die *Gefahr durch neue Konkurrenten* sind die bereits dargestellten Eintrittsbarrieren (Porter (1988:29 ff.)). Hohe Gefahr durch neue Konkurrenten wird durch niedrige Eintrittsbarrieren erwirkt.

* Ein hoher *Grad der Rivalität* ergibt sich bei: Vielen und gleichgroßen Wettbewerbern; langsamem Branchenwachstum; hohen Fix- und Lagerkosten, die zu Kapazitätsauslatung zwingen; Mangel an Differenzierung der Produkte; niedrigen Umstellungskosten der Abnehmer; Überkapazitäten in der Branche; Hete-

rogenität der Strategien der Wettbewerber; hohen Austrittsbarrieren[117] (Porter (1988:42 ff.)).

* Ein hoher *Druck durch Substitute* wird bewirkt durch: Attraktivität der von Ersatzprodukten angebotenen Preis/Leistungsalternative; Existenz scheinbar entfernter Geschäftszweige, deren Produkte dennoch die gleiche Funktion erfüllen wie die des fokalen Zweiges; mangelndes kollektives Handeln der Bedrohten (Porter (1988:49 f.)).

* Hohe *Verhandlungsstärke von Abnehmern* ergibt sich aus: Starker Konzentration der Abnehmer oder hohem Anteil an den Gesamtumsätzen der Verkäufer; geringem Differenzierungsausmaß der gekauften Produkte; mangelnden Umstellungskosten der Abnehmer, falls sie auf andere Lieferanten umsteigen; Fähigkeit der Abnehmer zur Rückwärtsintegration; Informiertheit der Abnehmer (Porter (1988:50 ff.)).

* Hohe *Verhandlungsstärke der Lieferanten* resultiert aus: Geringer Anzahl der Lieferanten; Stärkerer Konzentration der Lieferanten im Verhältnis zur Branche, in die geliefert wird; mangelnder Konkurrenz der Lieferanten gegen Substitutsprodukte; geringer Bedeutung der Branche für die Lieferanten; hoher Bedeutung der Lieferanten für die Abnehmer; starker Gebundenheit der Branche an einen oder wenige Lieferanten wegen Produktdifferenzierung oder Umstellungskosten; Fähigkeit zur Vorwärtsintegration (Porter (1988:54 ff.)).

Damit liegt immerhin ein recht geschlossenes, konzeptionelles Analyseinstrumentarium von hoher theoretischer und empirischer Fundiertheit vor. Gleichwohl ist zu hinterfragen, ob mit diesen Faktoren und Größen die allgemeine Struktur *internationalisierender* Branchen wirklich umfassend erfaßt wird. Können Aussagen hinsichtlich der 'Internationalisierungsfreundlichkeit' von Branchenstrukturen getroffen werden?

Kurioserweise leistet Porter selbst diese Hinterfragung noch eher als die Autoren zum internationalen Management: Im Standardwerk über 'Global Marketing Management' von Keegan (1989:323 ff.) wird zum Thema 'Branchenanalyse' das Konzept Porters ebenso unhinterfragt präsentiert wie bei Voß (1989:9 f.) in seiner Veröffentlichung zum Thema 'internationale Wettbewerbsstrategien'.[118] Porter selbst geht differenzierter vor: Er behauptet, die Wettbewerbskräfte seien zwar in allen Branchensituationen die gleichen, doch die Analyse der Wettbe-

---

117 Hiermit sind wirtschaftliche, strategische und emotionale Faktoren gemeint, die bewirken, daß eine Unternehmung weiter in der Branche bleibt, auch wenn die Erträge niedrig oder negativ sind.

118 Auch Raffee/Segler (1989:1121) greifen auf Porters Triebkräfte des Branchenwettbewerbs zurück.

werbskräfte und der Konkurrenz erfahre in einzelnen Branchentypen, denen er den Teil II seiner Veröffentlichung widmet, eine unterschiedliche Akzentuierung:

> "Teil II zeigt, wie das in Teil I beschriebene Analysesystem für die Entwicklung von Wettbewerbsstrategien in besonders wichtigen, typischen Branchensituationen verwandt werden kann. Diese verschiedenen Situationen spiegeln fundamentale Unterschiede in Bezug auf Branchenkonzentration, Reifegrad und Intensität des weltweiten Wettbewerbs wider. Die branchentypischen Situationen sind entscheidend, wenn man bestimmen will, in welchem strategischen Zusammenhang ein Unternehmen konkurriert, welche strategischen Alternativen verfügbar sind, und worin die verbreitetsten strategischen Fehler bestehen."(Porter (1988:14))

Als eine derartige typische Branchensituation betrachtet Porter auch 'weltweite Branchen'.[119] Auch für diese Branchensituation - wir haben das Zitat bereits an anderer Stelle gebracht - seien nach wie vor die skizzierten fünf Wettbewerbskräfte die entscheidenden Strukturelemente. Er werde sich also "... der konzeptionellen Grundlagen aus Kapitel 1 bedienen, um einige der spezifischen ökonomischen und wettbewerbsbezogenen Probleme ... zu diskutieren, die in weltweiten Branchen auftauchen."[120] Was aber folgt? Die Analyse der strukturellen Bedingungen, die den Internationalisierungsprozeß von Branchen vorantreiben bzw. behindern, offenbart ganz andere Faktoren als die fünf Kräfte! Unter den strukturellen Ursachen des weltweiten Wettbewerbs, die Porter (1988:348 ff.) herausarbeitet, finden sich neben Betriebsgrößenersparnissen in Produktion, Logistik, Marketing und Beschaffung auch komparative Vorteile, weltweite Erfahrung, unternehmenseigene Technologie und Mobilität der Fertigung. In ähnlicher Weise neue Strukturelemente tauchen bei der Analyse der Hindernisse des weltweiten Wettbewerbs[121] auf: da ist die Rede von Transport- und Lagerkosten, differierenden Produktanforderungen, Empfindlichkeit gegenüber Lieferzeiten, länderweise differierenden Marketinganforderungen und staatlich-institutionellen Hindernissen[122] (Zölle und Abgaben, Importquoten, bevorzugte Vergabe öffentlicher Aufträge an Einheimische, Korruptionsgesetze etc.). Dies alles sind strukturelle Faktoren, die in internationalisierenden Branchen eine Rolle spielen, obwohl sie sich nicht ohne weiteres mit den fünf Wetbewerbskräften in Verbindung bringen lassen.

---

119 Vgl. Porter (1988: 345 ff.).
120 Porter (1988:347).
121 Vgl. Porter (1988: 353 ff.).
122 Hinterhuber (1982) hatte bereits im nationalen Bereich den Staat als zusätzliche Wettbewerbskraft gefordert.

Im übrigen seien noch einige andere Aspekte der allgemeinen internationalen Wettbewerbssituation angesprochen, deren Untersuchung in traditionellen Konzepten der allgemeinen Situationsanalyse zumeist vernachlässigt werden:

- Vernachlässigung der Analyse internationaler Kooperationsnetze

In Anbetracht des enormen Anwachsens internationaler strategischer Partnerschaften, strategischer Allianzen und weiterer Kooperationsformen[123] als sog. 'neue Formen der Internationalisierung'[124] kann eine Analyse der allgemeinen Branchenstruktur an der Identifizierung derartiger horizontaler, vertikaler und lateraler Netze[125] nicht vorbeigehen. Denn: diese haben auf die strukturellen Bedingungen des Wettbewerbs einen enormen Einfluß:

> "Kollektive Strategien können die Intensität der Wettbewerbs- und Vertragsverkettungen innerhalb eines Umweltsystems verändern. Diese Veränderungen beeinflussen die Qualität der Interdependenz zwischen den Elementen einer Organisationsumwelt, so daß sowohl Reduktion als auch Zunahme von Umweltvariation und Entscheidungsunsicherheit möglich weden."(Bresser (1989:548))

Für horizontale Verbindungen hat Bresser (1989)[126] diesen Zusammenhang in einem Kausalschleifensystem aufgezeigt:

---

123 Vgl. statt anderer: Contractor/Lorange (Hrsg.,1988).
124 Vgl. Pollak (1982).
125 Als laterale Netze könnte man die im internationalen Geschäft so wichtigen Regierungsbeziehungen bezeichnen. Vgl. dazu z.B. Mahini (1988). Taira/Wada (1987) zeigen eindrucksvoll, wie enge informale Beziehungen in Japan die formale Unterscheidung zwischen Regierung und Geschäftswelt fast gegenstandslos werden lassen.
126 Vgl. auch Bresser/Harl (1986).

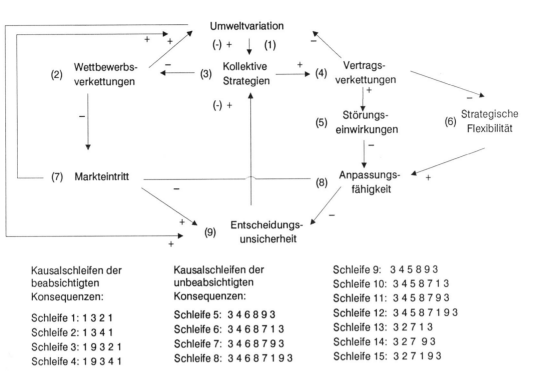

Abb. 2-9: Konsequenzen horizontaler Kooperationsbeziehungen für die Wettbewerbsstruktur (aus: Bresser (1989:550))

Ausgangspunkt dieses Modells ist das Konzept der externen Interdependenz.[127] Pfeffer/Salancik (1978:40) definieren dies als Situation, in der eine einzelne Organisation nicht alle Bedingungen ihres Output unter Kontrolle hat. Formen solcher Interdependenz sind vertikale, symbiotische, aber auch die uns im Moment interessierenden horizontalen Wettbewerbsbeziehungen unter Konkurrenten.[128] Je nach Ausmaß der Vorhersehbarkeit des Wandels in diesem interorganisatorischen Geflecht ergibt sich eine mehr oder weniger störende Entscheidungsunsicherheit (Miles (1980)), die über Reduktion der Wettbewerbsverkettung und/ oder über Forcierung der Vertragsverkettung als Grundformen der "interconnectedness"[129] handhabbar werden können.[130] Diese positiven Struk-

---

127 Vgl. Kap. 3.24.
128 Vgl. Fombrun/Astley (1982); Pennings (1981).
129 Vgl. die Dimensionen 'Bewegung'und 'Verknüpftheit' der Umweltinterdependenz bei Emery/Trist (1965).

turwirkungen werden durch die Kausalschleifen 1 bis 4 zum Ausdruck gebracht. Interessant, und vielfach nicht beachtet[131] sind nun freilich die negativen Strukturwirkungen, die im Gegensatz zu den selbstkorrigierenden Schleifen 1 bis 4 selbstverstärkend sind und dazu führen das das ganze System gewissermaßen "uptight"[132] wird. Die Dysfunktionen entzünden sich beispielsweise an der aus Vertragsverkettungen sich ergebenden strategischen Inflexibilität[133] (vgl. Schleifen 5 bis 8). Diese basiert nicht nur auf unkontrollierter Informationspreisgabe, sondern vor allem auf den versenkten Kosten, die in das Kooperationsnetz geleistet wurden. Diese "... verpflichten die Management-Teams der beteiligten Organisationen, an einer bestehenden Strategie festzuhalten, und zwar oft selbst dann, wenn veränderte Umweltbedingungen eine Aufgabe der Strategie nahelegen. Die Verwerfung einer kollektiven Strategie, die bereits zu erheblichen Investitionen geführt hat, kann von dritter Seite leicht als Indiz für Mißmanagement aufgefaßt werden."[134] Die mit der strategischen Inflexibilität verbundene Reduktion der Anpassungsfähigkeit erhöht schließlich wieder die Entscheidungsunsicherheit und senkt **Eintrittsbarrieren**. Es steht

> "... zu erwarten, daß innovative Außenseiter sich dazu angehalten fühlen, in einen kollektiv organisierten Markt einzutreten, wenn sie feststellen, daß die gegenwärtigen Marktteilnehmer unter strategischer Inflexibilität und mangelnder Anpassungsfähigkeit leiden."[135]

Senkung von Markteintrittsbarrieren, Anhebung von Entscheidungsunsicherheit und Umweltvariation sind des weiteren Konsequenz der größeren Störanfälligkeit von "tightly coupled" Branchenstrukturen. Im Sinne eines Dominoeffektes erhöht zu starke Branchenvernetzung, wie die Schleifen 9 bis 12 zeigen, die Diffusionsgeschwindigkeit und die Anzahl der Diffusionskanäle externer Störungen.[136]

---

130 Auch in der Literatur zum Industrial Organization-Ansatz wird der das Auftreten kooperativer Marktstrukturen mit dem Wunsch zur Reduktion der aus Umweltbewegungen resultierenden Entscheidungsunsicherheit verbunden: Caves (1982);Scherer (1980).

131 Zumindest die Anhänger des 'collective action view' erkennen keinerlei Dysfunktionen kooperativer Unternehmensbeziehungen: vgl. Astley (1984); Astley/Fombrun (1983), (1983a); Fombrun/Astley (1983).

132 Vgl. Bateson (1981); Weick (1985).

133 Zur Flexibilitätsdiskussion vgl. Ansoff (1984); Thompson/Stricklund (1983).

134 Bresser (1989:551).

135 Bresser (1989:551).

136 Vgl. Aldrich (1979); Pfeffer/Salancik (1978); Weick (1985).

Nicht nur über die Zunahme von Vertragsverkettungen lassen sich negative Strukturwirkungen zu enger Kooperationsnetze begründen. Auch die mit ihnen verbundene Senkung der Rivalität unter den bestehenden Wettbewerbern führt[137] hat den Abbau von Eintrittsbarrieren zur Konsequenz (Schleifen 13 bis 15).

Die Analyse internationaler Kooperationsnetze im Rahmen der Untersuchung der allgemeinen Branchenstruktur ist mithin für Wettbewerbsanalyse und Wettbewerbsstrategie in internationalisierenden Branchen unverzichtbar. Erste Anhaltspunkte, welche Kriterien im einzelnen zu untersuchen wären, liefert Buchs (1987:80 ff.). Er führt das Merkmal "Kooperations- und Kartellverträge" in die Kategorie der Marktstruktur ein und schlägt im Rahmen der Branchenanalyse die Erfassung einer Fülle von Merkmalen, wie sie Abb. 2-10 wiedergibt, vor.

```
1. Richtung der Kooperation
   - horizontale Kooperation (Kooperation innerhalb der Branche)
   - diversifikative Kooperation (branchenüberschreitende Kooperation)
   - vertikale Vorwärtskooperation
   - vertikale Rückwärtskooperation
2. Kooperationsmatrix (wer kooperiert mit wem?)
3. Geltungsbereich der Kooperation (Funktionen und Aktionsparameter)
   3.1  Beschaffung: Bestellwesen, Transportwesen, Lagerhaltung, Verbesserung der Verhandlungsposition
        gegenüber Lieferanten (Qualitätsnormen, Qualitätskontrolle, Zahlungs- und Lieferbedingungen,
        Risikoabwälzung), Import, Marktforschung auf Beschaffungsmärkten, gesamter Einkauf.
   3.2  F&E: Forschung, Entwicklung, Markterkundung, Markterschließung
   3.3  Produktion: Beratung, Informationsbeschaffung und -austausch über neue Entwicklungen der
        Produktionstechnik, Sicherheitsbestimmungen, Qualitätskontrolle, Kapazitätsauslastung,
        Produktionsprogramm, Normung und Standardisierung von Einsatz- u/o Absatzgütern, Typenbildung,
        Produktionsmengen, Investitionen.
   3.4  Finanzierung und Finanzmittelanlage: Informationsaustausch über Schuldner und Kreditbedingungen bei
        Kreditvergaben und -nahmen, Marktforschung auf Geld- und Kapitalmärkten, Anlage freier Mittel,
        Beschaffung von Finanzmitteln, gesamte Finanzierung, Illiquiditätsfonds.
   3.5  Management: Rechnungswesen, EDV, Dokumente, Archive.
   3.6  Marketing: Marktforschung und Marketingberatung, Produktpolitik, Werbung, Sales Promotion, Vertrieb.
   3.7  Öffentlichkeitsarbeit
4. Organisation der Kooperation
   - Funktions- oder Projektgemeinschaft (Herausnahme bestimmter Funktionen aus dem Aufgabenbereich der
     Kooperationspartner und Übertragung an eine Gemeinschaftsinstitution)
   - Funktionsteilung
   - Funktionsspezialisierung
5. Räumlicher Geltungsbereich (Lokalmarkt, Regionalmarkt, Binnenmarkt, Exportmärkte)
6. Zeitlicher Geltungsbereich
7. Zahl der beteiligten Unternehmen
8. Vertragsform
```

Abb. 2-10: Kriterien der Analyse von Kooperationsnetzen (gekürzt aus: Buchs (1987:88 ff.))

---

137   Auch den "Gesetzen" des Industrial Organization zufolge.

Allerdings werden diese Kriterien noch zu wenig dem internationalen Gesichtspunkt gerecht. Auch sind sie stark deskriptiv orientiert. Eine auf diese Merkmale beschränkte Kooperationsanalyse entbehrte somit des Bezugs zur Wettbewerbsstrategie. Wir werden deshalb in Kapitel 3.24 und 4.3 auf Fragen der Netzanalyse nochmals vertieft zurückkommen.

- Vernachlässigung der Analyse von Weltmarktstrukturen

Internationale Branchenstrukturanalyse darf nicht auf den nationalen Rahmen beschränkt bleiben. Es sind daher Weltmarktstrukturen zu ermitteln[138]. Nach Segler (1986) geht es dabei um die dynamische Erfassung bzw. Schätzung des Weltmarktpotentials und Weltmarktvolumens sowie dessen Aufteilung nach Kunden bzw. Kundengruppen. Aus dem Verhältnis dieser Größen zu einzelnen Ländergrößen oder Länderaggregatgrößen lassen sich Schlüsselmärkte für die Wettbewerbsstrategie identifizieren, die möglicherweise auch außerhalb der Triade USA, Japan und Westeuropa[139] liegen können. Die Bearbeitung solcher Schlüsselmärkte, die sich durch hohes Marktvolumen, geringes politisches Risiko sowie hohes Innovationspotential auszeichnen wird immer mehr zu einem Kernbestandteil der internationalen Wettbewerbsstrategie. Zur Weltmarktstrukturanalyse zählt zudem die Erfassung der Weltmarktanteile der wichtigsten Unternehmen. Sie "... gibt Anhaltspunkte für die Frage, in welchem Maße das eigene Unternehmen und die relevanten Wettbewerber strategisch auf Erfahrungskurveneffekte bauen können."[140]

- Vernachlässigung der Analyse des Wettbewerbs zwischen Nationen

Allgemeine Branchenstrukturanalysen können nicht umhin, auch die strukturellen Bedingungen des Wettbewerbs zwischen Nationen zu erfassen. Dies wird in der traditionellen Branchenanalyse völlig vernachlässigt. Vielmehr konzentriert sich die Diskussion um die internationale Wettbewerbsfähigkeit fast ausschließlich auf wirtschafts- und gesellschaftspolitische Aspekte[141] und wird im Zusam-

---

138   Vgl. Segler (1986:56 ff.).
139   Vgl. Ohmae (1985), (1987).
140   Segler (1986:57) (Kommafehler korrigiert).
141   Vgl. zur jüngeren Diskussion: Engels (Hrsg.,1986); Faust/Schedl (1984); Gahlen (1985); Gerstenberg/Schedl (1986); Issing (1981); Macharzina (1989); Schiefer (1982).

menhang der Wettbewerbsanalyse und Wettbewerbsstrategie aus Sicht des Unternehmens kaum diskutiert. Porter selbst hat dieses Defizit in jüngerer Zeit erkannt: Das zeigt sich bereits in seiner Entwicklung des Konzepts des strategischen Sprungbretts[142], noch intensiver jedoch in seiner umfangreiche empirische Studie über den 'Wettbewerbsvorteil von Nationen'.[143] Die dabei festgestellten Determinanten der nationalen Wettbewerbsfähigkeit sind auch für die Wettbewerbsanalyse und Wettbewerbsstrategie internationalisierender Unternehmen von so herausragender Relevanz, das ihre Aufnahme in eine Analyse der allgemeinen Wettbewerbssituation unumgänglich wird.

Als globales Sprungbrett wird ein Land dann bezeichnet, "... wenn es dort beheimateten Firmen ein Umfeld bietet, das ihnen einen Vorteil im internationalen Wettbewerb beschert."[144] Die Bedingungen dieses Vorteils sind es nun, die in die Analyse der Wettbewerbssituation ergänzend aufzunehmen wären. Porter nennt zwei Gruppen von durchaus interdependenten Bestimmungsfaktoren:[145]

* *Komparative Vorteile*. Diese werden nochmals differenziert in weniger bedeutsame einfache Faktoren (Angebot an billigen ungelernten Arbeitskräften, Vorhandensein von Bodenschätzen) und komplexe Faktoren (Verfügbarkeit von wissenschaftlich oder technisch qualifiziertem Personal oder einer gut ausgebauten Infrastruktur). Die relativ geringere Bedeutung der einfachen Faktoren erklärt sich aus der Abnahme des Anteils der direkten Arbeitskosten an den Gesamtkosten in vielen Branchen und der zunehmend globalen Struktur internationaler Rohstoffmärkte.

* *Nachfragesituation und betriebliches Umfeld vor Ort*. Unter diese Kategorie fallen Umfang und zeitlicher Verlauf der Nachfrage in der betrachteten Länderbranche[146], Ansprüche und Kaufkraft der lokalen Abnehmer, Leistungsfähigkeit der Vertriebskanäle sowie Produktmerkmale und -eigenschaften, auf die der Käufer besonderen Wert legt. Faktoren des betriebliche Umfeldes sind: Geschäftsgepflogenheiten und -bedingungen des betrachteten Landes,

---

142 Vgl. Porter (1989:43 ff.).
143 Vgl. Porter (1990),(1990a).
144 Porter (1989:43).
145 Vgl. zum Folgenden: Porter (1989:43 f.).
146 Schon Linder (1961) hatte in seiner Nachfragestrukturtheorie der Internationalisierung die theoretisch mögliche Handelsintensität zwischen Ländern über die Ähnlichkeit der Nachfragestrukturen und des Einkommensniveaus begründet.

Intensität der inländischen Rivalität, Struktur der Binnennachfrage. Der Einfluß dieser Faktoren auf die Ausnutzung von Wettbewerbsvorteilen dort ansässiger Unternehmen entsteht durch Vorreitereffekte, die sich im Verlauf der Internationalisierung in Skalen- und Lerneffekte umsetzen lassen. Darüberhinaus ergeben sich Motivationsschübe: "Anspruchsvolle und einflußreiche Abnehmer, schwierige betriebliche Probleme und ein oder zwei starke inländische Konkurrenten lassen ein Unternehmen schneller in der Lernkurve voranschreiten, und fördern die Entwicklung neuer Wettbewerbskonzepte."[147]

Eine Fortsetzung und empirische Stützung dieser Überlegungen stellt Porters Konzept des nationalen Vorteils[148] dar. Ausgangspunkt von Porters Überlegungen ist die These, daß Wettbewerbsvorteile (in internationalisierenden Branchen) durch Innovation geschaffen[149] und durch immer neue innovative Akte erhalten und ausgebaut werden. Die Fähigkeit zu den richtigen Akten der Innovation resultiert nun jedoch aus den Bedingungen der nationalen Umwelt:

> "Competitive advantage is created and sustained through a highly localized process. Differences in national economic structures, values, cultures, institutions, and histories contribute profoundly to competitive success. The role of the home nation seems to be stronger as or stronger than ever. While globalization of competition might appear to make the nation less important, instead it seems to make it more so. With fewer impediments to trade to shelter uncompetitive domestic firms and industries, the home nation takes on growing significance because it is the source of the skills and technology that underpin competitive advantage."(Porter (1990:19))

Das heißt: Es gibt spezielle, länderbezogene Determinanten der Innovationskraft und damit des nationalen Wettbewerbsvorteils[150] in internationalisierenden Branchen:

---

147 Porter (1989:44).
148 Vgl. Porter (1990), (1990a). Kritisch allerdings Thurow (1990): Er bemängelt nicht nur den ausschweifenden Sprachstil Porters, sondern auch dessen Ergebnisse. Stets seien sie durch Gegenbeispiele widerlegbar.
149 Vgl. Porter (1990:74 ff.), (1990a:45 ff.). Man beachte die Parallelen zur Schumpeter'schen Theorie der wirtschaftlichen Entwicklung des Kapitalismus (Schumpeter (1952)). Innovationen sind für Schumpeter der endogene Antrieb wirtschaftlicher Entwicklung. Allerdings: Schumpeter prophezeihte den Niedergang des Kapitalismus und seine Ablösung durch den Sozialismus gerade wegen seiner Erfolge !!(vgl. Schumpeter (1950:105 f.)).
150 Nationale Wettbewerbsvorteile beziehen sich auf die Vorteile der Unternehmen eines Landes gegenüber einem anderen. Man könnte durchaus

" When a national environment permits and supports the most rapid accumulation of specialized assets and skills - sometimes simply because of greater effort and commitment - companies gain a competitive advantage. When a national environment affords better ongoing information and insight into product and process needs, companies gain a competitive advantage. Finally, when the national environment pressures companies to innovate and invest, companies both gain a competitive advantage and upgrade those advantages over time."
(Porter (1990:77))

Wettbewerbsstrategie hat in unserem Sprachspiel den Aufbau und das Ausnutzen von Wettbewerbsvorteilen zum Gegenstand. Übertragen wir also die Porter'schen Überlegungen auf unseren Analysezweck, so hat Wettbewerbsstrategie in internationalisierenden Branchen sehr viel zu tun mit der 'Schaffung von' und dem 'Sich-Hineinbegeben-In' innovationsträchtige Konstellationen von Determinanten des nationalen Vorteils. Voraussetzung dazu ist freilich die Kenntnis dieser Determinanten: *Diese* zu erlangen, ist Gegenstand der Wettbewerbsanalyse in internationalisierenden Branchen. *Diese* sind auch die strukturellen Bedingungen, die man kennen muß, um internationalisierungsfreundliche von weniger internationalisierungsfreundlichen Länderbranchen zu trennen. *Diese* sind aufgrund ihrer Vernachlässigung in den traditionellen Instrumenten dringend in die Wettbewerbsanalyse zu integrieren.

Porter unterscheidet innerhalb seines 'Diamanten des nationalen Wettbewerbsvorteils'[151] (vgl. Abbildung 2-11) vier bedeutsame Faktorenkategorien: Unternehmensstrategie, Struktur und Rivalität, Nachfragebedingungen, Nachbarbranchen und Lieferbranchen sowie Faktorbedingungen.

---

von internationalen Wettbewerbsvorteilen oder von Wettbewerbsvorteilen in internationalisierenden Branchen sprechen.

151   Vgl. Porter (1990:77 ff.), (1990a:71 ff.).

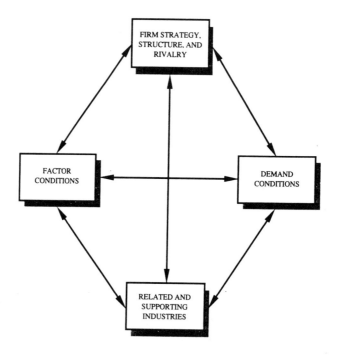

Abb. 2-11:   Der Diamant des nationalen Vorteils nach Porter (1990a:72))

Im einzelnen enthalten die Kategorien folgende zu analysierende Einflußfaktoren:[152]

*Einflußfaktoren der Kategorie 'Faktorbedingungen', die zu internationalen Wettbewerbsvorteilen führen können: Humanressourcen (viele, fähige und günstige Arbeitskräfte); natürliche Ressourcen (Verfügbarkeit, Qualität, Zugang und Kostengünstigkeit von Boden, Wasser, Mineralien usw.); Wissensressourcen (Gute Universitäten, Forschungsinsitutionen, wissenschaftliche Literatur, Datenbänke usw.); Günstige Kapitalressourcen (Geringe Kapitalkosten); Günstige Infrastruktur (bezügl. Transportsysteme, Kommunikationssysteme, Postdienste, Gesundheitswesen usw.); Vorhandensein sehr spezifischer Faktoren (Bsp.: Insulinspezialisierung in Holland); Vorhandensein von 'world-class' Insitutionen, die hochspezialisierte Faktoren kreieren);

---

152   Die Auflistung wurde zusammengestellt aus den Ausführungen bei Porter (1990:77 ff.), (1990a:71 ff.). Die aufgezählten Faktoren sind jeweils durchaus nicht überschneidungsfrei, sondern vielmehr interdependent.

Vorhandensein von **Nachteilen** in der Ausstattung mit Basisfaktoren (denn dadurch werden Innovationen gefördert, Bsp.: mangelhafte Ressourcenausstattung in Japan); Fähigkeit zur effizienten und effektiven Ausnutzung von Faktorausstattungen; Vorhandensein fortschrittlicher (advanced) Faktoren (Bsp.: digitale Datenkommunikationsstruktur, hochgebildetes Personal); Fähigkeit zur Kreation fortschrittlicher und spezialisierter Faktoren.

* Einflußfaktoren der *Kategorie Nachfragebedingungen*, die zu internationalen Wettbewerbsvorteilen führen können: Hohes Ausmaß der Heimatnachfrage (Konsequenz: Skalen- und Lerneffekte, die sich international ausbeuten lassen) ; Existenz im Vergleich zu anderen Ländern sehr spezieller Nachfrage, die erst später in andere Länder diffundiert (Bsp.: hydraulische Schaufelbagger in Japan)(= Segmentstruktur der Nachfrage); Vorhandensein sehr sophistischer (sophisticated) Nachfrage, die Druck zur Innovation und zur Etablierung hoher Standards schafft; Vorhandensein spezifischer, aus Länderwerten und -bedingungen resultierender Bedürfnisse (Bsp.: Japan: Bedarf nach leichten, kleinen Produkten), deren Konkretisierung in Produkten auch in anderen Ländern gefragt ist; Vorhandensein von Nachfragern, die die Nachfrage anderer Länder antizipieren oder gar beeinflussen; Vorhandensein einer Vielzahl unabhängiger Käufer, die ein günstigeres Innovationsklima darstellen als wenige Nachfrager; Vorhandensein zügigen Nachfragewachstums, da dieses zur schnelleren Adaption neuerer Technologien führt; Vorhandensein sehr frühzeitiger Heimatnachfrage nach neuen Produkten, die andernorts noch nicht verlangt werden; Vorhandensein rascher nationaler Marktsättigung, die zu weiteren Innovationen zwingt; Mobile und multinationale Käufer, die die Heimatnachfrage früh internationalisieren; Vorhandensein einer internationalen Transmission heimischer Bedürnisse (z.B. über Film und Fernsehen).

* Einflußfaktoren der Kategorie *Nachbarbranchen und Lieferbranchen*, die zu internationalen Wettbewerbsvorteilen führen können: Vorhandensein von Lieferanten, die schnell und bevorzugt liefern; Vorhandensein von Lieferanten, zu denen enger Kontakt auch zu Zwecken der Produktentwicklung besteht; Vorhandensein von Lieferanten, die ihrerseits globale Wettbewerber sind; Vorhandensein internationalisierender Nachbarbranchen, mit denen infolge von Ähnlichkeiten in Technologie, Entwicklung, Fertigung, Distribution, Marketing oder Service Informations- und Technologieaustausch be-

steht; Vorhandensein internationalisierender Nachbarbranchen, die auch die Internationalisierung komplementärer Branchen mitantreiben.

* Einflußfaktoren der Kategorie *Unternehmensstrategie, Struktur und Rivalität,* die zu internationalen Wettbewerbsvorteilen führen können: Vorhandensein einer Konvergenz der Managementsysteme / Organisationsgestaltung des Landes mit den Quellen des Wettbewerbsvorteils in der Branche; Vorhandensein einer Entsprechung zwischen den Charakteristika des nationalen Kapitalmarktes und den nationalen Gepflogenheiten der Managervergütung mit der Wahl der Branche; Hohe individuelle Arbeits- und Lernmotivation; Vorhandensein bestimmte Branchen favorisierender Werte und Ziele; *Vorhandensein starker nationaler Rivalität,* da diese zu Innovationsdruck führt: "Local rivals push each other to lower costs, improve quality and service, and create new products and processes."[153]

Bei der Analyse ist zu beachten, daß die Einflußgrößen in interdependenter Beziehung stehen, wie Porter sagt, ein *System*[154] bilden: Die Wirkungen einzelner Einflußgrößen hängen oft mit dem Zustand anderer Faktoren zusammen: "Sophisticated buyers will not translate into advanced products ... unless the quality of human resources permits companies to meet buyer needs."[155] Zudem wandeln und beeinflussen sich die Faktorenkategorien in dynamischer Weise (Porter (1990a: 131 ff.)).

Dies alles sind durchaus neue Aspekte der strukturellen Bedingungen von Wettbewerbsstrategie. Sie zu analysieren sollte Bestandteil von Instrumenten der Wettbewerbsanalyse in internationalisierenden Branchen werden. Denn: Es handelt sich um Überlegungen, die unmittelbare Konsequenzen für internationale Wettbewerbsstrategien zeitigen:[156] Internationalisierende Unternehmen haben sich im Kontext des geschilderten Faktorensystems geschickt zu bewegen und Druck für Innovationen zu schaffen, sich starken und herausfordernden Konkurrenten bereits auf nationaler Ebene bewußt auszusetzen, Frühwarnsysteme zu installieren, die Strukturvariablen selbst zu beeinflussen, Rivalität im Heimatland zu begrüßen, strategische Partnerschaften mit Bedacht auszuwäh-

---

153 Porter (1990:82).
154 Vgl. Porter (1990:83 ff.), (1990a:131 ff.).
155 Porter (1990:83).
156 Vgl. Porter (1990:89 ff.).

len: Auch Porter bestätigt die bereits oben getroffene Feststellung von Dysfunktionen zu eng geknüpfter strategischer Vernetzung: "No company can rely on another outside, independent company for skills and assets that are central to is competitive advantage. Alliances are best used as a selective tool, employed on a temporary basis or involving noncore activities."[157]

Ich möchte zusammenfassen: Gegenstand dieses Kapitels war es, zu überprüfen, inwieweit die traditionellen Konzepte zur Analyse der allgemeinen Wettbewerbssituation dem Phänomen der Internationalisierung Rechnung tragen. Es zeigte sich, daß die Branchen- und Wettbewerbsvorteilsmatrix einerseits zu wenig der *Dynamik* und andererseits zu wenig den spezifischen internationalen Wettbewerbsvorteilen (etwa Standort-, Internalisierungsvorteile und komparative Vorteile) gerecht wird. Die Multifaktormatrix setzt mit dem Deckungsbeitragskonzept auf zu hohem Niveau an, während Technologiekonzepte die im internationalen Kontext ungleich komplexere Beziehung zwischen Technologie und Wettbewerb ausblenden. Instrumente hinsichtlich der Analyse der strukturellen Branchenbedingungen, wie sie insbesondere von Porter vorgelegt wurden, lassen sich nur schwer auf internationalisierende Branchen "anwenden". Sie vernachlässigen die Analyse internationaler Kooperationsnetze, die, wie gezeigt wurde, gerade wegen ihrer dysfunktionalen Effekte auf die strukturellen Bedingungen der Branche, von außerordentlich hoher Bedeutung sind. Sie analysieren keine Weltmarktstrukturen und widmen sich nicht den spezifischen strukturellen Bedingungen des Wettbewerbs zwischen Nationen. Dabei wurde gezeigt, daß es gerade diese Bedingungen sind, die helfen, internationalisierungsfreundliche von internationalisierungsunfreundlichen Branchen zu trennen.

2.33 Brancheninterne Strukturanalysen

Die traditionellen Analyseinstrumente befassen sich nicht nur mit der Untersuchung der *allgemeinen* Branchenstruktur. Durch die Bildung strategischer Gruppen als "... Zusammenfassungen von Unternehmen einer Branche, die jeweils hinsichtlich zentraler Strategieparameter ähnlich sind"[158] wird eine tiefere

---

157   Porter (1990:93).
158   Scholz (1987:173).

Analyse möglich als nur die der Branche als Ganzer.[159] Wettbewerbsanalyse auf Gruppenebene vereinfacht und verbessert die Formulierung von Wettbewerbsstrategien, denn es sind gruppenspezifische Unterschiede in den nunmehr als Mobilitätsbarrieren zwischen den Gruppen zu begreifenden Ein- und Austrittsbarrieren, in der Rivalität und Rentabilität innerhalb und zwischen Gruppen, aber auch in der Wirkung einzelner Wettbewerbskräfte beobachtbar.

Eine Überprüfung der Berücksichtigung des Phänomens der Internationalisierung bei der (traditionellen) Bildung strategischer Gruppen muß weniger an der formalen Methodik der Gruppenbildung ansetzen: Sicherlich können auch internationale strategische Gruppen zweidimensional, dreidimensional oder multidimensional gebildet werden.[160] Änderungen dürften sich eher hinsichtlich der verwendeten Faktoren bzw. Kriterien der Gruppenbildung ergeben. Diese Frage ist bereits unabhängig vom internationalen Zusammenhang Anknüpfungspunkt der Kritik am Konzept der strategischen Gruppen:

> "Yet despite ten years of research there remains confusion about the concept and its linkage to the strategic management of firms, and criticisms have been voiced about whether the observed groups make sense to strategists or other interested parties." (Mc Gee/Thomas (1988:54))

Die adäquate, d.h. analytisch sinnhafte Bildung strategischer Gruppen, so die Kritik, müsse stärker die (voluntaristische) Perspektive individueller Entscheidungsträger integrieren; nur so könne die Generierung der *richtigen* strategischen Variablen sichergestellt werden.[161]

Betrachtet man nun die bisher vorgeschlagenen Variablen[162], so wird deutlich, daß dem Aspekt der Internationalität bzw. der mit ihm zusammenhängenden Einflußgrößen kaum Rechnung getragen wird. Herangezogen werden vielmehr Kriterien wie Spezialisierung, Marken-Identifikation, Wahl der Absatzkanäle,

---

159 Vgl. Hatten/Hatten (1987); Hinterhuber/Kirchebner (1983); Hunt (1972); Newman (1978); Mc Gee (1985); Porter (1988:173 ff.).
160 Vgl. Scholz (1987:173 ff.).
161 Vgl. Mc Gee/Thomas (1988:54). Sie sind der Ansicht, daß "... adding the perceptual data drawn from individual decision-makers to the economic models of competition provided by industrial organisation economics perspectives should enable a more general framework to be developed for identifying important strategic variables."
162 Vgl. die Übersicht bei Mc Gee/Thomas (1988:55), sowie: Porter (1988:174 ff.).

Qualität, technologischer Stand, vertikale Integration, Kostenposition, Serviceleistung, Preispolitik, relative Unternehmensgröße, Anzahl der Fertigungseinheiten usw.. Sieht man einmal von dem Vorschlag ab, auf die Dimension 'Beziehungen zu einheimischen und zu ausländischen (Gast-)Regierungen' zurückzugreifen, so reichen die genannten Kriterien für die Analyse strategischer Gruppen in internationalisierenden Branchen gewiß nicht aus. Es müßten mithin verstärkt internationalisierungsstrategie-relevante Variablen herangezogen werden. Nach Kogut wäre ein solches Kriterium in der Länderherkunft der sich in internationalisierenden (Länderaggregat-) Branchen bewegenden Unternehmen zu erblicken.[163] Es sind allerdings eine Reihe weiterer Variablen denkbar: Ausmaß der internationalen Streuung der Unternehmensteile, Anzahl der bearbeiteten Länder, Wertschöpfungstiefe im jeweiligen Land, Zeitpunkt des Markteintritts, Internationalisierungsgrad könnten sie heißen. Colberg (1989), auf dessen Konzept der Länderverbundvorteile und Länderverbundbarrieren wir noch an anderer Stelle zurückkommen werden[164], hat in systematischer Weise eine Reihe von Merkmalen internationaler Präsenzstrategien[165] abgeleitet, die man durchaus für die Bildung strategischer Gruppen in internationalisierenden Branchen heranziehen könnte. Die richtige Auswahl der Kriterien hängt allerdings vom Einzelfall und von ihrer Unabhängigkeit ab. Aus Colbergs (1989:87-147) umfangreichem Merkmalsspektrum erscheinen für die Bildung strategischer Gruppen in internationalisierenden Branchen besonders relevant:

Anzahl der Länder mit eigener Vertriebsorganisation, eigenen Produktionsstätten oder F&E Stätten; Ausmaß der Länderstreuung des Absatzes/Umsatzes, der Produktwertschöpfung, der Beschaffung oder F&E; Ausmaß der Absatzkonzentration auf Länder mit hohem Marktwachstum; Ausmaß der Absatzkonzentration auf Länder(gruppen) mit geringem Länderrisiko; Ausmaß der internationalen Produktstandardisierung; Ausmaß der Internationalen Markenstandardisierung; Ausmaß der internationalen Parallelität der Produkteinführung; Ausmaß der Konzentration der Produktionswertschöpfung auf Länderklassen mit geringer Steuerbelastung, geringen Arbeitskosten; internationale Homogenität der

---

163   Vgl. Kogut (1988:316).
164   Vgl. Kap. 4.21.
165   "Die internationale Präsenzstrategie eines Unternehmens ist die beobachtbare Entwicklung der Struktur seiner internationalen Aktivitäten, die durch eine Folge internationaler Präsenzentscheidungen im Zeitablauf definiert wird." (Colberg (1989:18)).

eingesetzten Produktionstechnologie; Ausmaß der Integration von Marketing, Produktion oder F&E.

2.34 Analyse der Branchenentwicklung

Die zur Debatte stehenden herkömmlichen Instrumente der Wettbewerbsanalyse sind keineswegs statisch orientiert. Es existierten durchaus Vorschläge zur Analyse der Branchenentwicklung. In methodischer Hinsicht wird dazu vielfach auf Längsschnittanalysen mittels Mustererkennung verwiesen.[166] Andererseits finden sich in Orientierung am Konzept des Branchenlebenszyklus[167] Listen von Einflußgrößen des Wandels:[168] Langfristige Veränderungen des Wachstums, Wechsel der bedienten Abnehmersegmente, Lernprozesse bei den Abnehmern, Abnahme der Unsicherheit, Know-how-Verbreitung, Erfahrungssammlung, Veränderungen in der Unternehmensgröße, Veränderungen der Inputkosten und Wechselkurse, Produkt- und Verfahrensinnovation, Strukturwandel in benachbarten Branchen, Änderungen der staatlichen Politik usw. werden verantwortlich gemacht für die Evolution von Branchen.

Die Thematisierung von Branchenentwicklung erfolgt traditionell sehr eng im Lichte des Lebenszyklusmodells, hat Aspekte der zunehmenden Konzentration[169] oder allgemeiner der Strukturveränderung[170] zum Gegenstand. Kaum jedoch finden sich Analysen des *Internationalisierungsprozesses* von Branchen und seiner Einflußgrößen.[171] Dies ist bedauerlich, da gerade seitens der Literatur zum internationalen Management eine verstärkte Betrachtung der Internationalisierung als "... Prozeß der zunehmenden Ausweitung oder der rückwärtsgerichteten Einschränkung des Auslandsengagements mit entsprechenden Konse-

---

166 vgl. Scholz (1987:117 ff), (1985).
167 Dieser wird analog zum Produktlebenszyklus als Summe der Produktlebenszyklen der Branche konzipiert: vgl. Heuss (1965:25 ff.); Schwartau (1977:139 ff.).
168 Vgl. Porter (1988:216 ff.).
169 Vgl. Hofmann (1982).
170 Vgl. das Adaptionsmodell von Lawrence/Dyer (1983), mit dem eine Art 'struktureller Kontingenztheorie' begründet wird. Zusammenfassend dazu: Grandori (1987:125 ff.).
171 Der Titel der Veröffentlichung von Borner 'Internationalization of Industry' (1986) ist irreführend. Ihm geht es um eine Untersuchung neuer Formen der Internationalisierung (Lizenzen, Sub-Contracting, joint ventures usw.) sowie neuer Formen der Export-Finanzierung (z.B.:Barter, buy back usw.).

quenzen für die Unternehmensstrategie und -struktur"[172] gefordert wird. Dort allerdings konzentriert man sich bisher auf das Abgrenzen von Phasen der Unternehmensinternationalisierung in Abhängigkeit vom Ausmaß der ausländischen Ressourcenbindung (Meissner/Gerber(1980)) sowie auf die allerdings umstrittene und empirisch nicht bestätigte[173] Konzeption der Internationalisierung als *inkrementalem* Prozeß (Johanson/Vahlne (1978)).

Eine Analyse der Evolution internationalisierender Branchen müßte dagegen über Veränderungsraten des Internationalisierungsgrades von Branchen und deren Einflußfaktoren erfolgen. In Übertragung des feldtheoretischen Interaktionsansatzes Kutschkers (1980) wäre entgegen der Inkrementalismusthese auch von *Episoden* erhöhter Internationalisierungsaktivität, also von revolutionären Schüben[174] der Internationalisierung auszugehen. Die Frage ist dann, wann Veränderungsraten es nahelegen, von Internationalisierungsepisoden der Branche zu sprechen bzw. welche strukturellen Bedingungen Frühindikator sein können für den bevorstehenden Ausbruch einer solchen Episode.

Auch die den Prozeß vorantreibenden Faktoren selbst sind durchaus anderer Art als jene, die im Sinne traditioneller Branchenentwicklungsanalyse ermittelt werden. Neben spezifischen Branchenstrukturgegebenheiten (z.B.: oligopolistische Interdependenz) greifen hier im Grunde alle im Rahmen unserer bisherigen und noch folgenden Analyse ermittelten Einflußfaktoren der Internationalisierung. Es ist also auf die Untersuchung des *Wandels* von Triebkräften der Internationalisierung Wert zu legen. Auf dieser Grundlage lassen sich Internationalisierungsprozesse antizipieren, aber auch die für den jeweiligen Zeitpunkt passenden Wettbewerbsstrategien einschlagen:

> "Finally, industry evolution plays a role. As each of the industry globalization drivers changes over time, so too will the appropriate global strategy change. For example, in the European major appliance industry, globalization forces seem to have reversed. In the late 1960s and early 1970s, a regional standardization strategy was successful for some key competitors. But in the 1980s the situation appears to have turned around, and most successful strategies seem to be national." (Yip (1989:39))

---

172   Macharzina/Engelhard (1984:30).
173   Vgl. Millington/Bayliss (1990); Sullivan/Bauerschmidt (1990).
174   Dazu aus Organisationsperspektive: Miller/Friesen (1980).

2.35 Unternehmens- und Konkurrenzanalysen

Konzepte der Wettbewerbsanalyse werden abgerundet durch Unternehmens- und Konkurrenzanalysen. Diese dienen der Feststellung der relativen Position des eigenen Unternehmens und der Konkurrenz in Anbetracht der zuvor festgestellten Branchenbedingungen. Da schon die Feststellung der Bedingungen im internationalen Kontext auf teilweise stark modifizierte Weise zu erfolgen hat, nimmt es nicht Wunder, daß auch die traditionellen Instrumente der Konkurrenz- (1) und Unternehmensanalyse (2) den 'neuen Bedingungsrahmen' nur unzureichend berücksichtigen.

(1) Porter (1988:78 ff.) hat ein ausführliches System zur Konkurrentenanalyse entwickelt, das in der Erstellung eines Reaktionsprofils des Konkurrenten gipfelt. Dieses Reaktionsprofil beinhaltet eine Bewertung der Zufriedenheit des Konkurrenten mit der gegenwärtigen Situation, eine Prognose seiner voraussichtlichen Schritte sowie die Bewertung der Verwundbarkeit des Konkurrenten. Das Profil resultiert aus der Analyse der Ziele des Konkurrenten (hinsichtlich Finanzen, Risikoeinstellung, Werte, organisatorische Struktur...), seiner Annahmen und gegenwärtigen Strategie sowie seiner Stärken und Schwächen und der von ihm ausgehenden Marktsignale.[175] Betrachtet man nun aber die Porter'sche Stärken und Schwächen-Übersicht, oder auch die umfangreichen Checklisten bei Rothchild[176], so wird deutlich, wie wenig hier den Anforderungen des internationalen Kontextes Rechnung getragen wird. Eine Analyse des Auslandsengagements in Form der Feststellung von Exportanteilen und Auslandsinvestitionen oder in Form der Feststellung des Zieles 'Internationalisierung' kann nur ein erster Schritt sein:

> "Internationale KA (Konkurrenzanalysen; J.R.) unterscheiden sich von national begrenzten KA *strukturell* nicht grundsätzlich, sie weichen allerdings *inhaltlich und methodisch* z.T. beträchtlich von diesen ab und sind durch spezifische Probleme insb. hinsichtlich der *Informationsbeschaffung* gekennzeichnet." (Raffee/Segler (1989:1119))[177]

---

175 Vgl. dazu die Ausführungen bei Porter (1988:110 ff.) sowie die Merkmalsübersicht bei Buchs (1987:172).
176 Rothchild (1984:115 ff., 125 ff., 137 ff.).
177 Vgl. auch Garsombke (1989).

Einige dieser Abweichungen sollen im folgenden skizziert werden, denn sie konstituieren genau die Punkte, in denen das traditionelle Instrumentarium der Konkurrenzanalyse den Problemen des internationalen Kontextes nicht gerecht wird:

- **Vernachlässigung der Analyse spezifisch die Internationalisierung betreffender Charakteristika der Konkurrenten**

In der Literatur zum internationalen Management[178] werden insbesondere folgende Analysegegenstände angeführt: Internationale strategische Stoßrichtungen und Internationalisierungsstrategien, Preisdifferenzierung zwischen Ländern, Organisation des internationalen Absatzsystems, Schwerpunktländer des betrachteten Konkurrenten, Länder-Marktsegmentierungskonzepte der Wettbewerber, Ausmaß der Länderspezifikation der Produktpolitik, Ausmaß der Globalisierung des Marketing, internationale Streuung der Patentanmeldungen, kooperative Zusammenarbeit mit anderen Unternehmen, Stärke des Markenimage im lokalen Markt.

- **Vernachlässigung der ganzheitlichen Analyse internationaler Präsenzstrukturen der Konkurrenten**

Konkurrenzanalyse in internationalisierenden Branchen darf sich nicht auf eine unstrukturierte Ermittlung einzelner Merkmale der internationalen Präsenz des Analyseobjektes beschränken. Es erscheint daher reizvoll, die vielfach geforderte ganzheitliche Analyse der gesamten internationalen Präsenz von Unternehmen mittels Mustererkennung[179] auch für die internationale Konkurrenzanalyse fruchtbar zu machen. Denn:

> "Ein Instrumentarium zur Klassifikation von internationalen Präsenzstrukturen und deren Entwicklung ist schließlich auch direkt für die Praxis verwertbar, da die intensive Beobachtung der internationalen Aktivitäten von Wettbewerbern in vielen Branchen einen zentralen Bestandteil der Konkurrenzanalyse bilden sollte ... Betrachtet man die Gruppenzugehörigkeit der Wettbewerber im Zeitablauf, dann können zum Beispiel aus einem Gruppenwechsel Rückschlüsse auf einen möglichen Wechsel der Internationalisierungsstrategie gezogen werden." (Colberg (1989:2))

---

178 Die Zusammenstellung basiert auf: Raffee/Segler (1989).
179 Vgl. das Forschungskonzept von Macharzina/Engelhard (1984) sowie die ersten empirischen Ansätze bei Clarke (1985:61 ff.); Colberg (1989) und Mascarenhas (1986).

- Vernachlässigung einer Analyse der internationalen Expansion der Konkurrenten

Auch Konkurrenzanalysen dürfen nicht statisch verstanden werden. Es ist neben dem Erfassen zeitpunktbezogener Konkurrentenmerkmale auch der *Verlauf* ihrer Internationalisierung zu analysieren, um auf dieser Grundlage möglicherweise zu Vorhersagen über zukünftige Internationalisierungsrichtungen zu gelangen. Dies kann etwa durch Expansionsanalysen (Segler (1986:99 f.)) erfolgen, die die Reihenfolge der Ländermarkterschließung einzelner Wettbewerber visualisieren. Abb. 2-12 zeigt eine solches Analyseinstrument (die abgebildeten Märkte entsprechen der Größe ihres Absatzpotentials).

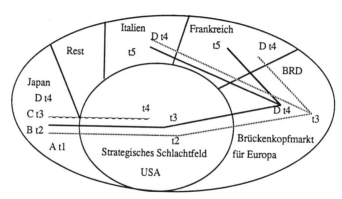

Legende: ti; i = 1,2,3, ... : Markteinführungszeitpunkte
eines Produktes

A,B,C,D, ... Produkte

Die Größe der einzelnen Felder entspricht der ungefähren Marktbedeutung

Abb. 2-12:   Beispiel einer Expansionsanalyse (aus: Segler (1986:99))

Neben einer solchen Feststellung der Expansionsverläufe kann die Analyse auch stärker auf den Ursachen der Expansion fußen. Nach Hamel/Prahalad (1988:33) sind es besonders vier Faktorengruppen, auf die sich die Analyse zu konzentrieren hat.

"By mapping the distribution investments, landed costs, realised prices, and sales volume of all competitors, across all national markets, it is possible to anticipate the geographical *paths of migration* which competitors are likely to follow in their international expansion: which markets are most attractive to foreign competitors, which are most vulnerable, and where a response will be most attractive."

Die Gefahr eines internationalen cross subsidizing (also internationaler cash flow Flüsse) von seiten der Konkurrenten ist eben nicht nur Ergebnis niedrigerer Kosten dieser Konkurrenten, sondern kann auch aus höherem Preisniveau in einzelnen Ländermärkten resultieren (vgl. Abb. 2-13).

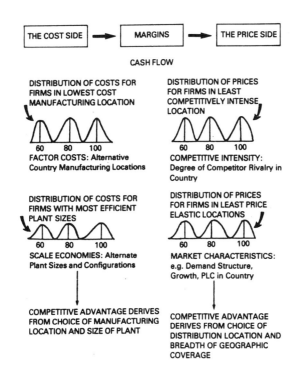

Abb 2-13:   Bewertung globaler Wettbewerber (aus: Hamel/Prahalad (1988:33))

Ergänzend zu dieser allgemeinen Expansionsanalyse schlagen Hamel/Prahalad (1988:35 f.) vor, sich in Anbetracht der Schlüsselrolle der *Distribution* im internationalen Wettbewerb auf die "... anticipation of the potential migration paths of competitors ... across segments and within various channels" (36) zu konzentrieren. Dies erfordere vor allem eine Umdefinition klassischer Konzepte von

Produktfamilien. Weniger Aspekte der Technologie-, Konsumenten- oder Funktionenähnlichkeit seien relevant. Produktfamilien sollten statt dessen definiert werden "... as products which are contiguous in a distribution sense, or which can benefit from a shared corporate or brand franchise."[180] Konkret müsse die Analyse dreierlei beinhalten (Hamel/Prahalad (1988:35)): Wettbewerber in lokalen Distributionskanälen seinen zu erfassen im Lichte ihrer Produktlinien in anderen nationalen Märkten. Zweitens seien die Investitionen der Wettbewerber in Distributionskanäle und *brand awareness* sowie deren Motivation und Fähigkeit des Produktsegmentwechsels abzuschätzen. Drittens schließlich sei das Ausmaß der Konkurrenz der eigenen Produktsegmente zu denen der Konkurrenz zu ermitteln.

(2) Unternehmensanalysen sind im Rahmen des Wettbewerbsapproaches nicht weit fortgeschritten. Dies mag damit zusammenhängen, daß die Instrumente zur Analyse von Konkurrenten zumindest teilweise auch zur Bewertung der Position des eigenen Unternehmens heranziehbar sind. Die gemeinhin üblichen Methoden wie funktionsbereichsbezogene Stärken/Schwächen-Kataloge oder Kennzahlensysteme[181] haben allerdings nicht einmal einen hinreichenden Bezug zu den Bedingungen des Wettbewerbs. Unternehmensanalyse im Wettbewerbsapproach bezieht sich dagegen auf die unternehmensspezifischen Eintrittskosten, auf die Analyse der Macht des Unternehmens gegenüber Abnehmern und Lieferanten, auf die Analyse der organisatorischen Stärken und Schwächen hinsichtlich der Fähigkeit, Strategien zu implementieren[182] und umzusetzen.

In internationalisierenden Branchen erhalten Stärken und Schwächen-Analysen erst recht eine andere Akzentuierung. Die traditionellen Analysekonzepte genügen diesem Erfordernis nur selten und sollten nicht unmodifiziert übernommen werden.[183]

- **Vernachlässigung spezifisch in internationalisierenden Branchen bedeutsamer Stärke- und Schwächefaktoren**, wie sie etwa Dymsza zusammengestellt hat:

---

180   Hamel/Prahalad (1988:35).
181   Vgl. Henseler (1979); Hinterhuber (1984).
182   Als Instrument der Analyse der Fähigkeit zur Strategieimplementierung könnte man freilich das Konzept der Wertkette (vgl. Porter (1986)) erachten.
183   Wie etwa von Meissner (1988:140) oder Toyne /Walters (1989:288).

Key Resources	Production	Marketing	Management Processes - Developments
Management - HQ, groups, divisions - National subsidiaries Local Managers - In top, middle positions - National - Subsidiaries Engineering, technical, administrative skilled manpower in major countries Technology - Patents in key countries - Production processes - Product know-how - Effectiveness of R&D Capital and Financial Resources - Global - Regional - Major countries Business Know-how	Physical Capacity - Countries Plants and Equipment - Location - Size and type - Age - Automation Economies of Scale Productivity Global or Regional Rationalization Human Resources - Managerial, technical workforce - Labor unions - Turnover	Marketing Mix - Divisions - Regions - Countries Products - Product mix - New product introduction - Adaption of products - Product differentiation Brand Names and Trademarks Market Segmentation Customer Service Distribution - Type - Effectiveness Promotion - Expenditures - Type and media - Effectiveness Price: Type Investment and Expenditures - On various aspects of market development	Organization - Centralization - Decentralization - Line and staff Information and Control System - Accounting system - Computerized systems Strategic and Operational Planning Management Development - Corporate level - Divisions National subsidiaries Development of National Managers Personnel and Staffing Practices - Experience - Longevity - Turnover - Replacement Reward Systems Corporate Value System

Major Factors in International Competitive Assessment (Key factors in the company are evaluated in relation to major competitors)

Abb. 2-14:   "Major Factors in International Competitive Assessment" (aus: Dymsza (1984:174))

- Vernachlässigung der Dynamik des internationalen Wettbewerbs

Gerade internationalisierende Branchen sind durch den raschen Wandel ihres situativen Umfeldes gekennzeichnet. Da "... strategische Erfolgsfaktoren immer auch *relativ* zu Situationen und Unternehmensstrategien gesehen werden müssen, sind auch Stärken und Schwächen immer relativ zu betrachten."[184] Segler schlägt daher eine für internationalisierende Branchen modifizierte 'relativierte Stärken/Schwächen-Analyse' vor (Abb. 2-15).

---

184   Segler (1986:50).

Strategien \ Situationen	Status quo	Kooperation	Neuer Schwerpunktmarkt USA	Konzentration auf Großmaschinen
Status quo	S 1			
Neuer Konkurrent tritt in den Markt ein	S 2	S 3	S 4	S 5
Absatzstagnation wegen Importverbot in Land Y	S 6	S 7	S 8	

Erfolgsfaktoren	Beurteilung			Bemerkungen
	schlecht	mittel	gut	
		S 2	S 3	
Produktqualität				
- mech. Teile				Materialfestigkeit steigt
- elektron. Teile				CAD-Produktion möglich
- Antrieb				Produktionsverlagerung
Service				
Außendienst				
- Know-how				Profitieren vom Know-how des Partners
- Netzdichte				
Finanzsituation				gilt nur kurz- und mittelfristig
....				
Produktion				
....				
Kostensituation				Kostendegression
....				

Abb. 2-15: Die relativierte Stärken/Schwächen-Analyse (aus: Segler (1986:51))

- Vernachlässigung der Erstellung jeweils nationaler Stärken- und Schwächenprofile

In internationalisierenden Branchen kann es nützlich sein, Stärken- und Schwächenprofile länderbezogen zu erstellen. "Dabei werden die Ressourcen eines Unternehmens jeweils für einzelne Ländermärkte im Vergleich zu den lokal wichtigsten Konkurrenten oder zu den abschätzbaren Markterfordernissen bewertet ... Diese Vorgehensweise bietet den Vorteil, daß man die Betrachtungsweise innerhalb der einzelnen Bereiche beliebig nach den Besonderheiten des jeweiligen

Ländermarktes differenzieren kann."[185] Auf diesem Wege gelangt man zudem zu erheblich differenzierteren Portfoliobewertungen der Gesamtsituation der internationalisierenden Unternehmens, die im Sinne einer 'Mehrfachstrukturierung'[186] sowohl Produktportfolios pro Land, wie auch Länder-Portfolios pro Produkt beinhalten.

-Vernachlässigung der Analyse der Internationalisierungsfähigkeit

Es wird immer wieder darauf hingewiesen, daß ein Bestehen von Unternehmen im internationalisierenden Wettbewerb auch das Vorhandensein spezifischer organisatorischer Fähigkeiten erfordert.[187] Die Überprüfung des Vorhandenseins dieser Fähigkeiten sollte somit Gegenstand der Unternehmensanalyse in internationalisierenden Branchen werden. Zunächst wäre auf die Fähigkeit zur Differenzierung in den Rollen und Verantwortlichkeiten der einzelnen ausländischen Betriebseinheiten hinzuweisen. Es müßte gewissermaßen eine Rollenanalyse ausländischer Tochtergesellschaften erfolgen. Nach den Kriterien 'Kompetenz der Landesgesellschaft' und 'Strategische Bedeutung des Auslandsmarktes' unterscheiden Bartlett/Ghoshal (1987a:55) beispielsweise die Rollen 'Strategische Führung', 'Strategische Umsetzung', 'Schwarzes Loch' und 'strategische Umsetzung'. Zweitens wäre das Ausmaß der *Inter*dependenz zu analysieren. Man geht davon aus, daß "the reality of today's worldwide competitive environment demands collaborative information sharing and problem solving, cooperative support and resource sharing, and collective action and implementation."[188] Insofern ist dann beispielweise die Fähigkeit zum Aufbau interner Märkte im Sinne von Westney/Sakakibara (1985) kritisch für die Handhabung internationaler Produktions- und Ressourceninterdependenzen sowie für die Effizienz der Wissens- bzw. Ideendiffusion innerhalb des Unternehmens und damit für die internationale Wettbewerbsfähigkeit. Ein drittes Analysefeld stellt die Koordinationsfähigkeit dar. Für die Internationalisierungsfähigkeit ist es insbesondere wichtig, Mechanismen der Kontrolle zugunsten solcher der Koordination einzuschränken um ein differenziertes Management unterschiedlicher Rollen zu gewährleisten.

---

185 Stahr (1989:25).
186 Vgl. dazu:Segler (1986:140 ff.); Voß (1989:174 ff.).
187 Vgl. beispielsweise: Bartlett (1989); Bartlett/Ghoshal (1987); Rall (1989).
188 Bartlett/Ghoshal (1987:47).

2.36 Zusammenfassung

Gegenstand von Kap. 2.3 war die Untersuchung, inwieweit klassische Instrumente der Wettbewerbsanalyse dem durch die Internationalisierung von Branchen entstandenen neuartigen Bedingungsrahmen gerecht werden. Zu diesem Behufe wurden die wesentlichen Analyseinstrumente kurz skizziert, an den in Kapitel 1 herausgearbeiteten Wesenszügen des 'neuen Bedingungsrahmens' gespiegelt und schließlich mit alternativen Vorschlägen seitens der Literatur zum internationalen Management angereichert. Dabei zeigte sich, daß sowohl die Branchen- und Geschäftsfeldabgrenzung, wie auch Analysen der allgemeinen Wettbewerbssituation, brancheninterne Strukturanalysen und schließlich Unternehmens- und Konkurrenzanalysen das Phänomen der Internationalisierung nur lückenhaft berücksichtigen. Zugegeben: Sie werden gewiß nicht völlig obsolet. Aber sie bedürfen der Ergänzung, der Bereicherung um die differentia spezifica des Internationalen.

Aus Unternehmenssicht geschieht Wettbewerbsanalyse nun freilich zu dem Zweck, den strukturellen Bedingungsrahmen für Wettbewerbsstrategien zu erhellen. Deshalb wird im folgenden untersucht, inwieweit die traditionellen Konzepte der Wettbewerbsstrategie dem Phänomen der Internationalisierung Rechnung tragen.

2.4 Die Berücksichtigung der Internationalisierung in den Konzepten der Wettbewerbsstrategie

Die im Rahmen des traditionellen Wettbewerbsapproach entwickelten Konzepte der Wettbewerbsstrategie beziehen sich auf die Ebene des Geschäftsfeldes und bewegen sich im Spannungsfeld zwischen Wettbewerbsvorteilen, generischen Wettbewerbsstrategien und (beispielsweise funktionalen) Substrategien. Durch die Wettbewerbsanalyse ermittelte stukturellen Bedingungen stecken dabei den Spielraum ab, den das einzelne Unternehmen (kurzfristig) hinnehmen muß. Dies ist die Systematik anhand derer im folgenden die Konzepte der Wettbewerbsstrategie auf ihre Standhaftigkeit in Anbetracht der Herausforderungen der Internationalisierung überprüft werden.

2.41 Vernachlässigung der Strategieebenenvielfalt

Ein erster Mangel der Konzepte der Wettbewerbsstrategie ist in ihrer Beschränkung auf die Geschäftsfeldebene zu erblicken. Bereits an anderer Stelle haben
wir darauf hingewiesen, daß die *Abgrenzung* von Geschäftsfeldern im internationalen Rahmen neuartige Probleme aufwirft. Doch auch die Strategiekonzipie-
rung bleibt, wenn auf Geschäftsfeldebene ausgerichtet, reduktionistisch: Jedes
Geschäftsfeld ist nur Teil einer Gemeinschaft von Geschäftsfeldern, d.h., des
Unternehmens. Jedes Unternehmen ist nur Teil einer Gemeinschaft mehrerer
Unternehmen (= Volkswirtschaft). Die einzelnen nationalen Volkswirtschaften
wiederum stehen - wie wir gesehen haben - innerhalb einer Weltökonomie im
Wettstreit. Gerade im Hinblick auf die massiven Internationalisierungsprozesse
ist somit eine Vernachlässigung der Dynamik der Weltwirtschaft als Ganzes bei
der Formulierung von Wettbewerbsstrategien nicht ratsam. Selbst dann nicht,
wenn die Strategie nur für einzelne Geschäftsfelder formuliert wird.

Dabei hat man außerhalb des Wettbewerbsapproach durchaus auf das Erfordernis verschiedener Strategieebenen hingewiesen. Nicht nur, daß man zwischen 'business-level' und 'corporate-level' der Strategie differenzierte.[189] Mit
zunehmender Dynamik und Turbulenz und damit Interdependenz der Umwelt,
wie sie etwa durch die Internationalisierung hervorgerufen wird, sei es jedoch
erforderlich, auch ein drittes Strategie-Level, jenes der 'collective strategy'[190] zu
beachten: Strategie bedeutet dann nicht mehr nur ein Abgleichen (fit) der Organisation mit Aufgabenumwelt und genereller Umwelt (Bourgeois (1980:27)),
sondern auch mit der Verknüpftheit des Gesamtsystems:[191]

> "A true understanding of organization strategy formulation and im-
> plementation requires that we move beyond the focal organization to
> an appreciation of the network of relationships in which any single or-
> ganization is embedded. It requires an awareness of the emergent
> collective order that characterizes the operating domain of all organi-

---

189   Vgl. Bourgeois (1980:27); Hofer (1976:272 ff.); Hofer/Schendel (1978:27
f.); Leontiades (1982:12 f.); Vancil/Lorange (1975).
190   Vgl. statt anderer: Astley/Fombrun (1983); Fombrun/Astley (1983),
(1983a). Der Ursprung der Überlegungen zur collective strategy ist in der
sog. social planning-Literatur zu erblicken (vgl. Michael (1973); Schon
(1971);Vickers (1965)). Ackoff (1974:33) spricht von *interaktiver Planung*
als Antwort auf Turbulenz und Interdependenz.
191   Vgl. dazu Emery/Trist (1965).

zations, and in particular, the relationship between business, labor, and government organizations." (Fombrun/Astley (1983:48))

Die Implementierung einer derartigen 'collective strategy'

"... takes place through a network of linkages - both direct and indirect - to other organizations. While each focal organization may formulate and implement a collective strategy of its own, it is their aggregation at a network level that will determine the outcomes for any particular organization. The focal organization is both active within and controlled by the interorganizational network."(Fombrun/Astley (1983:49))

Dieses Analyselevel ist, nicht zuletzt wegen der offensichtlichen Bedeutung von Kooperationen und *Beziehungen* gerade für internationale Wettbewerbsstrategien wesentlich. Es darf daher nicht vernachlässigt werden.

2.42 Vernachlässigung internationaler Wettbewerbsvorteile

Wettbewerbsstrategien knüpfen (traditionell) an Wettbewerbsvorteilen an, die die Wettbewerbsposition des einzelnen Unternehmens bestimmen.[192] Bei Porter (1986:16) werden diese von der Seite des Konsumenten her definiert. Wettbewerbsvorteile entstehen "... aus dem Wert, den ein Unternehmen für seine Abnehmer zu schaffen vermag."[193] So gesehen, kann es im Grunde nur zwei Arten von Wettbewerbsvorteilen geben: Kostenvorteile (Preise, die bei gleichem Nutzen unter denen der Konkurrenz liegen) oder Differenzierungsvorteile (dem Konsumenten wird ein einmaliger Nutzen geboten, der höhere Preise rechtfertigt). Selbstverständlich gilt dies auch für den Wettbewerb in internationalisierenden Branchen. Besondere, spezifisch internationale Wettbewerbsvorteile werden erst offensichtlich, wenn man eine Ebene tiefer ansetzt und Wettbewerbsvorteile als Vorteile gegenüber den Konkurrenten definiert. Auf dieser Ebene werden für gewöhnlich umfangreiche Listen potentieller Vorteile nach Funktionsbereichen erstellt.[194] Im Beschaffungsbereich stellen beispielsweise Verhandlungsstärke und effiziente Eingangslogistik einen Wettbewerbsvorteil dar. In der Produktion können Know how , Lerneffekte oder

---

192   Porter (1986:32) betrachtet Wettbewerbsvorteile als den 'eigentlichen Kern jeder Strategie'.
193   Vgl. Abb 2-2.
194   Vgl. die Zusammenstellung bei Kappich (1989:45 ff.).

economies of scope[195] zu Wettbewerbsvorteilen führen. Effizienter Außen- und Kundendienst, besondere Marktforschungskompetenzen oder hohes Markenimage sind Wettbewerbsvorteile im Absatzbereich, während technologisch überlegene Produkte und Produktionsprozesse Wettbewerbsvorteile aus dem F&E Bereich widerspiegeln. Weitere Wettbewerbsvorteile könnten sein: synergiefördernde Managementfähigkeiten, leistungsfähige Informations-, Kommunikations- und Logistiksysteme, effiziente Aufbau- und Ablauforganisation. Die Liste ließe sich 'unendlich' fortführen.

Ohne Zweifel sind dies Wettbewerbsvorteile, die auch im internationalen Kontext eine Rolle spielen. Sie sind dort jedoch auf neue Weise zu thematisieren (1) und erhalten darüber hinaus eine länderspezifisch unterschiedliche Akzentuierung (2). Zudem sind sie um spezifisch aus der Internationalität resultierende Wettbewerbsvorteile zu ergänzen (3).

(1) Daß die 'klassischen' Wettbewerbsvorteile in Anbetracht des internationalen Kontextes durchaus eine neue Beleuchtung erhalten, läßt sich beispielsweise anhand der economies of scope dartun: Einerseits erweitert sich das Potential an Synergiequellen (vgl. Abb. 2-16).

	Sources of scope economies	
	Product diversification	**Market diversification**
Shared physical assets	Factory automation with flexibility to produce multiple products (Ford)	Global brand name (Coca-Cola)
Shared external relations	Using common distribution channel for multiple products (Matsushita)	Servicing multi-national customers world-wide (Citibank)
Shared learning	Sharing R&D in computer and communications businesses (NEC)	Pooling knowledge developed in different markets (Procter and Gamble)

Abb. 2-16:   Synergiepotentiale im internationalen Kontext (aus: Ghoshal (1987:435))

---

195   Economies of scope liegen vor, wenn die gemeinsame Erstellung zweier Güter kostengünstiger ist als deren isolierte Produktion. Freilich läßt sich dieses Konzept auch auf andere Funktionsbereiche ausdehnen. Vgl. Ansoff (1965:Kap.5); Baumol/Panzar/Willig (1982); Goldhar/Jelinek (1983); Panzar/Willig (1981); Teece (1980); Waterson (1983). Die Bedeutung von economies of scale und scope wird auch durch die umfangreichen historischen Analysen Chandlers (1990) dokumentiert.

Es nimmt daher nicht Wunder, daß zuweilen die Vorteilhaftigkeit der Internationalität und des Aufbaus eines multinationalen Netzwerkes über economies of
scope erklärt wird:

> "... joint production economies due to the creation of a multinational
> network reduces the physical capital or labor costs of production and
> marketing of incremental investments. For example, the multinational
> network permits the export of otherwise nonexportable goods, since
> the fixed costs of establishing sales offices, hiring personnel, and lo-
> cating plant sites are already sunk."[196]

Andererseits erschwert sich freilich die Nutzung der Synergiepotentiale angesichts der gerade im internationalen Unternehmen so vielfältigen und differierenden Anforderungen seitens verschiedener Segmente, Produkte und Umwelten.
Ein allzu einseitiges Schielen nach economies of scope wäre daher arg unkri-
tisch.[197]

(2) In internationalisierenden Branchen sind länderweise durchaus unterschiedliche (traditionelle) Wettbewerbsvorteile kritisch. So hat McKinsey (Hrsg.,1983)
herausgearbeitet, welche spezifischen Vorteile für amerikanische Unternehmen
auf dem japanische Markt bedeutsam sind (vgl. Abb. 2-17).

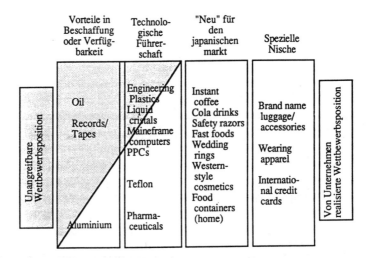

Abb. 2-17: Kritische Wettbewerbsvorteile auf dem japanischen Markt (aus:
McKinsey & Company, Inc. (Hrsg.,1983))

196   Kogut (1983:43 f.).
197   Vgl. Ghoshal (1987:435).

Die Wettbewerbsvorteile basieren, wie die Abb. zeigt, vor allem auf Vorteilen in der Beschaffung, auf technologischer Führerschaft, auf *relativer* Innovation oder auf der Fähigkeit zur Besetzung einer Marktnische. Nur unter Rückgriff auf mindestens einen dieser Vorteile wird dem Unternehmen eine Chance auf dem japanischen Markt eingeräumt. Die Kenntnis derartiger länderspezifischer Wettbewerbsvorteilskategorien ist somit für die Gestaltung internationaler Wettbewerbsstrategien von ausschlaggebender Bedeutung.

(3) Zudem ist festzustellen, daß das (traditionelle) Spektrum von Wettbewerbsvorteilen durch den internationalen Kontext erhebliche zusätzliche Erweiterungen erfährt. Leontiades (1985:66 f.)[198] arbeitet beispielsweise sieben internationale Quellen von Wettbewerbsvorteilen heraus: Economies of international Size and Volume, International Sourcing, Experience Transfer, Ability to Service Customers' Needs Internationally, International Resource Focus, International Corporate Image und Efficiencies of Internalization.[199] Freilich lassen sich internationale Wettbewerbsvorteile auch auf eine stabilere, systematischere Basis stellen. Erste Ansatzpunkte liefert Kogut (1985:15):

> "The design of international strategies is based upon the interplay between the comparative advantages of countries and the competitive advantages of firms."

Im Zusammenhang von Wettbewerbsanalyse und Wettbewerbsstrategie erscheint es durchaus gerechtfertigt, diese Trennung aufzugeben und in der Fähigkeit zur Ausnutzung komparativer Vorteile durch einzelne Unternehmen eine neuartige Form des *Wettbewerbs*vorteils zu sehen. Das Zusammenspiel zwischen komparativen und kompetitiven *Wettbewerbs*vorteilen verdeutlicht Kappich (1989:77) anhand zweier Beispiele:

> *Besteht der Wettbewerbsvorteil einer Unternehmung darin, mit entsprechendem Know-how geschaffene, hochinnovative Produkte auf den Markt zu bringen, die mit Hilfe anspruchsvoller Fertigungsverfah-

---

198 Vgl. auch die Table 10-2 bei Toyne/Walters (1989:308 f.). Dort werden potentielle internationale Wettbewerbsvorteile wie etwa Zugang zu Innovation, Potential für Erfahrungseffekte, für scale usw. verschiedenen unternehmens-, umwelt- und marktspezifischen Einflußfaktoren gegenübergestellt.

199 Letztere beziehen sich auf die Fähigkeit des internationalen Unternehmens, "... to consummate international transactions and transfers internally on a within-company basis, as between one national subsidiary and another." (Leontiades (1985:67)).

ren hergestellt werden, dann kann dieser Wettbewerbsvorteil dadurch unterstützt werden, daß an einem bestimmten Standort genügend qualifizierte Arbeitskräfte (komparativer Vorteil) vorhanden sind.

*Läßt sich der Wettbewerbsvorteil eines Unternehmens maßgeblich auf die Realisierbarkeit von economies of scale in der Produktion zurückführen, so wird ein dem Unternehmen zugänglicher, besonders großer Auslandsmarkt[200] (komparativer Vorteil) den Wettbewerbsvorteil noch verstärken.

Allerdings treten nicht nur komparative Vorteile neu hinzu. Dunning (1988:25 ff.) unterscheidet zwischen Eigentumsvorteilen (ownership-specific advantages), Internalisierungsvorteilen (internalization-incentive advantages) und standortspezifischen Vorteilen (location-specific variables). Ein Verständnis für dieses Konzept läßt sich am leichtesten gewinnen, wenn man die Fülle von Variablen betrachtet, die Dunning beispielhaft den Vorteilsgruppen zuordnet. Abb 2-18 gibt dazu einen Überblick.

---

200   Der Begriff des komparativen Vorteils ist durchaus weit, d.h. über die Produktivitätsdifferenzen bei Ricardo (1817) hinausgehend, aufzufassen.

Ownership-Specific Advantages
(of enterprises of one nationality (or affiliates of same) over those of another)

1. Property rights and/or intangible asset advantages
   Product innovations, production management, organizational and marketing systems, innovatory capacity; non-codifiable knowledge: 'bank' of human capital experience; marketing; finance, know-how, etc.
2. Advantages of common governance
   2.1 Which those branch plants of established enterprises may enjoy over *de novo* firms. Those due mainly to size and established positions of enterprise, e.g. economies of scope and specialization; monopoly power, better resource capacity and usage. Exclusive or favoured access to inputs, e.g. labour, natural resources, finance, information. Ability to obtain inputs on favoured terms (due e.g. to size or monopsonistic influence). Exclusive or favoured access to product markets. Access to resources of parent company at marginal cost. Economies of joint supply (not only in production, but in purchasing, marketing, finance, etc., arrangements).
   2.2 Which specifically arise because of multinationality. Multinationality enhances above advantages by offering wider opportunities. More favoured access to and /or better knowledge about international markets, e.g. for information, finance, labour, etc. Ability to take advantage of geographic differences in factor endowments, markets. Ability to diversify or reduce risks, e.g. in different currency areas, and/or political scenarios.

Internalization-Incentive Advantages
(i.e. to protect against or exploit market failure)

Avoidance of search and negotiation costs. To avoid costs of enforcing property rights. Buyer uncertainty (about nature and value of inputs (e.g.technology) being sold). Where market does not permit price discriminations. Need of seller to protect quality of intermediate or final products. To capture economies of interdependent activities (see 2. above). To compensate for absence of future markets. To avoid or exploit government intervention (e.g. quotas, tariffs, price controls, tax differences, etc.). To control supplies and conditions of sale of inputs (including technology). To control market outlets (including those which might be used by competitors). To be able to engage in practices, e.g. cross-subsidizing, predatory pricing, leads and lags, transfer pricing, as a competitive (or anti-competitive) strategy.

Location-Specific Variables
(these may favour home or host countries)

Spacial distribution of natural and created resource endowments and markets. Input prices, quality and productivity, e.g. labour, energy, materials, components, semi-finished goods. International transport and communications costs. Investment incentives and disincentives (including performance requirements, etc.). Artificial barriers (e.g. import controls) to trade in goods. Infrastructure provisions (commercial, legal, educational, transport and communication). Psychic distance (language, cultural, business, customs, etc., differences). Economies of centralization of R&D production and marketing. Economic system and policies of government; the institutional framework for resource allocation.

Abb. 2-18: Eigentums-, Internalisierungs- und Standortvorteile (aus: Dunning (1988:27))

Dunning geht es um die Erklärung der internationalen Produktion, d.h. der "... value-adding activity owned or controlled, and organized by a firm (or group of firms) outside its (or their) national boundaries".[201] Die von ihm genannten Vorteile sind also auf den ersten Blick weniger Wettbewerbsvorteile, denn vielmehr

---

201   Dunning (1988:1).

Vorteile internationaler Unternehmenstätigkeit. Dennoch besteht, auf den zweiten Blick, ein unmittelbarer Bezug zwischen Dunnings eklektischem Paradigma und Fragen der Wettbewerbsstrategie. Dunning selbst äußert die Ansicht,

> "... that, a decade after its inception, the eclectic paradigm remains a usefull and robust general framework for explaining and analyzing not only the economic rationale of international production but many organizational and impact issues relating to MNE activity as well. Conceptually, there are close parallels between the main tenets of the paradigm and that of modern theory of business strategy."(Dunning (1988:66))

Diese Verbindung kann so hergestellt werden, daß die Eigentumsvorteile bei Dunning mit den (traditionellen) Wettbewerbsvorteilen gleichgesetzt werden, während komparative Vorteile als Standortvorteile zu begreifen sind.[202] Zugleich kommt es aber zu weiteren Ergänzungen: Etwa durch die Einführung spezifisch aus der Internationalität erwachsender Vorteile (vgl. Abb.) wie der Fähigkeit zur geschickten Transferpreisbildung[203] (= Internalisierungsvorteil), der Fähigkeit zur Ausnutzung von Länderdifferenzen in Faktorausstattungen (Zugang zu günstigen Inputs), die Fähigkeit zur Streuung und Reduktion von Risiken[204] usw.. Dunnings eindrucksvolle Auflistung unterstreicht also nur allzu deutlich, wie viel größer das Spektrum von Wettbewerbsvorteilen wird, wenn man die Beschränkung auf rein nationale Branchen fallen läßt.

2.43 Vernachlässigung der internationalen Dimension in Konzepten generischer Wettbewerbsstrategien

Viele (traditionelle) Vorschläge für den Entwurf von Wettbewerbsstrategien sind stark formaler Natur. Das gilt für die klassische Produkt-Markt-Matrix von Ansoff

---

202 Vgl. Dunnings (1988:70) Ausführungen in Fußnote 50. Er sieht den *Unterschied* darin, daß " while business strategy approach gives more emphasis to the positioning of firms in the sectors in which they compete, the eclectic paradigm places more stress on the organizational form of transactional relationships." Freilich ist zu beachten, daß manche Eigentumsvorteile weniger kompetitive Vorteile im traditionellen Sinne, als vielmehr monopolistische Vorteile im Sine der I/O-Theorie der Internationalisierung darstellen (vgl. Dunning (1988:39, Fußnote 1)).

203 Vgl. dazu statt anderer: Eden (1985); Masuch (1986).

204 Aus finanzwirtschaftlicher Sicht wird vielfach darauf verwiesen, daß Fremdkapitalgeber ihre Risikoprämie für international diversifizierte Unternehmen reduzieren. Vgl. Agmon/Lessard (1977); Lessard (1976); Solnik (1974).

(1965), die den Strategieentwurf als Entscheidung im Spannungsfeld zwischen Produkten (neu vs. alt) und Märkten (neu vs. alt) thematisierte. Es gilt auch für das vergleichsweise junge Konzept des "strategischen Spielbrett"[205], welches das Spektrum der Wettbewerbsstrategien über die Dimensionen 'Wo konkurrieren' (Nische vs. Gesamtmarkt) und 'Wie konkurrieren' (bekannte Regeln vs. neue Regeln) entfaltet. Für eine konkrete Auseinandersetzung sind diese Konzepte zu allgemein oder besser: zu abstrakt. Ihre Gültigkeit auch für den internationalen Zusammenhang ist kaum zu bestreiten.

Anders sieht es bei den Versuchen der materiellen Typologisierung von Wettbewerbstrategien aus. Obgleich nämlich Wettbewerbsstrategie aus dem 'matching' (fit)[206] der Stärken und Schwächen der *spezifischen* Organisation mit ihrem *spezifischen* Umfeld resultiert, hat es gleichwohl Versuche gegeben, Generalisierungen in Form der Konzeption 'generischer Wettbewerbsstrategien'[207] oder in Form von Strategieklassifikationen[208] vorzunehmen. Da diese Generalisierungen i.d.R. an den oben bereits genannten Kosten- bzw. Differenzierungsvorteilen anknüpfen, braucht auch die Kritik aus der Sicht des internationalen Kontext nicht für jede der vorgeschlagenen Strategieklassifikationen einzeln vorgenommen werden. Wenn wir nun im folgenden die Konsequenzen der Vernachlässigung der internationalen Dimension in Konzepten generischer Wettbewerbsstrategien thematisieren wollen, so genügt der Rückgriff auf ein repräsentatives Klassifikationsschema. Als ein solches soll das Konzept Porters (1988:62 ff.) dienen.

Wettbewerbsfeld	Wettbewerbsvorteile	
	niedrige Kosten	Differenzierung
Weites Ziel	Kostenführerschaft	Differenzierung
Enges Ziel	Kostenschwerpunkt	Differenzierungsschwerpunkt

Abb. 2-19: Generische Wettbewerbsstrategien (aus: Porter (1986:32) (Numerierung weggelassen))

---

205 Vgl. Buaron (1981); Henzler (1980); Schiefer (1982).
206 Vgl. zu den Grundlagen dieses Konzeptes: Venkatraman/Camillus (1984).
207 Vgl. z.B. die Vorschläge von Porter (1988: 62 ff.) und Walker Lewis (Kiechel (1981)).
208 Vgl. Chrisman/Hofer/Boulton (1988). Zur empirischen Klassifikationsforschung: White (1986).

Nach Porter besteht die Wahl zwischen umfassender **Kostenführerschaft** (Niedrige Preise, Kostenkontrolle, Ausschöpfen aller erdenklichen Skalenerträge, hoher Marktanteil, entsprechend große Produktionsvolumina, Ausnutzung erfahrungsbedingter Kostensenkungen, konsequente Rationalisierungspolitik, Service/ Qualität usw. nur als Mindestbedingung), **Differenzierung** (Einzigartiger Kundennutzen, höhere Preise, kostenintensivere(s) F&E, Material, Design, Kundenbetreuung, Marke, Image, Streben nach monopolistischer Konkurrenz) oder kosten- bzw. differenzierungsorientierter Konzentration auf **Schwerpunkte** (z.B. best. Kundengruppen). Zwischen Kosten- und Differenzierungsstrategie hat sich das Unternehmen eindeutig zu entscheiden. Ein 'stuck in the middle' sei angesichts der u-förmigen Beziehung zwischen Marktanteil und ROI verhängnisvoll.[209] Nur große, marktanteilsstarke oder kleine, spezialisierte Unternehmen erwirtschafteten ansprechende Kapitalrentabilitäten.

Von 'Internationalität' ist in diesem Konzept also keine Rede. Morrison und Roth (1989:35) notieren daher:

> "An apparent assumption made in domestic strategy research is that the resultant generic strategies are applicable in an international environment. Internationalization has been implicitly viewed as simply a contextual extension of the same basic orientations. The broad environmental variance within the spectrum of international settings, however, raises serious questions about applicability of the domestically generated paradigm in the determination of international strategy typologies."

Welche *fundamentalen Konsequenzen* sich allerdings unter Hinzunahme des internationalen Kontextes für die Konzipierung von generischen Wettbewerbsstrategien ergeben, soll im folgenden in drei Schritten aufgezeigt werden: Selbst wenn man das Konzept nicht grundsätzlich in Frage stellt, ist ein unhinterfragtes Weiterarbeiten mit der Klassifikation in internationalisierenden Branchen nicht möglich (1). So werden denn in der Literatur zum internationalen Management entweder modifizierte Klassifikationsschemata vorgeschlagen, die allerdings Kosten- und Differenzierungsvorteile nach wie vor beinhalten (2) oder es werden völlig alternative Unterteilungen generischer internationaler Strategien präsentiert (3).

---

209   Vgl. Porter (1988:71 ff.).

(1) Sicherlich genügt es angesichts des 'neuen Bedingungsrahmens' nicht, das klassische Strategieschema einfach beizubehalten und, wie Boddewyn (1986) es vorschlug, um die 'internationale politische Strategie' als vierte generische Strategie zu erweitern. Leontiades (1984) hat beispielsweise gezeigt, daß selbst nationale Wettbewerber im Zuge der Internationalisierung ihrer Branche nicht unhinterfragt auf bisher erfolgreiche Strategien des Porter'schen Klassifikations-schemas bauen dürfen: Es ist also zumindest das Überdenken der bisherigen Strategieentscheidung zwischen Kosten- und Differenzierung insofern vonnöten, als sich die Position in der Beziehung zwischen Marktanteil und ROI durch die Internationalisierung stark verändern kann (vgl. Abb. 2-20).

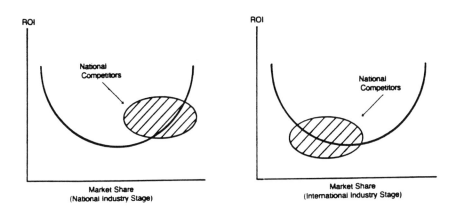

Abb. 2-20:   Konsequenzen der Internationalisierung für die Position nationaler Wettbewerber (aus: Leontiades (1984:35))

Das bedeutet auf jeden Fall ein Umdenken der Entscheidung zwischen Kosten und Differenzierung, wobei "... the successful ones would adjust their strategies and size to the new international environment, and gain a return to profitability. The less successful ones would ... fall in between - enjoying neither the advanta-ges of being small nor the advantages of being large."[210]

---

210   Leontiandes (1984:36).

Andererseits wird aber gerade das Argument hervorgebracht, die von Porter unterstellte Ausschließlichkeit von Kosten- und Differenzierungsstrategie bedürfe einer Relativierung. Schon unabhängig vom Phänomen der Internationalisierung hat z.B. Hill (1988)[211] herausgearbeitet, daß Differenzierung durchaus *Mittel* der Etablierung einer umfassenden Kostenführerschaft sein kann und insofern sowohl Differenzierung wie auch niedrige Kosten notwendige Voraussetzung für die Erhaltung von Wettbewerbsvorteilen sind. In ähnliche Richtung argumentieren Gilbert/Strebel mit ihrem Konzept der 'outpacing strategies'.[212] Sie erachten jedoch weniger das gleichzeitige Verfolgen von Kosten und Differenzierung, als vielmehr den geschickten Wechsel zwischen beiden Alternativen im Laufe der Entwicklung der Wettbewerbslage für bedeutsam. Derartige Überlegungen zur Aufhebung der Ausschließlichkeit der generischen Strategien sind gerade in internationalisierenden Branchen, in denen schon die vielfältigen differierenden Länderumwelten nach Differenzierung 'schreien' sehr willkommen. So bemerken Hamel/Prahalad (1988:37 f.):

> "We believe the coming competitive advantage of global competitors is *variety at low cost.* Competitors will seek to enhance global brand dominance by serving ever more distinctive needs ever more effectively. The objective will be not merely that of certain segments on the basis of low cost, but also dominating all segments by offering variety at low cost ... We have created fictions called 'generic strategies'. These assume that it is impossible for a firm to dominate the width and breadth of a market by simultaneously offering low cost, product differentiation and a focused approach to particular segments. We even talk of the danger of being 'caught in the middle' ... There is cause for concern ..."

Mittel zur Realisierung dieser Strategie seien flexible Fertigungssysteme, ausgezeichnete Marktkenntnis und die Trennung zwischen scale-sensitivem Produktkern und weniger scale-sensitiver Produktperipherie.

(2) Freilich werden auch Überlegungen anzustellen sein, die Kosten-, Differenzierungs- und Schwerpunktstrategien in ein verändertes, dem Phänomen der Internationalisierung auf grundsätzlicherer Ebene gerecht werdendes Konzept zu überführen. Ein sehr interessanter Vorschlag dazu wurde jüngst von Rugman/Verbeke (1990) unterbreitet. Interessant ist der Vorschlag deshalb, weil er

---

211 Vgl. auch Murray (1988:395 ff.).
212 Vgl. Gilbert/Strebel (1985), (1987). Siehe auch Kleinaltenkamp (1987).

ein jüngeres, ähnliche Ziele verfolgendes Konzept von Porter[213] mit der von uns bereits weiter oben diskutierten Unterscheidung zwischen traditionellen und komparativen Wettbewerbsvorteilen in Verbindung bringt. In Abb. 2-21 sind daher das (neue) Porter-Konzept und der Vorschlag von Rugman/Verbeke nebeneinandergestellt.

Wettbewerbs-politische Streubreite	Geographische Streubreite		Country - Specific Advantages	Firm - Specific Advantages	
	Global-strategie	Länder-spezifi-sche Strategie		Strong	Weak
Viele Markt-segmente	Globale Kostenfüh-rerschaft oder globale Differen-zierung	Geschützte Märkte	Strong	- Global Cost Leadership - Global Differentiation - Global Segmentation (Focus A)	- National Respon-siveness (Focus B) - Protected Market Strategy (Focus C)
Wenige Markt-segmente	Globale Segmentie-rung	Länderspe-zifische Anpassung	Weak	- Global Segmentation (Focus A) - National Responsiveness (Focus B)	Restructuring or Exit

Abb. 2-21: Kostenstrategie, Differenzierung und Schwerpunkt im internationalen Kontext (zusammengestellt aus: Porter (1989:53) (linke Tabelle) und Rugman/ Verbeke (1990:256) (rechte Tabelle))

Betrachten wir zunächst die Strategietypen von Porter (linke Matrix).[214] Wie man sieht, wurde dem Phänomen der Internationalisierung hier insofern Rechnung getragen, als zwischen einer länderspezifischen Ausrichtung und der globalen, Länderdifferenzen ignorierenden Strategieoption differenziert wurde. Die zweite Dimension spiegelt das Ausmaß der Schwerpunktbildung. Die Bedienung einer

---

213   Gemeint ist Porters Vorschlag in (1989:53). Daß Porter hier für globale Branchen strategische Alternativen vorschlägt, die weit über seine generischen Strategieen hinausgehen, kann man wohl als Eingeständnis an das Modifikationerfordernis der letzteren ansehen.

214   Am Rande sei vermerkt, daß das Konzept Porters einem (relativ älteren) Vorschlag von Leontiades (1985:52 ff.) nicht unähnlich ist. Dieser spannte eine Matrix zwischen scope (global vs. national) und market share objective (high vs. low) auf und unterschied damit vier generische internationale Wettbewerbsstrategien: global high share strategy, global niche strategy, national high share strategy und national niche strategy.

Vielzahl von Marktsegmenten mittels globaler Strategieausrichtung kann in diesem Kontext entweder über Kostenstrategie oder über Differenzierung erfolgen. Globale Kostenführerschaft bedeutete dann: international standardisierte Produkte, Nutzung von Skalenvorteilen in F&E, Beschaffung und Produktion. Globale Segmentierung baut demgegenüber auf Schwerpunktstrategie, wobei der Schwerpunkt, im Gegensatz zur länderspezifischen Anpassung (Kosten- oder Differenzierung) nicht unter regionalen Aspekten gewählt wurde. Die Strategieoption 'geschützte Märkte' schließlich bezieht sich auf die in internationalisierenden Branchen in der Tat völlig neuartige Form von Wettbewerbsvorteil, daß staatliche Eingriffe nationale Märkte im internationalen Wettbewerb unterstützen. Rugman/Verbeke (1990) ordnen nun diese Strategiealternativen in eine Matrix, die sich auf komparative und kompetitive Wettbewerbsvorteile gründet (rechte Matrix). Das heißt: Sie liefern Begründungen für die Wahl zwischen den von Porter lediglich alternativ gegenübergestellten Strategiealternativen. Je nachdem, ob starke bzw. schwache länderspezifische bzw. unternehmensspezifische Vorteile gegeben sind, erscheinen andere Wettbewerbsstrategien ratsam.

Das kommt schon sehr in die Nähe dessen, was wir unter Wettbewerbsanalyse und Wettbewerbsstrategie in internationalisierenden Branche verstehen. Aufgabe der Wettbewerbsanalyse wäre es dann nur noch, die Bedingungen der Unterscheidung zwischen starken bzw. schwachen länderspezifischen bzw. firmenspezifischen Vorteilen zu ermitteln. Aber davon später mehr. An dieser Stelle ging es nur darum, zu zeigen, daß es in internationalisierenden Branchen durchaus ratsam ist, die (traditionellen) generischen Strategien in einen breiteren Bezugsrahmen zu stellen.

(3) Allerdings gibt es auch Vorschläge, die völlig vom Kosten-, Differenzierungs- und Schwerpunkt-Denken abstrahieren und es für angebracht halten, völlig neuartige generische internationale Wettbewerbsstrategien zu kreieren. Zu denken ist dabei etwa an den kaum verbreiteten Vorschlag von Fayerweather und Kapoor (1976:18-24)[215], der in Abb. 2-22 wiedergegeben ist.

---

215 Vgl. auch die Ausführungen bei Fayerweather (1981a).

Generic Strategy	Global Company Capabilities	Company's Economic Return System	Operating Structure Requirements	Company's Bargaining Power with Host Country
Dynamic high-technology strategy	Continuing flow of technically significant new products	Steady flow of payments in royalties or from sales margins (R&D "uplift")	Sustained high-quality R&D program. Reasonable control of application of technology abroad	Strong bargaining power based on desire of host country for future technological innovations
Low or stable technology strategy	Useful technological skill, but low sophistication or slow rate of change	Full income realized in a short period	A short-term arrangement: sale or turnkey installation. Sufficient control to assure income payment	Relatively weak bargaining power dependent on technology and competition
Advanced management skill strategy	High competence in marketing or other management fields	Steady flow of dividends from ongoing operations	Continuing integrated operations in fields with management skill competitively effective	Weak bargaining power due to low priority placed on management skills by host country
Production-market rationalization strategy	High value-to-weight or volume ratio; high labor intensity in production; strong global or regional marketing system	Regular flow of dividends from either production units or marketing system	Low-cost production sites; strong global marketing organization; standardized products; Highly integrated control of operations; full ownership preferred	Strong bargaining power due high priority for exports or employment in producing countries, and weak in importing countries

Abb. 2-22: Generische internationale Strategien nach Fayerweather/Kapoor (aus:Toyne/Walters (1989:316))

Kritisch zu diesem Vorschlag ist jedoch anzumerken, daß er wohl zu einseitig auf die Rolle der Verhandlungsmacht des internationalen Unternehmens abhebt. Er könnte insofern als Ausgestaltung der Boddewyn'schen (1986) vierten generischen Strategie ('international political strategy') aufgefaßt werden. Gleichwohl zeigt er doch, wie andersartig und *neu* Überlegungen zur Konzeption internationaler Wettbewerbsstrategien sein können.

2.44 Vernachlässigung der internationalen Dimension in Konzepten der Substrategie

Wettbewerbsstrategie kann nicht allein auf hochaggregierter 'generischer' Ebene festgemacht werden. Morrison/Roth (1989:32 ff.) identifizieren daher in der traditionellen Literatur[216] ein Substrategie-Paradigma, das neben der generellen Wettbewerbspositionierung drei weitere Substrategien unterscheidet: Investment substrategy, political substrategy und integration substrategy:

> "Substrategies are implemented by different combinations of functional areas within the business. An investment substrategy can be defined as those policies determining the nature of the business's resource deployments. As such, investment substrategies are typically designed to support a business's competitive position ... A political substrategy can be defined as those policies designed to maneuver the business within a given sociopolitical context ... Finally, an integration substrategy can be defined as those policies intended to configure both the internal and external functional relationships of the business." (Morrison/Roth (1989:34))[217]

Morrison/ Roth (1989:34) stellen nun fest, daß sich in der traditionellen Literatur kein Ansatz finden läßt, der "... effectively captures the distinctive international activities posited along these dimensions." Die Autoren haben daher in der Literatur zum internationalen Management geforscht und sind fündig geworden. In Tabellen mit umfangreichen Quellenangaben haben sie die spezifisch durch den internationalen Kontext hinzutretenden *Besonderheiten* der einzelnen Substrategien zusammengestellt (Abb. 2-23).

---

216 Und zwar explizit bei Hofer/Schendel (1978), implizit bei Harrigan (1985).
217 Eine noch stärkere Aufdröselung des Begriffes Strategie, diesmal bezogen auf internationale Strategien findet sich bei Egelhoff (1982). Bei seiner Analyse über Strategie und Struktur im multinationalen Unternehmen unterscheidet er acht Strategie*elemente*: Produktvielfalt, Differenzen der Produktmodifikation, Produktwandel, Ausmaß der Auslandsoperationen, Ausmaß der Auslandsproduktion, Anzahl der Auslandstöchter, Ausmaß der 'outside ownership' und Anzahl der akquirierten Unternehmensteile.

Erläuterung	Literatur
International External Integration Substrategy Variables	
Secure long-term contractual agreements with buyers and sellers	Ghemawat/Porter/Rawlinson (1989); Perlmutter/Heenan (1986)
Secure local long-term contractual agreements with host-nation governments/agents	Killing (1982); Beamish/Banks (1987)
Establish formal international marketing/distribution agreements (e.g., joint ventures)	Ohmae (1985); Hamel/Prahalad (1985); Ghemawat/Porter/Rawlinson (1989)
Establish formal sharing agreements (e.g. joint ventures and licensing)	Killing (1982); Harrigan (1985); Ohmae (1985); Porter/Fuller (1989); Ghemawat/Porter/Rawlinson (1989)
Establish formal international production agreements	Ohmae (1985); Porter/Fuller (1989); Perlmutter/Heenan (1986)
International Investment Substrategy Variables	
Source funds internationally	Rugman (1979); Doz (1980); Lessard (1989); Kogut (1985a)
Invest in countries with low-cost resources (e.g., labor, raw materials)	Buckley/Casson (1976); Calvet (1987); Hout/Porter/Rudden (1982); Porter (1986a)
Invest in countries which offer investment incentives (e.g. low tariffs, grants)	Doz (1989); Lindert/Kindleberger ((1982)
Minimize tax liabilities through transfer pricing and choice of remittance channels	Rugman (1979); Lessard (1985); Srinivasan/Kim (1986)
International Internal Integration Substrategy Variables	
Keep international tangible asset flows (e.g., intermediate/finished products) in-house	Kindleberger (1969); Doz (1980); Harrigan (1985); Casson (1986)
Keep international intangible asset flows (e.g. skills/technology) in-house	Kindleberger (1969); Hymer (1970); Johnson (1970); Buckley/Casson (1976)
Vertically integrate operations	Hymer (1970); Williamson (1975); Buckley/Casson (1976); Calvet (1987); Harrigan (1985)
Horizontally integrate operations	Hymer (1970); Williamson (1975); Buckley/Casson (1976); Calvet (1987); Beamish/Banks (1987)
International Political Substrategy Variables	
Use international political risk forecasting	Kobrin (1982); Boddewyn (1986)
Lobby for favorable host-nation government policies	Benson (1975); Boddewyn (1986)
Develop international managers with political sensitivity skills	Miller (1977)
Safeguard local operations from host-nation intervention	Fagre/Wells (1982); Encarnation/Wells (1989)

Abb. 2-23:   Die internationale Dimension auf Substrategieebene (verändert aus:Morrison/Roth (1989:36, 37, 38))

Es ist schon interessant, sich die Parallelen dieser Substrategievariablen zu den in Kap.2.42 angedeuteten internationalen Wettbewerbsvorteilen zu vergegenwärtigen. Die 'internal integration substrategy variables' spiegeln beispielsweise Internalisierungsvorteile, in den 'investment substrategy variables' finden sich Eigentumsvorteile, aber auch Standortvorteile wieder. So schließt sich ein Argumentationskreis, der in den Kapiteln drei und vier unserer Arbeit vertieft werden wird.

2.5 Fazit: Auf der Suche nach einem reicheren Konzept der Betrachtung internationalisierender Branchen

Kapitel 2 widmete sich der Untersuchung, inwieweit das Phänomen der Internationalisierung in herkömmlichen Konzepten der Wettbewerbsanalyse und Wettbewerbsstrategie bereits berücksichtigt wird. Das ist eine *wichtige* Frage, da ihre zumindest partielle Verneinung im Grunde erst die weiteren Analysen der vorliegenden Arbeit legitimiert. Wenn "das Alte" auch dem Bedingungsrahmen internationalisierender Branchen standhält, wozu bedarf es dann neuer Konzepte von Wettbewerbsanalyse und Wettbewerbsstrategie?

Nun hat jüngst Knyphausen (1988:14 ff.) in Erinnerung gerufen, daß dem *Neuen* ein selbstreferentiell-paradoxer Charakter zuzeigen ist:

> "Das Alte verweist auf das Neue und das Neue auf das Alte. Sowohl das Alte als auch das Neue weist damit gleichzeitig auf sich selbst zurück. Auch die "Lösungen" einer Paradoxie haben somit selbstreferentiellen Charakter; hier handelt es sich freilich nicht um "reine" Selbstreferenz, bei der sich etwas (z.B. "das Neue") *nur* auf sich selbst bezieht, sondern um eine "überschießende" Selbstreferenz, bei der sich etwas anderes (z.B. "das Alte") und erst *im Rückbezug* auf sich selbst bezieht." (Knyphausen (1988:16))

Diese Erkenntnis begründet nicht nur unsere Analyse des "Alten" (traditionelle Konzepte des Wettbewerbsapproach). Sie war auch für unser Vorgehen bestimmend: Denn wir haben nicht nur versucht, die Theorien, Konzepte und Instrumente, die traditionellerweise mit Wettbewerbsanalyse und Wettbewerbsstrategie in Verbindung gebracht werden, an dem in Kapitel 1 umschriebenen 'neuen Bedingungsrahmen' zu spiegeln. Zugleich wurden theoretische und praktische Ansatzpunkte von Wettbewerbsanalyse und Wettbewerbsstrategie in internationalisierenden Branchen zitiert. Sie dienten *auch* zur Begründung von Lücken in den traditionellen Konzepten. Dieses Prozedere führte zu dem Ergebnis, daß weder das Theoriefundament, noch die Konzepte von Wettbewerbsanalyse und Wettbewerbsstrategie, wie sie im traditionellen Wettbewerbsapproach fruchtbar Verwendung finden, genügend reichhaltig sind, um der gestiegenen Komplexität internationalisierender Branchen Rechnung zu tragen:

Innerhalb des *Theoriefundamentes* sind internationale Verflechtungen als Merkmal der Marktstruktur, Einflüsse strukturellen Marktversagens auf die Internationalisierung, Ländermarkteintrittsbarrieren sowie die Rolle vertikaler und oligopolistischer Interdependenzen *neu* zu berücksichtigen.

Die auf dem bereits wankenden Theoriefundament basierenden *Instrumente der Wettbewerbsanalyse* lassen ihrerseits manches vermissen: So z.B. die Integration auch vertikaler und lateraler Beziehungen in die Abgrenzung internationalisierender Branchen, die Konzeptualisierung richtig dimensionierter Branchenmaßgrößen und die Abgrenzung von Länderbranchenaggregaten. Problematisch stellen sich in internationalisierenden Branchen des weiteren die Abgrenzung von Geschäftsfeldern, die Vernachlässigung der *kritischen* Analyse von Kooperationsnetzen, aber auch von Weltmarktstrukturen und Wettbewerbsbedingungen zwischen Nationen dar. Schließlich wurde festgestellt, daß die Suche nach den strategisch richtigen Variablen der Bildung internationaler strategischer Gruppen ebenso eine neue Akzentuierung erhält, wie die Instrumente zur Konkurrenz- und Unternehmensanalyse. Letztere wären beispielsweise zu erweitern um spezifische Internationalisierungs-Stärken und Schwächen, um die Analyse der internationalen Expansionspfade von Konkurrenten sowie deren Internationalisierungsfähigkeit.

Über diese Defizite hinaus konnte gezeigt werden, daß auch die traditionellen *Konzepte der Wettbewerbsstrategie* einer Modifikation bedürfen. Viel stärkere Beachtung sollte angesichts der turbulenz- und interdependenzerhöhenden Wirkung des Phänomens der Internationalisierung das Strategielevel der *collective strategy* finden, viel stärkere Beachtung gebührte dem Herausfiltern spezifisch internationaler Wettbewerbsvorteile als Basis von Wettbewerbsstrategien in internationalisierenden Branchen. Zudem begegneten wir bei unserer Analyse Ansätzen des Entwurfs generischer internationaler Wettbewerbsstrategien, die sich von traditionellen nicht unerheblich unterschieden. Weitere Lücken traditioneller Strategiekonzeptionen wurden auf Substrategieebene (investment, political, integration) aufgedeckt.

Führt man sich diese vielfältigen Vernachlässigungen, Defizite und Lücken der traditionellen Konzepte vor Augen, so wird deutlich, daß die zunehmende Internationalisierung von Branchen sicherlich einer der Hauptgründe ist für McGee/Thomas' (1988:41)[218]programmatische Forderung,

---

218　Mc Gee/Thomas (1988:50) sehen in der Internationalisierung eine der wesentliche Ursachen des Komplexitätszuwachses in Branchen.

"... that further 'rich', fine grained ... , in depth industry studies should be carried out with the aim of developing richer hypotheses and theories about strategic interaction, competitive strategy and global competition."

Da es auch unser Anliegen ist, zumindest in Hinblick auf die Internationalisierung von Branchen Bausteine eines solchen 'reicheren' Ansatzes zusammenzutragen, mögen die Anknüpfungspunkte, die Mc Gee/Thomas (1988) nennen, als erster Anhaltspunkt dienen. Die Kritikpunkte an traditionellen Branchenuntersuchungen und damit die Anknüpfungspunkte eines 'reicheren' Ansatzes sind bei Mc Gee/Thomas (1988) inhaltlicher und methodischer Art:

* Stärkere Berücksichtigung der Evolution der Branchenstruktur durch Rückgriff auf Analysen der Branchengeschichte[219], denn "... the premise is that insights about strategic interaction and the formulation of competitive strategy within industries should be based upon examination not only of current strategic conduct but also of the evolution of industry structure."(S.74)

* Bejahung der Branchenkomplexität. Die Autoren identifizieren in vielen Branchenanalysen "... a denial of complexity ... in formulating particular, relatively narrow hypotheses, and in establishing or refuting the validity of these hypotheses." (S.47) Dies sei zu vermeiden. Man solle vielmehr auch die Quellen der Komplexität in Branchen bewußt zum Analysegegenstand erheben. (S.74)

* Integration der 'richness of firm-level behavior'(S.74). Man müsse sich auch mit Fragen auseinandersetzen wie: "... what analogies or experiences ... do managers draw upon in addressing particular strategic problems?; do they develop strategies from insights gained through 'personal' experience, through a process of logical incrementalism ... or from the examination of strategies borrowed from other firms? Alternatively, do they identify competitive concepts and approaches as shared by industry members and base their strategies on competitive norms?" (S.42 f.)

---

219   Vgl. auch die Ansätze bei Porter (1981a).

*Ausweitung der theoretischen Basis durch Rückgriff auf "... a broad set of theoretical bases (economics, business history etc.) as benchmark models ..."(S.74).

Wie kann nun eine zumindest unter dem Aspekt der Internationalisierung 'reichere' Branchenanalyse aussehen? Erste Hinweise auf eine gemäß Mc Gee/Thomas' vierter Forderung erweiterte theoretische Basis, aber auch auf praktische Instrumente der Wettbewerbsanalyse und Wettbewerbsstrategie in internationalisierenden Branchen haben wir bereits in diesem Kapitel kennengelernt. Doch diese Schnappschüsse entbehrten des *größeren Zusammenhangs*. Sie waren relativ willkürlich zusammengetragen und bedürfen der Einordnung. Unsere weiteren Analysen versuchen daher, Wettbewerbsanalyse und Wettbewerbsstrategie in internationalisierenden Branchen systematischer und vor allem aus größeren (theoretischen) Kontexten heraus zu thematisieren. Dabei werden *drei relevante Kontexte* mit ihren Subkontexten herangezogen: Der Kontext der Managementtheorie zum internationalen Management, der Kontext der Internationalisierungstheorie und schließlich der Kontext der Netzwerktheorie. Im nun folgenden dritten Kapitel betrachten wir zunächst managementtheoretische Konzepte der Wettbewerbsanalyse und Wettbewerbsstrategie in internationalisierenden Branchen.

3. Managementtheoretische Konzepte der Wettbewerbsanalyse und Wettbewerbsstrategie in internationalisierenden Branchen

Die managementtheoretische Literatur zum strategischen internationalen Management ist breit gefächert.[1] Gleichwohl existiert, selbst wenn manche dieser Veröffentlichungen im Titel den Begriff 'Wettbewerbsstrategie' tragen, (noch) kein geschlossenes Konzept eines internationalen strategischen Wettbewerbsapproach. Überhaupt ist zu konstatieren, daß Forscher zum strategischen internationalen Management nur wenig Notiz nehmen von den vielfältigen Strömungen, Entwicklungstendenzen und Paradigmawechseln des (traditionellen) strategischen Management.[2] Daß sich das strategische Management von der Zielforschung über den strategisch geplanten Wandel von Organisationen zur Zeit zu einer evolutionären Führungskonzeption hinentwickelt[3], ist den Autoren nicht bekannt. So sehen sie denn auch gar nicht das Erfordernis, verschiedene Subkontexte, wie etwa den zur Debatte stehenden Wettbewerbsapproach, zu unterscheiden.[4]

Der Untersuchung managementtheoretischer Konzepte von Wettbewerbsanalyse und Wettbewerbsstrategie stellt sich somit als erstes Hindernis die Tatsache in den Weg, daß es *den* Wettbewerbsapproach des strategischen internationalen Management im engeren Sinne gar nicht gibt. **Kap. 3.1** zeigt allerdings, daß es trotzdem möglich ist, Wettbewerbsanalyse und Wettbewerbsstrategie innerhalb des strategischen internationalen Management zu verorten. Vor diesem Hintergrund werden in **Kap. 3.2** anhand von fünf *Evolutionsstufen des strategischen Denkens im internationalen Management* die bisher besonders intensiv diskutierten Konzepte erörtert. Eine kritische Würdigung der managementtheo-

---

1   Beispielhaft seien als Buchveröffentlichungen angeführt: Cichon (1988); Colberg (1989); Davidson (1982); Doz (1986); Fayerweather (1978); Hood/Vahlne (Hrsg.,1988); Kefalas (1990); Leontiades (1985); Morrison (1990); Negandhi/Savara (Hrsg.,1989); Porter (Hrsg.,1989); Stahr (1989) und Voß (1989).
2   Vgl. die jüngere Diskussion um den Paradigmawandel im stategischen Management bei Ansoff (1987).
3   Vgl. die Darstellung bei Kirsch (1990: 238-316 sowie Kap.3).
4   Dies gilt sogar für Autoren des Wettbewerbsapproach, die sich, wie etwa Porter, auch mit dem Phänomen der Internationalisierung befassen und dabei das Spezifische des Wettbewerbsapproach zuweilen durchaus aus den Augen verlieren. Vgl. zu dieser (überspitzten) Behauptung in Bezug auf Porter auch Kap.3.22.

retischen Konzepte (**Kap.3.3**) rundet das Kapitel ab, baut aber zugleich die Brücke zum folgenden vierten Kapitel.

3.1 Die Verortung von Wettbewerbsanalyse und Wettbewerbsstrategie im strategischen internationalen Management

Wettbewerbsstrategie bedeutet im Sprachspiel der vorliegenden Arbeit den Aufbau und das Ausnutzen internationaler Wettbewerbsvorteile gegenüber Konkurrenten. Wettbewerbsanalyse bezieht sich auf das Erkennen der strukturellen Bedingungen und Möglichkeiten von Wettbewerbsstrategie.

Betrachtet man die verschiedenen Versuche, Schritte und Gegenstände des strategischen internationalen Management bzw. der strategischen internationalen Planung in schematische Raster[5] zu verdichten, so zeigen sich durchaus Parallelen zu unserer Konzeption: Etwa dann, wenn auf die Kontingenzabhängigkeit von Internationalisierungsstrategien hingewiesen wird[6], wenn von Situationsanalyse (Voß (1989:21 ff.)) die Rede ist und auf das Erfordernis hingewiesen wird, Umweltanalysen (bezügl. Abnehmer, Lieferanten, Konkurrenten, Absatzmittler und allgemeinen Rahmenbedingungen) zu betreiben, eigene Stärken und Schwächen zu untersuchen, zukünftige Wandlungen im Umfeld zu antizipieren. So legt Segler in seinem Weltmarktkonzept des strategischen internationalen Marketing[7] großen Wert auf umfangreiche Analysen zur 'Schaffung einer informatorischen Basis' für die Entwicklung eines Orientierungssystems und die Festlegung von Basisstrategien. Die informatorische Basis bezieht sich dabei durchaus auf die Analyse strategischer Erfolgsfaktoren, die strategische Unternehmensanalyse, Konkurrenzanalysen und strategische Kooperationsanalysen. Noch stärkere Parallelen lassen sich über das Schema zur internationalen Un-

---

5   Vgl. Dymsza (1984:171); Godiwalla (1986); Scholl (1989, Sp. 989 f.); Segler (1986:35); Sethi (1982); Stahr (1989:18); Toyne/Walters (1989:301); Voß (1989:21). Vgl. auch die Diskussion von Modellen der strategischen Planung in internationalen Unternehmen bei Davidson (1982: 313 ff.).

6   Vgl. Scholl (1989:988).

7   Vgl. Segler (1986:22 ff.,35). Das Weltmarktkonzept bezieht sich nicht nur auf einzelne Strategien zur Erschließung und Bearbeitung internationaler Märkte, sondern bezeichnet "... die Festlegung von Strategien der Unternehmung, die sich auf das Verhältnis zu ihrem internationalen Umsystem beziehen und länderübergreifenden Charakter besitzen." (Segler (1986:22)).

ternehmensstrategie von Toyne/Walters (1989:301) identifizieren. Ihm zufolge gehen 'management attitude' und spezifische Wettbewerbsvorteile[8] ein in einen 'industry strategic focus', aus dem sich die generischen internationalen Strategieoptionen ableiten lassen, die schließlich Basis von Marktpräsenzentscheidungen und Funktionalstrategien sind.

Expliziter aus der *Perspektive der Branche* ist Yip's (1989:30) 'framework of global strategy forces' konzipiert (vgl. Abb. 3-1).

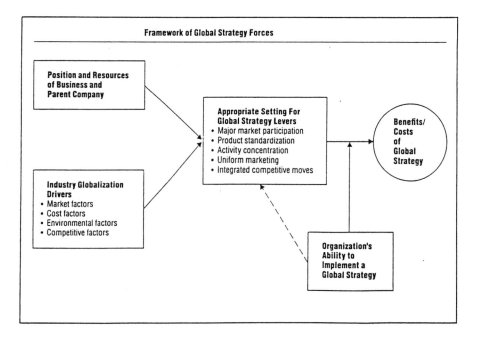

Abb. 3-1:   Das 'Framework of global Strategy Forces' von Yip (aus: Yip (1989:30))

---

8   Toyne/Walters (1989:301) nennen im einzelnen: reduced dependency on local demand, reduced dependency on local capital markets, reduced dependency on local personnel, potential for economies of scale, potential for experience effect, potential for functional centralization, potential for resource efficiencies, potential for administrative efficiencies, potential for R&D economies, potential to gain competitor information, access to innovation, choice of market-presence.

Yip konzentriert sich zwar auf die Analyse global integrierter Wettbewerbsstrategien. Gleichwohl entspricht die Analyse von 'industry globalization drivers' oder
der 'position and resources of business and parent company', aber auch die
Überprüfung der Internationalisierungsfähigkeit der Organisation dem, was in
unserem Sprachspiel Wettbewerbsanalyse heißt. Yip 's 'global strategy levers'
verkörpern demgegenüber Substrategien und Strategieelemente.

Andererseits kann nicht übersehen werden, daß man sich schwertut, Wettbewerbsstrategien als einen *Kontext* der Strategiekonzeption zu betrachten, der
anderer Strategiebestandteile umfaßt. So stehen im Schema von Yip die
'integrated competitive moves' *neben* anderen Strategiehebeln, statt sie über-
geordnet zu durchdringen. Ähnliches zeigt sich auch bei Scholl (1989). Für ihn
sind Wettbewerbsstrategien nur *ein* Bestandteil der Internationalisierungsstrategien, die in ihrer weiten Fassung folgende Elemente umfassen:[9]

* Konzepte strategischer Orientierung
* Strategien für die Entwicklung der internationalen Unternehmensposition
  (Wachstumsstrategien; Strategien der Gestaltung des Internationalisie-
  rungsprozesses)
* Markteintrittsstrategien
* Kooperations- und Eigentumsstrategien
* Wettbewerbsstrategien
* Funktionsbereichsstrategien
* Strategien des Management der politischen Umwelt
* Strategien der Koordination internationaler Aktivitäten.

Nun räumt Scholl freilich selbst ein, daß diese zuvor isolierten Strategieelemente
in einem gegenseitigen Abhängigkeitsverhältnis stehen, "... da die Wahl einer
spezifischen Ausprägung eines Strategieelements Implikationen für andere
Strategieelemente besitzt, wobei zur Generierung konsistenter Strategien und
Erzielung von Synergieeffekten die Elemente gegenseitig abzustimmen sind."[10]
Unsere These lautet nun, daß diese Abstimmung kontextgeleitet von statten
geht, daß man mithin alle genannten Strategieelemente unter dem Kontext des
Wettbewerbsapproach thematisieren kann. Wettbewerbsstrategien stehen dann

---

9   Vgl. Scholl (1989:986).
10   Scholl (1989:987).

nicht mehr neben Funktionsbereichsstrategien[11], Strategien des Managements der politischen Umwelt werden zu einer generischen *Wettbewerbs*strategie.[12] Selbst Kooperationsstrategien können als Formen von Wettbewerbsstrategien aufgefaßt werden:[13] Zum einen bilden in Netzwerken zusammengeschlossene Unternehmen als Gesamtheit eine Wettbewerbseinheit: Dies ist beispielsweise die Sichtweise von Jarillo (1988:32), der Netzwerke als eine Organisationsform konzeptualisiert,

> "... that can be used by managers or entrepreneurs to position their firms in a *stronger competitive stance.* That is why the term 'strategic' has been added to 'networks': I see strategic networks as long-term, purposeful arrangements among distinct but related for profit organizations that allows those firms in them to gain or sustain competitive advantage vis-a-vis their competitors outside the network."[14] (Kursivdruck von J.R.)

Zum anderen wird immer wieder darauf hingewiesen, daß auch das Eingehen strategischer Partnerschaften als Wettbewerbsmaßnahme *gegen* den Partner interpretiert werden sollte: "Cooperation is competition in a different form. Successful companies never forget that their new partners may be out to disarm them. They enter alliances with clear strategic objectives, and they also understand how their partners' objectives will affect their success."[15] Nimmt man hinzu, daß kooperative Netze in ihrem dynamischen Wandlungsprozeß stets Nischen für neue unabhängige Wettbewerber freilassen und daß Netzwerkstörungen (z.B. OPEC Kartell) geradezu den Wettbewerb fördern können, so ist das Entstehen *gezähmter* Märkte im Sinne von Berle/Means (1932) oder auch Arndt (1979) durchaus nicht zu befürchten.[16]

---

11   Man vergleiche als Beleg den Aufbau der wettbewerbsorientierten Veröffentlichung über globalen Wettbewerb von Porter (Hrsg.,1989): Globaler *Wettbewerb* wird hier in Teil II (S.93 ff.) auf die einzelnen Funktionsbereiche bezogen thematisiert.

12   Vgl Boddewyn (1986).

13   Man betrachte nur Aufsatztitel wie 'cooperate to compete globally' ((Perlmutter/Heenan(1986)).

14   Vgl. auch Thorelli (1986:48). Er stellt ein starkes Anwachsen des Inter-Network - Wettbewerbs fest.

15   Vgl. Hamel/Doz/Prahalad (1989:134). Ungleichgewichte hinsichtlich der Vorteilhaftigkeit von strategischen Allianzen resultieren in der Sicht der Autoren aus Situationen einseitigen Lernens. In diesen Situationen erlange der lernende Partner stets einen entscheidenden Wettbewerbsvorteil gegenüber dem Konkurrenten.

16   Vgl. Thorelli (1986:47 ff.).

Zusammenfassend sei somit konstatiert, daß zwar kein expliziter Wettbewerbsapproach des strategischen internationalen Management ausgemacht werden
kann, daß aber die für den Wettbewerbsapproach konstitutiven Elemente in den
Denkrastern und Analysekonzepten des strategischen internationalen Management durchaus vorliegen. Dies ist der Hintergrund, auf dem es überhaupt erst
möglich wird, jene Evolutionsstufen der Wettbewerbsanalyse und Wettbewerbsstrategie in internationalisierenden Branchen zu unterscheiden, denen wir uns in
den nächsten Kapiteln zuwenden.

3.2 Evolutionsstufen der Wettbewerbsanalyse und Wettbewerbsstra-
tegie in internationalisierenden Branchen

Die managementtheoretischen Konzepte von Wettbewerbsanalyse und Wettbewerbsstrategie in internationalisierenden Branchen lassen sich (zumindest zu
analytischen Zwecken) in fünf Evolutionsstufen des strategischen Denkens
gruppieren (vgl. Abb. 3-2).

Evolutionsstufe	Kernaussage	Basisliteratur
(1) Denken in der Dichotomie zwischen Integration und Responsiveness	Wettbewerbsanalyse und Wettbewerbsstrategie bewegen sich im Spannungsfeld zwischen lokaler Anpassung und globaler Rationalisierung	Fayerweather (1969),(1978); Prahalad (1976); Doz (1979); Bartlett (1979); Doz/Bartlett/Prahalad (1981); Bartlett (1985)
(2) Denken im Lichte der Wertkette	Wettbewerbsanalyse und Wettbewerbsstrategie beziehen sich auf die internationale Streuung und Koordination von Wertkettenelementen	Kogut (1984),(1985); Kutschker (1987); Porter (1989); Carl (1989)
(3) Denken in operationaler Flexibilität	Wettbewerbsanalyse und Wettbewerbsstrategie beziehen sich auf das flexible Ausnutzen von Arbitrageoptionen u.a. durch das multinationale Netzwerk	Perlmutter (1969); Kogut (1983),(1985); Hamel/Prahalad (1985); Hedlund (1986); Hamel/Prahalad (1988)
(4) Denken in externen Beziehungen	Kernelement internationaler Wettbewerbsanalyse und Wettbewerbsstrategie ist die Kooperation mit Konkurrenten und vor- bzw. nachgelagerten Marktpartnern	Astley (1984); Perlmutter/Heenan (1986); Contractor/Lorange (Hrsg.,1988)
(5) Denken in übergreifenden Konzeptionen	Internationale Wettbewerbsanalyse und Wettbewerbsstrategie sollten im Lichte verschiedener Leitideen konzipiert werden	Ghoshal (1987); Hamel/Prahalad (1988)

Abb. 3-2: Evolutionsstufen der Wettbewerbsanalyse und
Wettbewerbsstrategie in internationalisierenden Branchen

Jede der Evolutionsstufen führt zur Konzeptualisierung anderer Elemente von Wettbewerbsstrategie und zieht andere Gegenstände sowie Instrumente der Wettbewerbsanalyse nach sich.

3.21 Internationalisierende Branchen im Spannungsfeld zwischen Lokalisierung und Globalisierung

Die frühesten Konzeptionen der Betrachtung internationalisierender Branchen sehen Wettbewerbsanalyse und Wettbewerbsstrategie im Spannungsfeld zwischen lokaler Anpassung und globaler Integration, d.h. zwischen den Kostenvorteilen der globalen Rationalisierung einerseits und dem Erfordernis der Anpassung an die spezifischen (politischen) Bedingungen des jeweils bedienten Gastlandes andererseits. Im folgenden sollen zunächst die Grundlagen dieses Konzeptes skizziert werden (3.211). Daraufhin wird geschildert, welche Arten von Wettbewerbsstrategien in diesem Kontext unterscheidbar sind (3.212) und womit sich Wettbewerbsanalyse vor diesem Hintergrund befaßt (3.213).

3.211 Grundlagen des Kontextes

Die Wurzeln des Denkens im Spannungsfeld zwischen Lokalisierung und Globalisierung liegen bei Fayerweather[17] und seinem 'conceptual framework for the Multinational Corporation'. Fayerweathers interdisziplinärer Bezugsrahmen für das internationale Management baut auf zwei Dimensionen auf: dem 2-Nationen-Modell und dem Multi-Nationen-Modell. Während innerhalb des ersteren Modells die Rolle des internationalen Unternehmens als Ressourcenübermittler, als 'cultural change agent' und als Teilnehmer an politisch-ökonomischer Prozessen im Vordergrund steht, erscheint das zweite für unser Untersuchungsziel von unmittelbarer Relevanz, denn "... the multi-nation dimension focuses on the role of the MNC as an institution for global unification constrained by various fragmenting forces inherent in the diversity of nations."[18] Abb. 3-3 zeigt die Unternehmensstrategie im Spannungsfeld zwischen 'fragmenting influences' (multiple ökonomische, kulturelle Länderumwelten, Nationalismen) und 'unifying

---

17   Vgl. Fayerweather (1969), (1978), (1981).
18   Fayerweather (1981:18).

influences' (Effizienz der weltweiten Verwendung von Fähigkeiten und Ressourcen, Rationalisierungseffekte).

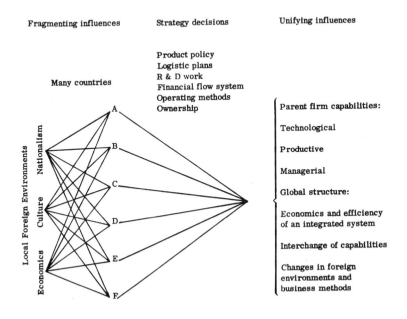

Abb. 3-3:   Das Multi-Nationen-Modell (aus: Fayerweather (1981:21))

Diese Gedanken wurden zunächst von Prahalad (1976) aufgegriffen, dann von
Doz (1979) und Bartlett (1979) verfeinert[19]. Heute sind sie integraler Bestandteil,
ja *beherrschen* viele wissenschaftliche, aber auch praxisbezogene Veröffentlichungen zu Fragen der internationalen Wettbewerbsstrategie[20]. Dabei werden
vielfach die 'unifying influences' für relativ wichtiger gehalten. Sie werden von
Anhängern der Globalisierungsstrategie, als deren exponiertester Vertreter wohl
Levitt (1983) anzusehen ist, als eine Art selbstverstärkender Kreislauf aufgefaßt:

> "Ausgangspunkt bildet zunächst die zunehmende Homogenisierung
> der Weltmärkte (Konvergenzthese). Diese bietet international tätigen

---

19   Vgl. auch als originäre Quellen: Bartlett (1985); Doz (1986);
      Doz/Bartlett/Prahalad (1981).
20   Vgl. beispielsweise: Cichon (1988:62 ff.); Fannin/Rodrigues (1988); Ha-
      mel/Prahalad (1983); Henzler/Rall (1985); Hout et al. (1982); Kim (1988);
      Kux/Rall (1990); Leontiades (1986); Macharzina (1986); Meffert (1986),
      (1986a), (1990) ; Prahalad/Doz (1987); Scholl (1989); Voß (1989:204 ff.).

Unternehmen die Möglichkeit, mit standardisierten Marketing-Kon-
zepten eine Vielzahl von Ländermärkten zu bearbeiten
(Standardisierungsthese). Dabei lassen sich bei entsprechender
Zentralisierung von Entscheidungskompetenzen
(Zentralisierungsthese) weltweit Skalen- und Synergieeffekte nutzen,
die sich in stabilen Kostenvorteilen niederschlagen (Kosten- bzw.
Preisvorteilsthese). Das zunehmende Angebot sog. "Weltmarken"
sowie die Weitergabe von Preisvorteilen wiederum wird die Homogenisierung der Nachfrage nachhaltig forcieren." (Meffert (1986a:194 f.))

Allerdings sind diese Thesen keineswegs unumstritten[21]. Es ist daher, und das
ist die *Logik* des 'integration-responsiveness framework', von großer Bedeutung, *beide* Seiten des Spannungsfeldes gleichermaßen im Auge zu behalten:

"Benefits of larger market encourage, so the underlying logic sugge-
sted, standardization to capitalize on scale economies, but country
differences impede such efforts. This trade-off was largely focused on
end-products and the problems of market access."(Kogut (1989:385))

3.212 Wettbewerbsstrategie im Spannungsfeld zwischen Lokalisierung und Globalisierung

Die Wahl von internationalen Wettbewerbsstrategien bewegt sich vor dem skizzierten Hintergrund auf dem *Spektrum* zwischen Globalisierung[22] und Lokalisierung.[23] Abb. 3-4 verdeutlicht, welche Vielzahl von Strategieklassifikationen der
Managementliteratur nach wie vor an diesem Konzept anknüpfen.

---

21 Vgl. die Diskussion bei Meffert (1986a:195 ff.). Die Nachteile rein globaler
Strategien werden insbesondere aus der Marketingperspektive hervorgehoben: vgl. Douglas/Wind (1987); Kashani (1989).
22 Bisweilen auch genannt: Strategie der globalen Rationalisierung oder In-
tegrationsstrategie.
23 Bisweilen auch genannt: national responsiveness strategy, multi domestic
strategy, country centered strategy.

Ansatz	Idealtypische Strategiealternativen			
Doz (1980:27 ff.)	National Responsiveness Strategy	Worldwide Integration Strategy		Administrative Coordination Strategy
Keegan/ Mac Master (1983: 100 ff.)	Multidomestic Companies	Global Marketers	Global Producers	Global Corporations
Meffert (1985:3 ff.), (1986:690 ff.)	Internationales Marketing	Multinationales Marketing	Globales Marketing	Bifokales Marketing
Clarke (1985:44 ff.)	Multinational		Global	
Porter (1986a:17 ff.)	Country Centered Strategy		Pure Global Strategy	
Henzler/Rall (1985:259 f.), (1986:60 f.)	Individual Market Strategy	Selection Strategy	Interaction Strategy	Integration Strategy
Leontiades (1985:52 ff.)	National Niche Strategy	National High Share Strategy	Global Niche Strategy	Global Share Strategy

Abb. 3-4:   Strategieklassifikationen im Spannungsfeld zwischen Lokalisierung und Globalisierung (verändert aus: Colberg (1989:148))

Im folgenden wird zunächst das Wesen der Globalisierungs- bzw. -Lokalisierungsstrategie dargestellt(1). In einem zweiten Schritt skizzieren wir die Vor- bzw. Nachteile der Strategiealternativen (2). Da jedoch beide Strategien nur Endpunkte eines Kontinuums sein können, folgen schließlich in einem dritten Schritt erste Ansatzpunkte, die die überpointierte Dichotomisierung ein wenig lockern (3).

(1) Die Globalisierungsstrategie folgt dem *ökonomischen Imperativ* (Doz(1980)). Sie bezieht sich auf Bedingungen des harten Kostenwettbewerbs und strebt globale Rationalisierung, etwa durch Spezialisierung einzelner international gestreuter Fertigungseinheiten[24] an. Dabei ist globale Rationalisierung ein schillernder Begriff der selten so deutlich umschrieben wird wie bei Fayerweather (1978:6). Er verweist auf

"... rationalization of activities with the benefits of specialization in particular locations, economies of large scale operations, and gains in effectiveness derived from interchange of capabilities based on communication of experience among units."

Es geht bei der Globalisierungsstrategie weniger darum, den Erfolg je Ländermarkt einzeln zu maximieren, sondern "... die Summe aller Länder als Ganzes, auch unter bewußter Inkaufnahme von länderbezogenen Suboptima, zu einem

---

24   Vgl. Doz (1978).

bestmöglichen Ergebnis zu führen."[25] Porter (1989:20) unterstreicht dies mit seiner Charakterisierung globaler Branchen:

> "In einer globalen Branche wird die Wettbewerbsposition, die ein Unternehmen in einem bestimmten Land innehat, ganz erheblich von seiner Stellung in anderen Ländern beeinflußt und umgekehrt. Es handelt sich also bei einer globalen Branche nicht etwa um ein Konglomerat aus allen länderspezifischen Märkten, sondern um eine durch vielfältige Faktoren über die Ländergrenzen hinweg verknüpfte Gesamtheit von Märkten, auf denen die Unternehmen weltweit konkurrieren."

Dies hat exzessiven Transfer von Halb- und Fertigfabrikaten zwischen den Töchtern sowie die Entwicklung weltweiter Produkte im Sinne des berühmten 'Weltautos' zur Folge.

Demgegenüber folgt die Lokalisierung vor allem dem *politischen Imperativ*, d.h. man sieht sich gezwungen, wirtschaftspolitischen Eigeninteressen der jeweiligen Gastländer Rechnung zu tragen.[26] Die Tochtergesellschaften bleiben im Lichte dieser Strategie autonom und verfolgen extrem länderangepaßte (Spezialisierungs-) Strategien.[27] Freilich kann auch der ökonomische Imperativ zu Lokalisierungsstrategien drängen: etwa dann, wenn die Konsumentenbedürfnisse außerordentlich länderspezifisch sind.[28] Trotz Lokalisierung bleiben den Tochtergesellschaften gleichwohl einige Vorteile gegenüber rein nationalen Konkurrenten: Sie haben die Möglichkeit zum Pooling finanzieller Risiken, zur Streuung der F&E-Kosten über ein größeres Produktionsvolumen und zum Transfer von skills (Doz(1980)).

Es sind also nicht nur marktliche Komponenten, sondern auch organisatorische Aspekte[29], die mit der Strategiewahl zusammenhängen. Das Wesen der Globalisierungs- bzw. Lokalisierungsstrategie erhellt sich somit am ehesten anhand ei-

---

25   Cichon (1988:66).
26   Vgl. Doz (1979); Zysman (1976). Ein jüngeres framework für die Analyse des politischen Imperativ findet sich bei Ring et al. (1990).Vgl. auch die interessante table 4.1 bei Prahalad/Doz (1987:84), in der verschiedene Formen von 'government intervention policies' verschiedenen 'types of corporate response' gegenübergestellt sind.
27   Gerade für kleinere Unternehmen bieten lokale Nischenstrategien eine interessante Strategieperspektive. Vgl. Bakka (1986).
28   Vgl. Wiechmann (1974).
29   Zu den organisationsstrukturellen Konsequenzen von Internationalisierungsstrategien: Macharzina (1986).

ner möglichst umfänglichen Reihe von Merkmalen, wie sie beispielhaft in Abb. 3-5 zusammengetragen sind.[30]

Merkmal	Strategie	
	Globalisierung	Lokalisierung
Marktanteilsziele	signifikante Anteile in den bedeutenden Märkten	indifferent
Produktgestaltung	vollständige weltweite Standardisierung	vollständige Anpassung an jedes Land
Anordnung von Wertkettenelementen	alle Aktivitäten in einem Land	jede Aktivität in jedem verschiedenen Land
Gestaltung des Marketing	weltweit uniform	lokal
Wettbewerbs"horizont"	weltweiter Wettbewerb	jeweils lokaler Wettbewerb
Eintritt in Märkte	simultan	stufenweise
Kooperationspartner	MNU	lokale Unternehmen
Wettbewerbsverhalten	aggressiv	defensiv
Produktentwicklung	weltweit	national
Standardisierungsgrad	hoch	gering
Entscheidungszentralisation	hoch	niedrig
Informationsbeziehungen	umfangreich	gering
Kontrolle	ausgeprägt	gering
Organisationsstruktur	Produkt/Matrix/Tensor/Hybrid	regionale Division
Technologie	führend	schwach
Ressourcenausstattung	umfangreich	gering
Organizational Slack	hoch	niedrig
Politischer Leverage	hoch	niedrig
Marktwahl	Präsenz auf Schlüsselmärkten (Triade)	indifferent

Abb. 3-5:   Das Wesen von Globalisierungs- und Lokalisierungsstrategie

(2) Da die Vor- bzw. Nachteile der Globalisierung zugleich die Nach- bzw. Vorteile der Lokalisierung darstellen, mag es an dieser Stelle genügen, sich auf die Globalisierung zu beschränken[31]. Diese erweist sich in vielerlei Hinsicht als vorteilhaft: Zum einen wird auf die gerade in Anbetracht eskalierender Entwicklungskosten sowie beträchtlicher Investitionsvolumina in Logistik, innerbetriebliche Infrastruktur und effiziente Produktionskapazitäten so erfreulichen Kostenreduktionen verwiesen. Diese werden erreicht über economies of scale[32] in Logistik, Marketing, Beschaffung, Service oder F&E sowie Lern- und Erfahrungs-

---

30   Die Zusammenstellung beruht auf folgenden Quellen: Yip (1989:31(Table 1)); Scholl (1989:999).
31   Vgl. zum folgenden: Yip (1989:32); Cichon (1988:47 f.); Meffert (1990).
32   Vgl. Kap. 2.221. Economies of scale ermöglichen globale Kostenführerschaft über Ausnutzung von Volumeneffekten oder Spezialisierungsvorteilen. Vgl. dazu auch: Cvar (1984).

effekte[33], über das Vermeiden von Duplizierungen in F&E und sonstigen Aktivitäten, über die Vereinfachung der Managementprozesse, über die Ermöglichung einer konsistenten, detaillierten strategischen Planung, aber auch über das Erlangen von Verhandlungsmacht. Letztere bringt in politisch besonders kritischen Ländern zusätzlich den Vorteil einer geringeren Enteignungsgefahr.[34] Desweiteren kann die Globalisierung ein Weg sein, Synergiepotentiale auszuschöpfen. Es ist durchaus denkbar, "... daß ein einheitliches Auftreten in den verschiedenen Ländern insofern die Nachfrage positiv stimuliert, als eine "Weltgeltung" des Produktes bzw. der Marke eine besondere Art von Qualitäts- und Wertvorstellung erzeugt."[35] Darüberhinaus sind Qualitätssteigerungen durch Fokussierung von (Forschungs-)potential und Qualitätskontrolle auf eine nur begrenzte Anzahl von Produktvarianten ebenso zu begrüßen, wie Akzeptanzsteigerungen infolge globaler Verfügbarkeit von Produkten oder globalem Service.

Andererseits müssen die Vorteile der Globalisierung durchaus *erkauft* werden durch erhöhte Koordinationskosten, erhöhten Widerstand des Managements der Töchter wegen mangelnder Einbeziehung, durch weniger 'Responsiveness' gegenüber lokalen Bedürfnissen und Konsumentenverhalten, durch Gewinnentgang infolge der Nichtansprache lukrativer länderspezifischer Segmente, durch Begrenzung der Internationalisierung auf selektierte Märkte, durch die Hemmung innovativer Prozesse, durch Gefährdung lokaler Wettbewerbsfähigkeit, durch erhöhtes Währungsrisiko oder auch Senkung der Motivation der im Ausland Tätigen infolge Überzentralisierung.

(3) Natürlich sind die zuweilen etwas einseitigen Postulierungen *einer* der beiden Strategiealternativen nicht haltbar. Die wenigen empirischen Studien, die bisher vorliegen, kommen zu keinem eindeutigen Ergebnis: Roth et al. (1989) untersuchten beispielsweise die Profitabilität der rein globalen Strategie im Vergleich zu anderen Strategieformen und fanden keine signifikant besseren Profite bei Verfolgung dieser Strategie. Andererseits stellten Kotabe/Omura (1989) bei ihrer Analyse von 71 europäischen und japanischen Unternehmen auf dem US-Markt

---

33 Im Gegensatz zu economies of scale beziehen sich Lern- und Erfahrungseffekte auf Kostenreduktionen *im Zeitablauf.*Vgl. Henderson (1984:19 ff.). Freilich treten diese nicht zwangsläufig auf, sondern nur bei Ausschöpfung von Lernpotentialen.
34 Vgl. Bradley (1977).
35 Berekoven (1985:135 f.).

fest, daß Marktanteil und Profite negativ korrellierten mit dem Ausmaß, in dem die Produkte auf den US-Markt zugeschnitten waren. Die Untersuchung von Doz (1980) zeigt demgegenüber ein heterogenes Bild.

Offensichtlich ist die internationale Strategiewahl keine Frage der einfachen Entweder-Oder-Entscheidung. Die Aufweichung der überspitzen Dichotomisierung zwischen Globalisierung und Lokalisierung wurde deshalb bereits früh vorgenommen, indem man die Strategiewahl deutlicher vom spezifischen Ausmaß der Globalisierungs- bzw. Lokalisierungsvorteile abhängig machte und damit vier Grundtypen internationaler Wettbewerbsstrategien unterschied (vgl. Abb. 3-6).

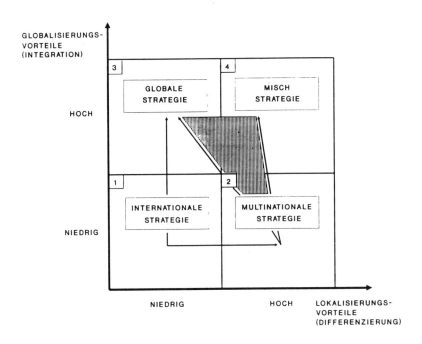

Abb. 3-6:   Grundtypen internationaler Strategien im Kontext von Lokalisierung und Globalisierung (aus: Meffert(1990:101))

Die in der Abbildung zu findende *multinationale Strategie* und die *globale Strategie* entsprechen den skizzierten Strategien der reinen Lokalisierung und Globalisierung. Die *internationale Strategie* bezieht sich dagegen auf Situationen, in denen eine begrenzte lokale Anpassung erforderlich ist und eine weltweite Integration keine entscheidenden Wettbewerbsvorteile bietet. Der Weltmarkt für solche internationalen Geschäftsgebiete "...gliedert sich in mehrere Regionen, die sich auf der Abnehmerseite deutlich unterscheiden. Heute dürften zum Beispiel elektrotechnische Ausrüstungsgüter in dieser Kategorie anzusiedeln sein."[36] Zumeist handelt es sich bei solchen Situationen um Übergangsstadien zur Globalisierung. Der Stratege muß daher auf Entwicklungsströmungen acht geben, die ein steigendes Integrationserfordernis nach sich ziehen. Bliebe er in diesem Falle ein rein national operierender Anbieter, so müßte er zunehmend Kostennachteile in Kauf nehmen und würde mit der Zeit aus dem Markt gedrängt. Erfolgsversprechender erscheint indes die frühzeitige offensive Globalisierung. Die *Mischstrategie* schließlich umfaßt zwei Argumentationskomplexe:

Erstens werden zuweilen Mischstrategien vorgeschlagen, die die Vorteile weltweiter Integration mit denen der nationalen Anpassung zu verbinden suchen. Dies gilt z.B. für die von Doz (1980) entwickelte Strategie der *administrativen Koordination*, die bewußt keiner festgelegten Maxime folgt, sondern strategische Enscheidungen im Sinne eines Inkrementalismus[37] und der für ein konstant angepaßtes coalignment zwischen Unternehmen und Umwelt erforderlichen Flexibilität (Davis/Lawrence (1977)) situativ unterschiedlich fällt. Es liegt allerdings nahe, Gesichtspunkte der globalen Integration vor allem im Innenverhältnis des multinationalen Unternehmens anzustreben, während das Auftreten auf den Auslandsmärkten bevorzugt lokal erfolgen sollte. So schlägt Agthe (1982) im Rahmen seines *multilocal-Konzeptes* vor, nationale Besonderheiten im Absatz der Produkte zu berücksichtigen. Produktpolitik, Produktion, aber auch gewisse Bereiche der Marketingpolitik könnten demgegenüber durchaus integrativ gehandhabt werden.

Zweitens fallen unter die Kategorie der Mischstrategie die sog. blockiert globalen Geschäfte, "... bei denen aus rein ökonomischen Überlegungen eine Globalisierung Wettbewerbsvorteile bringen könnte, diese aber aufgrund des Zwangs zur Lokalisierung - verursacht durch Regierungsauflagen oder das Einkaufsverhalten staatlicher Stellen - nicht realisierbar sind. Große Teile der Rüstungsindustrie und nationale Telefonnetze unterliegen dieser dualen Anforderung."[38]

---

36   Henzler/Rall (1985:182).
37   Vgl. Braybrooke/Lindblom (1963).
38   Meffert (1986a:200).

Im Lichte dieser letzten Überlegungen wird sogleich offenbar, womit sich die Wettbewerbsanalyse im Spannungsfeld zwischen Lokalisierung und Globalisierung zu befassen hat: Wir sprachen von hohen und niedrigen Globalisierungs- bzw. Lokalisierungsvorteilen. Da diese exakt die *strukturellen Bedingungen* der Wettbewerbsstrategie darstellen, sind sie auch genau der Gegenstand der Wettbewerbsanalyse. Das heißt: Die Wettbewerbsanalyse muß anhand von Kriterien und Einflußgrößen ermitteln, ob und wenn ja welche Globalisierungsvorteile bzw. Lokalisierungsvorteile gegeben sind. Darüber hinaus wäre deren Ausmaß zu bestimmen. Im folgenden sollen dazu einige Anhaltspunkte gegeben werden.

3.213 Wettbewerbsanalyse im Spannungsfeld zwischen Lokalisierung und Globalisierung

Wie im vorangegangenen Kapitel gezeigt wurde, hängt die Eignung der im Spannungsfeld von Lokalisierung und Globalisierung denkbaren Strategien ganz wesentlich vom Ausmaß der Lokalisierungs- bzw. Globalisierungsvorteile ab. Dieses Ausmaß wird wiederum durch *strukturelle Bedingungen* der Branche determiniert, die gewissermaßen Triebkräfte der Internationalisierung verkörpern. Die Idee, diese Bedingungen zum Gegenstand der Wettbewerbsanalyse zu erheben, kann auf ein neueres Konzept von Yip (1989,1990) gestützt werden. Yip macht die Geeignetheit von Globalisierung bzw. Lokalisierung von etwas abhängig, das er **Globalisierungspotential der Branche** nennt:

> "The most successful worldwide strategies find a balance between overglobalization and underglobalization. The ideal strategy matches the level of strategy globalization to globalization potential of industry." (Yip (1989:34))

Dieses durch Abb. 3-7 visualisierte, und bereits einem exploratorischen Test unterzogene (Yip(1990)) Konzept legt es nahe, in der Ermittlung des Globalisierungspotentials die Aufgabe der Wettbewerbsanalyse zu erblicken.

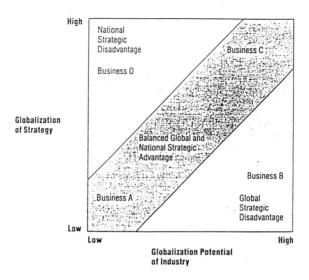

Abb. 3-7:   Wettbewerbsstrategie und Globalisierungspotential der Branche
(aus: Yip (1989:35))

Die Ermittlung von Einflußgrößen der Globalisierung bzw. Lokalisierung kann dabei auf verschiedenen Ebenen erfolgen. Als Bezugspunkte der Wettbewerbsanalyse bieten sich Branchen oder Unternehmen, aber auch auf Funktionen und Aufgaben an. Damit wird deutlich, daß sowohl Branchen-, wie auch Unternehmens- und Konkurrenzanalysen im Rahmen des Spannungsfeldes zwischen Lokalisierung und Globalisierung möglich sind. Abb. 3-8 soll das verdeutlichen.

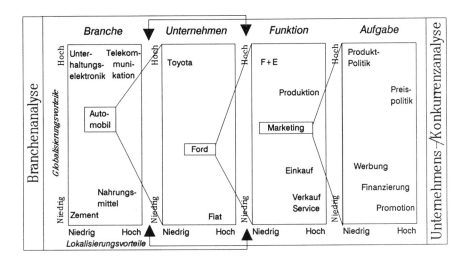

Abb. 3-8:   Das Spektrum der Wettbewerbsanalyse im Spannungsfeld zwischen Lokalisierung und Globalisierung (unter Rückgriff auf: Ghoshal (1987:429))

Je nach Bedarf sind darüberhinaus zusätzliche Analyseebenen einschiebbar. So erscheint die Ebene der Branche oftmals als zu weit, weil innerhalb einer Branche einzelne Produktgruppen durchaus differierende Einordnungen erfahren können. Henzler/Rall (1985:258) weisen als Beispiel auf die Farbenbranche hin: Während Farben für Gebäudeanstriche ein nationales Geschäft verkörpern, sind Farben für Schiffsanstriche eher als globales Geschäft zu betrachten.[39]

In der Literatur finden sich eine Vielzahl von Einflußgrößen des Globalisierungspotentials von Branchen. Sie lassen sich in fünf Gruppen von Triebkräften und Barrieren der Globalisierung bzw. Lokalisierung zusammenfassen. Diese fünf Gruppen sind mithin zentraler Gegenstand der Wettbewerbsanalyse in internationalisierenden Branchen, sofern man sich im Kontext unserer ersten Evolutionsstufe bewegt (vgl. Abb. 3-9).

---

39   Vgl. ähnlich: Hout/Porter/Rudden (1982:102).

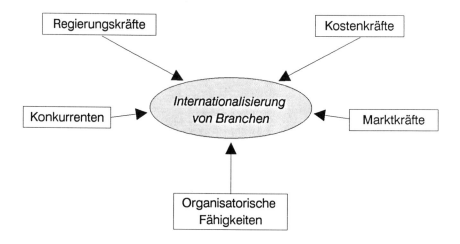

Abb. 3-9:   Triebkräfte der Internationalisierung von Branchen im Kontext von
Lokalisierung und Globalisierung

Im Sinne unserer bereits früher getroffenen Feststellung, daß Instrumente der
Wettbewerbsanalyse sehr viel zu tun haben mit Liste von Einflußgrößen, werden
im folgenden die Einflußfaktoren genannt, die in der Literatur[40] als *für* eine Globalisierungsstrategie sprechend erachtet werden. Die Einflußgrößen sind weitgehend selbsterklärend. Ihr Nichtvorhandensein bzw. ihre umgekehrte Ausprägung ließe Lokalisierungsstrategien ratsamer erscheinen.

*Als *Marktkräfte* können für eine Globalisierung wirken: homogene Bedürfnis-
strukturen (ähnliche Verhaltensmuster, Werte, Normen); globale Kunden;
globale Absatzkanäle; Transferierbarkeit von Markenkonzepten, Werbung
usw.; geringes Erfordernis lokaler Beratungs-, Service und Reparaturnetze;
hohes Weltnachfragepotential; geringe Marktfragmentierung; wenig Substitute; Zugang zu Absatzkanälen[41]; hohe Technologiedynamik (kurze Markt-
präsenz, rapider Preisverfall, rascher Verfall von Technologievorsprüngen).

---

40   Als Quelle sei verwiesen auf die Ausführungen bei: Cichon (1988:47 ff.);
Doz (1980), (1986:table 1.2, S.26f); Henzler/Rall (1985:179); Kotler
(1990); Meffert (1986a:200 ff.), (1990:97 ff.); Prahalad/Doz (1987:18 ff.);
Yip (1989), (1990).
41   Ohmae (1985:109 ff.) zeigt auf, wie gerade auf dem japanischen Markt
etablierte Distributionssysteme oft als Eintrittsbarriere wirken.

Gegen die zuweilen allzu pauschal vertretene These der Homogenisierung wird vielfach energische Kritik laut! Gestützt auf keineswegs bestätigende empirische Analysen zur internationalen Verbrauchsangleichung[42] wird oft die Ansicht geäußert, es gäbe "... kaum einen Auslandsmarkt in irgendeiner Konsumgüterbranche oder Warengruppe, bei dem sich alle ... Merkmale gleichzeitig oder nur annähernd decken. Das gilt auch für Investitionsgüter, wenn man etwa den unterschiedlichen Strukturen des Buying-Center bzw. der individuellen Einstellung von "Schlüsselpersonen" im Kaufentscheidungsprozeß denkt."[43] Dies bestätigt, daß es nach wie vor, trotz aller Homogenisierungseuphorie, unerläßlich ist, im Rahmen der Wettbewerbsanalyse auch die Homogenitätsannahme genauestens zu prüfen.

* Als *Kostenkräfte* können für die Globalisierung wirken: globale economies of scale; hohe Produktentwicklungskosten; niedrige Transport- und Lagerkosten; günstiger Zugang zu Ressourcen; hohe Bedeutung von economies of experience.

Freilich sei bemerkt, daß die Bedeutung von economies of scale <u>in der Produktion</u> abnimmt, denn verstärkt "... erlauben neue Produktionstechniken in vielen Bereichen geringe Stückzahlen ohne Kostennachteile, so daß geschäftsspezifisch zu klären ist, ob die "World Scale Factory" tatsächlich Kostenreduktion bedeutet."[44]

* Als *Regierungskräfte* können für die Globalisierung wirken: niedrige tarifäre Handelsbarrieren; niedrige nicht-tarifäre Handelsbarrieren; wenig local content Vorschriften; wenig Kapitalverkehrsbeschränkungen; wenig Beschränkung des Technologieverkehrs; keine Bevorzugung inländischen Anbieter; kompatible technische Standards und Zulassungsverfahren; geringe Regulierung der Marketingaktivitäten (z.B. Werbung); geringe länderspezifische gesetzliche Auflagen, Bauvorschriften.

* Als Einflüsse seitens der *Konkurrenten* auf die Globalisierung können verzeichnet werden: globalisierende Konkurrenten; ähnliche Wettbewerbsstrukturen auf den Ländermärkten; niedrige Ländermarkteintrittsbarrieren; relativ

---

42   Vgl. Berekoven (1977).
43   Meffert (1986a:196).
44   Rall (1986:154).

geringe Anzahl bereits stark globalisierter Wettbewerber, denn "weist ein Geschäftsfeld bereits eine globale Ausprägung auf, so ist gegebenenfalls eine
teilweise oder vollständige Globalisierung der Unternehmensaktivitäten zu
präferieren. Diese Vorgehensweise erscheint jedoch nur dann erfolgsver-
sprechend, wenn das Unternehmen eine hinreichend starke Marktposition
und die Konkurrenz einen aufholbaren zeitlichen Globalisierungsvorsprung
besitzt."[45]

*Auch die spezifischen *organisatorischen Fähigkeiten* und Bedingungen
(Organisationsstruktur, Managementsysteme, strategische Grundhaltung)
können der Globalisierung hinderlich sein oder sie fördern. Wäre dem nicht
so, würden ja in jeder Branche alle Unternehmen die gleiche Strategie verfolgen. Dagegen sprechen die organisationsspezifisch differierenden strategischen Positionen und Ressourcenausstattungen, die differierenden Unter-
nehmenskulturen und die unterschiedlichen Fähigkeiten, Regierungskontakte
zu knüpfen.[46] Prahalad/Doz (1987:5f.) sprechen in diesem Zusammenhang
vom 'organization imperative'.

3.214 Ergebnis

In den letzten drei Abschnitten wurde gezeigt, daß der Rückgriff auf das Spannungsfeld zwischen Lokalisierung und Globalisierung dabei helfen kann, Wettbewerbsanalyse und Wettbewerbsstrategie in internationalisierenden Branchen
zu thematisieren: Es lassen sich Formen der Wettbewerbsstrategie (globale
Strategie, lokale Strategie, Mischstrategie, internationale Strategie) unterscheiden und Instrumente der Wettbewerbsanalyse entwickeln. Letztere helfen bei
der Einschätzung von Konkurrenten, des eigenen Unternehmens und ermitteln
das Globalisierungspotential von Branchen.

Es wäre allerdings verfehlt, in dem aufgezeigten Kontext die einzige bzw. einzig
richtige Form der Betrachtung des Wettbewerbs in internationalisierenden Branchen zu sehen. Für uns handelt es sich vielmehr um *eine* Evolutionsstufe des
Denkens im strategischen internationalen Management. Diese Sichtweise wird

---

45   Meffert (1986a:204).
46   Vgl. Yip (1989:39 f.).

bestätigt durch die wachsende Kritik am 'integration-responsiveness'-framework. So notieren Hamel/Prahalad (1988:9):

"In the past, several observers, including ourselves, drew a distinction between 'multi-domestic' and 'global' businesses or firms. We believe that *this distinction misses the central reality of the new international competition*."

Die Autoren teilen auf der Folie ihrer umfangreichen empirischen Studien über japanische Wettbewerber nicht die Ansicht, daß globale Geschäfte nur über standardisierte Produkte, über economies of scale, 'asset intensity', Technologieintensität und homogene Konsumentenbedürfnisse entstehen. Ihre Beobachtungen zeigten vielmehr, daß durchaus Globalisierungserscheinungen in Branchen aufträten, in denen auch die nationalen Märkte ausreichend Skaleneffekte mit sich brächten, daß durchaus ausschließliche Produktion in Japan vorkomme, obwohl sie auch in USA möglich wäre. Hamel /Prahalad kommen daher zu dem Schluß, daß " traditional views of the globalization process offer only a partial explanation of the dramatic competitive shifts outlined above. Yet analysts continue to suggest that a simple low-cost 'generic' strategy is the primary driving force behind globalization."[47]

Auch Porter, auf dessen Alternativvorschlag wir im nächsten Kapitel eingehen wollen, äußert sich kritisch über das Denken im Spannungfeld zwischen Lokalisierung und Globalisierung:

"Die internationale Unternehmensstrategie ist häufig unzureichend charakterisiert worden: Ihr Einsatz, so war zu hören, sei gleichbedeutend mit der Entscheidung zwischen weltweiter Standardisierung und nationaler Individualisierung oder der Suche nach einem Mittelweg zwischen den ökonomischen Erfordernissen (rentabel arbeitenden Massenproduktionsstätten) und den politischen Anforderungen eines Gastlandes (lokale Eigenfertigung statt Teileimport, Produktion im Gastland). Es sollte ... deutlich geworden sein, daß keine dieser Charakterisierungen der Komplexität einer internationalen Strategie und der damit verbundenen Entscheidungsprozesse gerecht wird." (Porter (1989:38))

Drittens schließlich sei Ghoshal zitiert. Auch er hat Bedenken hinsichtlich der Brauchbarkeit des 'integration-responsiveness'-Modells und schlägt eine integriertere Analyse vor, die davon ausgeht,

---

47   Hamel/Prahalad (1988:6 f.).

"... that simple categorization schemes such as the distinction between global and multidomestic strategies are not very helpful in understanding the complexities of corporate-level strategy in large multinational corporations. Instead, what may be useful is to understand
what the key strategic objectives of an MNC are, and the tools that it
possesses for achieving them."(Ghoshal(1987:427))[48]

Diese drei Zitate zeigen recht deutlich, daß man auf der Suche ist nach anderen
Wegen, nach umfassenderen Bezugsrahmen und Konzepten. Unsere Konzipierung von Evolutionsstufen der Wettbewerbsanalyse und Wettbewerbsstrategie
in internationalisierenden Branchen ist vor diesem Hintergrund zu sehen. Dabei
wird nicht davon ausgegangen, daß *ein* Kontext des strategischen Denkens der
ausschließlich richtige ist. Es wird auch nicht die in den Zitaten durchscheinende
Ansicht vertreten, das 'integration-responsiveness-framework' sei *unzureichend*.
Es wird allein für eines plädiert: für (Sub-) Kontextpluralismus. Ein erster Schritt
zur Realisierung desselben stellt die nun folgende Betrachtung der Wettbewerbsanalyse und Wettbewerbsstrategie im Lichte von Konfiguration und Koordination dar.

3.22   Wettbewerbsanalyse und Wettbewerbsstrategie im Lichte der Wertkette

Im Gegensatz zu bzw. in Erweiterung des Lokalisierungs-Globalisierung - Denkens versuchen verschiedene Autoren zum strategischen internationalen Management, Fragen der Wettbewerbsanalyse und Wettbewerbsstrategie im Lichte
des Konzeptes der Wertkette zu problematisieren.[49] Trotz der gemeinsamen
Basis der Wertkette (**3.221**) unterscheiden sich die Vorschläge - nicht zuletzt infolge differierender Definitionen von *Wertkette* - in Reichweite und Reichhaltigkeit
zum Teil nicht unerheblich: Mindestens drei Zugänge lassen sich unterscheiden:
Erstens gibt es Versuche, ganze Branchen unter Aspekten der Wertschöpfung
in Kategorien unterschiedlicher Globalisierungs*sensitivität* zu gruppieren (**3.222**).
Zweitens wird vorgeschlagen, internationale Wettbewerbsstrategie von Unternehmen als Konfiguration und Koordination von Wertkettenelementen zu thema-

---

48   Auf den Alternativvorschlag Ghoshals werden wir in Kap. 3.25 genauer
      eingehen.
49   Vgl. Carl (1989:152 ff.); Kogut (1984),(1985); Kutschker (1987); Porter
      (1989).

tisieren. Gegenstand der Wettbewerbsanalyse sind in diesem Lichte die strukturellen Bedingungen von Konfiguration und Koordination (**3.223**). Drittens finden sich Ansatzpunkte, über die Wertkettenanalyse zu einem vertieften Verständnis des in internationalisierenden Branchen so zentralen Zusammenspiels zwischen kompetitiven und komparativen Wettbewerbsvorteilen zu gelangen (**3.224**). Einige zusammenfassende Bemerkungen werden unsere Analyse abrunden (**3.225**).

3.221 Das Konzept der Wertkette

Obgleich das Konzept der Wertkette vor allem im Rahmen des traditionellen Wettbewerbsapproach Verwendung fand, wurde es keineswegs, wie vielfach behauptet, von Porter (1986) "erfunden". In seiner umfassendsten Ausprägung als *Wertsystem* findet es sich bereits in frühen absatzwirtschaftlich orientierten Schriften, etwa bei Schäfer (1974:186 f.), der die Wirtschaft als Feld zwischen Naturstoffen und Konsum begreift.[50] In jüngerer Zeit, vor allem stärker auf das einzelne Unternehmen zugeschnitten, kursierte das Wertkettendenken zunächst unter dem Begriff 'Geschäftssystem' in Beraterkreisen[51] und wurde erst daraufhin, aber durchaus vor Porter in der Wissenschaft aufgegriffen.[52]

Es existiert eine Reihe ausgezeichneter Darstellungen des Konzeptes der Wertkette.[53] Wir können uns daher im folgenden auf wenige, für das weitere Verständnis zentrale Gesichtspunkte konzentrieren:

Ganz allgemein verbirgt sich hinter dem Begriff der Wertkette ein analytisches Instrumentarium zur Zergliederung der Aktivitäten und Prozesse unternehmerischer Leistungserstellung. Abb. 3-10 zeigt, welche Kategorien der Untergliederung Porter vorschlägt.

---

50   In dieser Tradition befindet sich auch Leitherer (1989:3 ff.).
51   Vgl. Glueck (1980); Buaron (1981).
52   Z.B. von Kogut (1984).
53   Z.B. bei Carl (1989:152 ff.); Esser (1989); Porter (1986:59 ff.).

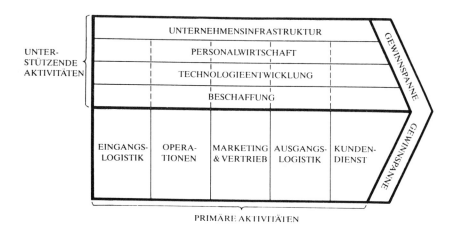

Abb. 3-10:   Die Wertkette nach Porter (1986:62)

Im Rahmen des Wettbewerbsapproach ist das Kategorisieren *wert*schaffender Aktivitäten besonders wichtig, denn "... Wettbewerbsvorteile entstehen im wesentlichen aus dem Wert, den ein Unternehmen für seine Abnehmer schaffen kann, soweit dieser die Kosten der Wertschöpfung für das Unternehmen übersteigt. Wert ist das, was Abnehmer zu zahlen bereit sind, und ein höherer Wert resultiert aus dem Angebot zu Preisen, die für gleichwertige Leistungen unter denen der Konkurrenz liegen, oder ergibt sich aus einzigartigen Leistungen, die den höheren Preis mehr als wettmachen."[54] Die Wertaktivitäten sind somit Bausteine des Wettbewerbsvorteils. Zusammen mit der Gewinnspanne bilden sie die Unternehmenswertkette, wobei sich die "... jeweils anzutreffende Gestaltung der Wertketten der einzelnen Unternehmen innerhalb einer Branche ... im allgemeinen mehr oder minder stark (unterscheidet) infolge unterschiedlicher Entstehungsgeschichte, Unternehmensstrategien, Methoden und Erfolg bei ihrer Umsetzung."[55]

Die Wertkettenanalyse kann auf verschiedenen Niveaus ansetzen:[56] Die unterste Ebene bildet die Geschäftseinheit (business unit). Doch schon bei einem diversifizierten Unternehmen besteht die Unternehmenswertkette aus den Wertketten mehrerer Geschäftseinheiten. Auf einer dritten Ebene könnte man auch die Un-

---

54   Porter (1986:21).
55   Esser (1989:194).
56   Vgl. die Abb. 2-1 in Porter (1986:60).

ternehmenswertketten der Unternehmen einer Branche zur Branchenwertkette hochaggregieren.[57] Viertens schließlich ist zu beachten, daß die Wertkette eines Unternehmens in einen Strom weiterer Wertketten von Lieferanten und Abnehmern eingebettet ist, den Porter (1986:59) als *Wertsystem* bezeichnet. In der Vermischung dieser Ebenen besteht eine der Hauptursachen für Mißverständnisse und Begriffsverwirrungen. Wenn Porter von der Wertkette spricht, "... die ein Unternehmen in jene verschiedenen Tätigkeiten gliedert, die dieses bei Entwurf, Herstellung, Absatz und Verteilung seines Produktes verfolgt"[58], so setzt er offensichtlich auf der Unternehmensebene an. Ganz anders dagegen die Definition von Kogut (1985:15), der die Wertkette auf der Ebene des Wertsystems ansiedelt:

> "The value-added chain is the process by which technology is combined with material and labor inputs, and then processed inputs are assembled, marketed, and distributed. A single firm may consist of only one link in this process, or it may be extensively vertically integrated such as steel firms that carry out operations that range from mining ore to fabricating final goods."

Im Rahmen des traditionellen Wettbewerbsapproach dient die Wertkette dem Verständnis von Kostenverhalten und Differenzierungsquellen. Die Bewertung der Glieder der eigenen Wertkette, die Handhabung von Verflechtungen zwischen den Wertketten der verschiedenen Geschäftseinheiten, die Analyse der Wertketten von Konkurrenten und Unternehmen vor- und nachgelagerter Wertschöpfungsstufen helfen also beim Erkennen der Basis von Wettbewerbsvorteilen sowie der Implementierungsbedingungen von Wettbewerbsstrategien. Im folgenden soll dargestellt werden, wie dieses Denkkonzept für Fragen der Wettbewerbsanalyse und Wettbewerbsstrategie in internationalisierenden Branchen fruchtbar gemacht wird.

3.222 Analyse der Globalisierungssensitivität von Branchen

Mc Gee/Thomas (1988:48 ff.) thematisieren die Wertkette auf der Ebene ganzer Branchen und sehen darin einen Ansatzpunkt auf der Suche nach sinnstiftenden

---

57   Diese Betrachtungsebene wird von Porter (1986:63) freilich abgelehnt. Sie sei zu allgemein. Die wichtigen Quellen von Wettbewerbsvorteilen würden nicht erhellt.

58   Vgl. Porter (1986:50 f.).

Instrumenten der Analyse komplexer Branchen. Das Konzept der Wertkette ist in ihren Augen

"... a useful framework for analysing industry complexity. The 'value chain' facilitates the identification of the forces driving industry and global competition and thereby allows adaptive corporate strategies to be formulated."(Mc Gee/Thomas (1988:48))

Ausgehend von der Überlegung, daß die Wertschöpfung (value added) Produktivität und Kostenstrukturen von Unternehmen beeinflußt, sich mithin im Wettbewerbsverhalten und in der Bildung strategischer Gruppen widerspiegelt, entwickeln die Autoren eine wertschöpfungsorientierte Taxonomie von Branchen, die insbesondere die Beziehung zwischen Wertschöpfung und Globalisierung erhellen soll (Abb. 3-11).

Definition of Industry Types	Characteristics and Focus of Competitive Advantage	Examples	Sensitivity to Globalization
Class I - Value added is constrained from achievement of significant cost-based productivity increase through economies of scale or learning by doing	*Fragmented Industries* Competition in terms of: geography, reputation of individuals, regulation, individualised service, creative skills, custom engineering	Computer software, entertainment, investment banking, consulting, embryonic technologies	Low Resistant to globalization because numerous barriers to consolidation of supply and demand
Class II - Value added characterised by modest cost-based productivity through learning by doing *and* economies of scale	*Low Cost Rivalry* *Differentiated Rivalry* (Premium Price) *Focused Rivalry* (Specialization in small sub-segments)	*Manufacturing Assembly-Based Industries* (Steel, glass, tyre, appliances, chemicals, automated services	Moderately susceptible Autos - yes Some, but not all heavy manufacturing
Class III - Value added which is subject to extremly rapid cost-based productivity gains through learning by doing and economies of scale	*Rapid Technological Change and Information Transfer Rivalry* - Product technology - Process technology - Commodity technology	Semi-conducters Fibre-optics Consumerelectronics Telecommunications	Vulnerable to globalization - Few global or cultural barriers
Transition - Value added shifting permanently from one productivity base to another	*Fundamental Change in Bases of Competition* Through deregulation, patents, manufacturing innovations, etc.	*Retail Banking* (I->II) *Telecommunications* (I->II->III) *Biotechnology* (I->III)	Dependent on stage of transition
Hybrid - Value added coupled in two or more productivity bases	Identification of competitive advantage difficult	CAD/CAM Robotics Personal computers	Not clear, situation specific

Abb. 3-11:   Wertschöpfungsorientierte Branchentypologie (aus: Mc Gee/Thomas(1988:52))

Derartige Erkenntnisse über Branchentypen und deren Globalisierungssensitivität sind sicherlich erste Ansatzpunkte für die Wettbewerbsanalyse und Wettbewerbsstrategie. Freilich sind sie noch sehr allgemein. Es ist daher erforderlich,
auch Analysen zu betreiben, die die Internationalisierung mit der Unternehmenswertkette in Verbindung bringen. Ein solches Vorgehen findet sich bei
Porter (1989) in seinem 'Rahmenkonzept des Wettbewerbs auf globalen Märkten'. Er thematisiert Wettbewerbsanalyse und Wettbewerbsstrategie in internationalisierenden Branchen als Konfiguration und Koordination von Wertketten-
elememten.

3.223 Analyse der Konfiguration und Koordination von Wertkettenele-
menten

Porter (1989) entwirft sein Rahmenwerk für den internationalen Wettbewerb explizit mit dem Ziel der Überwindung des Lokalisierungs-/ Globalisierungsdenkens.[59] Statt dessen schlägt er vor, Wettbewerb in internationalisierenden Branchen als Konfiguration und Koordination der Aktivitäten der Unternehmenswertkette zu begreifen[60]. Im folgenden wird erläutert, was das Konzept von Konfiguration und Koordination für die internationale Wettbewerbsstrategie bedeutet (1)
und welche Überlegungen hinsichtlich der internationalen Wettbewerbsanalyse
daraus resultieren (2). In einem dritten Schritt folgen kritische Bemerkungen (3).

(1) Porter umreißt die Grundgedanken von Konfiguration und Koordination folgendermaßen:

> "Die wesentlichen Aspekte, in denen sich eine globale von einer län-
> derorientierten Strategie unterscheidet, lassen sich auf zwei Schlüs-
> selfaktoren für die internationalen Geschäfte eines Unternehmens re-
> duzieren. Dies ist zum einen der strukturelle Aufbau, die sog. *Konfigu-*
> *ration* der weltweiten Unternehmensaktivitäten, einschließlich der ver-
> schiedenen geographischen Standorte für jede einzelne Wertaktivität
> und der Anzahl dieser Standorte. Der zweite Schlüsselfaktor heißt *Ko-*
> *ordination* und bezieht sich auf die Art und Weise, wie ähnliche bzw.
> verwandte Aktivitäten in verschiedenen Ländern koordiniert wer-
> den."(Porter (1989:26 f.)

---

59   Vgl. Porter (1989:38 f.).
60   Ähnliche Überlegungen finden sich allerdings bereits bei Ohmae
      (1985:210 ff.).

Konfiguration betrifft zunächst die Frage, ob und wie die einzelnen Aktivitäten innerhalb der Unternehmenswertkette auf die verschiedenen Länder verteilt werden sollen. Dabei eröffnet sich dem Unternehmen ein breites Spektrum an Optionen, dessen Eckpunkte durch die Pole Konzentration (einzelne Aktivitäten werden schwerpunktmäßig auf ganz bestimmte Länder konzentriert) und Streuung (jede Wertaktivität wird in jedem Land ausgeführt, so daß im Extremfalle in jedem Land die gesamte Wertkette durchlaufen wird) repäsentiert wird.[61] Die Konzentration erweist sich in mannigfacher Hinsicht als vorteilhaft.[62] Skalenerträge lassen sich erzielen, Lernkurveneffekte und Koordinationserleichterungen. Länderspezifisch differierende Produktanforderungen, staatliche Einflüsse, Währungsrisiken, politische Unsicherheiten oder die Gefahr von Betriebsunterbrechungen lassen dagegen eine Streuung von Wertaktivitäten ratsam erscheinen.

Im Gegensatz zur Konfiguration bezieht sich die **Koordination** auf die Frage, wie ähnliche oder verwandte Aktivitäten, wenn sie international gestreut sind, koordiniert werden. Das Spektrum reicht hier von völliger Autonomie bis dem Fall, "... daß die Betriebe durch den Einsatz desselben Informationssystems, eines einheitlichen Produktionsprozesses oder identischer Teile und technischer Vorgaben eng miteinander verknüpft sind."[63] Die intensive Koordination international gestreuter Wertaktivitäten erweist sich in mancherlei Hinsicht als vorteilhaft:[64] Sie fördert den Zuwachs und Austausch von Know-How und Erfahrung, sie ermöglicht es, in ein oder zwei Ländern gemachte Früherkennungen von Branchenstrukturwandlungen unverzüglich an andere Standorte weiterzugeben, sie fördert die öffentliche Reputation des Unternehmens und erhöht die Einflußmöglichkeiten auf nationale Regierungen. Andererseits stehen der Koordination je nach Branchentyp und Koordinationsart eine Reihe von Hindernissen im Wege: Etwa zu stark differierende äußere Umstände und Rahmenbedingungen der verschiedenen Länder, Beschränkungen oder Behinderungen des für die Koordination erforderlichen Informationsflusses, hohe Transaktionskosten infolge großer Distanzen, sprachlicher und sonstiger Barrieren.

---

61   Vgl. Porter (1989:27).
62   Vgl. Porter (1989:31 ff.).
63   Porter (1989:28).
64   Vgl. Porter (1989:33 f.).

Vor dem Hintergrund der Dimensionen Konfiguration und Koordination kann die Wettbewerbsstrategie

> "... genauer definiert werden als ein Konzept, mit dessen Hilfe ein international tätiges Unternehmen entweder durch eine konzentrierte Konfigurationsstruktur, eine Koordination der geographisch gestreuten Aktivitäten oder durch beides Wettbewerbsvorteile zu realisieren sucht." (Porter (1989:31)

Dies kann verdeutlicht werden, wenn man beide Dimensionen in eine Matrix zusammenführt und damit eine interessante Sicht der in internationalisierenden Branchen möglichen Strategievarianten erhält (Abb. 3-12).

Abb. 3-12:   Varianten internationaler Wettbewerbsstrategien im Lichte von Konfiguration und Koordination (aus: Porter (1989:30))

(2) Für die internationale Wettbewerbsanalyse ergeben sich aus dem Konzept von Konfiguration und Koordination eine Fülle von Ansatzpunkten:

- Analyse der Bedingungen von Konfiguration und Koordination

Im Kontext von Konfiguration und Koordination ist es zunächst Aufgabe der Wettbewerbsanalyse, deren (strukturelle) Bedingungen zu ermitteln. Dabei geht es um die Einflußfaktoren der Vorteilhaftigkeit von Konzentration bzw. Streuung oder Autonomie bzw. Abhängigkeit. Es sind hier, wie schon in (1) angeklungen, im wesentlichen die gleichen Einflußfaktoren und Triebkräfte der Internationalisierung wirksam, die wir in den vorangegangenen Kapiteln herausgearbeitet haben: Es war die Rede von economies of scale, Lerneffekten, international differierenden Rahmenbedingungen und Produktanforderungen, staatlichen Einflüssen, Währungsrisiken, politischen Unsicherheiten, Behinderungen des Informationsflusses, sprachlichen und kulturellen Barrieren usw..

Freilich erhalten diese Einflußfaktoren je nach betroffenem Kettenelement ein anderes Gewicht. Man entwickelte daher gewisse 'Leitfäden', die es dem Wettbewerbsanalytiker erleichtern, die Bedingungen von Konfiguration und Koordination aktivitätsspezifisch zu untersuchen: Hinsichtlich der *Konfiguration* hat beispielsweise Porter (1989:26 f.) angeregt, zwischen vor- und nachgelagerten Wertaktivitäten zu unterscheiden. Nachgelagerte Aktivitäten (Teile der externen Logistik, Marketing und Verkauf, Kundendienst) seien tendenziell in geographischen Nähe zum Kunden anzusiedeln, während vorgelagerte Aktivitäten (interne Logistik, operative Funktionen, Teile der externen Logistik) infolge geringerer Bindung an den Kundenstandort für Konzentration geeigneter seien. Die Vor- bzw. Nachteile von Konzentration bzw. Streuung werden somit entlang der Wertkette in unterschiedlichem Ausmaß überwiegen. Mit Bezug auf die *Koordination* hat Ohmae (1985) eine relativ detaillierte, wiewohl branchenspezifisch zu modifizierende Richtschnur entwickelt (vgl. Abb. 3-13).

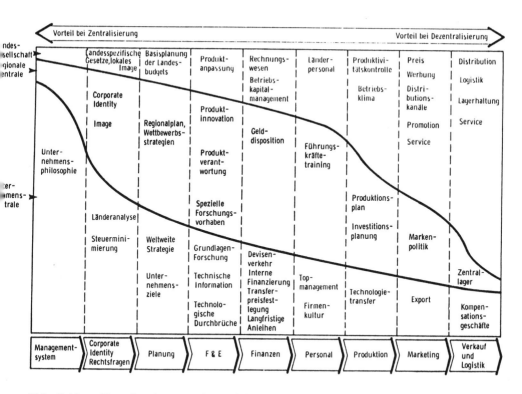

Abb. 3-13: Koordination von Wertaktivitäten in internationalisierenden Branchen (aus: Ohmae (1985:211))

Die mit der Koordination eng verwobene Frage der Zentralisation bzw. Dezentralisation der Entscheidungsfindung im internationalen Unternehmen wird in der Literatur freilich äußerst kontrovers diskutiert.[65]

Allerdings wäre es verfehlt, derartige Vorschläge allzu normativ zu nehmen. Jede strategische Analyse muß den spezifischen Anforderungen der Situation und der betrachteten Organisation Rechnung tragen. In der Literatur werden die Einflußgrößen der Konfiguration von Wertkettenelementen daher zuweilen auf abstrakterer Ebene behandelt. So sieht Kutschker (1987) die Internationalisierungsstrategie zwar auch im Lichte der Wertkette:

---

65 Vgl. Brooke (1984); van den Bulcke (1984); Doz/Prahalad (1981); Garnier (1982); Goehle (1980); Hedlund (1981); Singh (1981). Es handelt sich bei diesen Studien meist um empirische Überprüfungen der Abhängigkeit des Zentralisationsausmaßes von unabhängigen Variablen wie Unternehmensgröße, Komplexität, Branche, Nationalität der Muttergesellschaft, Auslandserfahrung. Vgl. auch: Gates/Egelhoff (1986).

"Für jedes Glied dieser Kette ist eine Entscheidung zu treffen und ständig zu überprüfen, inwieweit die jeweilige Aktivität zentralisiert oder an die Peripherie (z.B. auf mehrere Länder bzw. Standorte) verlagert werden soll. Mit jeder Entscheidung sind zugleich Kostenvor- und -nachteile, Synergievor- und -nachteile und Differenzierungsvor- und nachteile verbunden." (Kutschker (1987:22 f.))

Sein Vorschlag zur Handhabung dieses Entscheidungsproblems[66] ist aber insofern abstrakterer Natur, als dem situativen Charakter der Strategiegestaltung durch Beschreibung der Unternehmenssituation über die Konstrukte 'Komplexität der Entscheidungssituation' und 'Internationalisierungsgrad' Rechnung getragen wird. Zu analysieren wäre in dieser Sicht einerseits die Komplexität der Entscheidungssituation, die bei Transaktionen des Geschäftsfeldes auftritt. Diese wird beispielsweise beeinflußt durch die Neuartigkeit der Entscheidungssituation für den Anwender, den Wert der Transaktion oder die organisatorischen Maßnahmen, die bei Hersteller und Lieferant notwendig sind. Andererseits ist der Internationalisierungsgrad des Geschäftsfeldes zu bestimmen. Er "... ist selbst wiederum von einer ganzen Reihe unabhängiger Variablen, wie der Internationalität einer Volkswirtschaft, der Internationalität einer Branche - insbesondere der Wettbewerber - und zahlreichen Charakteristika des Unternehmens selbst"[67] abhängig.

- Erstellen von Konfigurationsprofilen

Neben der Analyse der Bedingungen von Konfiguration und Koordination lassen sich im Sinne einer <u>Unternehmens- bzw. Konkurrenzanalyse</u> zusätzlich Konfigurationsprofile erstellen, die einen ersten Einblick in das Internationalisierungsverhalten gewähren (Abb. 3-14).

---

66   Vgl. zum folgenden: Kutschker (1987:23).
67   Kutschker (1987:23).

Aktivitäten	USA	Kanada	Großbritannien	Frankreich	BRD	Japan
Interne Logistik	+		+		+	+
Operative Funktionen						
Bauteile	+		+			
Montage	+				+	+
Prüfung	+				+	+
Externe Logistik						
Auftragsabwicklung	+					
Physische Distribution	+	+	+	+	+	+
Marketing und Absatz						
Werbung	+	+	+	+	+	+
Absatzorganisation	+	+	+	+	+	+
Mittel der Verkaufsförderung	+					
Kundendienst	+	+	+	+	+	+
Beschaffung	+					+
Technologische Entwicklung	+					+
Personalwirtschaft	+	+	+	+	+	+
Infrastruktur des Unternehmens	+					

Abb. 3-14:   Beispiel eines Konfigurationsprofils (aus: Porter (1989:27))

- Bildung strategischer Gruppen in internationalisierenden Branchen

Die Achsen Konfiguration und Koordination können schließlich auch dabei helfen,"... die strategischen Gruppen innerhalb einer internationalen Branche gut (zu;J.R.) lokalisieren, denn seine beiden Achsen repräsentieren die wichtigsten Quellen für jene Wettbewerbsvorteile, die durch eine internationale Strategie entstehen."[68] Damit wird es der Wettbewerbsanalyse möglich, sich auf einzelne Gruppen internationalisierender Unternehmen zu konzentrieren.

(3)Das Denken in den Kategorien Konfiguration und Koordination hilft also gewiß bei der Betrachtung internationalisierender Branchen ein ganzes Stück weiter. Vor allem wird verdeutlicht, daß *die* einheitliche internationale Wettbewerbsstrategie nicht existiert, sondern daß es im Einzelfall immer auf die spezifische Ausgestaltung der Unternehmenswertkette ankommt, deren Bedingungen von Branche zu Branche, von Unternehmen zu Unternehmen, von Wertaktivität zu Wertaktivität aber auch im Laufe des Internationalisierungsprozesses Änderun-

---

68   Porter (1989:29). Vgl. auch die Überlegungen in Kap. 2.33.

gen unterliegen. Angesichts dieser "Verdienste" des Konzeptes nimmt es nicht wunder, daß es sich anschickt, zu einem der Standardbezugsrahmen zur Ausgestaltung internationaler Wettbewerbsstrategien zu avancieren.

Und dennoch muß sich dieser Ansatz Kritik gefallen lassen: Hilft er wirklich, die verengte Sicht der Dichotomie zwischen Lokalisierung und Globalisierung zu überwinden? Werden hier wirklich die wesentlichen Quellen von Wettbewerbsvorteilen in internationalisierenden Branchen erhellt? Wie steht es um Neuartigkeit und Originalität?

Um dies abzuschätzen, mag es interessant sein, sich die zugegebenermaßen etwas polemische Kritik Koguts (1987) in Erinnerung zu rufen: Seine Argumente lassen sich wie folgt zusammenfassen:

* Porters Konzept sei durchaus nicht neu. Die Kategorie der Koordination repräsentiere im Grunde nur einen etwas differenzierter Weg, die bereits im Rahmen des Lokalisierungs- und Globalisierungsdenkens thematisierte Problematik der Wahl zwischen Dezentralisierung und globaler Integration zu thematisieren. Die Erweiterung der bereits oben skizzierten Harvard-Tradition[69] bestehe lediglich darin, die Lokalisierungs / Globalisierungsfrage nunmehr für einzelne Wertkettenelemente gesondert zu stellen. Auch die Dimension der Konfiguration sei nicht unbedingt originell, gehe es hier doch letztlich um die seit Jahrzehnten in der ökonomischen Theorie problematisierte Standortfrage.[70] Im übrigen sei die Ausdehnung des Konzeptes der Wertkette auf den internationalen Bereich bereits früher von Kogut selbst vorgenommen worden.[71]

Dieser Kritikpunkt erscheint freilich insgesamt gesehen nicht sehr stichhaltig. Nur weil auf Altbewährtes zurückgegriffen wird, muß das Ergebnis noch nicht unbedingt schlecht sein, zumal wenn das Altbewährte *neu* kombiniert wird. Auch kann nicht davon die Rede sein, daß Porter Koguts Gedanken über die internationale Wertkette übernehme. Diese sind nämlich, wie im nächsten Kapitel ge-

---

69   Vgl. Bartlett (1982); Doz (1980); Prahalad/Doz (1981); Stopford/Wells (1972).
70   Vgl. zur Standorttheorie beispielsweise: Davidson (1987); Dunning (Hrsg.,1973); Vernon (1974).
71   Und zwar in: Kogut (1984); (1985).

zeigt werden wird, ganz anderer Natur. Koguts (1987) Kritik geht allerdings noch weiter:

*Porters Framework stelle nur eine Terminologie, ein deskriptives Instrument zur Verfügung, das helfe, Schneisen zu schlagen und einzuordnen. Mitnichten handele es sich jedoch um ein analytisches Instrument für die Entwicklung internationaler Wettbewerbsstrategien.

Das greift schon tiefer und ist nicht ganz unberechtigt. Wir wollen diese Überlegung daher etwas genauer verfolgen: Es verbirgt sich hinter dem Argument die These, das Konstrukt der Wertkette, wie es in Porter (1986) formuliert wurde, könne nicht so einfach auf den internationalen Rahmen ausgedehnt werden. Im Gegensatz zu Porters klarem Konzept der Branchenanalyse, das aus der ökonomischen Theorie logisch abgeleitete Instrumente der Wettbewerbsanalyse beinhalte und mithin begründete Entscheidungshilfen für Manager bereitstelle, entbehre die Porter'sche Konzeptualisierung der Wertkette schon im nationalen Kontext jeglicher analytischer Kraft:

> "Neither the analytics nor the heuristics were clear, and thus, the value chain became a method by which to *describe* a firm's activities, cost structure, and value creation."(Kogut (1987:73))

Analytische Kraft erhielte die Wertkette erst via theoretische Basis:

> "The only way to build the analytics would be to derive the value chain from a theory that explains why certain activities are more important in value creation than others, and why competitive advantage in these activities is not easliy imitable. This derivation is not easily accomplished, so it is little wonder that Porter decided the derivation could not be accomplished without complicating the decision-making heuristics past usefullness."(Kogut (1987:73 f.))

Dieser Kritik kann für den nationalen Zusammenhang insofern nicht zugestimmt werden, als man das Konzept der Wertkette in *Ergänzung* zu Porters Konzepten der Wettbewerbsanalyse und Wettbewerbsstrategie sehen muß: Die Wertkette ist vor allem ein Instrument der Implementierung von Wettbewerbsstrategien.[72]

---

72 Porter (1986:15) schreibt über sein Buch 'Wettbewerbsvorteile', in dem die Wertkette entfaltet wird: "*Wettbewerbsvorteile* befaßt sich mit der Frage, wie ein Unternehmen Strategietypen eigentlich in die Praxis umsetzen kann. Wie verschafft sich ein Unternehmen einen dauerhaften Ko-

Insofern ist durchaus ein indirekter Theoriezusammenhang gegeben. Für internationalisierende Branchen sieht die Sache freilich in der Tat anders aus: Ein für den nationalen Kontext geschaffenes Konzept, das für sich allein genommen nicht hinreichend analytische Kraft aufweist, kann in der Tat nicht dazu dienen, tiefgreifende Instrumente der Wettbewerbsanalyse und Wettbewerbsstrategie *in internationalisierenden* Branchen zu kreieren. Dies bringt Kogut sehr zutreffend zum Ausdruck. Wir nehmen daher ein etwas längeres Zitat gerne in Kauf:

> "In a sense, Porter skipped a step, for the task of developing the principles of industry analysis for international competition has still not been undertaken. Industry analysis derives strategies based on competitive forces and market structure. Though correlated, industry structures vary across countries. Consequently, a host of questions is left unaddressed; for example, whether strategies change depending on the targeted country's market structure, whether country patterns in competition suggest that strategic groups can be identified with firms from particular countries[73], and how signaling is carried out to deter foreign competitors ... Instead of developing an analytical approach to international industry, Porter applies the value chain to global competition and pinpoints ... configuration and coordination as the distinct features of an international strategy."(Kogut (1987:74))

Da es nun aber gerade das Anliegen der vorliegenden Arbeit ist, Ansatzpunkte aufzuzeigen, wie die von Porter 'übersprungene' Stufe ausgefüllt werden kann, können wir uns nicht - wie es etwa Voß tut[74] - mit dem Denken in Konfiguration und Koordination zufrieden geben. Wir müssen weiter suchen. Besonders interessant mag dabei zunächst die Frage sein, was denn Kogut ((1984),(1985)) selbst im Gegensatz zu Porter vorschlägt, wenn er von Wertkette im internationalen Zusammenhang spricht. Dies wird uns im folgenden Kapitel beschäftigen.

3.224   Komparative und kompetitive Vorteile im Lichte der Wertkette

Koguts Überlegungen hinsichtlich des Zusammenhangs zwischen Wertkette, Wettbewerbsanalyse und Wettbewerbsstrategie in internationalisierenden Bran-

---

stenvorsprung? Wie kann es sich gegenüber Konkurrenten differenzieren?"

73   Auf diese Überlegung Koguts haben wir bereits in Kap. 2.33 hingewiesen. Genaueres wird in Kap. 4.23 herausgearbeitet.

74   Voß (1989:229 ff.) übernimmt Porters Konzept unhinterfragt als 'Bezugsrahmen zur Ausgestaltung internationaler Wettbewerbsstrategien'.

chen[75] sind - gerade bei seinem Versuch, das Zusammenspiel zwischen komparativen und kompetitiven Vorteilen zu durchdringen[76] - in der Tat stärker theoretisch fundiert als Porters Darlegungen. Allerdings wird dies mit einem nur schwer nachvollziehbaren Argumentations- und Schreibstil erkauft, der die unscharfe Grenze zwischen subtil formulierter Trivialität und scharfsinniger Analyse unter Nebel setzt. Wenn wir uns im folgenden mit Koguts Überlegungen auseinandersetzen, so operieren wir daher mit einer eigenen Arbeitsinterpretation der Intentionen Koguts. Unsere Auffassung von Wettbewerbsanalyse und Wettbewerbsstrategie in internationalisierenden Branchen ist die Sichtweise, die unsere Arbeitsinterpretation prägt: Es soll daher entrollt werden, wie Kogut internationale Wettbewerbsstrategie im Zusammenhang der Wertkette thematisiert (1). Daraufhin wird gezeigt, inwiefern die Wertkette auch für Zwecke der Wettbewerbsanalyse fruchtbar gemacht werden kann (2).

(1) Für Kogut bedeutet Wettbewerbsstrategie im nationalen Kontext nichts anderes, als die Allokation von Resourcen

> "... along the value-added chain in order to achieve integrated strategies. Strategic strength is not, however, gained along the vertical chain, but through the capturing of economies of scope which cut horizontally across product lines. Allocation of resources across and along the value added chain is affected by several factors, such as, the stage of the product life cycle of the product, the nature of the market competition, and the menu of technologies ... these considerations are collapsed into the complex decision of resource allocation in terms of the value added chain and horizontal economies of scope. According to these resources allocation decisions, a firm places a bet that its strategic position will be rewarded by capturing economic rents or, in other words, by unusual profitability in the future." (Kogut (1984:155))

Bezogen auf den internationalen Kontext bietet es sich vor diesem Hintergrund an, auf die horizontalen Verknüpfungen zwischen den Wertketten in verschiedenen Ländern abzuheben, d.h., die Komponente der economies of scope als specificum der internationalen Wettbewerbsstrategie herauszuheben. Diesen Weg schlägt etwa Carl (1989:169 ff.) ein, wenn er Inter-Produkt, Inter-Segment und Intra-Segment - Beziehungen analysiert. Kogut (1985) strebt freilich einen noch expliziteren und vor allem theoriegeleiteteren Bezug zur Internationalisierung an. Internationale Wettbewerbsstrategien basieren seiner Ansicht nach auf

---

75   Vgl. Kogut (1984),(1985).
76   Vgl. dazu auch unsere ersten Überlegungen in Kap. 2.42.

dem Zusammenwirken zwischen kompetitiven Vorteilen von Unternehmen und komparativen Vorteilen von Ländern. Im Lichte der Wertkette stellen sich dann zwei Kernfragen[77], deren *Zusammenspiel* für das Wesen der internationalen Wettbewerbsstrategie konstitutiv ist:

* Auf welche funktionalen Wertaktivitäten sollte ein Unternehmen seine Ressourcen konzentrieren? Dies ist die Frage nach Wegen der Erreichung kompetitiver Vorteile. Kogut greift hierbei durchaus auf die Porter'sche Differenzierung zwischen Kosten- und Differenzierungsvorteil zurück.

* Wo soll die Wertkette über Grenzen hinweg gebrochen werden? Dies ist die Frage nach der strategisch günstigen Handhabung komparativer Vor- bzw. Nachteile: "The general rule ... is that a firm should locate its activities in those countries that possess a comparative advantage in terms of the relevant intensive factor. Because countries differ in factor costs and the intensity of factor use varies along the value-added chain, the distribution of value-added activities between countries will tend to differ."[78] Neben derartigen Aktivitätsstreuungen bietet sich freilich gegebenenfalls auch Handel an oder das Überkompensieren eventueller komparativer Nachteile eben gerade durch Ausbeuten von "... certain economies along and between value-added chains which create competitive advantages that sometimes can be transferred globally."[79]

Vergleicht man diese Überlegungen zur internationalen Wettbewerbsstrategie mit dem Konzept von Konfiguration und Koordination, so zeigen sich durchaus Parallelen: Ohne Zweifel entspricht die Frage des *Brechens* der Wertkette über Grenzen hinweg dem Konfigurationsgedanken.

Neu ist allerdings der explizite Bezug zur Theorie des komparativen Vorteils, die Porter für nicht tragfähig genug erachtet.[80] *Anders* ist zudem die Einbindung der klassischen kompetitiven Vorteile, die bei Porters Konfigurations-/Koordinationskonzept ein wenig unter den Tisch fallen. D.h.: bei Kogut ist die Wertkette erst die halbe Miete der Wettbewerbsstrategie. Sie ist zu unterfüttern

---

77   Vgl. Kogut (1985:15).
78   Kogut (1985:18).
79   Kogut (1985:22).
80   Vgl. Porter (1989:41 ff.).

mit Theoriehintergrund und (traditionellen) Wettbewerbsvorteilen. Damit wird die relative Überfrachtung der Wertkette, wie sie Porter (1989) in Kauf nehmen mußte, vermieden. Die Wertkette wird aus ihrer strategiekonstitutiven Rolle befreit und verstärkt als Instrument der Wettbewerbsanalyse betrachtet. Es erscheint somit besonders interessant, zu betrachten, wie Kogut Aspekte der Wettbewerbsanalyse im Lichte der Wertkette problematisiert:

(2) Im Lichte unseres Sprachspiels müßte Wettbewerbsanalyse die strukturellen Bedingungen obiger Strategieaspekte zum Gegenstand haben. Die Wertkette stellt dazu das Analyseinstrument dar:

> "A value-added chain analysis of competition for a global industry is useful for outlining the nature and stakes of the different wagers placed on sourcing locations and on different links along the value-added chain."(Kogut(1985:24))

Vor diesem Hintergrund dient die Wertkette dreierlei Analysezwecken:

- Analyse der Bedingungen kompetitiver Vorteile

Unter dem Gesichtspunkt kompetitiver Vorteile ist die Wertkette ein Instrument der *Unternehmens- bzw. Konkurrenzanalyse* und dient der Erfassung der Bedingungen von Kosten- bzw. Differenzierungsstrategie. Im Zusammenhang von Kostenanalysen "... the value-added chain is best defined in terms of each link's contribution to total cost.(In the case of multiproduct firms, there may be horizontal links as well)."[81] Über Rückgriff auf Preisdaten von Zwischenprodukten oder durch Abschätzen der Produktionskosten von Wettbewerbern wird es möglich, kritische Erfolgsfaktoren zu generieren:

> "By comparing the costs incurred by each link and against competitors, a firm can locate the "critical success factors" that must be addressed. Such a comparison can lead to radical changes in strategy, such as the decision to divest or to acquire new technologies in certain links.(Kogut (1985:16))

Im Zusammenhang einer Differenzierungsanalyse ist die Wertkette dagegen "... best defined in terms of the contribution of each link to the market value ... The determination of market value contribution leads to a mapping of the product at-

---

81   Kogut (1985:16).

tributes most strongly desired by consumers back upon the links of the value added chain that generates this attribute."[82] Das Unternehmen habe sich dann auf die für den Marktwert kritischen Kettenelemente 'zu stürzen', sofern dies den eigenen Stärken entgegenkomme. Unternehmens- bzw. Konkurrenzanalyse bezieht sich dabei auf das Erkennen der Bedingungen bzw. des Gegebenseins dieser Konzentration auf die richtigen, d.h. strategisch relevanten Aktivitäten. Kogut wählt als Maß der Konzentration auf die richtigen Aktivitäten den Umfang, inwieweit sie 'inhouse' gehalten werden.[83] Ein Vorgehen, daß gewiß nicht unproblematisch ist, erschweren doch oftmals sehr unzuverlässige Lieferanten, versenkte Kosten oder allzu hohe Desinvestitionskosten im Grunde gewünschte Externalisierungen.[84]

- Analyse der Bedingungen komparativer Vorteile

Im Kontext komparativer Vorteile kann die Wertkette dabei helfen, die ökonomische Vorteilhaftigkeit der Ausführung gewisser Wertaktivitäten in gewissen Ländern zu analysieren. Kogut entfaltet dazu in Anschluß an Deardoff (1979) das Konzept der *Kette komparativer Vorteile*, in dessen Lichte die Wertkette zu einem Instrument der vergleichenden Länderanalyse avanciert. Abb. 3-15 zeigt die Anwendung dieses Konzeptes für die Analyse dreier Länderaggregate: Es wird anhand von Iso-Kostenlinien und Isoquanten die Vorteilhaftigkeit der Ausführung von Wertaktivitäten in den Ländergruppen 'developed', 'last developed' und 'newly industrialized' aufgezeigt.

---

82   Kogut (1985:16 f.).
83   Vgl. die Abbildungen in Kogut (1985:17) und (1984:154). Man beachte, daß Kogut, wie oben bereits zitiert, die Wertkette im Sinne von Wertsystem konzipiert.
84   Kogut (1984:155) räumt diese Probleme selbst ein.

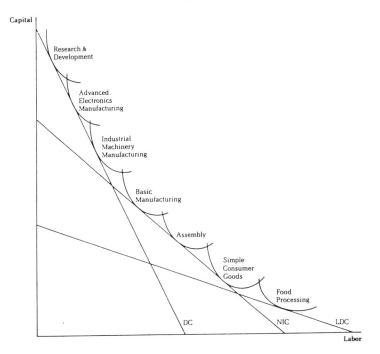

Abb. 3-15:   Die Kette komparativer Vorteile (aus: Kogut (1985:21))

Wenngleich solche Untersuchungen recht restriktiv sind[85], können sie doch für das Verständnis des Wettbewerbs in internationalisierenden Branchen nützlich sein, sofern man die Verbindung zur Analyse kompetitiver Vorteile nicht aus dem Auge verliert und Veränderungen der Kette komparativer Vorteile durch Auftreten struktureller Wandlungen der Weltwirtschaft berücksichtigt.

- Analyse von Arten des internationalen Wettbewerbs

Führt man nun komparative und kompetitive Vorteile zusammen, so lassen sich verschiedene Arten des internationalen Wettbewerbs analysieren. Im Gegensatz zum bereits angesprochenen Vorschlag von Rugman/Verbeke (1990)[86] nimmt Kogut stärker die Perspektive der Wettbewerbsanalyse ein. Abb. 3-16 bringt sein Konzept zum Ausdruck:

---

85   Restriktiv sind etwa die Beschränkung auf die Produktionsfaktoren Arbeit und Kapital, die Vernachlässigung von Regierungseingriffen, die Annahme gleicher Preise in den Ländermärkten und die Vernachlässigung kompetitiver Vorteile z.B. im Technologiebereich.

86   Vgl. Kap. 2.43, Abb. 2-21.

Competitive Advantages of Firms	Comparative Advantages of Countries	
	No Advantage	Advantaged
No Advantage	- Nationally Segmented Markets	I - Interindustry Trade - International Vertical Integration of Firms
Advantaged	II - Intraindustry Trade - International Horizontal Integration of Firms	III - Internationally Vertically and Horizontally Integrated Firms with Different Configurations of Market Penetrations and Sourcing Sites

Abb. 3-16: Internationalisierende Branchen im Lichte komparativer und kompetitiver Vorteile (aus: Kogut (1985:26))

Feld I bezieht sich auf internationalisierende Branchen, in denen die Streuung der Wertkettenglieder allein komparativen Vorteilen zwischen Ländern Rechnung tragen muß. Dagegen bezeichnet Feld II Situationen, in denen die Wertkette allein unter Aspekten kompetitiver Vorteile betrachtet zu werden braucht, während Feld III "... consists of the interplay between competitive and comparative advantage along a value-added chain ... the combination of comparative and competitive advantages generates a complex pattern of the international dispersion of the firm's activities."[87]

3.225 Ergebnis

Gegenstand dieses Kapitels war die Darstellung und Analyse jener Konzepte der Wettbewerbsanalyse und Wettbewerbsstrategie, die im Kontext der Wertkette argumentieren. Sie verkörpern die zweite Evolutionsstufe managementtheoretischer Überlegungen zur Wettbewerbsanalyse und Wettbewerbsstrategie in internationalisierenden Branchen.

Die Untersuchung dreier Ansätze erbrachte verschiedene Erkenntnisse:

---

87   Kogut (1985:26).

Zunächst wurde gezeigt, wie man unter Rückgriff auf die Wertschöpfung ganze Branchen in Klassen unterschiedlicher Globalisierungssensitivität gruppieren kann - ein Konzept, das - bei aller Allgemeinheit - durchaus zur Analyse der allgemeinen Wettbewerbssituation in internationalisierenden Branchen herangezogen werden kann. **Der zweite Ansatz** besteht darin, internationale Wettbewerbsstrategie als Konfiguration und Koordination von Wertkettenelementen zu begreifen. Die Zusammenführung dieser beiden Gesichtspunkte ermöglicht nicht nur die Entwicklung einer Matrix internationaler Strategiealternativen. Beide Dimensionen stellen zudem eine interessante Perspektive dar, strategische Gruppen in internationalisierenden Branchen zu bilden. Freilich fehlt es dem Konzept, wie gezeigt wurde, an theoretischem Unterbau. Dadurch bleiben etwa die Bedingungen der *Konfiguration* etwas unterbelichtet: Die Unterscheidung vor- bzw. nachgelagerter Aktivitäten oder die Einführung des Konstruktes 'Komplexität der Entscheidungssituation' können nur erste Hinweise sein. Darüberhinaus muß sich die *Koordinationsdimension* die Kritik gefallen lassen, lediglich eine Ausdehnung des Lokalisierungs-/ Globalisierungsframeworks darzustellen:

> "It was a minor but non-trivial adjustment to alter this framework so that the global integration and country adaptation trade-off may be resolved by standardizing some links of the value-added chain and differentiating other links ... In this sense the international value-added chain is simply a twist on the original integration and differentiation choice."(Kogut (1989:385))

Der dritte Ansatz verkörpert demgegenüber eine deutlichere Entfernung vom alten Denken: Überlegungen hinsichtlich des Zusammenspiel kompetitiver und komparativer Vorteile kommen nicht nur dem 'Besonderen' des internationalen Kontextes entgegen, sondern erlauben auch die Bezugnahme auf tiefgreifendere theoretische Hintergründe. Verschiedene Instrumente zur Unternehmens- und Konkurrenzanalyse, aber auch zur Analyse von Ketten komparativer Vorteile und Arten des internationalen Wettbewerbs konnten skizziert werden. Kritisch ist zu diesem Vorschlag allerdings anzumerken, daß die Fortschritte an analytischer Kraft durchaus mit Abstrichen bezügl. der praktischen Anwendbarkeit verbunden sind.

Alle drei Ansätze gewähren zweifellos interessante Einblicke in Fragen internationaler Wettbewerbsanalyse und Wettbewerbsstrategie. Freilich können auch sie nur *eine* Evolutionsstufe des Denkens im strategischen internationalen Management sein. Dies begründet sich nicht allein durch ihre *spezifischen* Schwächen. Auch allgemein ist das Konzept der Wertkette gerade hinsichtlich der Probleme der Beschaffung relevanter Daten keineswegs ausgereift.[88] Hinzu kommt die Frage, ob die Wertkette wirklich genug Tragfähigkeit besitzt, um *Ausgangspunkt und Zentrum* der Untersuchung spezifischer Bedingungen des internationalen Kontextes sein zu können. Zugegeben: Sie ermöglicht die Aufnahme des bedeutsamen Aspektes komparativer Vorteile in die Analyse. Aber beschränken sich die differentia spezifica des Internationalen wirklich auf diese Art der Berücksichtigung komparativer Vorteile? Manche Autoren verneinen diese Frage! Sie sehen das 'eigentlich Besondere' des Internationalen vielmehr im Konzept der operationalen Flexibilität. Wie sich Wettbewerbsanalyse und Wettbewerbsstrategie im Lichte dieser dritten Evolutionsstufe des strategischen internationalen Management darstellen, wird im nächsten Kapitel aufgezeigt.

3.23 Wettbewerbsanalyse und Wettbewerbsstrategie im Lichte des Konzeptes der operationalen Flexibilität

Die Bedeutung der Flexibilität für die Gestaltung von Wettbewerbsstrategien wurde keineswegs erst im Zuge des Phänomens der Internationalisierung erkannt.[89] Doch das, was man für gewöhnlich unter strategischer Flexibilität versteht, hat nicht allzu viel gemein mit der zur Debatte stehenden dritten Evolutionsstufe des strategischen Denkens im internationalen Management.

Im Mittelpunkt des Konzeptes der operationalen Flexibilität[90] steht die Betrachtung des internationalisierenden, multinationalen Unternehmens als Netzwerk.[91] Damit werden verstärkt auch innerorganisatorische Aspekte thematisiert. Und dennoch: Es geht durchaus um Wettbewerbsstrategie. Und zwar um Strategien zur Erlangung von Wettbewerbsvorteilen mittels geschickter Nutzung und Gestaltung der Interdependenzen zwischen den in der Welt verstreuten Unternehmensteilen:

---

88   Vgl. hierzu die Überlegungen von Herget/Morris (1989).
89   Vgl. zur allgemeinen Diskussion um strategische Flexibilität: Aaker/Mascarenhas (1984); Harrigan (1985a).
90   Vgl. z.B. Doz/Prahalad (1988); Hamel/Prahalad (1985),(1988); Kogut (1985a); Simmonds (1985).
91   Vgl. Bartlett (1989); Hedlund (1986); Bartlett/Ghoshal (1986).

"A critical element of formulating an international strategy is creating the organizational flexibility and incentives that respond to changes in economic parameters between countries. To this extent, the international firm can be viewed as representing investments in flexibility that permit the exploitation of profit opportunities generated by environmental turbulence. The key operating dimensions in a global strategy are one, to recognize the potential profit opportunities, and two, to create the organizational flexibility that responds to changes in the environment."(Kogut (1985:27))

Wettbewerbsanalyse befaßt sich vor diesem Hintergrund mit den Bedingungen der Interdependenznutzung und -gestaltung. Im übrigen hat Wettbewerbsstrategie - unserer Ausgangsdefinition zufolge - nicht nur mit der Ausnutzung von Wettbewerbsvorteilen, sondern auch mit deren Aufbau zu tun. D.h.: nicht nur die Ausnutzung des multinationalen Netzwerkes, sondern auch seine Kreation sind Gegenstand der Wettbewerbsstrategie.[92] Auch organisatorische Fähigkeiten stellen in diesem Lichte Quellen von Wettbewerbsvorteilen dar.[93] Man könnte sagen, sie sind Wettbewerbsvorteile zweiter Ordnung.

Im folgenden wird zunächst begründet, warum das Denken in operationaler Flexibilität gerade für ein Verständnis des Wettbewerbs in internationalisierenden Branchen so wichtig ist (**3.231**). Sodann können Wettbewerbsanalyse und Wettbewerbsstrategie im Lichte der Ausnutzung operationaler Flexibilität thematisiert werden (**3.232**). Voraussetzung dieser Strategien ist jedoch die *Fähigkeit* zur Ausnutzung operationaler Flexibilität. Der Aufbau des multinationalen Netzwerkes als Wettbewerbsvorteil rückt damit ins Zentrum des Interesses (**3.233**). Einige zusammenfassend - kritische Überlegungen werden das Kapitel abrunden (**3.234**)

---

92 Im Gegensatz zu unserer Unterscheidung zwischen Aufbau und Ausnutzung von Wettbewerbsvorteilen differenziert Kogut (1989:387 f.) zwischen Inhalt der internationalen Strategie und dem operativen System zu ihrer Ausführung. Der Netzwerkaufbau als '... management question should be seen as a complement, as opposed to a substitute, to the identification of the content of an international strategy.'

93 Vgl. etwa Doz/Prahalad (1988), für die 'Quality of Management' eine neue Quelle globaler Wettbewerbsvorteile verkörpert.

3.231 Grundlagen des Kontextes

Es sind vor allem drei Gründe, die das Denken in operationaler Flexibilität für ein Verständnis des Wettbewerbs in internationalisierenden Branchen attraktiv erscheinen lassen: Zum einen kann über dieses Konzept explizit an den differentia spezifica des internationalen Management angeknüpft werden. Dem zuweilen an das strategische internationale Management gerichteten Vorwurf, im Grunde nur alten Wein in neuen Schläuchen zu präsentieren, wird damit der Boden entzogen (1). Zweitens erlaubt der Kontext operationaler Flexibilität eine deutlichere Problematisierung der Internationalisierung von Unternehmen als Prozeßphänomen (2). Drittens schließlich gelangt man über dieses Denken - endlich - vollends aus dem Bannkreis von Globalisierung und Lokalisierung. Dies zudem unter Stützung auf den Theorierahmen von Perlmutter (1969), einem der ältesten Bezugsrahmen zum internationalen Management (3).

(1) Für Kogut ist die Suche nach den differentia spezifica des internationalen strategische Management Ausgangspunkt des Denkens in operationaler Flexibilität:

> "Whenever new subjects and concepts are proposed it seems fair to ask what is different from what we already know. Analogously, the starting question for an analysis of global strategies is what is different when we move from a domestic to an international context."(Kogut (1989:383))[94]

Das Besondere des internationalen Kontextes, so die Argumentation, liege nicht so sehr in der Zunahme von Marktgröße. Entscheidend sei vielmehr das Anwachsen von Unsicherheit infolge steigender Umweltvarianz.[95] Die differentia spezifica resultieren somit aus Makrosicht in Unsicherheiten bezügl. der Aktionen der Konkurrenz, in unvorhersehbaren Eingriffen von Regierungsseite oder auch in überraschenden Wechselkursschwankungen usw.. Letztere können beispielsweise bei Nichtgelten der Kaufkraftparitätentheorie das Verhältnis realer ökonomischer Daten (z.B. Löhne) und somit die Wettbewerbsbedingungen zwischen verschiedenen Länder beeinflussen. Im Sinne des Konzeptes der operationalen Flexibilität ist es aus der Mikroperspektive des Unternehmens am vor-

---

94   Vgl. auch Kogut (1985a:27).
95   Vgl. Kogut (1983:47), (1989:388).

teilhaftesten, hierauf mit einer flexiblen Risikopolitik zu reagieren, die sich z.B. in Produktionsverlagerungen äußern kann.[96]

Vor diesem Hintergrund wird die außerordentliche Rolle des multinationalen Netzwerkes als spezifisch internationalem *Wettbewerbsvorteil* transparent:

> "It is principally the operating side which drives the incremental value of being multinational. This operating flexibility stems from the benefits of coordinating the flows within a *multinational network*. The value of such flexibility rests not only on exploiting differentials in factor, product, and capital markets, but also on the transfer of learning and innovations throughout the firm, as well as the enhanced leverage to respond to competitors' and governments' threats ... Firms vary widely in their recognition of competing on the multinational network, as well as in terms of their ability to do so."[97]

Diese Überlegungen korrespondieren zudem auf interessante Weise mit den tiefgreifenden ökonomischen Analysen Dunnings (1988) bezüglich der 'ownership-specific Advantages' internationaler Produktion. Auch dort findet sich eine Kategorie speziell aus der Multinationalität resultierender Vorteile internationaler Unternehmenstätigkeit (vgl. Abb. 2-18).[98] Dunning problematisiert das internationale Netzwerk freilich zusätzlich unter Einbezug der *allgemeinen* Vorteile von Tochtergesellschaften gegenüber *de novo* Unternehmen.[99] Beide Vorteilsgruppen bilden zusammen die aus transaktionalen Marktstörungen resultierenden Transaktionsvorteile (O_t). Diese "... mirror the capacity of MNE hierarchies, *vis a vis* external markets, to capture the transactional benefits (or lessen the transactional costs) arising from the common governance of a network of ... assets, located in different countries."[100] Damit werden zwar die

---

96 Vgl. Kogut (1985a:31 f.). Inflexibel wäre demgegenüber eine Risikopolitik, die auf lediglich *einen* Standort setzt (speculative risk profile policy). Diese Strategie empfiehlt sich nur bei sehr großen Skalenvorteilen.
97 Kogut (1989:383 f.); vgl. zur Betrachtung des Netzwerkes als Wettbewerbsvorteil auch: Kogut (1985a:37). Im übrigen sei angemerkt, daß sich erste Anzeichen zum Netzwerkdenken auch bei Franko (1971) und Stopford/Wells (1972) finden. Sie thematisieren den Konflikt zwischen Zielen der Tochtergesellschaften und Zielen des Gesamtnetzwerkes.
98 Dunning (1988:21) bemerkt hierzu: "The larger the number of, and the greater the differences between, the economic environments in which an enterprise operates, the better placed it is to take advantage of different country specific characteristics and risk profiles."
99 Vgl. dazu auch Kap. 2.221.
100 Dunning (1988:42). Dunning differenziert die Eigentumsvorteile in einer neueren Version seiner Theorie nur noch in die zwei Gruppen O_t und O_a. Letztere sind die auf strukturellen Marktstörungen resultierenden 'asset-Vorteile'. Vgl. Dunning (1988:42).

spezifisch auf die Multinationalität zurückzuführenden Eigentumsvorteile ihres Ranges als eigenständige Analysekategorie beraubt. Andererseits ergibt sich jedoch die theorietechnisch günstige Möglichkeit, sich auf Faktorausstattungstheorie und strukturelles bzw. transaktionales Marktversagen als Schlüsselelemente der internationalen Produktion zu konzentrieren.[101]

(2) Die Vorteilhaftigkeit des Flexibilitätsdenkens erschöpft sich nicht nur in der expliziten Berücksichtigung von differentia spezifica des Internationalen. Nach Kogut (1983) eröffnet sich über diesen Kontext zudem erstmals die Möglichkeit zur Betrachtung von Auslandsinvestitionen als sequentiellem Prozeß. In der Literatur betrachte man zumeist nur den ersten Schritt der Internationalisierung und erkläre ihn über Produktdifferenzierung, Branchenstruktur, Struktur der Heimatnachfrage usw.. Die Vernachlässigung der spezifischen Vorteile operationaler Flexibilität des multinationalen Netzwerkes "... obscures, though, an important distinction between the original motivations to establish plants in foreign countries and the subsequent investment decisions. There is, in short, a fallacy of explanation of genesis in failing to distinguish between the initial investment decision and the subsequent incremental investment flows."[102] Da empirische Daten nun aber aufzeigen, daß der größte Teil von Direktinvestitionen (lediglich) inkrementale Investitionen in *bereits bestehende* Tochterunternehmen darstellen[103], wird es erforderlich, den Prozeß der Internationalisierung aus Unternehmenssicht verstärkt als fortschreitendes, sequentielles Investieren in die Optionen des internationalen Netzwerkes aufzufassen.

(3) Drittens kehrt man durch das Denken in operationaler Flexibilität dem Konzept von Lokalisierung und Globalisierung in noch stärkerem Maße den Rücken, als dies bei der Wertkette der Fall war. Diese mußte sich noch den Vorwurf gefallen lassen, im Grunde nur eine Ausdehnung des 'integration-responsiveness' - Rahmens darzustellen. Das Flexibilitätsdenken abstrahiert dagegen völlig von diesem Bezugsrahmen. Es ist die einzige wirkliche Antwort auf Perlmutters bereits im Jahre 1969 veröffentlichten Vorschlag der geozentrischen strategischen Orientierung des internationalen Unternehmens.[104] Das Flexibilitätsdenken knüpft somit an einem der ältesten Bezugsrahmen zum internationalen Mana-

---

101   Vgl. Dunning (1988:53, Figure 2.1).
102   Kogut (1983:38).
103   Vgl. Kogut (1983:Table 1, S.39).
104   Vgl. Perlmutter (1969).

gement an![105] Während die organisatorischen und strategischen Belange des international tätigen Unternehmens bei ethnozentrischer bzw. polyzentrischer Orientierung sehr stark am Heimatland bzw. Gastland ausgerichtet werden, sind laut Perlmutter für den geozentrischen Zugang zum internationalen Management vor allem folgende Aspekte charakteristisch:[106] Denken in globalen Dimensionen, hohe Komplexität und Interdependenz der Organisationsteile, kooperative Zusammenarbeit zwischen Unternehmenszentrale und den Tochtergesellschaften sowie Dezentralisierung bei gleichzeitig globalem Weitblick. Dies sind genau die Schlüsselcharakteristika des Denkens im Konzept der operationalen Flexibilität.

Die Konsequenzen dieser Sichtweise für Fragen der Wettbewerbsstrategie und Wettbewerbsanalyse sollen im folgenden skizziert werden.

3.232 Wettbewerbsanalyse und Wettbewerbsstrategie im Lichte der Ausnutzung operationaler Flexibilität

Im Rahmen einer Ausnutzung der operationaler Flexibilität des multinationalen Netzwerkes lassen sich zwei Gruppen von Wettbewerbsstrategien unterscheiden[107]. Beide Gruppen sind mit unterschiedlichen Anforderungen an die Wettbewerbsanalyse verbunden. Während Arbitragestrategien (1) das Bemühen kennzeichnen, Differenzen zwischen Ländern (z.B. hinsichtlich der Preise) relativ besser auszubeuten als die Konkurrenz, beziehen sich Druckstrategien (2) auf die Ausnutzung der größeren Markt- und Verhandlungsmacht des multinationalen Netzwerkes.

---

105   Es handelt sich dabei um einen nach wie vor wichtigen Bezugsrahmen, der auch in jüngeren Veröffentlichungen immer wieder herangezogen wird. Vgl. beispielsweise Kreutzer (1989:12 ff.); Scholl (1989).
106   Vgl. zum folgenden Perlmutter (1969:Table 1, S.12). Erwähnt sei auch, daß Perlmutter in einer erweiterten Fassung seines Konzeptes zusätzlich die 'regiozentrische' Orientierung einführt. Vgl. Wind/Douglas/Perlmutter (1973).
107   Vgl. die Unterscheidung bei Kogut (1985a:32 ff.).

(1) In der Literatur[108] werden eine Reihe von Arbitragestrategien diskutiert:

Mit der Strategie des **internationalen Sourcing** strebt man die möglichst geschickte Ausnutzung von Länderdifferenzen in Faktorausstattung, Faktorkosten und Produktivitäten an. Im einzelnen bezieht sich dies auf Unterschiede in Arbeitskosten[109], Kapitalverfügbarkeit und Kapitalkosten[110], Verfügbarkeit und Kosten von Rohstoffen und Vorprodukten, Verfügbarkeit qualifizierter Arbeitskräfte, Verfügbarkeit fortschrittlicher Technologien. Ohne Zweifel ergeben sich in diesem Zusammenhang für das multinationale Netzwerk entscheidende Wettbewerbsvorteile gegenüber Konkurrenten, die über keine vergleichbar flexible Beschaffungspolitik verfügen.[111] Es nimmt daher nicht Wunder, daß Fragen des internationalen Beschaffungswesens in jüngerer Zeit zunehmend zum Gegenstand wissenschaftlichen Interesses werden.[112] Aufgabe der Wettbewerbsanalyse ist es vor diesem Hintergrund, komparative Differenzen zwischen Ländern zu identifizieren. Freilich ist dabei auch der Dynamik solcher Differenzen Rechnung zu tragen. Wandel führt nach Ghoshal (1987:433) zu zwei Arten von Effekten, die strategische Entscheidungen nicht unerheblich verkomplizieren: Als Effekte erster Ordnung bezeichnet er das Phänomen, daß etwa infolge von Lohnsteigerungen bisherige Sourcingstrategien in Frage gestellt und möglicherweise revidiert werden müssen. Andererseits verweist Ghoshal jedoch auch auf sehr interessante Effekte zweiter Ordnung:

> "There can also be a more intriguing second-order effect. If an activity is located in an economically inefficient environment, and if the firm is able to achieve a higher level of efficiency in its own operations compared to the rest of the local economy, its competitive advantage may actually increase as the local economy slips lower and lower. This is because the macroeconomic variables such as wage ... may change to reflect the overall performance of the economy relative to the rest

---

108   Vgl. zum folgenden die Ausführungen bei Colberg (1989: 35 ff.); Dunning (1988:27 (table 1.1)); Kogut (1985a:32 ff.); Morrison/Roth (1989:36 (table 2-2)).

109   Vgl. zu internationalen Arbeitskostendifferenzen und Produktionsverlagerungen in Niedriglohnländer (Südkorea, Taiwan, Malaysia, Sri Lanka) z.B.: Albach (1979:947); Davidson (1982:178); Doz (1986:22); Hochmuth/Davidson (Hrsg.,1985).

110   Vielfach wird der Wettbewerbserfolg japanischer Unternehmen mit deren geringeren Kapitalkosten und deren besserem Zugang zu Kapital erklärt. Vgl. Rappa (1985).

111   Vgl. dazu auch Ghoshal (1987:432 f.).

112   Vgl. z.B.: Hefler (1981); Monczka/Giunipero (1984); Arnold (1989), (1990).

of the world and, to the extent that the firm's performance is better than this national aggregate, it may benefit from these macro-level changes."(Ghoshal (1987:433))

Wettbewerbsvorteile in internationalisierenden Branchen lassen sich darüberhinaus auch durch das adäquate Reagieren auf reale Wechselkursänderungen, Produktionsunterbrechungen, unvertretbare Forderungen von Interessenten, allzu restriktive Regierungsauflagen usw. erzielen. Hier greift die Flexibilitätsstrategie der **internationalen Produktionsverlagerung**[113], die es z.B. ermöglicht, im Falle einer realen Aufwertung Exporte aus dem betroffenen Land zugunsten solcher aus einem strategisch günstigeren Land zu reduzieren. Freilich erfordert diese Strategie den Aufbau von Überkapazitäten und die internationale Streuung der Produktion. Ersteres ist durchaus mit Kosten verbunden, zweiteres mit dem Verlust von Skaleneffekten. Wettbewerbsanalyse sollte auf dieser Folie vor allem drei Arten von strukturellen Bedingungen feststellen: Erstens sind reale Wechselkursbewegungen zu analysieren.[114] Zweitens sollte die scale-Sensitivität der Branche ermittelt werden, denn bei entsprechend hoher scale-Sensitivität erscheint die Strategie der Produktionsverlagerung vielfach nicht lohnend. Drittens ist das Ausmaß zu erfassen, in dem sich der Faktor Arbeit in verschiedenen Ländern als Fixkosten zeigt: "Yet, the degree to which labor is a fixed or variable cost will differ greatly between countries in terms of layoff and overtime constraints."[115]

Neben derartiger Faktormarktarbitrage wird internationaler Wettbewerb im Rahmen des Flexibilitätsdenkens oftmals über Strategien der institutionellen Arbitrage betrieben. Eine besonders prominente Rolle nimmt dabei das Ziel der **Steuerminimierung** ein:

"The MNC can ... exercise an option upon the occurance of an event, e.g., its option to choose in which country to declare its profits. Boundaries do not represent only the costs of tariffs and transport; they also represent profit opportunities which can only be exploited by a multinational corporation."(Kogut (1983:43))[116]

---

113   Vgl. Kogut (1985a:33).
114   Die Konsequenzen kurzfristiger bzw. längerfristiger realer Wechselkursverschiebungen auf die internationale Unternehmenstätigkeit werden recht gut bei Colberg (1989:65) illustriert.
115   Kogut (1985a:33).
116   Vgl. auch: Bergston/Horst/Moran (1978); Lessard (1989).

Obwohl zuweilen auf die Grenzen von Steuerbelastungsvergleichen hingewiesen wird[117], ist nicht zu übersehen, daß die selbst in hochentwickelten Ländern z.T. erheblichen Unterschiede in der Steuerbelastung (Fuest/Kroker (1987)) ein beachtliches Arbitragepotential bergen und somit - im Falle ihrer Ermittlung durch die Wettbewerbsanalyse - operativ-flexible Maßnahmen der Gewinnsteuerung herausfordern.[118] Am intensivsten wird dabei die Gestaltung der Preise für Transfers von Sachleistungen und Intangibles (Technologie, Marken etc.) innerhalb des multinationalen Netzwerks diskutiert.[119] Doch auch netzwerkinterne Zinszahlungen und Gebühren sowie das Verzögern oder Beschleunigen von Überweisungen können Gewinnverlagerungen in steuerlich günstigere Regionen erwirken.

Eine Kombination von institutioneller Arbitrage und Faktormarktarbitrage stellt die **Finanzmarktarbitrage** dar. In diesem Sinne kann ein multinationales Unternehmen dadurch Wettbewerbsvorteile erzielen, daß es möglichst flexibel Kredit- oder Kapitalflußbeschränkungen gewisser Länder via Überweisungen, Transferpreise und Finanzinnovationen umgeht oder staatliche Fördermaßnahmen (Exportkredite, Steuer- und Zollerleichterungen) gewisser anderer Länder ausnutzt:

> "... a multinational corporation can often benefit from subsidized loans intended for local investment, but, in fact, transfer the loans outside a country by its remittance, transfer pricing, and financing flexibility."(Kogut (1985a:34))

Abgerundet wird das Spektrum an Arbitragestrategien durch die **Informationsarbitrage**. Das Bestehen im internationalen Wettbewerb ist vielfach auch eine Frage des zügigen Informations-, Erfahrungs- und Technologietransfers im internationalen Netzwerk. *Lernfähigkeit* rückt in den Vordergrund des Interesses:

> "While the search for additional profits or the desire to protect existing revenues may explain why multinationals come to exist, they may not provide an equally complete explanation of why some of them continue to grow and flourish. An alternative view may well be that a key asset of the multinational is the diversity of environments in which it operates. This diversity exposes it to multiple stimuli, allows it to develop diverse capabilities, and provides it with a broader learning op-

---

117 Vgl. etwa: Haase (1982); Krause-Junk (1989:2013 ff.) Messere/Owens (1987).
118 Vgl. Staks (1984).
119 Vgl. statt anderer: Drumm (1983); Hackmann (1984); Klein (1988).

portunity than is available to a purely domestic firm. The enhanced organizational learning that results from the diversity internalized by the multinational may be a key explanator of its ongoing success..." (Ghoshal (1987:431))

Bei entsprechender operationaler Flexibilität[120], die es erlaubt, auf Grundlage tiefgreifender Unternehmensanalysen im Netzwerk weit gestreute Wissensbasen zu aktivieren, können in vielerlei Hinsicht Wettbewerbsvorteile erzielt werden: Erstens lassen sich internationale Technologietransfereffekte[121] realisieren. Innovative Impulse, Produkt- und Prozeßentwicklungen infolge technologischer Fortschritte in einzelnen Ländern können dort aufgegriffen und für das Gesamtunternehmen nutzbar gemacht werden.[122] Zweitens können im Sinne von Entwicklungsstand-Portfolioeffekten[123] in einem Land gewonnene Erfahrungen mit einem Produkt auf andere Länder übertragen werden - eine Möglichkeit, die zumindest dem rein nationalen Wettbewerber nicht offen steht. Dies darf nicht verwechselt werden mit internationalen Erfahrungseffekten. Bei diesen "... handelt es sich ... um eine Erhöhung des Erfahrungsniveaus (mit dem kumulierten Geschäftsvolumen), die zu einem großen Teil auf einem gleichzeitigen Erfahrungsaustausch zwischen den einzelnen Länderaktivitäten beruht."[124] Operationale Flexibilität eröffnet in diesem dritten Falle Kostensenkungspotentiale aufgrund von Lernkurveneffekten und 'first mover'-Vorteilen besonders auch in der Schaffung der für den Wettbewerb in internationalisierenden Branchen spezifischen Informationsbasis.[125]

(2) Betrachten wir nun die Druckstrategien. Diese tragen den 'leverage opportunities'[126] in internationalisierenden Branchen Rechnung: "Unlike arbitrage, leverage reflects not the exploitation of differences in the price of an asset, product, or factor of production between markets, but rather, the creation of market or bargaining power because of the global position of the firm."[127]

---

120 Operationale Flexibilität bezieht sich hier insbesondere auf die 'scanning'-Fähigkeiten des globalen Netzwerkes. Vgl. dazu auch Vernon (1979).
121 Vgl. Colberg (1989:40).
122 Vgl. das Procter & Gamble-Beispiel von Ghoshal (1987:431 f.).
123 Vgl. Colberg (1989:43).
124 Colberg (1989:50).
125 Vgl. hierzu den Hinweis bei Kogut (1983:43).
126 Vgl. Kogut (1985a:34).
127 Kogut (1985a:34).

Eine zentrale Stellung kommt dabei zweifellos der Strategie des **cross-subsidi-zing** zu. Operationale Flexibilität meint in diesem Zusammenhang das (temporäre) Subventionieren einzelner Länderengagements unter Rückgriff auf Überschüsse aus anderen Ländern.[128] Mit dieser Strategie können nicht nur rein lokale Wettbewerber, sondern auch weniger flexible internationale Konkurrenten empfindlich geschädigt werden. Es wird daher bisweilen die Ansicht vertreten, globaler Wettbewerb könne überhaupt nur auf dieser Grundlage wirklich in seinem Wesen verstanden werden:

> "In our view, global competition occurs when competitors use strong national market share positions to generate cash for international market share battles. Such cross-subsidizing internationalises the scope of competitive interaction and thus creates interdependence among national market share positions. Failure to establish a market position in countries that are important sources of cash for competitors increases the vulnerability of a firm's domestic market share." (Hamel/Prahalad (1988:10 f.))

Mit diesen Überlegungen rücken die üblicherweise diskutierten Einflußfaktoren der Internationalisierung (Nachfragehomogenität, economies of scale usw.) in den Hintergrund:[129] Über cross-subsidizing können sich Unternehmen auch dann in weltweitem Wettbewerb befinden, wenn die economies of scale der betrachteten Branche den nationalen Rahmen überhaupt nicht sprengen oder wenn die internationale Nachfrage durch starke Inhomogenität gekennzeichnet ist. Globaler Wettbewerb wird vielmehr definiert "... by the strategic intent of competitors, and their ability to cross-subsidize national market share battles."[130] Zu dieser Fähigkeit bedarf es nicht einmal unterschiedlicher Kostenstrukturen zwischen den Wettbewerbern. International unterschiedliches Preisniveau könnte allerdings der Schaffung von Cross-subsidizing - Potential durchaus förderlich sein.[131] Allerdings erfordert diese Strategie ein entsprechend weitausgebreitetes Netzwerk und die nötige operationale Flexibilität zu dessen Ausnut-

---

128 Vgl. Hamel/Prahalad (1988); Kotler/Fahey/Jatusripitak (1985); Hout/Porter/Rudden (1982:101 f.); Simmonds (1985:11 ff.); Watson (1982). Auch Dunning (1988:27) erwähnt die Fähigkeit zu dieser Wettbewerbsstrategie als Internalisierungsvorteil.

129 Das ist durchaus begrüßenswert, denn das Ausnutzen von scale economies kann durchaus zu Inflexibilität führen. Der These von der Wiederauferstehung des Handwerks (Piore/Sabel (1985)) kann angesichts der neuen Fertigungstechnologien allerdings nicht vollumfänglich zugestimmt werden.

130 Hamel/Prahalad (1988:11).

131 Vgl. Hamel/Prahalad (1988:31).

zung. Wettbewerbsanalyse befaßt sich daher in diesem Zusammenhang - im Sinne der Unternehmensanalyse - vor allem auch mit Cash-Transferierbarkeits-analysen. Abb. 3-17 zeigt dazu ein Beispiel.

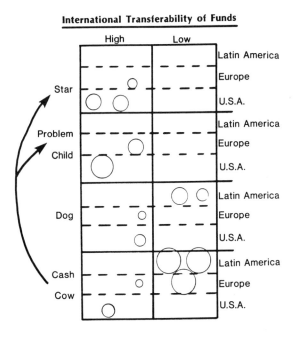

Abb. 3-17:   Beispiel einer Cash-Transferierbarkeitsanalyse (aus: Leontiades (1985:48))

Das Beispiel zeigt den recht unglücklichen Fall, daß des Unternehmens "... cash-rich businesses, from which it might expect to finance its stars and problem child businesses, are located mainly in certain Latin American and European coun-tries where financial controls, money market conditions, or other considerations severely limit the export of capital earnings."[132]

Das Netzwerk und seine internationale Positionierung ist auch Voraussetzung von Strategien der **Preisdifferenzierung**. Diese sind ein Anknüpfungspunkt, um

---

132   Leontiades (1985:47).

den in Kap. 2.222 skizzierten oligopolistischen Interdependenzen des Wettbewerbs in internationalisierenden Branchen Rechnung zu tragen:

> "For example, in response to Michelin's entry into North America, Goodyear dropped its prices on tires in Europe, forcing the family-held French company to slow its investment programm and, eventually, to issue outside equity."(Kogut (1985a:34))

Diese Strategie kann durch cross-subsidizing unterstützt werden, wenn die Niedrigpreisstrategien über cash flow-Flüsse subventioniert werden.

Über diese beiden Druckstrategien hinaus kann das multinationale Netzwerk bei Strategien der **Machtausnutzung** hilfreich sein. So erhöht sich beispielsweise die Verhandlungsmacht und senkt sich das politische Risiko, wenn der Wert lokaler Tochterunternehmen stark vom Technologiezufluß aus anderen Knoten des Netzwerkes abhängt.

Ich möchte zusammenfassen: Wettbewerbsanalyse und Wettbewerbsstrategie im Lichte der Ausnutzung operationaler Flexibilität verkörpern insofern eine eigene Evolutionsstufe des strategischen Denkens im internationalen Management, als sie quer liegen zu Überlegungen der Lokalisierung bzw. Globalisierung und zu Teilen des Wertkettendenkens. Interessant ist insbesondere die Abkehr von klassischen Einflußgrößen des internationalen Wettbewerbs, wie etwa economies of scale, Homogenisierung der Nachfrage, Handelsbarrierenreduktion usw.. Subtilere Faktoren des internationalen Wettbewerbs werden aufgezeigt. Freilich bedarf es zur Ausnutzung operationaler Flexibilität gewisser Managementfähigkeiten und organisatorischer Bedingungen. Deren Vorhandensein kann mithin als Wettbewerbsvorteil in internationalisierenden Branchen angesehen werden. Deshalb wenden wir uns im folgenden einigen Aspekten des Aufbaus des multinationalen Netzwerks zu.

3.233 Das multinationale Netzwerk als Wettbewerbsvorteil: Aspekte des Aufbaus operationaler Flexibilität

Überlegungen hinsichtlich der Konzeptualisierung des multinationalen Unternehmens als Netzwerk betreffen vor allem die organisationsstrukturelle und koordinationstechnische Handhabung gepoolter, sequentieller und reziproker Interdependenz[133] zwischen den Unternehmensteilen. Damit sind eine Reihe von Literaturbereichen angesprochen: Populärwissenschaftliche Veröffentlichungen zu betrieblichen Netzwerken[134] und Strömungen der Organisationsforschung, hierarchische Organisationsformen zugunsten der Netzwerkorganisation bzw. zugunsten lateraler Kooperation zu überwinden[135], sind ebenso tangiert wie grundlagentheoretischen Ansätze zur Betrachtung von Unternehmen als selbstorganisierende Systeme.[136] Betroffen sind des weiteren die Netzwerktheorie[137], aber auch einfache case-orientierte Überlegungen der Literatur zum internationalen Management. Da wir im vorliegenden Zusammenhang managementtheoretische Konzepte der Wettbewerbsanalyse und Wettbewerbsstrategie in internationalisierenden Branchen betrachten, können tiefgreifendere Grundlagenanalysen sowie auf rein nationale Unternehmen beschränkte Konzepte ausgeklammert werden.

Auch würde es an dieser Stelle zu weit führen, die intensiv geführte Diskussion um Organisationsstrukturen und Koordinationsmechanismen im multinationalen Unternehmen en detail zu referieren. Dazu sei auf die einschlägige Literatur[138], insbesondere auf den vorzüglichen Überblick von Martinez/Jarillo (1989) verwiesen. Die Untersuchung dieser Autoren gipfelt in der Identifizierung von Evolutionsstufen der organisatorischen Gestaltung sowie der Koordinationsmechanismen im multinationalen Unternehmen. Dies ist nicht nur wegen der Parallele zu unserer Stufenkonzeption interessant, sondern vor allem auch deshalb, weil als derzeitige Evolutionsstufe vom 'Integrated Network' gesprochen wird (vgl. Abb. 3-18).

---

133 Vgl. dazu in Anlehnung an Thompson (1967) die *Figure* 2 bei Baliga/Jäger (1984:32). Des weiteren sei verwiesen auf die Überlegungen von Victor/Blackburn (1987) zur theoretischen Konzeptualisierung intraorganisationaler Interdependenz.
134 Vgl. beispielsweise Mueller (1986).
135 Vgl. dazu Klimecki (1985); Ochsenbauer (1988). Lehr/Rodriguez (1987) sprechen von *orbitalem Management* als Alternative zu zentralisiert-hierarchischen Strukturen. Aus der Beratungsperspektive: Mastenbroek (1987).
136 Vgl. statt anderer:Knyphausen (1988); Probst (1987).
137 Vgl. dazu später Kapitel 4.3.
138 Vgl. dazu statt anderer:Carl (1989:200 ff.); Dobry (1983); Egelhoff (1988); Hulbert/ Brand (1980); Kenter (1985); Macharzina (1986); Otterbeck (Hrsg.,1981); Welge (1980).

Period and "Labels"	Structural Configuration or Organizational Pattern of MNCs	Main Mechanisms of Coordination Utilized
Period I 1920 - 1950 "Multinational" "Multidomestic"	*Decentralized Federation* Loose federation of highly autonomous national subsidiaries, each focused primarily on its local market	*Structural and Formal Mechanisms* International division Direct personal reporting Not much output control, and mainly financial performance Behavior control by using expatriate executives
Period II 1950 - 1980 "Global" "Pure Global"	*Centralized Hub* Value activities that provide the company a competitive advantage - normally upstream activities, such as product design or manufacturing - are centralized at headquarters, or are tightly controlled	*Structural and Formal Mechanisms* International division, worldwide product, geographic, or regional division Higher centralization of decision making at headquarters Higher formalization of policies, rules, and procedures Standardization in planning and budgeting systems Tight output control in U.S. MNCs, behavior (and cultural) control in Japanese MNCs
Period III 1980 - "Transnational" "Complex Global"	*Integrated Network* Physical assets and management capabilities are distributed internationally to country units, thus creating a truly integrated network of dispersed yet interdependent resources and capabilities. Each subsidiary is considered a source of ideas, skills, and knowledge	*Structural and Formal Mechanisms* Former structures plus global Matrix Centralization of decision making but upgrading the role of subsidiaries High formalization; Strategic planning Tight and complex output control *More Informal and Subtle Mechanisms* Temporary or permanent teams, task forces, committees, integrators Informal channels of communication and relationships among all managers Strong organizational culture by knowing and sharing objectives and values

Abb. 3-18: Evolutionsstufen von Koordinationsmechanismen und organisatorischer Gestaltung im multinationalen Unternehmen (aus: Martinez/Jarillo (1989:506))

Die in der Abbildung wiedergegebene Charakterisierung des integrierten Netzwerks entspricht genau den organisatorischen Fähigkeiten, die für Strategien der Ausnutzung operationaler Flexibilität vonnöten sind. Somit kann von einer Konvergenz der Literatur zu Organisation und Koordination im internationalen Unternehmen einerseits und den Entwicklungen im strategischen internationalen Management andererseits gesprochen werden.[139]

Verschiedene managementtheoretische Ansätze spiegeln diese Evolutionsstufe ebenfalls wider: Man denke an Hedlunds (1986) Vorschlag, das multinationale

---

139 Angesichts der seit Chandler (1962) diskutierten Beziehung zwischen Strategie und Struktur nimmt dies auch gar nicht Wunder.

Unternehmen als Heterarchie anzusehen, an Doz/Prahalad's (1988) Propagierung der 'Quality of management' als Schlüsselquelle von Wettbewerbsvorteilen in internationalisierenden Branchen oder auch an Bartletts (1989) Entwurf der transnationalen Organisation. Bartletts Beschreibung dieses Organisationstyps bringt deutlich zum Ausdruck, wie sehr die Netzwerkorganisation mit der Fähigkeit zu operationaler Flexibilität in Einklang steht:

> "Hinter dieser Organisationsstruktur steht ... die Überlegung, daß die Betriebseinheiten in aller Welt als eine Quelle von Ideen und Erfahrungen, Wissen und Fachkenntnissen zum Wohle des gesamten Unternehmens genutzt werden können. So läßt sich eventuell ein besonders leistungsstarker lokaler Produktionsbetrieb in ein internationales Fertigungszentrum verwandeln. Ein innovatives Entwicklungslabor, dessen Arbeit bisher nur auf nationaler oder regionaler Ebene praktisch genutzt wurde, könnte aufgrund der Entwicklung eines bestimmten Produktes oder Produktionsverfahrens zum "Leistungszentrum" des gesamten Unternehmens werden. Wenn sich die Marketingabteilung einer Auslandsniederlassung besonders hervortut, könnte sie mit der Aufgabe betraut werden, für einige Produkte oder Tochterfirmen weltweite Marketingstrategien zu entwerfen. Erst wenn ein Unternehmen diesen Weg beschreitet, verfügt es über ein wirklich integriertes Netzwerk." (Bartlett (1989:443))

Allerdings ist zu trennen zwischen der Nennung von Eigenschaften des multinationalen Netzwerks und konkreten Ansatzpunkten zu dessen Aufbau. Abb. 3-19 faßt die managementtheoretische Literatur in beiderlei Hinsicht zusammen.

| Quelle | Das multinationale Netzwerk als Wettbewerbsvorteil Fähigkeit zur operationalen Flexibilität | |
	Eigenschaften	Aufbau
Bartlett (1981),(1989) Bartlett/Ghoshal (1987),(1987a),(1989)	- Kombination von Responsiveness und globaler Effizienz - Kombination von Zentralisierung und Dezentralisierung - Interdependenz statt Dependenz oder Independenz - Rollendifferenzierung für Tochtergesellschaften nach den Kriterien 'Kompetenz der Landesgesellschaft' und 'Strategische Bedeutung des Auslandsmarktes' - Existenz einer umfassenden Unternehmenskultur (klare Ziele, Normen, Regeln) - Mitspracherecht aller Unternehmenseinheiten - Erfahrungssammlung auf allen Unternehmensebenen	- Ausgehend von zentralisierter Organisationsstruktur: Aufwertung der Position der nationalen Unternehmenseinheiten - Ausgehend von dezentraler Organisationsstruktur: Umverteilung von Pflichten und Kompetenzen zugur von Funktional- und Produktmanagern - Aufbau interner Märkte - Etablieren eines 'substantive decision management' Entscheidungen bei Konflikten zwischen Mutter und Tochter - Schaffung temporärer Organisationsformen wie join teams, product - subsidiary project teams, task force temporary coalition management) - Schaffung einer kooperativen Unternehmenskultur (= decision context management) - Aufbau von Kommunikationsnetzen - Aufbau informeller Informationssysteme (Geschäfts Besprechungen, Sonderausschüsse, Gestaltung der Karrierewege) - Unternehmenskulturadäquate Mitarbeiterrekrutierun selektion
Kogut (1985a)	(operationale Flexibilität)	- Etablieren einer zentralisierten Organisationseinheit, die Steuerung der operationalen Flexibilität verantwc ist - Einrichten von Anreizsystemen, die von der Messung 'managerial performance' der Tochtergesellschaft unabhängig sind - Einrichten dezentraler Systeme, die es Tochtergesellschaften ermöglichen, auf Wandlunge Wechselkursen rasch zu reagieren
Doz/Prahalad (1988), Prahalad/Doz (1981); Prahalad/Doz (1987:122 ff.), (1987:235 ff.)	- Fähigkeit zu raschem Strategiewechsel - Vermeiden strategischer Kontrolle via Ressourcenabhängigkeit - Fähigkeit zur Informationsverarbeitung (hinsichtl. Datenverarbeitung, Datensammlung, Sophistication in Dateninterpretation) - Reduktion der Reaktionszeit durch globale Kommunikation - Einbeziehung von Tochtergesellschaften in Innovationsprozesse	- Kontrolle über Gestaltung des 'administrativen Kont - Etablieren von Managementsystemen zur Handhabu Interdependenz zwischen Geschäftsfeldern - Differenzierung von Managementsystemen nach SG Funktion, Aufgabe, Segment, Land - Schaffung einer starken Unternehmenskultur (geme Ziele, Mission, Erzfeinde)
Hedlund (1986)	- Multiple Zentren - Flexible Mixtur verschiedener organisatorischer Prinzipien - Koalitionsfreudigkeit - Wissen über das Gesamtnetzwerk ist jedem Unternehmensteil zugänglich - MNU als Meta - Institution, die unterschiedliche institutionelle Gestaltungsarrangements zuläßt	- Etablierung eines geeigneten Personalmanagemen - Starke normative Kontrolle

Abb. 3-19: Eigenschaften und Aufbau des multinationalen Netzwerkes

Dabei zeigt sich, daß die gegebenen Anregungen noch reichlich qualitativer und unoperationaler Art sind.[140] Ein erster Eindruck, ein erstes *Gefühl* für den

140 Vgl. auch die Relativierung bei Hedlund (1986:32).

"Wettbewerbsvorteil Netzwerk" kann gleichwohl vermittelt werden. Zugleich werden Hinweise gegeben auf neuartige Dimensionen von Unternehmensstärken, die für das bestehen im internationalen Wettbewerb erforderlich sind. Eine dem Phänomen der Internationalisierung gerecht werdende Unternehmensanalyse muß daher auch das Vorhandensein dieser Stärken abprüfen.

3.234 Ergebnis

Wettbewerbsanalyse und Wettbewerbsstrategie im Lichte des Konzeptes der operationalen Flexibilität. Diese dritte Evolutionsstufe des internationalen strategischen Denkens brachte eine Fülle neuer Einsichten: Sie lenkte den Blick auf Fragen der internationalen oligopolistischen Interdependenz, auf Arbitragestrategien, auf cross-subsidizing und auf die Bedeutung eines Netzwerkes von weltweit gestreuten Unternehmensteilen. Damit werden neuartige Einflußgrößen des Wettbewerbs in internationalisierenden Branchen thematisiert, das klassische Lokalisierungs-/ Globalisierungsdenken gesprengt.

Trotzdem ist dieses Konzept für sich allein genommen aus mindestens zwei Gründen durchaus nicht der Weisheit letzter Schluß:

(1) So wird, kurioserweise gerade aus den Reihen der Anhänger der Netzwerkorganisation, bisweilen heftige Kritik laut an den Möglichkeiten von Arbitragestrategien. Die Bedingungen des internationalen Wettbewerbs, so die Argumentation, seien überhaupt nicht durch Differenzen und Unsicherheit gekennzeichnet. Zumindest seien diese im Schwinden begriffen bzw., wenn gegeben, zunehmend irrelevant: Doz/Prahalad (1988:345-535) arbeiten beispielsweise heraus, daß Unterschiede in Arbeitskosten in Anbetracht moderner Fertigungstechnologien zunehmend an Bedeutung verlieren. Im Durchschnitt beliefen sich die Arbeitskosten auf lediglich 10% der totalen Kosten. Selbst in der durch starke Arbeitskostendifferenzen geprägten Automobilbranche wirkten zahlreiche andere bedeutende Kosteneinflußgrößen.[141] Auch die Rolle von Differenzen bezügl. Kapitalquellen und Kapitalkosten werde angesichts der zunehmenden Integration und Angleichung der internationalen Finanzmärkte überschätzt. Zudem erkläre die Fähigkeit, Technologie und Marketing über Grenzen hinweg

---

141   Vgl. Abernathy/Clark/Kantrow (1981); Doz (1985).

zu transferieren zwar Wettbewerbsvorteile des multinationalen Unternehmens gegenüber rein nationalen Konkurrenten, nicht aber die Besonderheiten des Wettbewerbs internationaler Unternehmen untereinander. Vor diesem Hintergrund entstehe eine zunehmende Angleichung der Wettbewerbsparameter in internationalisierenden Branchen.

Selbst wenn diese Argumentationsfigur vielleicht ein wenig überpointiert sein mag, warnt sie doch mit Nachdruck davor, die differentia spezifica des internationalen Kontextes ausschließlich in Faktorkosten- und Faktorverfügbarkeitsdifferenzen zu erblicken. Andererseits wird die Brauchbarkeit operationaler Flexibilität durch Beschränkung der Arbitragestrategien natürlich nicht gänzlich in Frage gestellt. Andere Flexibilitätsstrategien und die 'Quality of management' an sich bleiben Wettbewerbsvorteile. Trotz der Kritik. Überspitzt müßte man sogar sagen: Wegen der Kritik.[142]

(2) Es wirkt aber noch ein zweites Argument. Dieses bezieht sich auf die Reichhaltigkeit des Konzeptes operationaler Flexibilität und knüpft an dessen stark unternehmensinterner Orientierung an. Für den Wettbewerb in internationalisierenden Branchen sind gerade auch externe Beziehungen in Form von Kooperationen, strategischen Partnerschaften usw. ein zentrales Charakteristikum.[143] Sie aber bleiben ausgeklammert. Die Berücksichtigung externer Interdependenz ist vielmehr der nächsten Evolutionsstufe von Wettbewerbsanalyse und Wettbewerbsstrategie in internationalisierenden Branchen vorbehalten. Ihr werden wir uns im nun folgenden Kapitel zuwenden.

3.24 Internationalisierende Branchen und externe Interdependenz

Die bereits in Kapitel 1.2 angesprochene Zunahme internationaler Kooperationsformen wie etwa Lizenzvergaben, Joint ventures, Franchise, Know-how - Verträge, Auftragsfertigung, Koproduktionen, Technologieverträge, Vertriebskooperationen usw.[144] ist nicht nur Beleg für die wachsende externe Interdepen-

---

142 Vgl. den Grundtenor bei Doz/Prahalad (1988).
143 Vgl. Kap. 1.2
144 Eine allgemeine Übersicht über die Formen von Unternehmenszusammenschlüssen geben Schubert/Küting (1981:10 f.). Zur Darstellung der unterschiedlichen Typen internationaler Kooperation: Buckley (1985:51); Contractor/Lorange (1988:7); Hansen et al. (1983:45 ff.); James

denz in internationalisierenden Branchen. Strategische Partnerschaften, strategische Allianzen und hybride Arrangements (Borys/Jeminson (1989)) werden vielmehr von vielen managementtheoretischen Autoren explizit als (unverzichtbare) Formen des *Wettbewerbs* in internationalisierenden Branchen angesehen:

> "Increasingly, to be globally competitive, multinational corporations must be globally cooperative. This necessity is reflected in the acceleration of global strategic partnerships (GSP) among companies large and small. GSPs have become an important new strategic option that touches every sector of the world economy, from sunrise to sunset industries, from manufacturing to services."(Perlmutter/Heenan (1986:136))[145]

Kooperation ist also nicht nur in Begriffen der Harmonie faßbar, sondern hat eine eminent strategische Dimension.[146] Trotz der umfangreichen managementtheoretischen Literatur zu Fragen der Unternehmenszusammenarbeit im allgemeinen[147] und der internationalen Kooperation im speziellen[148] ist es allerdings nicht einfach, konkrete Alternativen kooperativer Wettbewerbsstrategien und genaue Instrumente zur Wettbewerbsanalyse in diesem Kontext auszumachen. In der Regel werden - mit empirischen Beispielen untermauert - zusammenhanglose Aufzählungen der Vor- und Nachteile internationaler Unternehmenskooperation und rezeptartige 'guidelines'[149], Leitprinzipien[150] bzw. Listen von Erfolgsbedingungen[151] für die Kooperationsgestaltung geliefert. Ein geschlossenes theoreti-

---

(1985:77); Pollak (1982:18-52). Kappich (1989:112 ff.) gibt einen ausführlichen Überblick über die Vielfalt von Grundformen internationaler Unternehmenstätigkeit. Auch verschiedene Kooperationsformen spielen dabei eine Rolle.

145 Auch andere Autoren verknüpfen die Phänomene Internationalisierung und/oder Wettbewerb und /oder Kooperation auf diese Weise. Vgl. etwa: Borys/Jeminson (1989:246); Ohmae (1989:143); Segler (1986:168 und 258).

146 Eine empirische Untersuchung strategischen Motive des Eingehens von Kooperationen liefern: Berg/Friedman (1977). Jarillo (1988) beklagt allerdings ein Ausklammern des strategischen Momentes aus der Analyse kooperativer Beziehungen.

147 Vgl. statt anderer: Backhaus (1987); Berg/Duncan/Friedman (1982); Geringer (1988); Harrigan (1985b), (1986), (1988), (1988a); James (1985); Johnston/Lawrence (1989); Killing (1983); Kogut (1988a); Lyles (1988); Management Partner Und INSEAD (Hrsg.,1990); Powell (1987).

148 Vgl. zum Beispiel Contractor/Lorange (1988), (Hrsg.,1988); Hamel/Doz/Prahalad (1989); Mowery (1987); Moxon/Geringer (1985).

149 Vgl. etwa: Lorange (1988:372 ff.).

150 Vgl. Segler (1986:266 f.).

151 Z.B.: Hansen/Raffee/Riemer/Segler (1983:36 ff.).

schen Konzept als Hintergrund fehlt.[152] Wir sehen darin eine Chance, die Aussagen in der managementtheoretischen Literatur nicht nur nach den Kriterium Wettbewerbsstrategie (**3.241**) und Wettbewerbsanalyse (**3.242**), sondern auch innerhalb dieser Kategorien ein wenig zu systematisieren. Einige kritisch-zusammenfassende Überlegungen werden das Kapitel abrunden (**3.243**).

3.241 Internationale Kooperation als Wettbewerbsstrategie

Kooperationsformen der internationalen Zusammenarbeit können mit Wettbewerbsstrategien in internationalisierenden Branchen auf unterschiedliche Weise in Verbindung gebracht werden:

So knüpfen Porter/Fuller (1989:391 ff.) an den Varianten internationaler Wettbewerbsstrategien im Lichte von Konfiguration und Koordination an (vgl. Abb. 3-12). Sie empfehlen für die **Strategien der geographischen Streuung** das Eingehen von Koalitionen mit lokalen Unternehmen, um den unterschiedlichen nationalen Anforderungen gerecht werden zu können. Im Falle geringer Aktivitätskoordination sollte die Bereitschaft zu jeweils auf ein Land beschränkten Bündnissen relativ groß sein, während Streuungsstrategien mit hoher Aktivitätskoordination länderübergreifende Koalitionen erfordern. Im Falle von Strategien der **geographischen Konzentration** seien Koalitionen wenig ratsam und allenfalls auf staatlichen Druck in Erwägung zu ziehen.

Diese Art der Verbindung zwischen Internationaler Wettbewerbsstrategie und Koalitionsaktivität hat freilich den Nachteil, daß man Unternehmenszusammenarbeit eher als ein Mittel zur Durchsetzung von Strategien denn als eine eigenständige Strategiedimension betrachtet. Man fällt zurück auf andere Denkraster der internationalen Wettbewerbsstrategie, im vorliegenden Fall auf das Denken in Konfiguration und Koordination. Unser Bestreben ist es jedoch, genau dies zu vermeiden und kooperative Wettbewerbsstrategien in internationalisierenden Branchen von anderen Bezugsrahmen loszulösen:

---

152 Diesen Mangel erkennt auch Harrigan (1988:143). Ihr Vorschlag mündet in ein *framework*, das Joint Ventures als Wettbewerbstrategie von den Bedingungen der Branche abhängig macht.

Dazu soll an den managementtheoretischen Ausführungen bezügl. der Vor- und Nachteile internationaler Unternehmenszusammenarbeit angeknüpft werden.[153] Denn: Wettbewerbsstrategie bedeutet in unserem Sprachspiel den Aufbau und das Ausnutzen von Wettbewerbsvorteilen. Überträgt man dies auf internationale Strategien der externen Interdependenz, so ist freilich dreierlei zu beachten:

* Die Vorteilhaftigkeit internationaler Kooperation ist im Einzelfall vom Kooperationstyp[154], vom Gesamtnetz der möglicherweise zahlreichen Kooperationsbeziehungen des betrachteten Unternehmens und von der konkreten Ausprägung einzelner Strukturvariablen wie etwa zeitlicher Befristung, Bindungsintensität, Marktbereich und Herkunft der Partner, Marktebene (horizontal/vertikal) und Kooperationsbereich (betroffenes Wertkettenelement[155]) abhängig.[156]

* Internationaler Wettbewerb durch Kooperationsstrategien findet auf drei Ebenen statt: Erstens geht es um das Erlangen von Wettbewerbsvorteilen der kooperativen Gesamtheit gegenüber nicht beteiligten Konkurrenten (z.B.: Erhöhung von Eintrittsbarieren). Zweitens um die Erzielung von Wettbewerbsvorteilen einzelner an der Kooperation beteiligter Unternehmen gegenüber nicht beteiligten Konkurrenten (z.B.: verbesserter Zugang zu Auslandsmärkten). Und schließlich können Kooperationen - besonders bei horizontaler Beziehung zwischen den Partnern[157] - dazu dienen, sich gegenüber dem Kooperationspartner selbst Wettbewerbsvorteile zu verschaffen.[158]

Diese letzte Perspektive spiegelt das *Paradoxon der Kooperation*[159] wider, daß Kooperationspartner letztlich Egoisten in Gefangenendilemmasituation sind, sich also im Sinne Gouldners (1984) im Spannungfeld zwischen Autonomie und Reziprozität bewegen. Viele Instabilitäten[160] und Zusammenbrüche von

---

153 Vgl. auch das Vorgehen von Contractor/Lorange (1988). Sie stellen die Entscheidung für Kooperation in Abhängigkeit von direkten und indirekten Kostensenkungen bzw. Kostensteigerungen dar und verstehen ihren Vorschlag zumindest als Checkliste.
154 Vgl. Fußnote 144 in diesem Kapitel.
155 Dazu ausführlich: Porter/Fuller (1989:372 ff.).
156 Vgl. Raffee/Segler (1984:294).
157 Zu *vertikalen* Partnerschaften: Johnston/Lawrence (1989).
158 Vgl. Hamel/Doz/Prahalad (1989:134).
159 Vgl. Boettcher (1974:65).
160 Zur Stabilität kooperativer Arrangements: Kogut (1986); Kogut/Rolander (1984). Borys/Jeminson unterscheiden hierarchische und kulturelle Stabilitätsmechanismen sowie Branchenpraktiken und Vertragsgestaltung als stabilitätsfördernd.

Kooperationen[161] haben hier ihren Ursprung. Die wissenschaftliche Behandlung dieses Problems erfolgt vielfach über spieltheoretische Analysen, in denen sich ökonomische und nicht-ökonomische Forschungstraditionen zunehmend näherkommen. Der Politologe Axelrod[162] bedient sich ihrer ebenso wie der Soziologe Voss (1985) oder der Philosoph Kliemt (1986). Das überrascht nicht, geht es doch bei Kooperation letztlich um nichts anderes als das Hobbes'sche Ordnungsproblem, also um eine klassische Frage der Sozialtheorie: Wie ist Kooperation und damit soziale Ordnung in einer Welt von Egoisten überhaupt möglich? Welche Strategien sollte man in kooperativen Situationen sinnvollerweise wählen? Die von Axelrod (1984) vorgenommenen komplexen, iterativen und in mehreren 'Generationen' konzipierten Computersimulationen unter Einbezug nahmhafter Spieltheoretiker als Lieferanten konkurrierender Programme erbrachten ein überraschendes Ergebnis: "To my considerable surprise, the winner was the simplest of all the programs submitted, TIT FOR TAT. TIT FOR TAT is merely the strategy of starting with cooperation, and thereafter doing what the other player did on the previous move."[163] Den Erfolg dieser Strategie erklärt Axelrod (1984:54) wie folgt:

> "What accounts for TIT FOR TAT's robust success is its combination of being nice, retaliatory, forgiving, and clear. Its niceness prevents it from getting into unnecessary trouble. Its retaliation discourages the other side from persisting whenever defection is tried. Its forgiveness helps restore mutual cooperation. And its clarity makes it intelligible to the other player, thereby eliciting long-term cooperation."

Freilich sind derartige Überlegungen nicht ohne weiteres auf das kooperative Verhalten von Unternehmen in internationalisierenden Branchen übertragbar. Dazu ist die spieltheoretische Gefangenendilemmasituation zu restriktiv: beispielsweise wegen des Ausklammerns von Kommunikation, wegen der Beschränkung auf lediglich zwei Spieler.[164]

---

161 Interessantes Zahlenmaterial über die Joint-Venture - Sterblichkeit nach Zeit, Funktion, Branche und Herkunftsland der Partner findet sich bei Kogut (1988a:40 ff.).
162 Vgl. Axelrod (1981), (1984).
163 Axelrod (1984:viii).
164 So hat beispielweise Olson (1968) auf den Zusammenhang zwischen Gruppengröße und kooperativem Verhalten hingewiesen.

*Das Erlangen von Wettbewerbsvorteilen über Kooperation ist nicht nur Resultante von Vor- und Nachteilen der Zusammenarbeit, sondern wird auch durch die Gestaltung und das Management der Kooperation beeinflußt.

Im folgenden werden daher zunächst die in der managementtheoretischen Literatur genannten Vorteile (1) bzw. Nachteile (2) internationaler Unternehmenskooperation und schließlich die managementtheoretischen Gestaltungsempfehlungen (3) überblicksartig dargestellt. Dies sind die drei Bausteine, deren Zusammenwirken entscheidet, inwieweit Wettbewerbsvorteile durch internationale Strategien der externen Interdependenz erzielbar sind.

(1) In Abhängigkeit von Art und Ausprägung der Kooperationsform erweist sich internationale Unternehmenszusammenarbeit auf vielfältige Weise als vorteilhaft[165] und kann mithin auf vielfältige Weise zu Wettbewerbsvorteilen führen. Unseren obigen Überlegungen folgend, sollen drei Bereiche der Vorteilserzielung unterschieden werden:

- **Vorteile des einzelnen Kooperierenden gegenüber nicht Beteiligten**

In dieser Kategorie werden meist in nicht völlig überschneidungsfreier Weise genannt:

Bessere Abdeckung der im internationalen Geschäft immer größer werdenden Volumenbasis (z.B.: Forschungs- und Entwicklungskosten); Erleichterung des Zugangs zum Auslandsmarkt (z.B. über vorsichtigen Markteinstieg mittels Lizensierung); Vergrößerung des finanziellen Background[166] (z.B. um die im Rahmen der Internationalisierung anfallenden hohen Fixkosten aufzubringen); Zugang zu Marktwissen und know how des Partners; Zugang zu Intangibles des Partners (z.B. Technologie, Patente, Marken, Managementsysteme); Verbesserter Zugang zu lokalen Distributionsmethoden und -kanälen[167] über die bereits

---

165 Die folgenden Ausführungen basieren auf den in der managementtheoretischen Literatur genannten Vorteilen bzw. Motiven und Hindernissen der internationalen Kooperation. Im einzelnen wurden herangezogen: Contractor/Lorange (1988); Hansen et al. (1983); James (1985); Ohmae (1989); Porter/Fuller (1989:375 ff.), Segler (1986).

166 Vgl. auch Terpstra (1985:15). Zu potentiellen Gewinnen durch verbesserten Zugang zu Kapital aus Sicht der Finanzanalyse: Breely/Myers (1981).

167 Vgl. dazu mit Bezug auf Japan: Reich (1984).

bestehenden Kontakte eines Kooperationspartners oder direkt über Kooperation mit Handelsketten; Erhöhung der Geschwindigkeit des Markteintritts. Dies ist gerade in Zeiten sich verkürzender Produktlebenszyklen bedeutsam ; Erzielung von Lerneffekten; Erweiterung der Angebotspalette; Möglichkeit, vom Partner gelernte Produktionsmethoden und Systeme der Qualitätskontrolle usw. auch in anderen Teilen des multinationalen Netzwerks nutzbar zu machen; Zugang zu günstigeren Bezugsquellen des Partners; Verbesserte Kapazitätsauslastung; Reduktion des ökonomischen Risikos der Internationalisierung (Dies gelingt nach Contractor/Lorange (1988:16) insbesondere durch den Aufbau einer Vielzahl verschiedener Partnerschaften mit einer Reihe von Konkurrenten); Reduktion des politischen Risikos der Internationalisierung (z.B. durch den größeren politischen Einfluß des Partners in seinem Lande[168]); höhere Akzeptanz im Auslandsmarkt; Erleichterung des Aufbaus einer Corporate Identity im Auslandsmarkt; Profitieren vom Ruf des Partners und seiner bevorzugten Behandlung durch staatliche Stellen.

- Vorteile des gesamten kooperierenden Netzes gegenüber nicht Beteiligten

Diese bestehen in, bzw. lassen sich erzielen durch: Dämpfung des Wettbewerbs[169]; Größenvorteile infolge Erhöhung des Marktanteils[170]; Rationalisierungseffekte durch die gegenseitige Ausnutzung komparativer Vorteile der Partner; Zugang zu speziell den Kooperationsunternehmen gewährten staatlichen Unterstützungen und Förderungsmaßnahmen; Erzielung von Synergievorteilen, die ohne den Partner nicht erreichbar wären (z.B. Know-how Ergänzung durch Patentpooling); Kooperationseinheit als Ganze verbessert ihre Perspektiven, sich im straffen internationalen Wettbewerb zu behaupten (z.B. bei Kooperationen kleinerer Unternehmen); Machterhöhung (z.B. bei Einkaufskooperationen); gegenseitige Abstimmung von Vertriebsprogrammen; Konterkarierung protektionistischer Maßnahmen; Möglichkeit, die Eintrittsbarrieren zu erhöhen.[171]

---

168 Vgl. Stopford/Wells (1972).
169 Vgl. dazu bereits die Diskussion bei: Fusfeld (1958).
170 Vgl. auch Colberg (1989:103).
171 Bresser/Harl (1986) sprechen allerdings gerade von einer Senkung der Eintrittsbarrieren und sehen darin eine Dysfunktion kollektiver Strategien (vgl. Kap. 2.32).

- Vorteile gegenüber dem Kooperationspartner

Hier ist an die Möglichkeit zu denken, durch entsprechendes Kooperationsver-halten die Wettbewerbsfähigkeit des Partners zugunsten der eigenen zu schädi-gen. Hamel/Doz/Prahalad (1989) haben diese Frage mit Blick auf das Kooperationsverhalten der Japaner untersucht und identifizierten dabei **einsei-tiges Lernen**[172] als Schlüsselstrategie, die es ermöglicht, höhere Wettbewerb-fähigkeit aus Kooperationen zu erzielen als der Partner.[173] *Einseitiges* Lernen kommt nach Hamel/Doz/Prahalad (1989) beispielsweise zustande,

*wenn der Partner lediglich am Marktzutritt bzw. am Zugang zu Kapital interes-siert ist, dafür aber als Gegenleistung Zugang zu Schlüsseltechnologien ge-währt.

*wenn es zu ungeplantem Technologietransfer über Konstruktionszeichnungen, Magnetbänder und unvorsichtige Mitarbeiter kommt.

*wenn man in Kooperationen als Zulieferer wirkt: Dadurch könne man den Ko-operationspartner von wichtigen Produktions- und Wertschöpfungsaktivitäten verdrängen, behalte bzw. erlange die Kontrolle über bestimmte Schlüsseltech-nologien und Produktionsfertigkeiten und könne seine Ressourcen ganz auf die Entwicklung einer unbedingten Produktionsüberlegenheit konzentrieren, während der Partner sich mühsam Auslandsmarkterfahrung aneignet, die er dann ohnehin an den in der Wertkette vorgelagerten Partner zwecks Zuschnitt der Vorprodukte auf die spezifischen Marktbedingungen diffundieren lassen muß.

Als weiterer Angriffsbereich gegen die Partner wird zumeist auf die Möglichkeit hingewiesen, Machtpositionen zwecks **Erhöhung des eigenen Anteils am Ko-operationsertrag** auszunutzen. Entsprechende unterschiedliche Machtpositio-nen können aus differierenden Ausgangspositionen, aus unterschiedlicher Ent-behrlichkeit der Partner für das Kooperationsprojekt, aus Heimvorteilen oder der

---

172 Vgl. zur empirischen Untersuchung der Lernvorgänge bei Joint Venture Partnern: Lyles (1988).

173 Dieses Lernen hängt wesentlich von der Permeabilität der Grenze zwi-schen kooperativer Gesamtheit und den teilnehmenden Partnern ab. Vgl. Borys/Jeminson (1989).

besseren Rückzugsfähigkeit, d.h. der leichteren Verkraftbarkeit des Zusammen-
bruchs der Kooperation resultieren.[174]

(2) Den Vorteilen der Unternehmenskooperation stehen freilich einige Hindernisse entgegen, die die erhofften Wettbewerbsvorteile teilweise konterkarieren
können.[175] Besonders häufig werden dabei erwähnt: Gefahr, daß auf Betreiben
des Partners zu niedrige Preise festgesetzt werden[176]; Gefahr des Imageverlu-
stes, sofern eine Positionierung gegen den jetzigen Kooperationspartner angestrebt war; Gefahr, daß später einmal gefährlich werdende Wettbewerber entstehen bzw. unterstützt werden[177] (z.B. durch Know how - Transfer oder die
Gewährung von Marktzutritt); Gefahr, daß man durch vertragliche Vereinbarun-
gen seine Flexibilität einengt; erhöhter Koordinationsaufwand; Druck des Partners, seine Bezugsquellen / Distributionskanäle zu benutzen; Gegenseitige Be-
hinderung der Partner bei ihren Bestrebungen zur globalen Rationalisierung[178];
Bedrohung des Erfolges der Zusammenarbeit, falls der Partner in wirtschaftliche
Bedrängnis gerät.

(3) Ob sich im konkreten Einzelfall durch kooperative Strategien Wettbewerbsvorteile erzielen lassen, hängt allerdings maßgeblich von der Gestaltung des Kooperationsprojektes ab. Dabei spielen formale Symmetrieverhältnisse eine eher
nachgeordnete Rolle:

> "Whether a company controls 51% or 49% of a joint venture may be
> much less important than the rate which each partner learns from the
> other. Companies that are confident of their ability to learn may even
> prefer some ambiguity in the alliance's legal structure. Ambiguity
> creates more potential to acquire skills and technologies. The chal-
> lenge for Western companies is not to write tighter legal agreements
> but to become better learners."(Hamel/Doz/Prahalad (1989:139))

---

174 Vgl. Segler (1986:264).
175 Vgl. zum weiteren die in folgenden Quellen genannten Nachteile der Kooperation: Contractor/Lorange (1988); Porter/Fuller (1989:377 ff.); Segler
(1986).
176 Contractor (1983), (1985) hat gezeigt, daß sich der optimale Endpro-
duktpreis etwa bei Lizenzvereinbarungen für beide Kooperationspartner
oftmals unterscheiden kann.
177 Diese Gefahr ist abhängig von: Geschwindigkeit des Technologiewandels
der Branche, Ausmaß der Separierung des Marktes des Partners von anderen Märkten.
178 Vgl. dazu:Gullander (1976); Killing (1983).

Nimmt man hinzu, daß Mehrheitsbeteiligungen ohnehin oftmals gesetzlich beschränkt werden, das politische Risiko erhöhen, das Engagement des Partners dämpfen können und zu erhöter Kapitalbindung führen[179], so überrascht es nicht, daß die in der managementtheoretischen Literatur zu findenden Gestaltungshinweise und Erfolgsrezepte durchaus auch andere Gesichtspunkte thematisieren. Im einzelnen werden folgende Empfehlungen gegeben:[180]

Entsenden hochqualifizierten Personals in die Partnerschaft, mit dem Versprechen einer Verbesserung der Karrierechancen; Denken in größeren Zeiträumen, um der oft längeren Anlaufzeit Rechnung zu tragen; Möglichkeit schaffen, Partner und Aufgaben langsam kennenzulernen; Gemeinsame Festlegung der Eintrittsbedingungen für Dritte[181]; Festlegen der Austrittsbedingungen[182]; Gegenseitiges Vertrautmachen mit den möglicherweise andersartigen Managementtechniken, Unternehmenskultur sowie Sicht- und Reaktionsweisen des Partners; Etablierung einer aussagefähigen Kooperationserfolgsmessung[183] und einer gerechten Ertragsverteilung[184]; Synchronisation der formellen und informellen Organisationsstrukturen[185]; Anstreben eines Beitragsgleichgewichtes und eines Gleichgewichtes im Lernausmaß; Wahrung der Flexibilität in der Kooperationsgestaltung, da Kooperation als evolutionärer Prozeß zu sehen ist, sich im Zeitablauf somit Ziele und Erwartungen ändern, Erfahrungen gesammelt werden, Vertrauen steigt; bilateraler Austausch von 'Geiseln' (Schlüsselmanager, Kapi-

---

179 Vgl. zum Problem des zweckmäßigen Beteiligungsverhältnisses: Segler (1986:262).
180 Vgl zum folgenden: Devlin/Bleackley (1988); Doz (1990); Hamel/Doz/Prahalad (1989); Hansen/Raffee/Riemer/Segler (1983); Kogut/Rolander (1984); Ohmae (1989); Perlmutter/Heenan (1986); Plaßmann (1974).
181 Vgl. zu den Eintrittsbedingungen: Plaßmann (1974:72).
182 Dazu: Plaßmann (1974:77 ff., 169 ff.).
183 Zur Problematik der Kooperationserfolgsmessung: Herz (1973). Segler (1986:265 f.) weist darauf hin, daß Erfolgszurechnungen oft subjektiv und motivgeleitet sind. Dies sei nach Möglichkeit auszuschalten, um zu starke Destabilisierungswirkungen von Mißerfolgen und zu geringe Stabilisierungseffekte von Erfolgen zu vermeiden.
184 Zum Problem der äquivalenten Ertragsverteilung: Plaßmann (1974:134 ff.). Plaßmann zeigt, daß der Vorteilsanteil des Einzelnen als Verteilungsbasis nicht nur wegen der Probleme der Bestimmung des individuellen Vorteils, sondern auch im übrigen auf jeden Fall mit Nachteilen verbunden sein kann. Analoges gilt für die Verteilung auf basis der Kapitalnachteile.
185 Zur Annäherung und gegenseitigen Beeinflussung der Unternehmensziele und -philosophien der Partner: Endress (1975:11 und 25); Schneider (1973:118 f.).

tal); Einstellen neutraler Manager von außerhalb des Kooperationsprojektes; Leitung nicht über Macht und Kontrolle, sondern über Konsens, Diskussion und persönliche, informale Strukturen; Schaffung einer eigenen Kultur des Kooperationsprojektes; Festlegen klar definierter Ziele der Partnerschaft; Aufbau gegenseitigen Vertrauens[186]; Klare Festlegung von Kompetenzen, Autoritäten und Verantwortlichkeiten; Aufbau gut funktionierender Kommunikations-, Informations- und Entscheidungswege zwischen den Partnern; Eindämmen unbeabsichtigten Informationstransfers durch lediglich sukzessive Freigabe von Kompetenz, durch lediglich teilweise Herausgabe einzelner Technologien, durch Herausgabe von lediglich einem Teil der Produktlinie und durch Herausgabe von Vertriebsrechten für lediglich eine bestimmte Anzahl von Märkten für begrenzte Zeit; Einschränkung der informal ablaufenden Informationsfreigabe durch bewußte Begrenzung des Kontaktfreiraums und Schulung der Techniker; Etablierung regelmäßiger Sitzungen zum wechselseitigen Wissensaustausch der an der Partnerschaft beteiligten Mitarbeiter; Etablieren von Maßnahmen zur Sicherung der Kooperationspartner vor zukünftiger Diskriminierung (z.B.: Vereinbarung von Fristen, nach denen die Verteilungsfrage neu aufgeworfen wird); Kooperationsvertragliche Etablierung von Maßnahmen zur Sicherung der Gruppe gegen Fehlverhalten von Mitgliedern (z.B. gegen vorzeitiges Verlassen der Kooperation ohne Beitragsleistung oder Verweigerung der Beitragsleistung[187]).

3.242   Wettbewerbsanalyse im Lichte externer Interdependenz

Vor dem Hintergrund obiger Überlegungen zur Kooperation als bedeutendem Aspekt der Wettbewerbsstrategie in internationalisierenden Branchen muß es doch etwas überraschen, daß

> "... *vorausschauende* Kooperationsanalysen in der Praxis nahezu unbekannt (sind), und entsprechende Verfahrens-Konzepte ... in der wissenschaftlichen Literatur fast gänzlich (fehlen). Mit Analysen wird oft erst begonnen, wenn ein anderes Unternehmen ein Kooperationsangebot unterbreitet. Solche *reaktiven* Analysen sind jedoch Aus-

---

186   Vgl. dazu aus managementtheoretischer Sicht: Barnes (1981). Tiefgreifendere soziologische Analysen zum 'Vertrauen' finden sich im übrigen in Gambetta (Hrsg.,1988).

187   Allerdings weist Plaßmann (1974:164 ff.) darauf hin, daß der Schaden, ein solches Kooperationsmitglied auszuschließen, größer sein kann als seine Duldung.

druck von *Zufallsmanagement* und verschenkten strategischen Frei-
räumen." (Segler(1986:106))

Aufgabe der Wettbewerbsanalyse im Lichte externer Interdependenz ist es, just
dieses Verschenken strategischer Freiräume zu vermeiden. Sie sind vielmehr
aufzudecken durch antizipatives Analysieren der branchen- und länderspezifischen Bedingungen von Koalitionsstrategien (1), durch laufendes Erfassen der
Interdependenzsituation selbst (2) und schließlich durch Analyse und Bewertung
der in Frage kommenden Partner(3).

(1) Es ist die These von Harrigan, daß Teilnehmer an Joint Ventures "... should
worry *less* about their partners' traits and more about the competitive needs that
their ventures are intended to address when their managers use strategic alliances."[188] Um dem Rechnung zu tragen, schlägt die Autorin vor[189], die Bedingungen der Gestaltung von Gemeinschaftsunternehmen und damit die Gegenstände der Wettbewerbsanalyse in folgenden Branchencharakteristika zu erbli-
ken: Unsicherheit der Nachfrage, Geschwindigkeit des Nachfragewachstums,
Differenzierbarkeit der Produkte, marktübergreifende Standardisierungsfähigkeit
der Produkte, Stadium der Branchenevolution und Arbeits- bzw. Kapitalintensität
der für die Branche typischen Technologie. Abb. 3-20 zeigt den von Harrigan
(1988) herausgearbeiteten Einfluß dieser strukturellen Bedingungen auf die Gestaltung der Kooperationsstrategie:

---

188 Harrigan (1988a:70). Vgl. auch: Harrigan (1988).
189 Vgl. Harrigan (1985b:Kap.5), (1986:Kap.5), (1988).

	Demand is growing rapidly	Demand is growing slowly (or declining)		People-intensive technology	Capital-intensive technology	
	The more frequently product attributes change, the *less stable* will be the joint venture relationship			Spider´s webs of cooperative Objective: hedge bets, exploit many avenues quickley		
Products are highly differentiable	- Spider´s webs of joint ventures to gain access to product features, technology and distribution channels - Vertical sourcing agreements	- Fewer joint ventures (more in-house activity) - Minority investments in horizontal outsiders that offer technology for new product features		- Venture capital arrangements - Many cooperative (non-equity) agreements - Many short-lived arrangements to recognize asset mobility	- Many short-term 'project-basis' ventures to spread risks - Many partners in capacity-sharing to scale economies	Embryonic industry structure
	Fewer changes in product´s configuration *stabilizes* joint venture relationship			Fewer, but larger, cooperative strategies		
Products are commodity-like	- Spider´s web of joint ventures for cost reduction technologies - Spider´s web of vertical sourcing agreements	- Jointly owned production facilities (as a prelude to consolidation) - Cross-licensing of technology		- More in-house venturing with entrepreneurs taking equity - More development of technology in-house - Less sharing of critical kernels of knowledge with child - Slow technology transfer to child	- More acquisitions as critical mass sales volume is attained - Longer-duration joint ventures - Equity transfer ventures to consolidate industry capacity and keep abreast of technological innovations	Well-establis industry structure

	Product configurations cannot be standardized across markets	Product configurations can be standardized across markets		Rapidly growing demand	Slowly growing, stagnant or declining demand	
				More joint ventures		
Customer sophistication and bargaining power is high	- Spider´s web of cooperative strategies for cost reduction styling - Many short-term cross-licensing arrangements for new product features, cost reductions	- Few joint ventures, except as required to enter - High coordination control by global partner to keep costs lowest		Many vertical joint ventures to pioneer markets, reduce supply bottlenecks or share supplying plant capacity until critical mass is reached	Many horizontal joint ventures to consolidate domestic industry capacity and revitalize local players	Demand uncertainty i high
				Fewer joint ventures		
Customer sophistication and bargaining power is low	- More longer-term joint ventures (depends upon competitors´ activities), primarily for new product features	- Few joint ventures, except as required to enter (Local partner allowed few coordination controls)		Many temporary non-equity sourcing agreements to satisfy component demand or reach more customers faster	Few fade-out joint ventures between horizontal competitors as a gradual means of divesting	Demand uncertainty i low

Abb. 3-20: Der Einfluß struktureller Bedingungen auf Kooperationsstrategien, dargestellt am Beispiel von Joint Ventures (zusammengestellt aus: Harrigan (1988:147, 148, 150 153))(als 4 Tabellen zu lesen)

Damit sind allerdings durchaus nicht alle branchen-, und noch weniger die länderspezifischen Bedingungen der Strategien externer Interdependenz aufgezeigt. Es erscheint demnach ratsam, die Überlegungen Harrigans durch eine
Kooperations-Mustererkennung im Sinne Seglers (1986:109 ff.) zu ergänzen.
Hierbei geht es um das Herausfiltern von je nach Branche und Land typischen
Kooperationsformen via Mustererkennung. Diese "... strukturiert die unüberseh-
bare Fülle von Kooperationsmöglichkeiten vor und reduziert für die internationale Unternehmung damit die Menge möglicher Kooperationsvorhaben auf das
"Erwartbare" oder "Machbare".[190] Dies kann geschehen mit Hilfe von Clusteranalysen und unter Rückgriff auf die Kenntnisse von Branchen- und Länderex-
perten. Analysekriterien könnten sein: Rechtsvorschriften, Beteiligungspräferen-
zen, Unternehmensgrößen, Absatzwege usw..

(2) Ein zweiter Schritt der Analyse ist im Erfassen bestehender Beziehungen und
Netzwerke zwischen Unternehmen zu erblicken. Die Ermittlung der Intensität
und Dichte bestehender Kooperationsbeziehungen erfolgt dabei zumeist ohne
tiefgreifendes methodisches Instrumentarium anhand des Feststellens von Lieferbeziehungen, Kapitalbindung, F&E-Austausch usw..[191] Die Analyse internationaler Unternehmensnetzwerke muß sich freilich auch auf deren qualitative
Aspekte beziehen. Leitfragen dabei könnten sein: Wie ist die Wettbewerbshal-
tung des kooperativen Netzwerkes?[192] Wie ist die 'Arbeitsteilung' zwischen den
Netzwerkpartnern gestaltet (gibt es Designer, Producer, Broker, Supplier, Disti-
butor im Sinne von Miles/Snow[193]?) Wie ist die Wettbewerbsstärke des Gesamtnetzwerkes zu beurteilen?

"Similarly, the competitive strength of the co-operating network as a
whole must be examined. The value-added chain created through the
efforts of each of the cooperating focal organisations must be cumu-
latively analysed in terms of the emerging total costs as well as total
quality characteristics of the product/service ... The analytical questi-
ons to be addressed are entirely analogous to the issues raised in
competitive business strategy analysis...".[194]

---

190 Segler (1986:109).
191 Vgl. Segler (1986:107). Eine bessere methodische Fundierung könnte
   hier möglicherweise über die Netzwerttheorie *als Methode* (vgl. Pappi
   (Hrsg.,1987)) erreicht werden. Vgl. Kap. 4.3.
192 Vgl. Lorange (1988:373 f.).
193 Vgl. Miles/Snow (1986:58).
194 Lorange (1988:374).

(3) Die größte Aufmerksamkeit wird allerdings der Suche[195] und Auswahl potentieller Kooperationspartner geschenkt.[196] Schon früh gab es Bemühungen, die Kriterien der Partnerwahl empirisch zu ermitteln.[197] Tomlinson (1970) prüfte beispielsweise die Gesichtspunkte, die englische Unternehmen bei der Wahl von Joint Venture Partnern in Indien und Pakistan berücksichtigten. Eine Reihe von Kriterien schälten sich dabei heraus:[198] Gute Erfahrung mit dem potentiellen Partner (als Kunde, Lieferant oder Partner) in der Vergangenheit; gute Beziehungen des Partners zu lokalen Behörden sowie sein finanzieller Status; günstige Ressourcenausstattung des Partners (hinsichtl. Managementpersonal und technischem Personal, Material...); günstige 'facilities' des Partners (Standort, Marktposition, Distributionsfazilitäten). Gleichwohl entpuppte sich 'gute Erfahrung' als Schlüsselvariable. Eine jüngere Untersuchung stammt von Geringer (1988). Seine deskriptive Analyse in praxi verwendeter Partnerwahlkriterien bezügl. Joint Ventures ergab folgende Kategorien von Kriterien (vgl. Abb. 3-21):[199]

---

195 Hierbei unterstützen z.B. Institutionen der EG, des RKW sowie Botschaften, Handelskammern ausländischer Staaten, Banken, Verbände usw..
196 Vgl. Geringer (1988); Plaßmann (1974:85 ff.); Voß (1989:260 ff.).
197 Vgl. auch: Rasche (1970:12 ff.).
198 Vgl. Tomlinson (1970:47 f.).
199 Vgl. zum Kriterium der Kongruenz organisatorischer und kultureller Hintergründe: Backhaus (1987). Harrigan (1988a) überprüfte, inwieweit sich Ähnlichkeiten zwischen den Partnern und ihren Beziehungen zum venture auf den Erfolg von Joint Ventures auswirkt. Ergebnis: Joint Ventures sind erfolgreicher, wenn die Partner zum venture eine Beziehung haben und zueinander in horizontalem Verhältnis stehen.(Harrigan (1988a:70)).

Enables JV to qualify for subsidies or credits
Can provide low cost labor to the JV
Helps comply with government requirements/pressure
Has access to raw materials or components
Will provide financing/capital to the JV
Can supply technically skilled personnel to JV
Can supply general managers to the JV
Is close to respondent firm, geographically
Possesses needed licenses, patents, know-how, etc.
Controls favorable location (e.g., for mfg.)
Possesses needed manufacturing or R&D facilities
Has access to marketing or distribution systems
Has access to post-sales service network
Has valuable trademark or reputation
Enhances perceived local/national identity of JV
Has a strong commitment to the JV
Top management of both firms is compatible
Will enable the JV to produce at lowest cost
Permits faster entry into the target market
Has knowledge of target market´s economy & customs
Can enhance the JV´ s export opportunities
Improves access for respondent company´s products
Has similar national or corporate culture
Is similar in size or corporate structure
Had satisfactory prior assoc´n with respondent firm
Enhances JV´s ability to make sales to government
Has related products, helps fill JV´s product line

Abb. 3-21: Kriterien der Partnerwahl bei Joint Ventures (aus: Geringer (1988:50))

Darüber hinaus überprüfte Geringer (1988), welche Variablen Relevanz und Gewicht der einzelnen Kriterien beeinflussen.[200] Das Gewicht von eher 'task related' Kriterien (Patente, Know how, Finanzen, Marken, Personal, Distributionssysteme, Marktwissen...) wuchs mit der Bedeutung kritischer Erfolgsfaktoren und mit den Schwierigkeiten des partnersuchenden Unternehmens bei der internen Entwicklung, sank jedoch bei hoher Einschätzung der eigenen Wettbewerbsposition. Demgegenüber hängt die Relevanz von partnerbezogenen Kriterien (Ähnlichkeit in Werten, Kontrollsystemen, Zielen, Unternehmensgröße...) wesentlich mit dem Erfordernis der gegenseitigen Integration der Partner zusammen. Dieses erhöht sich bei wahrgenommener Unsicherheit der Aufgabenumwelt, sinkt jedoch mit wahrgenommener Unsicherheit der Aufgabenumwelt und bei Ansteigen der Vielfalt von Linienfunktionen sowie des Erfordernisses gemeinsamer Kontrolle eines Joint Ventures.

---

200 Zur Hypothesengenerierung siehe Geringer (1988:25 ff.).

3.243 Ergebnis

Gegenstand dieses Kapitel war es zu erhellen, welche Konzepte von Wettbewerbsstrategie und Wettbewerbsanalyse in internationalisierenden Branchen relevant werden, wenn man den Betrachtungswinkel der zunehmenden interorganisatorischen Interdependenz einnimmt. Es wurde gezeigt, wie internationale Kooperationen und Koalitionen dazu dienen können, Wettbewerbsvorteile gegenüber Konkurrenten zu erzielen und welche Fragen in diesem Zusammenhang an die Wettbewerbsanalyse zu stellen sind.

Freilich traten doch große Lücken und Defizite der managementtheoretischen Literatur zu Tage: Die Beschränkung der Literatur auf spezifische Typen von Kooperationen (insbes. internationale Joint Ventures), die oft nur anekdotenhaften, rezeptartigen Empfehlungen und die allzustarke Case-Orientierung der Veröffentlichungen[201] erschweren das Explizieren konkreter Strategiealternativen und Analyseinstrumente nicht unerheblich. Dem könnte durch eine stärkere Theoriefundierung gewiß entgegengewirkt werden. In dieser Hinsicht erweisen sich allerdings viele managementtheoretische Autoren als arg unwissend. Ohmae (1989:154) schreibt beispielsweise:

> "To my knowledge, however, there is not even one scholar who specializes in the study of *intercompany* relationships. This is a serious omission, given the importance of joint ventures and alliances in today's competitive global environment. We need to know much more than we do about what makes effective corporate relationships work."

Hier irrt Ohmae. Es existieren sehr wohl, und sogar sehr reichlich, theoretische Überlegungen und empirische Analysen zu interorganisatorischen Beziehungen und Netzwerken. Schon im Jahre 1979 konnten beispielsweise Gillespie und Mileti ihrer Veröffentlichung über 'Technostructures and Interorganisational Relations' eine Bibliographie von immerhin 27 Seiten anhängen.[202] Da sich diese Theorieströmung bis heute erheblich weiterentwickelt hat[203], stellt sie, zusammen mit transaktionskostentheoretischen Überlegungen[204] zweifellos einen interessanten Kandidaten für die stärkere Theoriefundierung von Überlegungen zu

---

201 Vgl. insbesondere Mowery (1987).
202 Vgl. Gillespie/Mileti (1979:115 ff.).
203 Vgl. zum Beispiel den Überblick bei Oliver (1990).
204 Vgl. Jarillo (1988).

internationalen strategischen Partnerschaften dar. In Kap. 4 werden wir darauf zurückkommen.

3.25 Übergreifende konzeptionelle Bezugsrahmen der internationalen Wettbewerbsanalyse und Wettbewerbsstrategie

Den bisher dargestellten managementtheoretischen Konzepten von Wettbewerbsanalyse und Wettbewerbsstrategie in internationalisierenden Branchen ist, bei aller Unterschiedlichkeit, eines gemein: Wettbewerbsstrategie und Wettbewerbsanalyse wurden jeweils unter einer Leitidee, unter einem (Sub)kontext thematisiert: Es war die Rede vom Denken im Spannungsfeld zwischen Lokalisierung und Globalisierung, vom Denken im Lichte der Wertkette, von der Leitidee der operationalen Flexibilität und schließlich von Strategien der Handhabung externer Interdependenz.

Mit dieser Stützung von Konzepten der Wettbewerbsstrategie und Instrumenten der Wettbewerbsanalyse auf spezifische Leitideen gehen gewiß Vorteile der Vereinfachung einher. Es wird leichter, *Strategierezepte* zu entwickeln, komplexe Strukturen werden überschaubar. Andererseits verstellt man sich dadurch möglicherweise den Blick auf übergeordnete Zusammenhänge und produziert letztlich nur suboptimale Scheinlösungen. Es erscheint daher ratsam, die vorgeschlagenen Evolutionsstufen nicht in dem Sinne zu verstehen, daß sie sich gegenseitig ablösen. Auszugehen ist vielmehr von einer Ergänzung der aufgezeigten (Sub)kontexte. Einer derartigen Ergänzung kann z.B. dadurch Rechnung getragen werden, daß man querliegende, übergreifende Bezugsrahmen kreiert, die die anderen Kontexte in sich aufzunehmen vermögen. Derartige Bezugsrahmen wollen wir als fünfte Evolutionsstufe des strategischen internationalen Management bezeichnen. Im folgenden sollen zwei dieser Ansätze betrachtet werden, die explizit an den *Quellen von Wettbewerbsvorteilen* anknüpfen und daher für uns von besonders großem Interesse sind. Zunächst der oft zitierte Entwurf von Ghoshal (1987) (1), sodann das 'framework for analysis' von Hamel/Prahalad (1988) (2).

(1) Ausgehend von dem Bestreben, die außerordentlich vielfältigen und z.T. auch widersprüchlichen Strategieempfehlungen der Managementliteratur aus Vogelperspektive zu ordnen und zugleich einfache Kategorisierungen a la

'global vs. multidomestic' zu überwinden, entwirft Ghoshal (1987) sein 'organizing framework' der globalen Wettbewerbsstrategie. Dieses wird, wie Abb. 3-22 illustriert, anhand der Dimensionen des strategischen Zieles und der Quellen von Wettbewerbsvorteilen aufgespannt.

Strategic objectives	Sources of competitive advantage		
	National differences	Scale economies	Scope economies
Achieving efficiency in current operations	Benefiting from differences in factor costs - wages and costs of capital	Expanding and exploiting potential scale economies in each activity	Sharing of investments and costs across products, markets and businesses
Managing risks	Managing different kinds of risks arising from market or policy - induced changes in comparative advantages of different countries	Balancing scale with strategic and operational flexibility	Portfolio diversification of risks and creation of options and side-bets
Innovation, learning and adaption	Learning from societal differences in organizational and managerial processes and systems	Benefiting from experience - cost reduction and innovation	Shared learning across organizational components in different products, markets or businesses

Abb. 3-22: Das "Organizing Framework" der internationalen Strategie von Ghoshal (1987:428)

In der Tat sind uns die Elemente des Ghoshal-Konzeptes aus den Überlegungen in Kapitel 2 und 3 bereits bekannt: So war das Ausnutzen nationaler Differenzen ein besonderes Anliegen des Konzeptes der operationalen Flexibilität. Die Rolle von economies of scope diskutierten wir bereits in Kap. 2.42, jene der economies of scale durchzog unsere Argumentation von den Überlegungen zu Eintrittsbarrieren über fast alle Evolutionsstufen des strategischen Denkens hinweg. Von Lernen und Innovation, aber auch von Wechselkursrisiken war bei der Analyse der Vorteile des multinationalen Netzwerkes die Rede. Risiken durch Regierungseingriffe spielten in die Analyse des 'politischen Imperativs'[205] hinein, Risikoreduktion durch Diversifikation wurde als internationaler Wettbewerbsvorteil thematisiert, weitere Risiken in internationaler Unternehmenstätigkeit als Eintrittsbarrieren problematisiert.

205 Vgl. Kap. 3.21.

Der Wert von Ghoshals Vorschlag besteht daher allein in der Verknüpfung der vielfältigen Aspekte internationaler Strategie, denn:

> "The strategic task of managing globally is to use all three sources of competitive advantage to optimize efficiency, risk and learning simultaneously in a worldwide business. The key to a successful global strategy is to manage the interactions between these different goals and means."(Ghoshal (1987:427))

Diese Interaktionen zwischen Vorteilsquellen und strategischen Zielen sind nach Ghoshal (1987: 437 f.) durch einen Trade-off-Charakter gekennzeichnet: das Streben nach globalen Skaleneffekten führt zur Erhöhung endogener und exogener Risiken, Bemühungen um economies of scope und economies of scale können sich gegenseitig behindern, ebenso Lernen und Effizienz usw.. Daher seien einseitige Strategierezepte für internationalisierenden Branchen stets mit Nachteilen verbunden. Statt dessen müsse man vielmehr die Balance zwischen den Zielen und Mitteln der internationalen Strategie finden und ständig neu überprüfen. Hier liege die eigentliche Aufgabe von Wettbewerbsanalyse und Wettbewerbsstrategie in internationalisierenden Branchen. Das 'framework' könne dabei nützliche Dienste leisten:[206] es unterstütze die Generierung umfassender Checklisten von Einflußgrößen strategischer Alternativen, helfe beim Dekomponieren der internationalen Gesamtstrategie und sei damit zugleich Mittel für das Verständnis von Stärken und Schwächen, d.h. für die Unternehmens- und Konkurrenzanalyse.

Das ist sicherlich ein Fortschritt. Gleichwohl ist der Vorschlag von Ghoshal kritisierbar und verbesserungsfähig. Kogut (1989:386) bemängelt beispielsweise, daß Ghoshal zu wenig prüft, "... how the expansion across national markets alters strategies in terms of costs and opportunities." Mit dieser Vernachlässigung der Konzentration auf die differentia spezifica internationalisierender Branchen würde nicht nur dem Einbeziehen internationalisierungsfremder Literatur Tür und Tor geöffnet. Vielmehr würde die Teilung des strategischen Feldes auch an sich künstlich und artifiziell: Innovation, Lernen, Anpassung, Effizienz und Risiko seien nicht sinnvoll über trade off-Beziehungen erfaßbar. Im Gegenteil: Lernen beinhalte Risiko und Effizienz, Anpassung könne Effizienz *bedeuten* usw.. Diese

---

206   Vgl. Ghoshal (1987:427).

Verwirrung könne durch eine Argumentation 'in terms of costs and opportunities' vermieden werden.

(2) Die 'competitive dimensions of global strategy' von Hamel/Prahalad (1988) sind ähnlich aufgebaut wie das Ghoshal-Konzept. Auch diese Autoren sprechen von Wettbewerbsvorteilsquellen und strategischen Zielen (intent) (vgl. Abb. 3-23):

Sources Of Competitive Advantage	Strategic Intent		
	Building Global Presence	Defending Domestic Dominance	Overcoming National Fragmentation
Factor Cost Differences	Access Volume	Match Costs	Reduce Costs at the National Subsidiary
Global Scale	Redefine Cost / Volume Relationship	Rationalising at Home	Rationalise Manufacturing
Global Distribution	Cross - Subsidise to Win - the - World	Gain Retaliatory Capability	Shift Locus of Strategic Responsibility

Abb. 3-23: Wettbewerbsdimensionen der internationalen Strategie nach Hamel/Prahalad (1988:14)

Allerdings wird von anderen Zielen ausgegangen, das Spektrum der economies of scope auf jene der globalen Distribution reduziert und vor allem ein Argumentieren in trade-off-Beziehungen zugunsten der Integration des Zeitaspektes aufgegeben: das Zusammenspiel zwischen 'strategic intent'[207] und den Quellen von Wettbewerbsvorteilen hängt in dieser Sicht mit dem Voranschreiten im Internationalisierungsprozeß zusammen. Diese Überlegung fußt auf Hamel und Prahalads Beobachtung der Strategiesequenzen japanischer Unternehmen.[208] Diese verfolgen, so die Erkenntnis, einen stufenweisen Prozeß, in dem zunächst standortspezifische Vorteile (z.B. niedrige Arbeitskosten) den Schlüssel zu großen Volumenmärkten verkörpern. Um jedoch dem im Zeitablauf möglichen Schwund von Faktorkostenvorteilen begegnen zu können, erfolgt bereits nach kurzer Zeit der Aufbau großer Volumina und die Reduktion von Erfahrungsnachteilen durch vorsorgliche Investitionen in 'large scale plants'. Aber auch Skalenvorteile können infolge des Wandels bei Prozeßtechnologien oder wegen

207 Vgl zu diesem Konzept auch: Hamel/Prahalad (1989).
208 Vgl. Hamel/Prahalad (1988:7 ff.).

protektionistischer Erscheinungen an Zugkraft verlieren und werden in Laufe der Internationalisierung durch Investitionen in weltweite Distributionsnetze und globale Marken ergänzt:

> "Global distribution is the new barrier to entry. Economies of scope have become as important as economies of scale; and if world brand presence is the end to which the new global competitive game is played, cross subsidizing of national market-share battles is the means by which it is played." (Hamel/Prahalad (1988:9))

Dieser Wandlungsprozeß der Bedeutung einzelner Quellen von Wettbewerbsvorteilen, dessen Untersuchung Gegenstand der Wettbewerbsanalyse sein sollte, läuft freilich je nach 'strategic intent' anders ab und erfordert - wie die Abbildung verdeutlicht - entsprechend unterschiedliche strategische Maßnahmen.

3.3 Fazit: Kritische Würdigung der managementtheoretischen Konzepte

Unsere Analyse der in der managementtheoretischen Literatur vorzufindenden Ansatzpunkte zur Wettbewerbsanalyse und Wettbewerbsstrategie in internationalisierenden Branchen ist abgeschlossen. Was bleibt, ist vor allem der Eindruck einer großen Ideenfülle: Es wurde deutlich, daß Wettbewerbsstrategie in internationalisierenden Branchen offenbar in der Tat mehr bedeutet als Kostenstrategie, Differenzierung oder Fokussierung. Statt dessen sprachen wir von Lokalisierungs- und Globalisierungsstrategien, von der Konfiguration und Koordination der internationalen Wertkette, vom Verknüpfen komparativer und kompetitiver Vorteile, von Flexibilitätsstrategien (wie etwa cross subsidizing, internationalem Sourcing, internationaler Informationsarbitrage) und schließlich von internationalen Kooperationsstrategien. Mit diesen verschiedenen Facetten der internationalen Wettbewerbsstrategie gehen jeweils bestimmte Instrumente bzw. Gegenstände der Wettbewerbsanalyse einher. Sie umfassen weitaus mehr als die Untersuchung der Rivalität, der Gefahr von Neueintritten, der Macht von Abnehmern und Lieferanten oder der Bedrohung durch Substitute.

Andererseits scheint vieles noch nicht mit der hinreichenden Tiefe durchdacht und ausgelotet zu sein, manches offen zu bleiben und eines vertieften Verständnisses zu harren:

"Doch so zahlreich die Erkenntnisse über den globalen Wettbewerb
auch sein mögen - einige Fragen, die für das international operie-
rende Unternehmen von heute besondere Bedeutung haben, blieben
bisher ausgeklammert ... Über das Problem, wie eine Firma eine
schlüssige Gesamtstrategie entwickeln und in die betriebliche Praxis
umsetzen soll, gibt es bis jetzt nur sehr unvollständige Aussagen ...
Man weiß heute mehr über die Probleme, die ein Unternehmen auf
dem Weg zur multinationalen Geschäftstätigkeit bewältigen muß, als
über die Strategien, die für eine etablierte internationale Firma geeignet sind." (Porter (1989:19))

Es ist ein Grundanliegen der vorliegenden Arbeit, zu überprüfen, inwieweit ein
erweiterter methodischer und vor allem theoretischer Hintergrund Antworten auf
die offenen Fragen bieten könnte. Dieser Weg erscheint aus mehreren Gründen
interessant:

Erstens war gerade das Theoriefundament des Industrial Organization-Ansatzes
für die großen Erfolge des nationalen Wettbewerbsapproach wesentlich verantwortlich, zeigt aber hinsichtlich des Phänomens der Internationalisierung Erwei-
terungs- und Verbesserungsbedarf.[209]

Zweitens entbehrt die managementtheoretische Literatur zu Konzepten der
Wettbewerbsanalyse und Wettbewerbsstrategie in internationalisierenden Branchen trotz ihres Etiketts des tiefgreifenden methodischen und theoretischen
Fundaments. Zwar sprachen wir von management*theoretischer* Literatur, doch
deren Verständnis von Theorie erschöpft sich zumeist in praxisorientierter De-
skription anhand von Fällen.

Drittens jedoch enthält die managementtheoretische Literatur durchaus breitere
theoretische *Implikationen*. Überlegungen zu internationalen Kooperationen len-
ken die Aufmerksamkeit beispielsweise auf die Transaktionskostentheorie[210]
sowie auf die Interorganisations- bzw. Netzwerktheorie. Darüber hinaus spiegelt
die managementtheoretische Literatur an vielen Stellen Aussagen der
(volkswirtschaftlichen) Internationalisierungstheorien:[211] Nicht nur, daß Fragen
hinsichtlich komparativer Vorteile über diese Theorien, angefangen bei Ricardo
(1817), präzisierbar sind. Ganz allgemein müßten Theorien, deren Gegenstand

---

209 Vgl. Kap. 2.2.
210 Vgl. Jarillo (1988). Kritisch: Blois (1990); vgl. allerdings: Jarillo (1990).
      Siehe auch speziell für 'multinational alliances': Osborn/Baughn (1990).
211 Einen Überblick über diese Theorien gibt Jahrreiß (1984).

es ist, das Zustandekommen internationaler Handelsbeziehungen und Direktinvestitionen zu erklären, auch geeignet sein, Einflußfaktoren und Triebkräfte der Internationalisierung von Branchen zu erhellen, die einem Instrumentarium der Wettbewerbsanalyse und Wettbewerbsstrategie dienlich sind: Wenn beispielsweise von Flexibilitätsstrategien gesprochen wird, so liegt die Basis dazu im Industrial Organization-Ansatz der Internationalisierung[212]; wenn von economies of scale die Rede ist, so ließe sich auf die handelstheoretischen Analysen von Hufbauer (1970) oder Linnemann (1966) zurückgreifen. Nicht immer dürfte dieses Vorgehen erfolgversprechend sein. Gerade die Internationalisierungstheorien sind vielfach veraltet, gehen von restritiven Annahmen aus und können schon aus diesem Grunde für Zwecke des strategischen internationalen Management nicht fruchtbar gemacht werden. Auch betrachten diese Theorien das Internationalisiereungsphänomen jeweils aus lediglich ausgewählter Erkenntnisperspektive und liefern Bestimmungsgründe unterschiedlichen Allgemeinheitsgrades.[213]

Andererseits gibt es allerdings *viertens* durchaus Versuche, wie etwa den von Dunning (1988), einen allumfassenden, theoretisch fundierten Theorierahmen der internationalen Produktion zu formulieren. Es ist zumindest zu prüfen, ob man daran anknüpfen kann.

Diese vier Überlegungen bilden den Antrieb zum nächsten, vierten Kapitel. Darin wird versucht, über den Horizont der im dritten Kapitel skizzierten managementtheoretischen Konzepte hinauszukommen: Wir fahnden nach Perspektiven eines erweiterten theoretischen und methodischen Fundamentes für die Betrachtung von Wettbewerbsanalyse und Wettbewerbsstrategie in internationalisierenden Branchen.

---

212 Vgl. Kap. 2.22. Zu denken ist beispielsweise an: Caves (1971); Graham (1974), (1978); Horst (1974); Knickerbocker (1973).
213 Vgl. Macharzina (1982:128 ff.).

4. Perspektiven eines erweiterten theoretischen und methodischen Fundamentes für die Betrachtung von Wettbewerbsanalyse und Wettbewerbsstrategie in internationalisierenden Branchen

Die oben geforderte Ausweitung der theoretischen, methodischen und empirischen Basis von Konzepten bzw. Instrumenten der Wettbewerbsanalyse und Wettbewerbsstrategie bereitet in doppelter Hinsicht Probleme: Nicht nur die Frage des 'Wie' ist zu klären. Man steht zudem vor einem Selektionsproblem: Welche Methoden, Theorien, Forschungsergebnisse können herangezogen werden, welche nicht? Welche Theoriebasen werden dem Phänomen der Internationalisierung *im Speziellen* gerecht, welche sind für die Erklärung der Internationalisierung von Branchen lediglich *auch* von Relevanz? Wann ist der Bezug zu Wettbewerbsanalyse und Wettbewerbsstrategie noch gegeben, wann nicht mehr?

Diese Probleme sollen im folgenden in vier Schritten gehandhabt werden: Ausgangspunkt unserer Überlegungen bildet Dunnings (1988) eklektisches Paradigma der internationalen Produktion (**Kap. 4.1**). Dies erstens, weil es sich um einen Versuch handelt, die Fülle von internationalisierungsrelevanten Problemen im Rahmen eines integrativen, interdisziplinären und vor allem theoriefundierten Konzept zu behandeln. Darüber hinaus ist das Dunning'sche Konzept zweitens deshalb interessant, weil es - seinem Urheber zufolge - auch für das strategische Management fruchtbar gemacht werden kann.[1] Es wird sich zeigen, daß das eklektische Paradigma - ganz im Sinne unseres Plädoyers für Kontextpluralismus - nicht *den* geschlossenen Bezugsrahmen für Wettbewerbsanalyse und Wettbewerbsstrategie in internationalisierenden Branchen darstellen kann. Man erhält allerdings wichtige Einblicke in die heranziehbaren Theoriestränge sowie Möglichkeiten ihrer Einordnung. Für unser Erkenntnisinteresse erscheinen dabei zwei von Dunning angesprochene und durchaus verwobene Theoriepfeiler besonders bedeutsam: So befaßt sich **Kap. 4.2** mit der Beziehung zwischen Internationalisierungstheorien und Fragen der Wettbewerbsanalyse und Wettbewerbsstrategie. **Kap. 4.3** dagegen überprüft die Perspektiven, die sich aus der Netzwerktheorie für den

---

1   Vgl. Kap. 2.42.

internationalen Wettbewerbsapproach ergeben könnten. **Kap. 4.4** wird die Resultate zusammenfassen.

4.1 Dunnings eklektisches Paradigma als umfassendes theoretisches Fundament von Wettbewerbsanalyse und Wettbewerbsstrategie?

Dunnings eklektische Theorie[2] der internationalen Produktion soll im folgenden aus der Perspektive von Wettbewerbsanalyse und Wettbewerbsstrategie in internationalisierenden Branchen untersucht werden. Dabei betrachten wir zunächst die Grundzüge des Konzeptes und versuchen, den Bezug zum Wettbewerbsapproach transparent zu machen (**4.11**). Sodann überprüfen wir, auf welche Theoriebausteine zurückgegriffen wird (**4.12**) und setzen uns schließlich kritisch mit der Anwendbarkeit des eklektischen Paradigmas als (neuem) Theoriefundament von Wettbewerbsanalyse und Wettbewerbsstrategie auseinander (**4.13**).

4.11 Grundzüge des eklektischen Paradigmas der internationalen Produktion

Die vielfach nicht richtig erkannte[3] Komplexität der eklektischen Theorie erhellt sich vielleicht am ehesten, wenn man zunächst fragt, *was* erklärt wird (1) und im Anschluß daran herausarbeitet, *wie* dies erklärt wird (2).

(1) Dunning geht es um die Erklärung internationaler Produktion. Angesichts der Zunahme vertraglicher und kooperativer Internationalisierungsbestrebungen kann und darf dieser Begriff durchaus nicht mit ausländischen Direktinvestitio-

---

2   Vgl. Dunning (1973), (1974), (1977), (1979), (1980), (1988), (1988a). Unsere Darstellung beruht fast ausschließlich auf Dunning (1988). Es handelt sich bei Dunning (1988) leider nicht um eine umfangreiche geschlossene Darstellung des eklektischen Paradigmas, sondern um eine Zusammenstellung von z.T. früher schon an anderer Stelle erschienenen Beiträgen dieses Autors. Die Aussagen der einzelnen Kapitel sind angesichts der Entwicklungen, die Dunnings Theorie durchgemacht hat, durchaus widersprüchlich.

3   Vgl. die wohl doch zu vereinfachenden Darstellungen der Dunning'schen Theorie etwa bei Kappich (1989:28 f.); Paul (1984:17 ff.); Soldner (1981:78 ff.).

nen (FDI) gleichgesetzt werden. Die Interpretation von 'internationaler Produktion' sollte mithin

> "... be widened to embrace all value-adding activities in one country, which either embody intermediate products supplied by a firm from another, over which it continues to exercise some organizational governance for a specified or indefinite time period, or, in the case of strategic alliances, where there is some cross-border specialization of activities undertaken by participating firms."(Dunning (1988:1))

Auf dieser Folie erklärt Dunning im einzelnen verschiedene 'routes of servicing market' (foreign direct investment; trade in goods and services; contractual resource transfers)[4], verschiedene Typen internationaler Produktion (resource based; market based; rationalized specialization of products/processes; trade and distribution (import and export merchanting); miscellaneous)[5] sowie die strukturellen Bedingungen der Vorteilhaftigkeit internationaler Produktion.[6] Damit werden eine Reihe von Fragen tangiert, die auch für die Wettbewerbsanalyse und Wettbewerbsstrategie in internationalisierenden Branchen von unmittelbarer Relevanz sind: Welcher Entscheider wünscht sich keine *Erklärung* der Bedingungen alternativer Internationalisierungstypen und -formen bei der Gestaltung seiner internationalen Wettbewerbssstrategie und -analyse?

(2) Doch der Bezug zum Wettbewerbsapproach des internationalen Management wird noch evidenter, wenn man sich vergegenwärtigt, *wie* Dunning die obigen Gegenstände erklärt: Vehikel der Erklärung sind, wie folgendes Schlüsselzitat verdeutlicht, exakt die Eigentums-, Standort- und Internalisierungsvorteile, die wir bereits in Kap. 2.42 (Abb. 2-18 !) als internationale Wettbewerbsvorteile thematisierten:

> "The principal hypothesis on which the eclectic paradigm of international production is based is that a firm will engage in foreign value-adding activities if and when three conditions are satisfied: These are: (1) It possesses net O advantages *vis-a-vis* firms of other nationalities in serving particular markets. These O advantages largely take the form of the possession of intangible assets or of the advantages of common governance which are, at least for a period of time, exclusive or specific to the firm possessing them.

---

4   Vgl. Dunning (1988:28, Table 1.2).
5   Vgl. Dunning (1988:30, Table 1.3). An anderer Stelle reduziert Dunning (1988:54, Table 2.1) die Typen der internationalen Produktion auf drei *Haupt*typen: market seeking; resource seeking und efficiency seeking.
6   Vgl. Dunning (1988:31, Table 1.4).

(2) Assuming condition (1) is satisfied, it must be more beneficial to the enterprise possessing these advantages to use them (or their output) itself rather than to sell or lease them to foreign firms: this it does through the extension of its existing value added chains or the adding of new ones. These advantages are called internalization (I) advantages.
(3) Assuming conditions (1) and (2) are satisfied, it must be in the global interest of the enterprise to utilize these advantages in conjunction with at least some factor inputs (including natural resources) outside its home country; otherwise foreign markets would be served entirely by exports and domestic markets by domestic production. These advantages are termed the locational (L) advantages of countries."(Dunning (1988:25 f.))

Abb. 4-1 verdeutlicht, wie Dunning mit Hilfe dieser Vorteilskategorien alternative *routes* und *types* der Internationalisierung erläutert. Abb. 4-2 zeigt die von Dunning zusätzlich herausgearbeiteten (strukturellen) Bedingungen von Eigentums-, Standort- und Internalisierungsvorteilen.

Alternative Routes of Servicing Markets			
Route of servicing market	Ownnership Advantages	Internalization Advantages	(Foreign) Location Advantages
Foreign direct investment	Yes	Yes	Yes
Trade in goods and services	Yes	Yes	No
Contractual resource transfers	Yes	No	No

Types of International Production: Some Determining Factors				
Types of International production	Ownership advantages (the 'why´ of MNC activity)	Location advantages (the 'where´ of production)	Internalization advantages (the 'how´ of involvement)	Illustration of types of activity which favour MNEs
Resource based	Capital, technology, access to markets; complementary assets	Possession of natural resources and related infrastructure	Ensure stability of supplies at right price; control of markets; to obtain technology	Oil, copper, bauxite, bananas, pineapples, cocoa, hotels, export processing of labour intensive products or processes
Market based	Capital, technology, information, management and organizational skills; surplus R&D and other capacity, economies of scale. Trade marks, goodwill	Material and labour costs, markets, government policy (e.g. with respect to regulations and to import controls, investment incentives, etc.)	Wish to reduce transaction or information costs, buyer ignorance or uncertainty, etc.; to protect property rights and ensure quality control	Computers, pharmaceuticals; motor vehicles, cigarettes, insurance, advertising
Rationalized specialization (a) of products (b) of processes	As above, but also access to markets; economies of scope and geographical diversification	(a) Economies of product specialization and concentration (b) Low labour costs, incentives to local production by host governments	(a) As type 2 plus gains from dependent economies of common governance (b) The economies of vertical integration	(a) Motor vehicles, electrical appliances, business services, some R&D (b) Consumer electronics, textiles and clothing, cameras, pharmaceuticals
Trade and distribution (import and export merchanting)	Market access, products to distribute	Source of inputs and local markets; need to be near customers; after - sales servicing, etc.	Need to protect quality of inputs; need to ensure sales outlets and to avoid under - performance or mis - representation by agents	A variety of goods, particular those requiring contact with sub - contractors and final consumers
Miscellaneous	Variety (but include geographical diversification)	Markets	Various (see above)	Various kinds (a) Portfolio investments in properties (b) Where spatial linkages essential, e.g. airlines and shipping

Abb. 4-1: Die Erklärung der internationalen Produktion nach Dunning (1988:28,30)

	Country (home-host)	Industry	Firm
Ownership	Factor endowments (e.g., resources and skilled labour) and market size and character. Government policy towards innovation, protection of proprietary rights, competition and industrial structure, government controls on inward direct investment	Degree of product or process technological intensity; nature of technological intensity; nature of innovations; extent of product differentiation; production economies (e.g., if there are economies of scale); importance of favoured access to inputs and/or markets	Size, extent of production, process or market diversification; extent to which enterprise is innovative, or marketing - oriented, or values security and/or stability, e.g., in sources of inputs, markets etc., extent to which there are economies of joint production
Internalization	Government intervention and extent to which policies encourage MNEs to internalize transactions, e.g., transfer pricing; government policy towards merger; differences in market structures between countries, e.g., with respect to transaction costs, enforcement of contracts, buyer uncertainty etc.; adequacy of technological, educational, communications etc., infrastructure in host countries and ability to absorb contractural resource transfers	Extent to which vertical or horizontal integration is possible/desirable, e.g., need to control sourcing of inputs or markets; extent to which internalizing advantages can be captured in contractural agreements (cf. early and later stages of product cycle); use made of ownership advantages; cf. IBM with Unilever-type operations; extent to which local firms have complementary advantage to those of foreign firms; extent to which opportunities for output specialization and international division of labour exist	Organisational and control procedures of enterprise; attitudes to growth and diversification (e.g., the boundaries of a firm´s activities); attitudes toward subcontracting ventures, e.g., licensing, franchising, technical assistance agreements etc.; extent to which control procedures can be built into contractual agreements
Location	Physical and psychic distance between countries; government intervention (tariffs, quotas, taxes, assistance to foreign investors or to own MNEs, e.g., Japanese government´s financial aid to Japanese firms investing in South East Asien labour intensive industries)	Origin and distribution of immobile resources; transport costs of intermediate and final goods products; industry specific tariff and non-tariff barriers; nature of competition between firms in industry; can functions of activities of industry be split? Significance of 'sensitive´ locational variables, e.g., tax incentives, energy and labour costs	Management strategy towards foreign involvement; age and experience of foreign involvement; (position of enterprise in product cycle etc.); psychic distance variables (culture, language, legal and commercial framework); attitudes towards centralization of certain functions, e.g., R&D; regional office and market allocation etc.; geographical structure of asset portfolio and attitude to risk diversification

Abb. 4-2: Die (strukturellen) Bedingungen von Eigentums-, Internalisierungs- und Standortvorteilen (aus: Dunning (1988:31))

Die Parallelen zu unserer Konzeption von Wettbewerbsanalyse und Wettbewerbsstrategie sind verblüffend! Hatten wir nicht schon immer festgestellt, Wettbewerbsanalyse hätte sehr viel zu tun mit Listen von Einflußgrößen? Dunnings
Listen (vgl. Abb. 2-18; Abb. 4-2) sind in diesem Lichte von unschätzbarem Wert

für die Wettbewerbsanalyse, aber auch Wettbewerbsstrategie in internationalisierenden Branchen. Hatten wir nicht auch schon von Länder-, Branchen- und Unternehmenseinflußgrößen (vgl. Abb. 4-2) als Elementen des *neuen Bedingungsrahmens* gesprochen?[7]

Unser Sprachspiel ließe sich somit vor dem Hintergrund des Dunning-Paradigmas präzisieren: Internationale Wettbewerbsstrategie bezeichnet nun nichts anderes als solche Maßnahmen eines Unternehmens, die darauf abzielen, Standort-, Eigentums- und Internalisierungsvorteile gegenüber der Konkurrenz aufzubauen und mit Hilfe des richtigen Internationalisierungstyps auszunutzen. Internationale Wettbewerbsanalyse umfaßt demgegenüber das Erkennen der Bedingungen des Aufbaus und Ausspielens obiger Vorteile. Diese Bedingungen liegen auf den Ebenen Land, Branche und Unternehmen.

Freilich ist Dunnings Entwurf keine *eigenständige* Theorie. Es werden vielmehr die Kerngedanken durchaus inkommensurabler, ja sogar offen konkurrierender Theoriestränge zusammengeführt, ohne daß daraus eine geschlossene Supertheorie kreiert würde: Die Zusammenhänge zwischen den Vorteilskategorien werden zwar angesprochen, nicht jedoch mit der nötigen Schärfe durchleuchtet. Der Einfluß von Länder-, Branchen- und Unternehmensfaktoren auf Eigentums-, Standort- und Internalisierungvorteile wird zwar beschrieben, nicht aber tiefgreifend erklärt. So produziert Dunning eine Fülle von Ideen und umfangreiche Reihungen relevanter Faktoren, die für die Wettbewerbsanalyse und Wettbewerbsstrategie gleichwohl als Checklisten hochinteressant sind. Und dennoch hebt sich Dunning von managementtheoretischen Konzepten ab: Denn sein Paradigma basiert auf tiefgreifenden Theorien und kann insofern auch bei der Suche nach einem erweiterten theoretischen, empirischen und methodischen Fundament für die Wettbewerbsanalyse und Wettbewerbsstrategie in internationalisierenden Branchen eine helfende Stütze sein:

---

7   Vgl. unsere Überlegungen in Kap. 1.2.

4.12 Theoriebausteine des Paradigmas

Auf welche Theoriestränge greift Dunning zurück? Welches also sind mögliche Kandidaten für die Erweiterung des Theoriefundamentes der internationalen Wettbewerbsanalyse und Wettbewerbsstrategie? Zur Beantwortung dieser Frage erscheint es ratsam, zwischen einer ersten, vor allem auf **Internationalisierungstheorien** fußenden (**4.121**) und einer zweiten, auf **interdisziplinäre Ausweitung** abzielenden Entwicklungsstufe (**4.122**) des eklektischen Paradigmas zu unterscheiden.

4.121 Entwicklungsstufe 1: Die dominante Rolle der Internationalisierungstheorie

Ursprünglich war es Dunnings Bestreben, die vielfältigen (volkswirtschaftlichen) Internationalisierungstheorien in ein Konzept zusammenzuführen. Diese Theorien sind mithin ein erster Kandidat für die Erweiterung des Theoriefundamentes von Wettbewerbsanalyse und Wettbewerbsstrategie. Im folgenden wird zunächst ein Überblick über die Internationalisierungstheorien gegeben (1) und sodann gezeigt, wie sie von Dunning in sein eklektischen Konzept zusammengeführt werden (2).

(1) Internationalisierungstheorien erklären Zustandekommen und unterschiedliche Arten internationalen Handels, ausländischer Direktinvestitionen und anderer Formen der Internationalisierung. Diese Theorien sind in der Literatur schon so oft wiedergegeben worden, daß an dieser Stelle weder ein weiterer Klassifikationsversuch, noch eine ausführliche Darstellung folgen soll. Hierzu wird auf die einschlägige Literatur verwiesen.[8] Vielmehr wollen wir, angeregt durch Dunnings Überlegungen hinsichtlich der Historie der Internationalisierungstheorie[9], den Versuch unternehmen, die Theorien in ihrem *Zusammenhang* kursorisch zu überblicken (vgl. Abb. 4-3). Damit wird angestrebt, die üblicherweise nur reihenden Übersichten zu ergänzen durch eine Darstellungsform, die zeigt, wie ein-

---

8 Vgl. Boddewyn (1985); Buckley (1983); Calvet (1987); Colberg (1989:37-76); Hennart (1982:1-27); Jahrreiß (1984); Kappich (1989:9-44); Macharzina (1982); Perlitz (1981); Rugman (1986); Soldner (1981); Tsurumi (1977).

9 Vgl. Dunning (1988:13-18 sowie Kap. 4).

zelne Theorien auseinander hervorgegangen sind, also über Kritik am jeweils bestehenden Stand der Forschung geboren wurden. Ein solches Verständnis der Internationalisierungstheorie ist von großer Bedeutung, erlaubt es doch, einzelne Traditionen einzuordnen und somit den oft erhobenen Partialismusvorwurf[10] zu relativieren.

---

10   Vgl. Macharzina (1982:128 ff.).

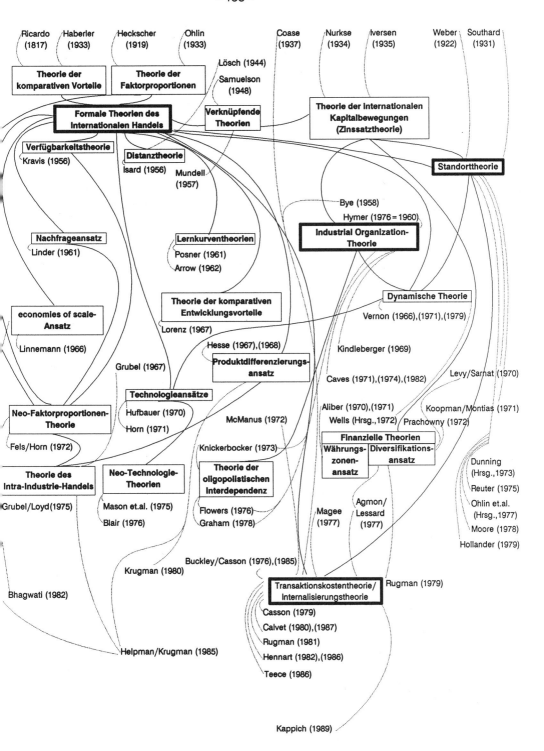

Abb. 4-3: Theorien der Internationalisierung im Überblick

Die Abbildung zeigt die historische Entwicklung einiger besonders wichtiger Internationalisierungstheorien von etwa 1930 bis zur Gegenwart. Kästchen kennzeichnen dabei einzelne Theorien bzw. Theoriegruppen, geschlossene Linien symbolisieren Verbindungen zwischen den Theorien, gestrichelte Linien ordnen den Theorien Autoren zu. Natürlich ist dies ein sehr vereinfachendes Vorgehen. Gleichwohl lassen sich interessante Einsichten gewinnen:

Offenbar sind heute vier Hauptströmungen der Internationalisierungstheorie erkennbar: Theorie des internationalen Handels, Industrial Organization-Theorie[11], Standorttheorie sowie Transaktionskosten- bzw. Internalisierungstheorie:

* Die **Theorie des internationalen Handels** geht zurück auf Ricardos Konzept der komparativen Vorteile sowie die von Heckscher/Ohlin begründete Faktorproportionen-Theorie. Bis in die fünfziger Jahre war sie stark formaler Natur, recht restriktiv und ging vor allem von sehr problematischen Annahmen aus.[12] Verschiedene Weiterentwicklungen versuchten dem abzuhelfen. So ergänzen die Verfügbarkeits- und die Neo-Faktorproportionentheorie traditionelle Überlegungen hinsichtlich Differenzen in der Ressourcenausstattung um Fragen der *Qualität* von Faktoren, um das Einbeziehen von Qualifikation, Fähigkeit, organisatorischen Routinen aber auch protektionistischer Verfügbarkeitsunterschiede. Auch die Technologie- bzw. Neo-Technologie - Theorien und der economies of scale-Ansatz brechen mit der Tradition: Sie lassen unterschiedliche Produktionsfunktionen sowie *Marketimperfections* zu: Man erklärt internationalen Handel nun über zeitliche Vorsprünge in der Technologieentwicklung und Skalenvorteile von Unternehmen in Ländern mit großem Inlandsmarkt. In ähnlicher Weise sprengen auch Nachfragetheorie, Lernkurventheorie und Produktdifferenzierungsansatz die restriktiven Annahmen der klassischen Handelstheorie: Im ersten Falle werden international differierende Nachfragestrukturen für den Handel verantwortlich gemacht, im zweiten Lernvorteile, im dritten tatsächliche oder psychologisch bedingte Produktunterschiede.

* Der Theorie des internationalen Handels stand zunächst eine vor allem als Zinssatztheorie[13] konzipierte Theorie der internationalen Kapitalbewegungen

---

11   Diese hatten wir bereits in Kap. 2.22 thematisiert.
12   Vgl. Dunning (1988:13 f.); Kappich (1989:11 ff.).
13   Dazu ausführlich: Jahrreiß (1984:147 ff.).

gegenüber. Diese wurde nicht nur um den Währungszonenansatz Alibers (1971) oder diversifikationstheoretische Überlegungen[14] angereichert, sondern vor allem durch den bereits an anderer Stelle skizzierten **Industrial Organization-Ansatz** der Internationalisierung entscheidend weiterentwickelt: Man erkannte, daß Auslandsinvestitionen mehr umfassen als den Kapitaltransfer und begründete die Theorie der Direktinvestition via Vorteilsthese und Überlegungen zur oligopolistischen Reaktion.[15]

*Andererseits entwickelte sich, pikanterweise angetrieben durch gewisse Strömungen der Handelstheorie[16], eine separate **Standorttheorie**. Auch sie kann als Erweiterung bzw. Ergänzung der Theorie der internationalen Kapitalbewegungen angesehen werden. Zusammen mit Handelstheorie und I/O-Ansatz fließt sie in Vernons dynamische Produktlebenszykluskonzeption ein.

*Viertens schließlich ranken sich eine Fülle von Theorien um den auf Coase (1937) zurückgehenden Transaktionskostenansatz. Für die Erklärung der Internationalisierung erstmals aufgegriffen von Bye (1958) und später McManus (1972), stellt er heute eines der wichtigsten Paradigmen dar. Die auf seiner Grundlage entstandenen Ansätze der **Internalisierungstheorie**[17] erklären Internationalisierung über die Bedingungen der im Vergleich zum Markte relativen Vorteilhaftigkeit unternehmensinterner Ausnutzung bzw. Erlangung von Ressourcen, Informationen und Wissen. Derartige Überlegungen eignen sich nicht nur als Hilfe bei der Erklärung der Entstehung multinationaler Unternehmen. Auch die Wahl aller institutionellen Alternativen der Internationalisierung läßt sich, wie Kappich (1989) gezeigt hat, unter koordinationskostentheoretischer Perspektive studieren. Gleichwohl ist die von den Internalisierungstheoretikern bisweilen geäußerte Ansicht, es sei an der Zeit "... to reco-

---

14 Vgl. Rugman (1979).
15 Vgl. Kap. 2.22.
16 Vgl. Isard (1956); Lösch (1944).
17 Die Unterscheidung zwischen Transaktionskosten- und Internalisierungstheorie bleibt in der Literatur unscharf und erscheint im Grunde überflüssig. Calvet (1987:53) sieht den Unterschied offenbar darin, daß man über Internalisierung die Entstehung von multinationalen Unternehmen, unter Rückgriff auf das Markt-Hierarchie-Paradigma jedoch zusätzlich unterschiedliche Formen der Internationalisierung erklären könne. Insofern ist die Transaktionskostentheorie *mehr* als der Internalisierungsansatz.

gnize that internalization is a general theory of FDI and a unifying paradigm for the theory of the MNE"[18] höchst umstritten.[19]

In Kap. 4.2 werden wir einzelne dieser Theorien in Hinblick auf Fragen der Wettbewerbsanalyse und Wettbewerbsstrategie in internationalisierenden Branchen etwas genauer betrachten. Nun aber soll zunächst geprüft werden, wie Dunning die Internationalisierungtheorien für sein eklektisches Paradigma fruchtbar macht. Denn: auch das eklektische Paradigma zeigt, wie gesehen, interessante Parallelen zu unserer Konzeption von Wettbewerbsanalyse und Wettbewerbsstrategie.

(2) Dunnings Ausgangsgedanke besteht darin, die Fülle von Internationalisierungstheorien auf *drei* Hauptstränge zu reduzieren, die mit seinen drei Vorteilskategorien korrespondieren: Die **Standorttheorie** erklärt Standortvorteile und damit das "Wo" der internationalen Produktion. Die **Industrial Organization-Theory** erklärt Eigentumsvorteile und damit das "Warum" der internationalen Produktion. Die **Internalisierungstheorie** erklärt Internalisierungsvorteile und damit unterschiedliche Formen des internationalen Engagements, also das "Wie" der Internalisierung.[20] Alle drei Literaturstränge seien, so Dunnings These, gemeinsam zu betrachten, Partialtheorien also zu synthetisieren:

> "This book ... suggests that to properly understand the 'why', 'where' and 'how' of international production in the interaction between these questions requires a generic and holistic approach; even though the use of individual theories may be adequate (and indeed, have more operational power) in explaining particular types of particular questions relating to international production. ... The eclectic paradigm adopted in this book is an attempt to synthesize the essential features of each of these strands of thought. To this extent it is itself an integration of partial theories; but, it is more than this, as we believe the value of any general theory of international production is greater than the sum of its constituent parts." (Dunning (1988:7 f. und 9))

---

18   Rugman (1981:51).
19   Dies sogar aus Kreisen der Internalisierungstheoretiker selbst: Man denke nur an den ehrlichen Hinweis Buckleys (1988) auf die Grenzen seiner Theorie. Kritisch auch Dunning (1988: 4 ff.).
20   Dunning (1988:59 ff.) unterschätzt sein Paradigma in dieser Hinsicht etwas. Er meint, daß eklektische Paradigma müsse um die Erklärung unterschiedlicher Formen der Internationalisierung *erweitert* werden. In Wahrheit jedoch ist ihm diese durch Rückgriff auf die Internalisierungs- bzw. Transaktionskostentheorie jedoch a priori inhärent. Vgl. auch Fußnote 17 (in diesem Kapitel) als Erklärung.

Nun zeigt sich aber, daß die drei Theoriestränge und Vorteilskategorien aufs engste verwoben, mithin nur schwer trennbar sind: Eigentumsvorteile werden u.U. durch Internalisierung erlangt[21], Standortvorteile durch Eigentums- und Internalisierungsvorteile beeinflußt[22], Änderungen in Standortvariablen können *Auslöser* von Internalisierung sein[23], Internalisierungsvorteile allein nicht zu internationaler Produktion führen. Zu letzterem Aspekt bemerkt Dunning (1988:7):

> "Internalization theory is inadequate as an explanation for the growth of many kinds of domestic or international production, as it cannot explain why some firms are able to generate value-adding advantages rather than others, even though some of these advantages may arise from the ability of firms to co-ordinate activities previously undertaken by separate firms as dictated by the market."[24]

Angesichts der Beziehungen zwischen den Theoriesträngen und Vorteilskategorien erfolgt die Verknüpfung der Partialtheorien in einer neueren, Kritik beachtenden, Version der eklektischen Theorie durch eine noch weitere Reduktion auf nunmehr *zwei* Literaturstränge:

> "... we are now fully persuaded that any holistic theory of international production must draw upon two inter-related strands of economic analysis. The first is the neoclassical theory of factor endowment, extended to embrace intermediate products, and to allow for the possibility that some endowments are mobile across national boundaries ... The second strand is the theory of market failure, which is relevant to explaining not only the location of some kinds of economic activity across national boundaries, but also the division of that activity between multinational und uninational firms." (Dunning (1988:51 f.))

Damit ergibt sich ein "Stand" der eklektischen Theorie, wie er in Abb. 4-4 wiedergegeben wird.

---

21 Vgl. Dunning (1988:4, 25 und 28).
22 Vgl. Dunning (1988: 2, 34). Im übrigen ist zu beachten, daß "... the ability of an enterprise to choose the correct location ... may itself be considered an O advantage." (Dunning (1988:44).
23 Vgl. das Beispiel in Dunning (1988:2 f.).
24 Vgl auch Dunning (1988:43 f.).

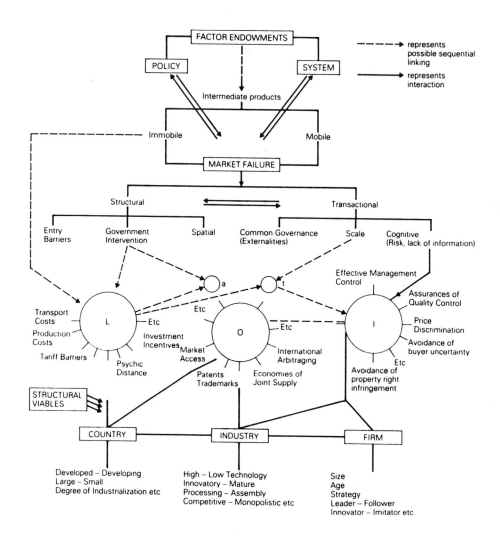

Abb. 4-4 (Teil 1):   Das eklektische Paradigma von Dunning (1988: 53)

Main types of international production	Factor endowments (affecting geographical distribution of L)	Structural market failure (affecting L and Oa)	Transactional market failure (affecting Ot, L and I)
(1) **Market seeking** (import substituting)	- Home country for creation of Oa (=mobile endowments/intermediate products) - Host country advantage in immobile endowments with which Oa have to be used e.g. natural resources, some kinds of labour - Market size & character	- Firm specific = proprietary Oa (e.g. knowledge) privileged access to inputs. Restrictions on trade in goods (a)natural (transport costs) (b)artificial (import controls) - Oligopolistic market structure	- Search and negotiating costs - Protection against misrepresentation or infringement of property rights - Economice of bulk purchasing - Part of international portfolio to spread risks - Protection against actions of competitors
(2) **Resource seeking** (supply oriented)	- Home country (as above but also market size & character) - Host country. Availability of resources, natural, labour (export processing) technology (e.g. investment by ldcs in dcs)	- As above, but also privileged access to markets - Incentives offered by Governments to fdi (also relevant for 1&3) - Oligopolistic market structure	- Avoidance of risks of breach of contract and interruption of supplies - Absence of future markets - Economies of vertical integration
(3) **Efficiency seeking** (rationalized investment)	- Vertical: Mainly as 1&2 above - Horizontal: Usually distribution of factor endowments not very relevant, as international production in countries with similar resource structures - Lateral: Of limited importance in effect	- As above but investment influenced more by supply than market considerations - Government induced structural imperfections likely to be of considerable importance e.g. tax differentials, investment incentives, performance requirements etc.	- As with 2 above - Economies of scale and scope - Risk reduction through product diversification - As above, but in respect of ancillary activities e.g. various services - shipping, consultancy etc.

Abb. 4-4 (Teil 2):Das eklektische Paradigma von Dunning (1988:54)

Teil 1 der Abbildung zeigt Theoriebasis und grundlegende Zusammenhänge des Paradigmas[25], Teil 2 der Abbildung setzt Theoriefundament, Vorteilskategorien und Haupttypen der internationalen Produktion in Beziehung.

Was aber *bringt* dies für die Wettbewerbsanalyse und Wettbewerbsstrategie in internationalisierenden Branchen? Inwiefern helfen die Theorien *konkret* bei der Entwicklung von Konzepten der Wettbewerbsstrategie und Wettbewerbsanalyse? Antwort: Sie liefern die Einflußgrößen und Bedingungsfaktoren, die für ein Verständnis der Internationalisierung von Branchen erforderlich sind und *begründen* somit Ansatzpunkte der Wettbewerbsstrategie und Wettbewerbsana-

---

25 Zur Unterscheidung zwischen transactional (O_t) und asset (O_a) - Eigentumsvorteilen erinnere man sich der Ausführungen in Kap. 3.231.

lyse auf theoretische Weise. Diese selbst sind freilich nicht mehr als Listen und Zusammenstellungen relevanter Determinanten.[26] Doch was hatte die IO-Theorie denn dem nationalen Wettbewerbsapproach des strategischen Management wesentlich mehr gebracht?: Abb. 2-18 hilft beim Verständnis von Wettbewerbsvorteilen in internationalisierenden Branchen und kann daher für die Konzipierung von Wettbewerbsstrategien herangezogen werden. Abb. 4-1 und 4-4 (Teil 2) unterstützen die wettbewerbsstrategische Entscheidung zwischen Typen internationaler Produktion und Abb. 4-2 zeigt mit der Auflistung von Länder-, Unternehmens-, Branchenfaktoren mögliche Gegenstände der Wettbewerbsanalyse in internationalisierenden Branchen.

4.122   Entwicklungsstufe 2: Die interdisziplinäre Ausrichtung des eklektischen Paradigmas

Dunning liefert nicht nur Hinweise auf die Internationalisierungstheorie als Kandidat der Erweiterung des Theoriefundamentes von Wettbewerbsanalyse und Wettbewerbsstrategie. Neuerdings plädiert er für eine interdisziplinäre, non-ökonomische Aspekte integrierende, Ausrichtung seines Paradigmas.[27] Diesen Versuch begründet Dunning erstens mit der zunehmenden Bedeutung nicht-ökonomischer Variablen der externen Umwelt (politische, rechtliche, soziale, kulturelle und ideologische Aspekte) und des Unternehmensinneren (informale Organisationsformen usw.).[28] Zweitens verweist Dunning darauf, daß "... each discipline has been drawing upon quite similar concepts and thought forms, but modifying these to suit its own sphere of interest."[29] Zudem vertritt er die Ansicht, "... that the OLI configuration described by the eclectic paradigm both has applications outside of economics, and draws upon the ideas and concepts of other disciplines"[30] und versucht daher, die Vielzahl alternativer wissenschaftli-

---

26   Dazu Dunning (1988:317): "To those who assert that the eclectic paradigm is ... little more than a listing of the variables which might or may not affect the extent and form of a firm's international involvement, we would reply that the purpose of a dominant paradigm is not to offer a set of operationally testable explanations of any observed phenomena, but, to provide an organizational framework by which the interaction between the phenomenon to be explained and other phenomena can be analysed."

27   Vgl. Dunning (1988:306-326).
28   Vgl. Dunning (1988:311 ff.).
29   Dunning (1988:316).
30   Dunning (1988:317).

cher Traditionen mit seinen Eigentums-, Internalisierungs- und Standortvorteilen in Verbindung zu bringen.

Da wir uns auf der Suche nach einem erweiterten theoretischen und methodischen Fundament für die Betrachtung von Wettbewerbsanalyse und Wettbewerbsstrategie befinden, ist es schon interessant zu prüfen, auf welche Theorien Dunning zurückgreift (vgl. Abb. 4-5).

	Ownership advantages	Location advantages	Internalization advantages
Management (Porter, Doz, Hamel, Negandhi, Prahalad)	- Management, culture, experience, strategy - Quality of management - Product quality - Economies of scope - Co-ordinating options	- Comparative resource endowments - Configuration options - Oligopolistic strategy	- Form of involvement as part of firms competitive posture/strategy - Strategic partnering
Organization (Williamson, Simon, Teece; Chandler, Ouchi, Ghoshal, Bartlett)	- Organizational culture / resources / structure - Complementary assets to core advantages - Synergistic economies - Nature of external relationships (e.g. networking)	- Environment complexity - Ease of transferring organizational structures and external relationships	- Transaction costs: both inter- and intra-firm - Strategic partnering - Markets / hierarchies / clan options - Cultural differences affecting organisational forms
Marketing (Goodnow, Terpstra, Keegan, Mattson, Anderson/Gatignon)	- Product characteristics - Segmented markets - Goodwill / brand names - Control of distribution - Network advantages	- Inter - country social cultural differences - Physical distances - Need for product customization	- Transaction costs with respect to a) entry modes b) agency costs c) supplier relationships
Finance (Lessard, Aliber, Rugman)	- Access to finance capital on favorable terms - Portfolio diversification across national boundaries	- Exchange rates - Controls on sourcing, capital and dividend, remissions, etc.	- Market failure in capital / exchange markets - Agency costs - Network analysis
Political science and international relations (Nye, Kobrin, Moran, Boddewyn)	- Cultures, Ideologies as affecting 'O´ advantages - Economic systems - Structure of government - Lobbying ability / bargaining power	- Role of power groups (e.g. trade unions) - Political induced incentives and barriers to FDI - Inter - country political relations	- Transaction costs arising from political risk - Negotiating / bargaining - Government intervention
Regional science (Dicken, Taylor, Thrift)	- Multiplant economies - Ability to improve or reduce costs of transport, Information / communications	- Spatial distance - Transport costs	- Spatial costs of organizing hierarchies
Law (Vagts, Folsom, Gordon and Spagnole)	- Legal infrastructure - Patent / contract / company law	- Extraterritoriality - Restrictive practices legislation - Codes of conduct	- Litigation procedures - Efficiency of contract law (in protecting property rights)
Economic and Business History (Chandler, Wilkins, North, Jones, Nicholas)	- Entrepreneurship - Economics of vertical integration - Organisational forms. Access to resources / markets - Interpersonal relationships	- Tariffs and other import controls - Size of market - Government regulations - State´s role in enforcing contracts - Behavioural norms	- To capture economics of common governance - Quality control - Agency costs - Cost of enforcing contracts

Abb. 4-5: Der interdisziplinäre Ansatz des eklektischen Paradigmas (aus: Dunning(1988:318 f.))

Betrachtet man Abb. 4-5, so zeigt sich allerdings sogleich die Problematik von Dunnings Vorgehen: Unverständlich, warum unter der Disziplin 'Organisation' noch einmal Transaktionskostentheoretiker erscheinen. Unverständlich auch, warum etwa Lessard und Rugman, die (vgl. Abb. 4-3) der Internationalisierungstheorie zuordenbar sind, noch einmal separat auftauchen. Problematisch des weiteren die Aufnahme der Managementliteratur, deren Grenzen wir ja gerade in ihrem mangelnden theoretischen Fundament sehen. Auch erscheint Dunnings Auseinandersetzung mit den verschiedenen Autorengruppen[31] allzu oberflächlich, die Einordnung derer Erkenntnisse recht willkürlich. Die Feststellung, daß "... we are only at the start of this particular approach to explaining international production ... (und daß;J.R.) ... it may be that we have over stressed the convergence of analytical tools of the separate disciplines, or have underestimated the differences in perspectives taken by scholars..."[32], kann die drohende Gefahr der Verwässerung, des Verlustes an analytischer Leuchtkraft des eklektischen Paradigmas nicht völlig ausräumen.

Und dennoch: Man erhält interessante Hinweise auf internationalisierungsrelevante wissenschaftliche Traditionen, die zumindest *außerhalb* des Rahmens der eklektischen Theorie thematisierbar sind. Besonders faszinierend ist dabei Dunnings Erwähnung der Netzwerkanalyse (vgl. Abb. 4-5).[33] Dies nicht nur, weil damit der auch im Verlaufe dieser Arbeit so oft geäußerten Forderung nach einer entsprechenden Ausweitung von Wettbewerbsanalyse und Wettbewerbsstrategie genüge getan wird. Man kommt vielmehr auch Praktikeransichten, wie etwa jener De Benedettis entgegen:

> "Ein Unternehmen, das für die 90er Jahre gerüstet sein will, muß eine "network corporation" sein - ein Unternehmen, das ein komplexes Netz von Außenbeziehungen über ein System kohärenter und synergetischer Allianzen aufbauen und steuern kann. Ein solches Unternehmen muß auch in der Lage sein, ein komplexes Netz unternehmensinterner Beziehungen zu steuern ... Dies wäre meiner Ansicht nach das geeignete Modell für eine wirksame Antwort auf ein sich immer internationaler entwickelndes globales Umfeld..."[34]

---

31 Vgl. Dunning (1988:311 ff.).
32 Dunning (1988:324 f.).
33 Vgl. auch Dunnings (1988:327 ff.) Überlegungen bezügl. *New Style Multinationals*.
34 De Benedetti (1988:181).

Dies sind die Gründe, weshalb wir aus Dunnings interdisziplinärem 'Theorieangebot' die Netzwerktheorie als besonders prominenten Kandidaten für die Erweiterung der Theoriebasis von Wettbewerbsanalyse und Wettbewerbsstrategie auswählen und in Kap. 4.3 weiter vertiefen.

4.13 Ergebnis

Ich möchte zusammenfassen: Auf der Suche nach einem erweiterten theoretischen, empirischen und methodischen Fundament für die Betrachtung von Wettbewerbsanalyse und Wettbewerbsstrategie in internationalisierenden Branchen überprüfte dieses Kapitel Dunnings eklektische Theorie der internationalen Produktion.

Dabei zeigte sich, daß dieses Paradigma nicht nur neuartige theoriefundierte Listen von Einflußgrößen für die internationale Wettbewerbsanalyse und Wettbewerbsstrategie bereitstellt. Sein besonderer Wert besteht darüber hinaus im Hinweis auf vielfältige relevante Theoriehintergründe. Vor allem netzwerktheoretische Ansätze sowie Internationalisierungstheorien können als aussichtsreiche Aspiranten für die Erweiterung der Theoriebasis des Wettbewerbsapproaches konstatiert werden. In den folgenden Kapiteln werden wir daher diesen beiden Strömungen nachgehen.

Warum aber wird im folgenden nicht das eklektische Paradigma als Ganzes übernommen? Grundsätzlich scheint es doch ein recht reizvolles Vorgehen zu sein, in Anbetracht des Phänomens der Internationalisierung statt des IO-Paradigmas nunmehr das eklektische Paradigma als Grundlage von Wettbewerbsanalyse und Wettbewerbsstrategie heranzuziehen. Dem allerdings stehen mindestens zwei Gesichtspunkte im Wege:[35]

(1) Zum Beispiel Dunnings Sichtweise *menschlichen Verhaltens*. Will man diese einschätzen, so muß freilich etwas genauer argumentiert werden, als dies etwa Engelhard (1990) tut. Dieser schreibt: "Streng ökonomisch ausgerichtete und damit bevorzugt auf Internalisierungsphänomene oder Transaktionskosten Bezug nehmende Analysen zur Erklärung von Formen und Problemen der interna-

---

35 Zum Vorwurf mangelnder Berücksichtigung des Aspektes der Dynamik vgl. die Entgegnung in Dunning (1988:53 ff.).

tionalen Unternehmentätigkeit inkorporieren im Interpretationszusammenhang vielfach die im "homo oeconomicus" versinnbildlichten Prämissen rationalen Entscheidungsverhaltens."[36] Zur Untermauerung seiner Behauptung verweist der Autor[37] als Beispiel auf Dunning (1988a:7) und zitiert folgende Passage: "... firms have similar goals and ... they respond to economic signals to advance these goals in a rational and consistent way." Mit diesem Vorgehen provoziert Engelhard eine Reihe von Irrtümern: *Erstens* wäre es, wie wir gesehen haben, ein Irrtum, Dunning als *bevorzugt* auf Internalisierungsphänomene oder Transaktionskosten Bezug nehmend zu erachten. *Zweitens* trifft es nicht zu, daß die Transaktionskostentheorie vom homo oeconomicus und damit von rationalem Entscheidungsverhalten ausgeht. Im Gegenteil!! Transaktionskostenüberlegungen knüpfen gerade an den Resultaten der Simon-Schule, also am Konzept der *beschränkten Rationalität* an.[38] *Drittens* haben wir in Kap. 4.122 gesehen, daß Dunning sich durchaus nicht so streng ökonomisch gibt, wie Engelhard suggeriert. *Viertens* wird bei einer über die zitierte Stelle hinausgehenden Lektüre Dunnings deutlich, daß Dunning lediglich Annahmen anderer Autoren zum Ausdruck bringt, von denen er selbst sich explizit abheben möchte: In voller Länge lautet die Passage bei Dunning wie folgt:

> "They usually assume two things. First, that firms have broadly similar goals; and second, that they respond to economic signals to advance these goals in a rational and consistent way. When neither condition exists, it is not possible to offer any generalized explanations of behavior; which, indeed is exactly what some business analysts would claim.
> We do not accept that such a drastic course is either desirable or justifiable ... we are persuaded that the interface between the economic and behavioral theories of the firm does need more explicit and systematic analysis."(Dunning (1988a:7) (Unterstreichung von J.R.)).[39]

Gleichwohl ist Dunnings Auffassung der Rolle des Verhaltens nicht unproblematisch. Zwar erkennt er an, daß "... decisions on the use of ... resources and capabilities are based on outcome perceived with varying degrees of uncertainty, and reflect the entrepreneurial inclinations and attitudes to risk of the decision takers."[40] Andererseits hält er es als Ökonom für erforderlich, solche verhaltens-

---

36   Engelhard (1990:151).
37   Vgl. Engelhard (1990:151, Fußnote 2).
38   Vgl. zu den Ursprüngen des Transaktionskostenansatzes: Moe (1984).
39   Ein Ansatz, den Entscheider in die Theorie ausländischer Direktinvestitionen einzubeziehen, findet sich übrigens bei Aharoni (1966).
40   Dunning (1988:10)(Druckfehler korrigiert).

bezogenen Variablen zu suchen und in das eklektische Paradigma zu integrieren, auf die zumindest Gruppen von (ähnlichen) Unternehmen in gleicher Weise
reagieren.[41] Damit aber fällt Dunning zurück auf verhaltenswissenschaftliche Ar-
gumentationsfiguren, um deren Überwindung man sich schon seit langem bemüht.[42]

(2) Über diesen Kritikpunkt hinaus erweist sich das Dunning-Konzept, wie bereits angesprochen, in seiner interdisziplinären Fassung als zu überladen und
oberflächlich. Die Zuordnung einzelner Erkenntnisse verschiedener For-
schungsdisziplinen zu den drei Vorteilskategorien wirkt zwanghaft und oft willkürlich. Dies ist sicher keine stabile Basis für die Konzipierung von Instrumenten
der Wettbewerbsanalyse und Wettbewerbsstrategie in internationalisierenden
Branchen.

4.2 Wettbewerbsanalyse und Wettbewerbsstrategie im Lichte der In-
ternationalisierungstheorie

Gibt es andere Wege, Internationalisierungstheorien für Fragen von Wettbewerbsanalyse und Wettbewerbsstrategie fruchtbar zu machen, als den indirekten über das eklektische Paradigma? Drei Schritte sollen in diese Richtung weisen: Als erstes gilt es, die Verbindung zwischen unserem Wettbewerbsapproach
und den Internationalisierungstheorien, wie sie in Abb. 4-3 skizziert wurden, zu
begründen (**4.21**). Immerhin muß das Ansinnen zunächst befremden, zumeist
volkswirtschaftliche Theorieansätze für das betriebswirtschaftlich orientierte
Thema von Wettbewerbsanalyse und Wettbewerbsstrategie fruchtbar machen
zu wollen. Freilich wird die Analyse zeigen, daß sich durchaus Ansatzpunkte der
Koinzidenz eruieren lassen, deren zwei vertieft aufgegriffen werden: Zum einen
erscheint es reizvoll, Wettbewerbsstrategien externer Interdependenz im Lichte
der Internationalisierungstheorien, speziell des Transaktionskosten- bzw. Inter-
nalisierungsansatzes vertieft zu analysieren (**4.22**). Gerade hier hatten wir Lük-
ken in der managementtheoretischen Literatur ausgemacht. Zum anderen soll
auf einen Ansatz Koguts (1988) hingewiesen werden, der sich auf Basis der
'alten' Internationalisierungstheorien mit Ländermustern des internationalen
Wettbewerbs befaßt und dabei, so Hood/Vahlne (Hrsg.,1988:286), "... produces

---

41   Vgl Dunning (1988: 10,47, 49).
42   Vgl. Kirsch (1984:270 ff.).

highly interesting results, proving that 'the old theories' have a lot to contribute to the understanding of global competition. This is a welcome contribution in a context where it is easy to be tempted to seek new concepts to analyse new phenomena, when many of the earlier frames of reference prove to be worthy of re-examination." **(4.23)**. Ein kritischer Rückblick wird das Kapitel beschließen **(4.24)**.

4.21 Die Verbindung zwischen Wettbewerbsapproach und Internationalisierungstheorien

Internationalisierungstheorien mit unserer Aufassung von Wettbewerbsanalyse und Wettbewerbsstrategie verbinden zu wollen, ist ein Unterfangen, das die Überwindung von Hindernissen erfordert:

Einerseits resultieren diese Hindernisse aus der im allgemeinen recht reservierten Haltung, mit der man diesen Theorien begegnet. So notiert etwa Macharzina (1982:112):

> "Eine Theorie der internationalen Unternehmenstätigkeit sollte insbesondere Erkenntnisse über die Bestimmungsgründe für die Wahl zwischen alternativen Formen der Auslandsmarktbearbeitung sowie empirisch gehaltvolle Aussagen und praktische Entscheidungshilfen über deren Ausgestaltung vermitteln. Die Einlösung dieses Anspruchs ist gegenwärtig nur bedingt möglich..." (Macharzina (1982:112))[43]

Im einzelnen kritisiert man[44] eine mangelnde Berücksichtigung des über den ersten Schritt ins Ausland hinausgehenden Internationalisierungs*prozesses*[45], die z.T. äußerst scharfen Annahmen und Kausalitätsunterstellungen der nur begrenzt aussagefähigen traditionellen Außenwirtschaftstheorie[46], die Beschränkung vieler Ansätze auf lediglich eine Form der Auslandmarktbearbeitung sowie die eingeschränkte Operationalisierung der genannten Sachverhalte und Variablen. Des weiteren wird bemängelt, daß die verschiedenen Theorien an unterschiedlichen Analyseebenen ansetzen: So spricht Macharzina von einer "... vornehmlich isolierte(n) Betrachtung des Internationalisierungsphänomens unter

---

43   Vgl. auch das skeptische Resümee von Macharzina (1982:131 f.).
44   Vgl. vor allem Macharzina (1982:128 ff.).
45   Vgl. Kogut (1983:38 f.).
46   Vgl. z.B. Jahrreiß (1984: 59 ff.); Kappich (1989:11 ff.).

ausgewählten Erkenntnisaspekten..."[47] - eine Überlegung, die sich bei Jahrreiß (1984:260) in der Unterscheidung von vier Analyseebenen (Unternehmungs-, Branchen-, Ursprungsland- und Ziellandebene) widerspiegelt.

Probleme bereitet aber nicht nur die Begrenztheit der Internationalisierungstheorien *an sich*. Nicht minder kritisch ist das Prozedere der Übertragung auf Wettbewerbsanalyse und Wettbewerbsstrategie. Man steht hier vor ganz ähnlichen Schwierigkeiten, wie seinerzeit Porter (1981:611 ff.) bei der Bestimmung des Beitrags des Industrial Organization-Konzeptes für das strategische Management. Porter identifizierte Übersetzungsprobleme wegen differierender *frames of reference* und Unterschieden in den Einheiten der Analyse, der Sichtweise der Entscheider, der Handhabung der Zeitkomponente, des Abstraktionsniveaus, der Berücksichtigung voluntaristischer Elemente usw..

Andererseits wiegen die Probleme nicht bei allen Strömungen der Internationalisierungstheorie gleich schwer. Der Industrial Organization-Ansatz der Internationalisierung beispielsweise eignet sich - wie gezeigt[48] - durchaus für vertiefte Einblicke in Wettbewerbsanalyse und Wettbewerbsstrategie. Im übrigen finden sich in der Literatur mindestens drei Hinweise auf die direkte Verbindung zwischen Internationalisierungstheorie und Fragen der internationalen Wettbewerbsstrategie bzw. Wettbewerbsanalyse:

(1) So beschließt etwa Jahrreiß (1984:274 ff.) seine umfangreiche und außerordentlich detaillierte Analyse zur Theorie der Direktinvestition im Ausland mit der Problematisierung von 'Konsequenzen für Unternehmensstrategien und Planungskonzepte':

> "Die im Rahmen dieser Arbeit erzielten Ergebnisse erlauben es, einige Rückschlüsse für die Einordnung von Direktinvestitionen im Ausland in Strategiekonzeptionen von Unternehmen und für die sinnvolle Gestaltung von Planungsprozessen für Direktinvestitionen zu ziehen..." (Jahrreiß (1984:274))

Dabei unterscheidet Jahrreiß fünf strategische Ausrichtungen des Unternehmens und bringt diese, wie Abb. 4-6 verdeutlicht, mit den Analysekonzepten der

---

47   Macharzina (1982:128).
48   Vgl. Kap. 2.22.

Internationalisierungstheorien[49] über die Kategorien 'Strategiedeterminanten', 'Bedingungsrahmen' und 'potentielle Internalisierungsvorteile' in Verbindung.

Strategische Ausrichtung der Direktinvestition	Strategiedeterminanten	Bedingungsrahmen	Potentielle Internalisierungsvorteile	Im Rahmen d« eklektischen Th« zu verwenden Analysekonze|
Wachstumsstrategie	Unternehmungsspezifische Vorteile (z.B. Unternehmungsgröße, Know-how, Produktdifferenzierung, Auslanderfahrung, usw.), potentielle Internalisierungsanreize	Wachstumsmöglichkeiten (im Inland; im Ausland), Branchenstruktur (im Ursprungsland, internationale, im Zielland), Markteintrittsbarrieren, Marktgröße u. Marktwachstum, Zollschranken u. Handelshemmnisse, ziellandspezifische Risiken	Größenersparnisse, Wettbewerbsvorteile auch im Ursprungsland	Theorie der Unternehm Industrial - Organizatic Theorie, Standorttheorie, Theorie des internatior Handels, Kapitaltheorie
Alternative Marktversorgungsstrategie (gegenüber Ex-porten, Lizenzverga- ben, Joint Ventures)	Unternehmungsspezifische Vorteile, potentielle Internalisierungsanreize	Branchenstruktur (im Ursprungsland, international, im Zielland), Markteintrittsbarrieren, Marktgröße u. Marktwachstum, Zollschranken u. Handelshemmnisse, ziellandspezifische Risiken	Größenersparnisse, Wettbewerbsvorteile auch im Ursprungsland, Sicherung der Marktposition im Zielland, Sicherung unternehmungsspezifischer Vorteile	Theorie der Unternehr Industrial - Organizatic Theorie, Standorttheorie, Theorie des internatio Handels, Kapitaltheorie
Diversifikationsstrategie	Unternehmungsspezifische Vorteile, potentielle Internalisierungsanreize, Risikostreuung	Branchenstruktur (im Inland, international, im Zielland); Grad der Kapital- und Gütermarktsegmentierung, ziellandspezifische Risiken	Aus der Diversifikation bedingte potentielle Kapitalkostenvorteile, sonstige Wettbewerbsvorteile im Ursprungsland	Theorie der Unternehr Industrial - Organizatic Theorie, Kapitaltheori Standorttheorie, Theo internationalen Hande
Defensivstrategie - kosteninduziert	relative Standortqualität des Ursprungslandes (Faktorkosten)	relative Standortqualität des potentiellen Investitionsziellandes, Branchenstruktur (im Inland, international, im Zielland), Zollschranken u. Handelshemmnisse, ziellandspezifische Risiken	Erhaltung oder Steigerung der Wettbewerbsfähigkeit (im Ursprungsland, im Zielland, auf Drittmärkten), Verteidigung von Absatzmärkten	Theorie des internatic Handels, Standorttheorie, Kapitaltheorie, Industrial - Organizati Theorie
Defensivstrategie - wettbewerbsinduziert	Wettbewerbssituation bzw. Branchenverhalten (im Ursprungsland, international, im Zielland), Art und Höhe der relevanten Markteintrittsbarrieren	Branchenstruktur (im Inland, international, im Zielland), Markteintrittsbarrieren, Marktgröße, Marktwachstum, ziellandspezifische Risiken	Erhaltung oder Wiederherstellung oligopolistischen Gleichgewichts, Verteidigung von Absatzmärkten	Industrial - Organizat Theorie, Standorttheorie, Theorie des internatic Handels
Versorgungsstrategie - rohstofforientiert	Versorgung mit Rohstoffen	Rohstoffvorkommen im Investitionszielland, ziellandspezifische Risiken	Versorgungssicherheit bei Rohstoffen	Theorie des internatic Handels, Standorttheorie
Versorgungsstrategie - wettbewerbsorientiert	Anreize zur vertikalen Internalisierung vorgelagerter Märkte	Branchenstruktur (im Inland, international, im Zielland), Zollschranken, Handelhemmnisse, standortspezifische Faktorausstattung, ziellandspezifische Risiken	Versorgungssicherheit bei Vorprodukten, Gewinnung kostengünstiger Vorprodukte	Theorie der Unternehr Industrial - Organizat Theorie, Standorttheorie, Kapitaltheorie, Theorie des internatic Handels

Abb. 4-6: Internationale strategische Ausrichtungen im Lichte der Internationalisierungstheo (aus: Jahrreiß (1984:263 ff.))

---

49 In der Abbildung ist von einer *eklektischen Theorie* die Rede. Jahrreiß meint hier nicht direkt Dunning, sondern seinen eigenen Vorschlag, eben mit mehrerer Internationalisierungstheorien zu arbeiten.

Das ergibt durchaus Anknüpfungspunkte zu unserem Sprachspiel von Wettbewerbsanalyse und Wettbewerbsstrategie: Strategiedeterminanten und potentielle Internalisierungsvorteile konstituieren Wettbewerbsvorteile, die in strategische Ausrichtungen als Formen der Wettbewerbsstrategie einmünden. Der jeweils für die einzelnen Strategieausrichtungen relevante Bedingungsrahmen zeigt die Gegenstände der Wettbewerbsanalyse auf.

Freilich läßt der Vorschlag von Jahrreiß viele Fragen offen: Erstens müßten für eine konkrete Anwendung die Analysegegenstände des Bedingungsrahmens schon ausführlicher expliziert, zumindest in umfangreichere Checklisten gegossen werden. So liefern beispielsweise standorttheoretische Analysen vielfältige und vor allem sehr konkrete Systematisierungen *struktureller Bedingungen* internationaler Wettbewerbsstrategien.[50] Listen von Standortfaktoren, wie etwa jene von Kappich (1989:62 ff.), können sicherlich eher als Instrument der Wettbewerbsanalyse erachtet werden denn die einfache Nennung der 'relativen Standortqualität' als Element des Bedingungsrahmens der strategischen Ausrichtung von Direktinvestitionen. Zweitens hilft es dem Wettbewerbsanalytiker wenig weiter, wenn er erfährt, daß für fast jede der aufgeführten Strategiealternativen die Analyse der Branchenstruktur in Inland, international und im Zielland vonnöten ist. Das ist zwar richtig, aber zu abstrakt. Interessant ist doch gerade die Frage, wie unterschiedliche Ausprägungen der Branchenstruktur unterschiedliche Strategien induzieren, d.h., die Gegenstände der Branchenstrukturanalyse sind strategiespezifisch zu konkretisieren. Drittens schließlich wird die *Verbindung* zu den Internationalisierungstheorien nur relativ undeutlich herausgearbeitet. Zwar ist die Rede von 'zu verwendenden Analysekonzepten', wie diese und ihre Verwendung konkret aussehen, bleibt allerdings dunkel. Trotz allem: Wir erhalten erste Hinweise zumindest auf die Möglichkeit der Beziehung zwischen Internationalisierungstheorie und Wettbewerbsanalyse bzw. Wettbewerbsstrategie.

(2) Solche Hinweise gibt auch Perlitz (1981:101 ff.), wenn er die Theorien der ausländischen Direktinvestitionen nach dem Kriterium ordnet, inwieweit sie Bestimmungsfaktoren für die betriebliche Stärken- und Schwächenanalyse bzw. für die Umweltanalyse des Unternehmens liefern. Perlitz stellt damit einen offen-

---

50   Vgl. z.B. Aharoni (1966:76 ff.); Koopman/Montias (1971:29-35); Tesch (1980:359-372).

sichtlichen Bezug zu dem her, was wir unter Wettbewerbsanalyse verstehen. Allerdings bleibt auch er recht oberflächlich:

Hinsichtlich der Bestimmungsfaktoren aus der betrieblichen Stärken- und Schwächenanalyse kommt Perlitz zum etwas undurchsichtigen Ergebnis, daß diese vor dem Hintergrund der Unterscheidung zwischen Anpassungs- und Gestaltungsmaßnahmen zu sehen sind: Eine Anpassung des Unternehmens würde durch Faktoren wie Kostendruck im Inland im Vergleich zum Ausland, aufkommende Konkurrenz auf den Absatzmärkten des In- und Auslandes des Unternehmens[51] sowie dem Streben nach Absatzmarkt- und Rohstoffmarktsicherung[52] erwirkt. Zumindest die ersten beiden Aspekte haben jedoch mit Stärken- und Schwächenanalyse, wie der Autor sogleich einräumt, wenig zu tun. Es handelt sich um Bestimmungsfaktoren, die "... mehr der Umweltanalyse zuzuordnen sind ..."[53]. Gestaltungsmaßnahmen durch Direktinvestitionen im Ausland würden vor allem bestimmt durch die Verfügbarkeit von Kapazitätsvorteilen, knappen Rohstoffen im Inland, großen finanziellen Mitteln und überlegener Technologie-Faktoren, die sich aus dem I/O-Ansatz der Internationalisierung und aus Vernons Produktlebenszyklustheorie[54] herleiten. Dies sind sicherlich Faktoren, die in einer auf den internationalen Wettbewerb ausgerichteten Stärken- /Schwächenanalyse zu berücksichigen sind.

Mit Blick auf die Beziehung zwischen Internationalisierungstheorie und Umweltanalyse stellt Perlitz fest, daß "für die Umweltanalyse von Unternehmen ... nach der Theorie von Aliber[55] der Unterschied in den Währungsrisiken bedeutend (ist;J.R.)."[56] Weitere Bestimmungsfaktoren der Umweltanalyse liefern nach Perlitz die vom ihm als *behavioristisch* bezeichneten Überlegungen Aharonis (1966):[57] Analysegegenstände seien in diesem Zusammenhang externe Vorschläge, Marktsicherung im In- und Ausland sowie Mitläufer-Effekte.

---

51 Diese Analysegegenstände leitet Perlitz (1981:103 ff.) aus der Produktlebenszyklustheorie Vernons (1966),(1971) ab.
52 Dieses leitet Perlitz (1981:105 f.) aus der Imperialismustheorie von Wolff (1970) ab.
53 Perlitz (1981:107).
54 Vgl. Vernon (1966), (1971).
55 Vgl. Aliber (1970), (1971). Eine ausführlichere Darstellung dieser Theorie findet sich bei Jahrreiß (1984:178 ff.).
56 Perlitz (1981:108).
57 Vgl. Perlitz (1981:108 ff.).

(3) Im Vergleich dazu geht Colberg (1989) wesentlich präziser vor. Zogen wir aus den Überlegungen von Jahrreiß (1984) und Perlitz (1981) vor allem die Erkenntnis, daß eine Verbindung zwischen Internationalisierungstheorien und unserem Verständnis von Wettbewerbsanalyse und Wettbewerbsstrategie für *möglich gehalten wird*, so bieten die sehr operationalen Analysen Colbergs (1989) hinsichtlich der Konzeptualisierung internationaler Unternehmens-Präsenzstrukturen erheblich konkretere Anhaltspunkte für Wettbewerbsanalyse und Wettbewerbsstrategie.

Colberg (1989) geht es um die empirische Ermittlung von Mustern internationaler Unternehmenspräsenz. In seinem Bemühen, sich dabei auf jene Merkmale zu beschränken, von deren Gestaltung wesentliche Einflüsse auf den Unternehmenserfolg zu erwarten sind, greift er auf die Internationalisierungstheorien zurück: Sie liefern ihm die spezifischen Vor- und Nachteile der Internationalisierung sowie deren Determinanten, so daß er seine empirischen Analysen auf eben jene Erfolgsfaktoren beschränken kann, die einen Einfluß auf die Realisierung der Vor- und Nachteile zeitigen.[58]

Damit wird durchaus auch eine Verknüpfung von Internationalisierungstheorie und Wettbewerbsanalyse bzw. Wettbewerbsstrategie geleistet: Vor- und Nachteile internationaler Unternehmenstätigkeit[59] tangieren unmittelbar Wege, Möglichkeiten und Grenzen des Aufbaus und der Ausnutzung von Wettbewerbsvorteilen, also die internationale Wettbewerbsstrategie. Die Einflußfaktoren dieser Vor- und Nachteile erlangen als Gegenstände der Wettbewerbsanalyse Bedeutung. Abb. 4-7 stellt Colbergs (1989) Ausführungen im Sinne unseres Erkenntnisinteresses etwas um, und versucht so, den nunmehr konkreteren Zusammenhang zwischen Internationalisierungstheorien und Wettbewerbsanalyse bzw. Wettbewerbsstrategien zu erhellen.

---

58   Diese Erfolgsfaktoren hatten wir bereits in Kap. 2.33 als Kandidaten für Variablen der Bildung strategischer Gruppen in internationalisierenden Branchen herausgestellt.

59   Colberg (1989) spricht von Länderverbundvor- und nachteilen.

Wettbewerbsstrategie (Vorteile bzw. Barrieren internationaler Unternehmenstätigkeit)		Internationalisie-rungstheorie als Fundament	Wettbewerbsanalyse	
Bezeichnung	Erklärung		Strukturelle Bedingungen	Einfluß auf Barrieren Vorteilshöhe
Internationale Größendegressions-effekte (einschließl. Spill-over-Effekte)	Das im internationalen Rahmen größere Marktvolumen erlaubt die Realisierung größerer Absatzmengen, woraus sich entweder ein Potential zur Stückkostensenkung ergibt, oder bei gleichen Stückkosten die Möglichkeit zum Aufbau/Ausbau von Unternehmensfunktionen, welche die Wettbewerbsfähigkeit erhöhen. Die über nationale Grenzen ausstrahlende Wirkung bestimmter Aufwendungen läßt sich durch internationale Unternehmenstätigkeit nutzen	Hufbauer (1970)	Marktgröße Marktwachstum	Economies of Scale in Produktionsbereich (+ Höhe technisch beding Mindestausbringungs en (+); Technologieintensität Preiselastizität (+); Differenzierungsmögl en bei Unternehmensleistun Spill-over-Intensität de Marketingmaßnahme
Internationale Erfahrungseffekte	Die gegenüber jedem nationalen Kontext um ein Vielfaches vergrößerte Aufgabenumwelt mit z.T. vergleichbaren Problemstellungen in der verschiedenen Ländern bietet einem international tätigen Unternehmen in sehr viel stärkerem Maße die Möglichkeit, Erfahrungen zu sammeln und damit geringere Kosten oder bessere Leistungen zu erzielen	Posner (1961) Arrow (1962)	Marktgröße Marktwachstum	Bedeutung von Erfah (+)
Internationale Sourcing-Effekte	Die Existenz von Länderunterschieden bei Faktorverfügbarkeit und -kosten sowie bei staatlichen Rahmenbedingungen, bietet international tätigen Unternehmen die Möglichkeit, einzelne Unternehmensfunktionen jeweils in den vorteilhaftesten Ländern auszuüben und dadurch Kosten- und Verfügbarkeitsvorteile zu realisieren	Ricardo (1817) Kravis (1956) Heckscher (1933) Ohlin (1933) Fels/Horn (1972)	Verfügbarkeit/Kosten von Arbeitskräften; Kapitalverfügbarkeit/-kosten; Verfügbarkeit/Kosten von Rohstoffen/Vorprodukten; Steuerbelastung	Arbeits-, Kapital-, Materialintensität (+); Preiselastizität (+); Differenzierungsmög bei Unternehmensleis (-)
Internationale Risikodiversifikations - Effekte	Die Existenz von Unterschieden in den Länderrisiken sowie die graduelle Unabhängigkeit zwischen den Entwicklungen (insbes. Nachfrageentwicklung) verschiedener Länder bieten die Möglichkeit, durch internationale Unternehmenstätigkeit den Geschäftsverlauf zu stabilisieren, woraus zudem Vorteile bei den Produktions- und Finanzierungskosten sowie der Wettbewerbsfähigkeit resultieren können	Aliber (1970) Buckley/Casson (1976) Agmon/Lessard (1977) Rugman (1981) Hennart (1986) Teece (1986)	Konjunkturelle Produktnachfragezyklen; Länderrisiko; Risiko längerfristiger Wechselkursverschiebungen	Flexibilität der Produktionstechnik (

Abb. 4-7: Die Beziehung zwischen Internationalisierungstheorie, Wettbewerbsstrategie und Wettbewerbsanalyse bei Colberg (in starker Anlehnung, jedoch unter Erweiterung Modifikation aus: Colberg (1989:78-80))

...ngsstand -...ffekte	Die Existenz von Länderunterschieden im Entwicklungsstand bietet die Möglichkeit, durch internationale Unternehmenstätigkeit den Geschäftsverlauf langfristig zu stabilisieren, wobei vorhandene Erfahrungen, Produktionsanlagen sowie finanzielle Mittel übertragen werden können	Vernon (1966), (1979)	Entwicklungsstand (Produktlebenszyklus)	
...nale ...gietransfer-	Die Existenz von Länderunterschieden in der (produktgruppenspezifischen) technologischen Entwicklung bietet die Möglichkeit, durch internationale Unternehmenstätigkeit technologische Impulse aus einzelnen Ländern für das Gesamtunternehmen (in allen Ländern) nutzbar zu machen	Posner (1961)	Technologische Entwicklung	Technologieintensität (+)
...bsidizing -	Die zumeist partielle Unabhängigkeit der Kontexte in verschiedenen Ländern bietet international tätigen Unternehmen die Möglichkeit, einzelne Länderaktivitäten durch andere zu subventionieren und dadurch (insbesondere nationale) Wettbewerber zu verdrängen	Hymer (1976) Kindleberger (1969)		Preiselastizität (+)
...seffekte zu ...onalen	Die Existenz multinationaler Kunden bietet internationalen Unternehmen die Möglichkeit, den Kunden in mehreren Ländern zu betreuen und damit dessen Bindung an das Unternehmen zu erhöhen	Juhl (1980), (1981)		Nachfrageanteil multinationaler Kunden (+)
...itätsbarriere	Die Multiplizierung der für das Unternehmen relevanten Kontexte mit unterschiedlichen Bedingungen und vielfältigen Interdependenzen sowie die Anpassung von Unternehmensleistungen, Strukturen und Prozessen führen zu steigenden Anforderungen an das Steuerungs- und Kontrollsystem des Unternehmens verbunden mit Kostensteigerungen und /oder Effizienzverlusten	Linder (1961) Hirsch (1976)	Allgemeine Umweltbedingungen; Anforderungen an die Gestaltung von Unternehmensfunktionen; Produktanforderungen; Wechselkursschwankungen; Staatliche und durch nationalistische Tendenzen bedingte Behinderungen int. Transfers	
...anforderungs ...e	Die Existenz von Länder - Unterschieden in den Produktanforderungen führt dazu, daß für bestimmte Länder konzipierte Produkte in anderen Ländern nicht, nur schwer oder nur zu einem geringen Preis verkauft werden können. Produktanpassungen führen zur Erhöhung der Stückkosten	Vernon (1966), (1979)	Produktanforderungen -technisch/gesetzlich zwingend -nicht zwingend	Anwendbarkeit des "Baukastensystems" (-); Flexibilität der Produktionstechnik (-)

...4-7: Die Beziehung zwischen... (Forts.)

Distanzbarriere	Die zum Teil erheblichen Entfernungen im internationalen Raum können zu bedeutenden Transport- und Kommunikationskosten führen, die Reaktionszeiten verlängern oder den Fluß bestimmter Informationen ganz verhindern	Linnemann (1966) Vernon (1966), (1979) Standorttheorie	(Interkontinentale) Entfernungen	Weight/Value- und Volume/Value- Koeffiz (+); Produkthaltbarkeit (-); Kommunikationsbedar Kunden (+): Erforderliche Reaktionsgeschwindigkeit (-
Künstliche Transferbarriere	Die Existenz vielfältiger Beschränkungen und Erschwernisse grenzüberschreitender Transaktionen sowie die Gefahr plötzlicher Änderungen verhindern und/oder erhöhen die Kosten und das Risiko derartiger Transfers	Ohlin (1933) Vernon (1966), (1979) Standorttheorie	Staatliche und durch nationalistische Tendenzen bedingte Behinderung int. Transfers	Nachfrageanteil öffentl Institutionen (+)
Wechselkursbarriere	Die Möglichkeit realer Wechselkursschwankungen führt bei grenzüberschreitenden Transaktionen zu erhöhtem Risiko	Aliber (1970)	Risiko realer Wechselkursschwankungen	Preiselastizität (+)

Abb. 4-7: Die Beziehung zwischen...(Forts.)

Ich möchte zusammenfassen: Unsere Ausführungen haben gezeigt, daß die zunächst vielleicht etwas abenteuerlich anmutende Idee, Internationalisierungstheorien für Fragen der Wettbewerbsanalyse und Wettbewerbsstrategie fruchtbar zu machen, zumindest nicht völlig abwegig zu sein scheint: Forscher wie Jahrreiß (1984) und Perlitz (1981) deuteten in diese Richtung, Colberg (1989) konkretisierte sogar und konnte Wettbewerbsvor- bzw. -nachteile sowie Gegenstände der Wettbewerbsanalyse explizieren. Andererseits wird anhand solcher Vorgehensweisen allerdings auch klar, daß man bei den Ansprüchen, die man den Internationalisierungstheorien entgegenbringt, Abstriche machen muß: Letztlich reduzieren sich die Instrumente und Konzepte von Wettbewerbsanalyse und Wettbewerbsstrategie auch hier auf Listen von Einflußgrößen und die Nennungen von Strategiealternativen. Es bleibt also nach wie vor der Wunsch nach tiefgreifenderen, schlüssiger *erklärenden* Verbindungswegen zwischen Internationalisierungstheorie und unserem Wettbewerbsapproach. Zwei derartige Versuche sollen in den folgenden beiden Kapiteln betrachtet werden: Zunächst, in Kap. **4.22**, die Verknüpfung der Transaktionskosten- bzw. Internalisierungstheorie mit Wettbewerbsstrategien der externen Interdependenz.

4.22 Strategien der externen Interdependenz im Lichte der Internalisierungstheorie

Schon mehrfach hatten wir auf die enorme praktische Bedeutung von Wettbewerbsstrategien der externen Interdependenz (strategische Allianzen usw.) in internationalisierenden Branchen hingewiesen. Da andererseits ein relativer Theoriemangel der Managementkonzepte gerade hinsichtlich dieser Thematik festgestellt wurde[60], kommt es sehr gelegen, daß die Wissenschaft Versuche bereitstellt, just die Frage der Wahl und des Funktionierens alternativer institutioneller Formen der Internationalisierung über die Transaktionskosten- bzw. Internalisierungstheorie zu durchdringen:[61] Auf der Suche nach einem erweiterten theoretischen Fundament von Wettbewerbsanalyse und Wettbewerbsstrategie ist es daher die Aufgabe dieses Kapitels, zu prüfen, inwieweit Transaktionskosten- bzw. Internalisierungstheorie Erkenntnisse über Zustandekommen und Verständnis internationaler Unternehmenskooperation liefern, die in entsprechenden Konzepten und Instrumenten von Wettbewerbsanalyse bzw. Wettbewerbsstrategie berücksichtigt werden könnten. Jarillos (1988:31) Intention, mittels transaktionskostentheoretischer Analysen gerade die *strategische Wettbewerbskomponente* in die Diskussion um (internationale) Netze der externen Interdependenz einzuführen, legt immerhin eine gewisse Erfolgswahrscheinlichkeit unseres Ansinnens nahe.

Drei Schritte sollen getan werden: Zunächst gilt es, den in Kap. 4.121 (vgl. insbes. Abb. 4-3) nur oberflächlich thematisierten Transaktionskostenansatz etwas genauer zu kennzeichnen und vor allem über die Brücke der Internalisierungstheorie den Zusammenhang zur Internationalisierung zu illustrieren (Kap. **4.221**). Sodann wird untersucht, *wie* dieser Theoriehintergrund zur Erklärung internationaler Unternehmenskooperation herangezogen wird, inwiefern also unser Verständnis für diese Komponente von Wettbewerbsanalyse und Wettbewerbsstrategie erhöht werden kann (Kap. **4.222**). Einige Überlegungen hinsichtlich der *Grenzen* der Anwendung dieses Theoriebausteins für den Wettbewerbsapproach des internationalen Management runden die Betrachtung ab (Kap. **4.223**).

---

60   Vgl. Kap. 3.234.
61   Vgl. insbesondere Kappich (1989).

4.221 Grundzüge der Transaktionskosten- und Internalisierungstheorie

Um den Beitrag transaktionskostentheoretisch orientierter Internationalisierungstheorien[62] für die Konzeption von Wettbewerbsstrategie und -analyse im Zusammenhang internationaler Unternehmenskooperation zu verstehen, sind zunächst Transaktionskostentheorie (1) und Internalisierungsansatz der Internationalisierung (2) kurz zu entfalten:

(1) Dem auf Coase (1937), Commons (1934) und Simon[63] fußenden und vor allem von Williamson[64] entwickelten Transaktionskostenansatz[65] ging es zunächst um die Erklärung des Zustandekommens von 'Hierarchien' (Organisationen). Man fragte sich, wie es überhaupt möglich sein kann, daß Transaktionen, also "... the alienation and acquisition, between individuals, of the rights of future ownership of physical things ..."[66], innerhalb des institutionellen Rahmens der Hierarchie und eben nicht ausschließlich über Märkte abgewickelt werden. Die Antwort fand man in der Thematisierung von Transaktionskosten als Effizienzmaßstab der Entscheidung zwischen Markt und Hierarchie: Es handelt sich dabei "... vornehmlich um Informations- und Kommunikationskosten, die bei der Anbahnung, Vereinbarung, Kontrolle und Anpassung wechselseitiger Leistungsbeziehungen auftreten. Neben monetär erfaßbaren Größen fallen hierunter auch andere, schwer quantifizierbare Nachteilskomponenten, wie z.B. die im Rahmen einer Vertragsüberwachung aufzuwendende Mühe und Zeit."[67] Die These lautet nun, daß derartige Transaktionskosten bei marktlichen Transaktionsvorgängen u. U. viel höher seien als bei Abwicklung innerhalb einer Organisation. In solchen Fällen erweist sich dann die Organisation als vorteilhafter, präziser gesagt: als ökonomisch effizienter. Wann aber liegen solche Fälle vor? Wann sind die Transaktionskosten relativ höher? Antwort: Immer dann, wenn begrenzte Ratio-

---

62 Als solche können beispielsweise gelten: Buckley/Casson (1976),(1985); Calvet (1980), (1987); Casson (1979); Kappich (1989); Magee (1977); Rugman (1981); Teece (1986). Zur Einordnung vgl. Abb. 4-3.
63 Vgl. insbesondere Simons Überlegungen zur beschränkten Rationalität in: Simon (1957).
64 Vgl. Williamson (1975), (1979), (1981), (1981a), (1985); Williamson/Ouchi (1983).
65 Kurzdarstellungen der Transaktionskostentheorie finden sich bei: Grandori (1987:29 ff.); Knyphausen (1988:196 ff.); Ochsenbauer (1988:195 ff.); Picot (1982); Picot/Dietl (1990). Zu Kritik und Fortentwicklung: Boisot (1986); Hill (1990); Leblebici (1985); Ouchi (1980); Robins (1987).
66 Commons (1934:58).
67 Picot/Dietl (1990:178). Vgl. auch Williamson (1981a:552).

nalität (bounded rationality) und opportunistisches Verhalten des Menschen auf Umweltbedingungen der Unsicherheit/Komplexität bzw. der geringen Anzahl (small numbers) an Transaktionspartnern treffen:[68] Dann nämlich bereitet die Transaktion Probleme: So wird beschränkte Rationalität zum Problem, wenn man sich dem Erfordernis der Bewältigung von Unsicherheit und Komplexität gegenübersieht, wenn also die zu erwartenden Transaktionsprobleme nicht mehr überschaubar sind und sich der Regelbarkeit entziehen. Opportunismus wird dagegen zum Problem (d.h., man kann ihm nicht einfach durch Wechsel des Transaktionspartners begegnen), wenn er zusammen mit einer nur geringen Anzahl potentieller alternativer Transaktionspartner auftritt. Eine solche geringe Zahl an alternativen Transaktionspartnern ergibt sich besonders durch das Entstehen von *asset specificity*[69], d.h. bei idiosynkratischem Investieren in ein ganz bestimmtes, auf nur spezifische Transaktionspartner zugeschnittenes Human- und Sachkapital sowie entsprechende Standorte.[70] Derartige Spezifität kann z.T. auch erst ex post zu monopolartigen Transaktionsbeziehungen führen.

Die These, daß derartige Probleme innerhalb hierarchischer Organisationen mit relativ geringeren Transaktionskosten gehandhabt werden können, wird folgendermaßen begründet:

> "Zum einen schränken intensivere und vorwiegend langfristig ange-
> legte Anreiz-, Kontroll- und Sanktionssysteme die Freiräume opportu-
> nistischen Verhaltens erheblich ein. Gleichzeitig erhöht ein gemein-
> samer Ressourcenbesitz die Interessenkongruenz der Beteiligten. Auf
> der anderen Seite werden hierarchisch koordinierte Leistungsbezie-
> hungen den Erfordernissen einer unsicheren oder komplexen Umwelt
> durch die Möglichkeit kurzfristiger, adaptiver und sequentieller Ent-
> scheidungen höherrangiger Instanzen in besonderer Weise ge-
> recht."(Picot/Dietl (1990:181))

Freilich geht es der Transaktionskostentheorie nicht nur um die Frage der Wahl zwischen Markt und Hierarchie. In jüngeren Entwicklungen[71] wird diese Dicho-

---

68 Man spricht in diesem Zusammenhang vom 'organizational failures fra-
    mework'. Vgl. die Abb. bei Williamson/Ouchi (1983:15). Es sei darauf
    hingewiesen, daß wir in unserer Darstellung aus Vereinfachungsgründen
    auf drei weitere Bausteine dieses frameworks, nämlich Transaktionshäu-
    figkeit, 'information impactedness' und 'atmosphere' verzichten. Vgl.
    dazu Williamson (1975:37 ff.).
69 Vgl. Williamson (1975:27 f.); (1981a:555).
70 Vgl. auch Williamson (1985:95 f.).
71 Vgl insbes. Williamson (1981a).

tomie insofern aufgebrochen, als man die Bedingungen der Transaktionskostenhöhe *innerhalb* hierarchischer Organisationen genauer spezifiziert und auf
diesem Wege zu unterschiedlichen institutionellen Alternativen der hierarchischen Organisation selbst gelangt:[72]

Auch in der Organisation selbst kann sich *asset specificity*, speziell human asset
specificity in Form von Anpassungsprozessen, spezifischer Erfahrungen der Ar-
beitnehmer mit unternehmenseigenen Produktionsmitteln, unternehmensinter-
nen informalen Regeln, Kommunikationsstrukturen ergeben[73], die zu Opportu-
nismusproblemen der Art führen, "... that incumbent employees will hoard information to their personal advantage and engage in a series of bilateral monopolistic exchanges with the management - to the detriment of both the firm and
other employees as well."[74] Des weiteren können sich auch in der Organisation
Unsicherheitsprobleme etwa hinsichtlich der Messung des Leistungsbeitrages
der Mitarbeiter ergeben. Beide Aspekte sind in Abb. 4-8 vereint.

Metering	Human Assets	
	Nonspecific	Highly specific
Easy	Spot Market	Obligational Market
Difficult	Primitive Team	Relational Team

Abb. 4-8: Formen organisationsinterner Koordination (minimal gekürzt
aus: Williamson (1981a:566))

Die Abbildung zeigt verschiedene Formen der Transaktionsabwicklung innerhalb
von Hierarchien: Im Falle des spot market, genauer der 'internal spot market labor relation'[75], sind vergleichsweise einfache Koordinationsmechanismen der

---

72   Vgl. zum folgenden auch die Darstellung bei Ochsenbauer (1988:207 ff.).
73   Vgl. dazu ausführlich: Hoenack (1986); Ochsenbauer (1988:207 ff.).
74   Williamson/Waechter/Harris (1975:257).
75   Williamson (1981a:565). Knyphausen (1988:200) irrt, wenn er 'spot mar-
     ket' und 'obligational market' als Formen marktlicher Transaktionsbezie-
     hungen ansieht. In Wahrheit spezifiziert Williamson damit organisations-
     interne Modi der Transaktionsabwicklung. So ist unsere Abb. 4-8 , auf die
     sich auch Knyphausen bezieht, bei Williamson (1981a:566) mit den Wor-
     ten 'The governance of internal organization' betitelt.

Hierarchie möglich. Im Falle des 'obligational market'[76] dagegen erfordert die hierarchische Koordination wegen hoher Spezifität stärkere Sicherheitsvorkehrungen zur Vermeidung des Abbruchs der Transaktionsbeziehung. Das 'primitive team' verkörpert klassisch hierarchische Strukturen mit strengen Regeln und formalen Festlegungen, die die aus Problemen der Leistungsbeitragsmessung resultierenden Schwierigkeiten handhaben sollen. Im Falle hoher Spezifität *und* großer Meßprobleme allerdings versagen klassische Koordinationsmechanismen der Hierarchie ebenso wie die marktlichen Transaktionen *entlehnten* Mechanismen. Hier greifen eher nicht-strukturelle Koordinationsmechanismen wie Wert- und Normstrukturen, die Ouchi (1980) mit dem Begriff 'clan' belegt.[77]

(2) Fragt man nun nach der Beziehung derartiger Überlegungen zum Phänomen der Internationalisierung, so erhellt sich diese rasch, wenn man die sog. Internalisierungstheorie der Internationalisierung (vgl. Abb. 4-3) etwas genauer betrachtet: Diese greift auf transaktionskostentheoretisches Gedankengut zurück:

"Internalization is the process of making a market within the firm. The internal market of the firm substitutes for the missing regular (or external) market and solves the problems of allocation and distribution by the use of administrative fiat ... . Whenever there is a missing market ... , or when the transaction costs of the regular market are excessive, then there will be a reason for internalization...On a worldwide basis there are countless barriers to trade and other market imperfections so there are even stronger reasons for the emergence of multinational enterprises. Such firms internalize international market imperfections..."(Rugman (1981:28))

Man erklärt hier also die Entstehung internationaler 'Hierarchien' über die vergleichsweise höheren Transaktionskosten der marktlichen Abwicklung internationaler Transaktionen.

Allerdings ist - wir hatten an anderer Stelle bereits auf die ähnlich lautende Kritik Dunnings (1988) hingewiesen - nicht einzusehen, wie auf diesem Wege die Entscheidung zur Internationalisierung selbst erklärt werden kann: Es wird einzig

---

76 Ochsenbauer (1988:213) spricht von 'internem Arbeitsmarkt'.
77 So nimmt Williamson (1981a:565) denn auch bei der Beschreibung seines 'relational team' explizit Bezug auf Ouchi. Ouchi (1980:137) argumentiert über das Konstrukt vom 'Bürokratieversagen' in Ergänzung des ursprünglich vom 'Marktversagen' ausgehenden Transaktionskostenansatz. Zum Verhältnis der Analysen Ouchis zum Werk Williamsons: Maitland/Bruyson/Ven (1985).

die Wahl des institutionellen Rahmens der Internationalisierung thematisiert. Um diesem Argument zu entgehen, integriert man neuerdings Standortfragen in die Internalisierungstheorie:

> "The internalization approach to modern theory of the multinational enterprise rests on two general axioms: (1) Firms choose the least cost location for each activity they perform, and (2) firms grow by internalizing markets up to the point where the benefits of further internalization are outweighed by the costs." (Buckley (1988:181 f.))

Dem weiteren Einwand, daß es zusätzlich gewisser unternehmensspezifischer Wettbewerbsvorteile bedürfe, um Internationalisierung zu erklären[78], wird mit dem Argument begegnet, daß Internalisierung solche Vorteile beinhalte, denn "... if internalization is interpreted dynamically, the inclusion of ownership advantages is double counting. The act of internalizing a market is undertaken to increase profit and as a strategic move, it confers an advantage on the internalizing firm ...".[79]

Wie immer dem im einzelnen auch sein mag: Entscheidend ist an dieser Stelle die Feststellung, daß die Internalisierungstheorie institutionelle Alternativen der Internationalisierung zu erklären vermag. Internationale Wettbewerbsstrategien der externen Interdependenz (Netzwerke, strategische Partnerschaften usw.) sind besondere Formen der Institutionalisierung von Internationalisierung. Es liegt mithin nahe, bei unserer Suche nach einem erweiterten Theoriefundament des Wettbewerbsapproach die Beziehung zwischen Transaktionskosten- bzw. Internalisierungstheorie einerseits und internationalen Wettbewerbsstrategien der externen Interdependenz andererseits zu beleuchten.

4.222 Die Beziehung zwischen Transaktionskosten- bzw. Internalisierungstheorie und internationalen Wettbewerbsstrategien der Kooperation

Wie können nun transaktionskosten- und internalisierungstheoretische Analysen mit Wettbewerbsstrategien der externen Interdependenz und entsprechenden Instrumenten der Wettbewerbsanalyse in Verbindung gebracht werden? Diese

---

78 Vgl. Dunnings (1988) Eigentumsvorteile.
79 Buckley (1988:182).

Frage soll in vier Schritten beantwortet werden: Zunächst ist das Verhältnis von Unternehmenskooperationen zur Markt-Hierarchie-Dichotomie zu begründen (1). Auf dieser Basis kann sodann der Bezug zum Wettbewerbsapproach im allgemeinen (2), sowie zur Gestaltung bzw. Konzeption von Wettbewerbsstrategie (3) und Wettbewerbsanalyse (4) in internationalisierenden Branchen überprüft werden.

(1) In vielen Erörterungen (internationaler) Unternehmenskooperation findet sich die Feststellung, Strategien der externen Interdependenz bewegten sich *zwischen* der im Transaktionskostenansatz aufgespannten Dichotomie von Markt und Hierarchie.[80] Dadurch entsteht auf den ersten Blick der Eindruck, transaktionskosten- und mithin auch internalisierungstheoretische Argumentationen versagten angesichts der 'Interpenetration von Organisation und Markt'[81]. Wie aber ist es dann möglich, daß sie gleichwohl zur Erklärung von beispielsweise Joint Ventures herangezogen werden?[82]

Buckley/Cassons (1988:27 ff.) 'ökonomischer Theorie von Joint Ventures' zufolge gelingt dies über ergänzendes Hinzuziehen der Aspekte 'Unteilbarkeit' und 'Nachteile von Fusionen':

> "It is clear ... that JV (Joint Venture;J.R.) operation is to be explained in terms of a combination of three factors, namely internalisation economies, indivisibilities, and obstacles to merger ... Given that location factors, such as resource endowments, result in two independent facilities being located in different countries, the first of the three factors mentioned above - internalisation economies - militates in favour of outright ownership. It is the extent to which it is constrained by the other two factors - indivisibilities and obstacles to merger - that governs the strength of preference for a JV. The larger are indivisibilities, the greater the obstacles to merger, and the smaller are internalisation economies (relative to the other two factors) the more likely it is that the JV will be chosen ..." (Buckley/Casson (1988:28))

Freilich wird mit einer solchen Argumentation die direkte Fruchtbarmachung transaktionskostentheoretischer Analyse über Bord geworfen. Es geht Buck-

---

80   Vgl. statt anderer Cichon (1988:359 f.).
81   Vgl. Imai/Itami (1984). Im übrigen hatte Richardson (1972:895) bereits im Jahre 1972 darauf hingewiesen, daß "the dichotomy between firm and market ... is misleading; it ignores the institutional fact of inter-firm co-operation and assumes away the distinct method of co-ordination that this can provide."
82   Etwa von Hennart (1988); Stuckey (1983).

ley/Casson (1988) nicht darum, Joint Ventures als einen institutionellen Rahmen zu charakterisieren, der relativ niedrigere Transaktionskosten verursacht als Markt oder Hierarchie. Vielmehr stellen sie die grundsätzliche Überlegenheit der Hierarchie nicht in Frage und begründen Joint Ventures über die Hindernisse der Realisierung von Hierarchie. Internalisierungsmotive (Absicherung gegen Preisbewegungen bei Zwischenprodukten; Vermeiden wiederkehrender Verhandlungen; operationale Integration von *upstream-* und *downstream*-Aktivitäten; Absicherung gegen schlechte Qualität von Komponenten; Anpassung von Produkten an Auslandmärkte; Managementtraining und Technologietransfer; Reduzieren der Betrugsgefahr)[83] favorisieren im Grunde Hierarchie als Koordinationsmechanismus, können aber zu Joint Ventures führen, falls Unteilbarkeit (z.B. wegen starker scale-Intensität oder wegen Komplementarität der Leistungen beider Partner) bzw. Hindernisse der Fusion einer internen Regelung im Wege stehen.[84]

Man kann gegen die Argumentation von Buckley/Casson (1988) allerdings ins Feld führen, daß sich die Überwindung der Hindernisse einer hierarchischen Koordinationslösung in hohe, notfalls unendlich hohe Transaktionskosten fassen läßt. Auf diese Weise würde dann doch ein Weg beschritten, transaktionskostentheoretisches Denken *direkt* zur Analyse von Wettbewerbsstrategien der externen Interdependenz heranzuziehen. In diesem Sinne schlägt beispielsweise Jarillo (1988) vor, Unternehmenskooperation und 'strategische Netzwerke' als Sonderform der Kategorie 'Markt' zu konzeptualisieren. Damit wird der Transaktionskostenansatz erweitert: Nicht mehr nur unterschiedliche Formen von Hierarchie (in diesem Falle Bürokratie und Clan), sondern auch Differenzierungen von 'Markt' selbst werden thematisiert (vgl. Abb. 4-9).

---

83   Vgl. ausführlich: Buckley/Casson (1988:30 ff.).
84   Beispiele hierzu finden sich in Buckley/Casson (1988: 30 ff.).

Legal Form	Approach to the Relationship	
	Zero-Sum Game	Non Zero-Sum Game
Market	Classical Market	Strategic Network
Hierarchy	Bureaucracy	Clan

Abb. 4-9: Die Einordnung von Kooperationsstrategien in die Transaktionskostentheorie (leicht ergänzt aus: Jarillo (1988:34))

Im Lichte dieser Überlegung bilden strategische Netzwerke das marktseitige
Pendant zum Clan und werden somit der transaktionskostentheoretischen Argumentation zugänglich. D.h.: Ähnlich wie der Clan als eine interne Organisationsform mit relativ geringeren Koordinationskosten erschien, zeigt sich nun
auch die Kooperation als ein institutioneller Rahmen mit zumindest niedrigeren
Transaktionskosten als der klassische Markt. Im Falle von Joint Ventures kann
man dies beispielsweise über das Entstehen von *mutual hostage*-Positionen[85]
oder über die Möglichkeit zu wechselseitiger Kontrolle erklären: Dadurch
werden Betrugsmotivation bzw. Unsicherheit und damit Transaktionskosten
gesenkt.[86] Eingedenk dieser Möglichkeiten sind strategische Netzwerke im
Vergleich zu hierarchischen Koordinationsformen immer dann ökonomisch
effizienter, wenn die Kosten der internen Transaktionsabwicklung die Summe
aus externen Transaktionskosten und Preis, der für die Leistung des
Kooperationspartners zu entrichten ist, übersteigen.[87] Dies allerdings setzt
relativ zum klassischen Markt niedrigere Transaktionskosten des strategischen
Netzwerkes voraus: "Of course, without a lowering of TC (=
Transaktionskosten; J.R.) the network will not exist (or will be competed out of
the market)."[88]

(2) Genau dies ist für Jarillo (1988) der Punkt, an dem die (wettbewerbs-) strategische Komponente (internationaler) Kooperationsstrategien ins Spiel kommt:
Gelingt es, die externen Transaktionskosten derart zu senken, daß obige Bedin-

---

85 Vgl. zur Anwendung dieses Gedankens bei der Vertragsgestaltung im
    Ost-West - Handel: Kogut (1986a).
86 Vgl. Kogut (1988a:43).
87 Vgl. die Argumentation bei Jarillo (1988:34 ff.).
88 Jarillo (1988:35).

gung erfüllt ist, so sollten Unternehmen von einer Internalisierung der betrachteten Transaktion absehen,

> "... and *precisely by doing so*, will be more efficient than its competitors. This is the essence of the effectiveness of the network arrangement. The hub firm in the network can enjoy lower costs because it captures economies of scale (or whatever source of efficiency) from its associated firms, that other competitors cannot obtain because TC forces them to integrate."(Jarillo (1988:35))

Andere sich aus der Institutionalisierung strategischer Netzwerke eröffnende Wettbewerbsvorteile sieht Jarillo (1988) insonderheit in der Möglichkeit zur Fokussierung und Konzentration auf Schlüsselkompetenzen[89] und in Flexibilitätsvorteilen, die beispielsweise in der Möglichkeit bestehen, Kooperationspartner gegebenenfalls zu wechseln. Gerade dies seien "... extremly powerful competitive weapons, especially in environments that experience rapid change, due to increasingly rapid technological pace, globalization of competition, or the apparition of new, flexible, focused, deintegrated competitors."[90]

(3) Unsere Suche nach einem erweiterten theoretischen und methodischen Fundament von Wettbewerbsanalyse und Wettbewerbsstrategie darf sich nicht in der Darstellung theoretisch reizvoller Argumentationswege erschöpfen. Zu fragen ist, was sich daraus an konkreten Konsequenzen für die Gestaltung bzw. Konzeption von Wettbewerbsstrategie und -analyse ergibt. Hinsichtlich der Strategiekomponente können mindestens zwei konkrete Gestaltungsbereiche festgestellt werden:

- Unterstützung wettbewerbsstrategischer Überlegungen zur relativen Vorteilhaftigkeit einzelner Internationalisierungsformen

Transaktionskostentheoretische Überlegungen können durchaus bei Fragen der Ausnutzung von Wettbewerbsvorteilen herangezogen werden. Die Wahl zwischen verschiedenen Formen der Internationalisierung ist eine solche Frage. Sie betrifft nicht nur die Entscheidung zwischen traditionellen Internationalisierungsformen (Direktinvestition, Handel) und den Wettbewerbsstrategien der ex-

---

89 Eine Wettbewerbsvorteilsquelle, die schon bei Selznik (1957) unter dem Begriff 'distinctive competence' diskutiert wird, und, wie Prahalad/Hamel (1990) dokumentieren, gerade in jüngster Zeit wieder an Bedeutung gewinnt.

90 Jarillo (1988:38).

ternen Interdependenz (Patente, Lizenzen, Know-how-Verträge, Auftragsfertigung, sonstige Kooperationen). Auch die Wahl zwischen alternativen Strategien
externer Interdependenz selbst ist tangiert. Denn: diese Entscheidungsprobleme
betreffen nichts anderes als die *Wahl zwischen eher marktmäßiger oder eher
hierarchischer Nutzung von Wettbewerbsvorteilen*[91] und lassen sich mithin im
Kontext des Transaktionskostenansatzes handhaben. Auf abstraktem Niveau
formulierte Entscheidungshilfen wie etwa die folgende:

> "Wähle zur Koordination der internationalen Aktivitäten dasjenige in-
> stitutionelle Grundmuster, dessen Heranziehung zu einer Maximie-
> rung des auf einen bestimmten Entscheidungszeitpunkt abdiskon-
> tierten Risiko-/Erwartungsnutzens bei der Verwertung bestehender
> Wettbewerbsvorteile unter Berücksichtigung der spezifischen Rah-
> menbedingungen (Standortspezifika) führt."(Kappich (1989:86))

werden dann über das Transaktionskostendenken konkretisierbar, wenn man in
die Kalkulation des Erwartungs-/Risikonutzens der Einnahmeüberschüsse auch
den erwarteten Nutzenentgang durch Koordinationsbedarf und damit Transaktionskosten einbezieht.[92] Konkret heißt dies, daß jene Internationalisierungsalter-
native zu wählen ist, die in Anbetracht der Situation die niedrigsten
Transaktionskosten verursacht. Die über die Transaktionskostentheorie gewonnenen Hypothesen Kappichs (1989), die in Abbildung 4-10 wiedergegeben sind,
können dabei zumindest als Checkliste weiterhelfen.

---

91   Vgl. die Übersicht bei Kappich (1989:160). Kappich (1989:61A und 61B)
      liefert im übrigen eine interessante Übersicht über die Möglichkeit der
      unternehmensinternen Nutzung von Wettbewerbsvorteilen und die Gefahr
      des Verlustes dieser Wettbewerbsvorteile bei unternehmensinterner bzw.
      unternehmesexterner Nutzung.

92   Vgl. die 'Formel' bei Kappich (1989:156).

Einflußfaktoren auf die zu erwartenden Transaktionskosten		Internationalisierungsform zur Verwertung des vorhandenen Wettbewerbsvorteils					
		Know- How -/ Lizenzverträge		Sonstige Formen der Internationalen Kooperation kapitalmäßig unverbundener Unternehmen		Internationale Auftragsfertigung	Direktinvestitionen im Ausland / Traditionelle Handelsbeziehungen
		kurzfristige Verträge ohne besondere Sicherheitsvorkehrungen	langfristige Verträge mit entsprechenden Sicherheitsvorkehrungen	im Rahmen kurzfristiger Verträge ohne besondere Sicherheitsvorkehrungen	im Rahmen langfristiger Verträge mit entsprechenden Sicherheitsvorkehrungen	Ausgliederung von Teilaufgaben des Herstellungs- u/o Vermarktungsprozesses	Vollständige Abwicklung des Herstellungs- u/o Vermarktungsprozesses innerhalb der 'Ursprungsunternehmung'
Unsicherheit	hoch	f	e	d	c	b	a
	gering	a	b	c	d	e	f
Spezifitätsgrad der Investitionen	hoch	f	e	d	c	b	a
	niedrig	a	b	c	d	e	f
Zahl alternativ verfügbarer Geschäftspartner	gering	f	e	d	c	b	a
	hoch	a	b	c	d	e	f
Intensität der notwendigen wechselseitigen Beziehungen	hoch	f	e	d	c	b	a
	gering	a	b	c	d	e	f
Mengen- und wertmäßige Erfaßbarkeit der Leistungsbeiträge	schwierig	f	e	d	c	b	a
	leicht	a	b	c	d	e	f
Rechtliche Rahmenbedingungen	'Rechtsunsicherheit'	eine unternehmensexterne Verwertung der Wettbewerbsvorteile ist unter solchen Umständen 'schwierig':			c	b	a
	'Rechtssicherheit'	eine unternehmensexterne Verwertung der Wettbewerbsvorteile ist unter solchen Umständen 'leicht':			a	b	c
Es gilt: a wird vorgezogen b wird vorgezogen c usw.							

Abb. 4-10: Die Wahl alternativer Internationalisierungsformen im Lichte transaktionskostentheoretischer Argumentation (verändert aus: Kappich (1989:216))

- Unterstützung bei der Gestaltung von Wettbewerbsstrategien der externen Interdependenz

Nicht nur Probleme der Ausnutzung, sondern auch solche des Aufbaus von Wettbewerbsvorteilen über Kooperationsstrategien lassen sich im Rahmen des Transaktionskostenansatzes thematisieren: Wie oben gezeigt, wird der (wettbewerbs-)strategische Nutzen von Strategien der externen Interdependenz im Lichte der Transaktionskostentheorie vor allem von der Fähigkeit abhängig gemacht, die Transaktionskosten gegenüber klassisch-marktlichen Regelungen zu senken. Gerade hierin, so wurde ausgeführt, besteht die Möglichkeit, Wettbewerbsvorteile gegenüber der Konkurrenz aufzubauen.

Da der Abbau von Transaktionskosten vor allem über den Aufbau von *Vertrauen* vonstatten geht[93], überrascht es nicht, daß Internalisierungstheoretiker wie Buckley/Casson (1988) Kooperation schon gleich in diese Richtung definieren: Für sie ist Kooperation nicht nur eine Koordinationsform, welche "... is defined as effecting a Pareto improvement in the allocation of resources such that someone is made better of, and no one worse of, than they would otherwise be", sondern vor allem eine "... coordination effected through mutual forbearance[94]...".[95] Damit ist Kooperation dann effizient, "... when a given amount of mutual forbearance generates the largest possible amount of mutual trust."[96] Vor diesem Hintergrund angestellte Überlegungen von Transaktionskosten- bzw. Internalisierungstheoretikern hinsichtlich des Vertrauensaufbaus/ Transaktionskostenabbaus können durchaus für die Gestaltung von Wettbewerbsstrategien der externen Interdependenz und damit für den Aufbau von Wettbewerbsvorteilen in (internationalisierenden) Branchen konkrete Einsichten liefern:

Buckley/Casson (1988) schlagen beispielsweise eine Reihe von Wegen vor, wie Betrug ('cheating')[97] etwa in Form leerer Drohungen oder zwangsweiser Koordinationserwirkung vermieden und durch weniger transaktionskostenträchtige

---

93 Nach Jarillo (1988:36) ist Vertrauensaufbau "... the fundamental entrepreneurial skill to lower those costs (Transaktionskosten;J.R.) and make the existence of the network economically feasible."

94 Darunter verstehen sie jene Art wechselseitig reziproker Nachsicht, die wir oben bereits als TIT FOR TAT-Strategie thematisiert hatten. Vgl. Buckley/Casson (1988:22).

95 Buckley/Casson (1988:20)(Fußnote von J.R.).

96 Buckley/Casson (1988:24).

97 Vgl. dazu: Buckley/Casson (1988;21 f.).

Mechanismen der wechselseitigen Nachsicht ersetzt werden können. Vier Punkte seien angesprochen:

Erstens verweisen die Autoren auf die Möglichkeit, über die Etablierung von Bestrafungsmechanismen wechselseitige Nachsicht (mutual forbearance) zu erwirken:[98] Dabei erweisen sich sowohl der Rückgriff auf gesetzliche Regelungen als auch die 'do-it-yourself' - Bestrafung als wenig vielversprechend: Ersterer verursacht seinerseits nicht unerhebliche Transaktionskosten, letztere erfordert entsprechende Bestrafungsressourcen der Partner und birgt immer auch ein Glaubwürdigkeitsproblem in sich. Demgegenüber erscheint das *residual risk sharing*[99] als subtileres Instrument: Hier wird eine Transaktionskostensenkung über die Konstruktion des Kooperationsprojektes selbst erreicht. Man versucht, dieses von Beginn an so zu gestalten, daß im Falle opportunistischen Verhaltens eines Kooperationspartners stets das Kooperationsprojekt *als Ganzes* leidet, der Opportunist sich also immer auch ins eigene Fleisch schneidet.

Zweitens wird auf die Möglichkeit hingewiesen, über Reputationseffekte zu Transaktionskostensenkungen zu gelangen:[100] " A reputation is an investment. It requires a party to forego certain short term gains in order to save on future transaction costs. The most valuable reputation appears to be a reputation for reciprocity forbearance: never being the first to abandon it, but always taking reprisals against others who do."[101] Der Aufbau einer derartigen Reputation kann beispielsweise gefördert werden durch die Möglichkeit, 'Nachsicht' öffentlich zu zeigen. Um die Anzahl dieser Möglichkeiten zu erhöhen, empfehlen Buckley/Casson (1988:24) den sukzessive zunehmenden bewußten Einbau von "... additional opportunities for agents to forbear reciprocally." Die dabei zugrundeliegende Annahme einer Übereinstimmung zwischen offenem und verdecktem Verhalten wird als durchaus plausibel erachtet, "... because of bounded rationality, and the persistence of habits, it is difficult for most agents to adjust their behavior fully according to the conditions of observation."[102]

---

98 Vgl. Buckley/Casson (1988:22 f.).
99 Vgl. Buckley/Casson (1988:23).
100 Vgl. Buckley/Casson (1988:23 ff.).
101 Buckley/Casson (1988:23). Vgl. auch Jarillo (1988:37):"The entrepreneur, it is assumed, will behave correctly because, even if in this particular circumstance he or she could gain from opportunistic behavior, such behavior would destroy his or her reputation, thus making the total outcome of the opportunistic behavior undesirable."
102 Buckley/Casson (1988:25).

Drittens läßt sich transaktionskostenträchtiger Opportunismus lindern durch die Etablierung einer Langzeitperspektive, d.h. einer Sichtweise der Kooperation als "... based on commitment to cooperation in its own right".[103] Dazu bedarf es, wie Buckley/Casson (1988:26) herausarbeiten, eines entspechenden Wertefundamntes, d.h. einer *Kooperationskultur*, deren Entstehen insbesondere dann gefördert wird, wenn die Gestaltung des Kooperationsprojektes Informationsteilung vorsieht:

> "In asking people to share information, ... it is likely that the response will divulge some of their more general beliefs, and their moral values too. Thus the sharing of information provides those who stand to gain most from the successful completion of the venture with an opportunity to disseminate ... a set of values conductive to cooperation. In this case, a venture can promote cooperation simply by providing a forum for the preaching of the cooperative ethic."(Buckley/Casson (1988:26))

Viertens ist es für die Gestaltung von (internationalen) Kooperationsprojekten auch aus transaktionskostentheoretischer Sicht höchst bedeutsam, eine Machtbalance zu gewährleisten. Im Falle von Asymmetrie[104] empfehlen Buckley/Casson daher u. U. die Einrichtung eines zweiten Kooperationsprojektes "... to counter-act the imbalance in the first venture by giving the least vulnerable party in the first venture the greatest vulnerability to in the second venture."[105]

(4) Soviel zum Beitrag der Transaktionskosten- bzw. Internalisierungstheorie zu Ausnutzung und Aufbau von Wettbewerbsvorteilen in internationalisierenden Branchen. Wie aber ist es um Erkenntnisse für die Konzeption von Instrumenten der Wettbewerbsanalyse bestellt? Unserem Sprachspiel zufolge ist es Aufgabe der Wettbewerbsanalyse, die (strukturellen) Bedingungen von Wettbewerbsstrategien zu klären. Im vorliegenden Zusammenhang würde man also gern Genaueres erfahren über die Einflußfaktoren der Transaktionskosten alternativer Internationalisierungsformen. Wie mißt man im konkreten Einzelfall Unsicherheit,

---

103 Buckley/Casson (1988:25). Vgl. auch Jarillo (1988:37 und 38).
104 Buckley/Casson (1988:28 ff. und 35 f.) unterscheiden zwischen *lokal* symmetrischer Positionierung und Konfiguration von Joint Ventures einerseits und der damit nicht zwangsläufig einhergehenden *globalen* Symmetrie. Eine Analyse darf sich daher nicht auf das einzelne fokale Kooperationsprojekt beschränken, sondern muß den Gesamtüberblick über entstehende Netzwerke ineinandergreifender Kooperationsprojekte wahren.
105 Buckley/Casson (1988:33).

Spezifitätsgrad, Intensität der notwendigen wechselseitigen Beziehungen etc.? Wann ist Unsicherheit 'hoch', wann 'niedrig', wann ist der Spezifitätsgrad einer Investition 'hoch', wann 'niedrig' etc. (vgl. Abb. 4-10)? Wie ermittelt sich die jeweilige (relative) Transaktionskostenhöhe? Hier aber stoßen transaktionskostentheoretische Überlegungen an ihre Grenzen.

4.223   Ergebnis

Gegenstand dieses Kapitels war es zu prüfen, inwiefern die Internalisierungstheorie als eine spezielle Internationalisierungstheorie geeignet ist, zur Erweiterung des theoretischen und methodischen Fundamentes von Wettbewerbsanalyse und Wettbewerbsstrategie in internationalisierenden Branchen beizutragen. Wir nahmen dabei insbesondere auf Wettbewerbsstrategien der externen Interdependenz Bezug, da diese ganz besonders des theoretischen Fundamentes entbehren.

Als Ergebnis läßt sich in konkret-pragmatischer Hinsicht folgendes feststellen:

Erstens konnte gezeigt werden, daß der **Aufbau** von Wettbewerbsvorteilen (Skalenvorteile; Flexibilitätsvorteile) durch (internationale) Unternehmenskooperation in starkem Maße von der Etablierung expliziter Mechanismen der Transaktionskostenreduktion abhängt. Wir sprachen von gesetzlichen Bestrafungsmechanismen, von *do-it-yourself - punishment*, aber auch von *residual risk sharing*, Reputation, Kooperationskultur und Machtsymmetrie.

Zweitens wurden Überlegungen hinsichtlich der **Ausnutzung** von Wettbewerbsvorteilen über internationale Wettbewerbsstrategien der externen Interdependenz angestellt: Die Wahl zwischen alternativen Formen der Kooperation wurde zu diesem Zwecke als Entscheidung entlang des Kontinuums zwischen eher marktlicher und eher hierarchischer Ausnutzung von Wettbewerbsvorteilen konzeptualisiert und über eine zumindest als Checkliste verwendbare Abbildung (Abb. 4-10) illustriert.

Trotz dieser *Gewinne* ist allerdings gegenüber transaktionskostentheoretischen Argumentationen allerhand Skepsis angebracht:

* Die Skepsis entzündet sich beispielsweise am oben bereits angeschnittenen Meßproblem.[106] Trotz des vielfach angeführten Argumentes, es handle sich ja lediglich um das Erfordernis einer relativen Messung[107], stimmt es doch nachdenklich, daß eine genaue Bestimmung der Höhe von Transaktionskosten - pikanterweise gerade wegen Unsicherheit und *bounded rationality* !! - unmöglich ist.

* Des weiteren ist das offensichtlich recht einseitige, die 'soziale Einbettung' ökonomischen Handelns ignorierende[108] Denken in Kostenkategorien zu kritisieren.

* Doch die Anwendung transaktionskostentheoretischer Überlegungen auf *Fragen der Wettbewerbsstrategie* ist noch aus einem ganz anderen Grunde problematisch: Bei genauerem Hinsehen zeigt sich nämlich eine fatale *Ebenendifferenz* zwischen Strategieperspektive und Transaktionskostenansatz. Dem Transaktionskostendenken ist, wie selbst der oben so oft zitierte Jarillo neuerdings (1990:498) einräumt, eine äußerst abstrakte Sichtweise zueigen: Es wird aus Vogelperspektive erklärt, welche Transaktionsform sich im Laufe der Zeit, weil ökonomisch am effizientesten, einpendeln wird. Die dabei angewandten Argumentationsmuster sind gegen Kritik im Grunde immun: Denn ex post kann aus dieser abstrakten Perspektive jede erdenkliche Organisationsform ökonomischen Handelns entweder als der Transaktionstheorie offensichtlich folgend bezeichnet werden, oder als 'Fehler' konstatiert werden, der in Zukunft via Selektion gewiß verschwinden wird. Der Wettbewerbsapproach nimmt aber keine Vogelperspektive ein, sondern die des einzelnen Unternehmens: Wie kann es Wettbewerbsvorteile gegenüber der Konkurrenz erreichen? Aus diesem point-of-view interessieren, wie Blois (1990) herausgearbeitet hat, gänzlich andere Fragen: Zum Beispiel die Frage, **für wen** eine Transaktionskostensenkung vorteilhaft ist oder **welcher** Marktpartner die entstehenden Transaktionskosten absorbiert und welcher eben nicht.

---

106   Vgl. Schneider (1985).
107   Vgl. Picot/Dietl (1990:183).
108   Vgl. Knyphausen (1988:207 ff.).

*Viertens ist anzumerken, daß es durchaus denkbar ist, daß (wettbewerbs-) strategische Überlegungen (z.B. die Erwartung erhöhter Rückflüsse) für eine bestimmte Form der Internationalisierung sprechen, während transaktionsko- stentheoretische Argumente dies nicht tun, weil sie einseitig auf die Kosten- frage beschränkt sind.[109]

Ist also unsere Untersuchung des Nutzens der Internalisierungstheorie für das Verständnis von Strategien der externen Interdependenz vergebens gewesen? Dies wäre sicherlich eine übertriebene Auffassung. Immerhin konnten gewisse Denkkategorien und Entscheidungsunterstützungen bereitgestellt werden. Aber die Kritik macht doch deutlich, wie schwer es ist, geschlossene Bezugsrahmen zu finden, in denen es sich geordnet denken läßt. Genau dies ist die Begrün- dung für das von uns favorisierte *Einlassen auf Perspektivenvielfalt*. In diesem Sinne wollen wir im folgenden weiterschreiten, die Internalisierungstheorie ver- lassen und andere Internationalisierungstheorien daraufhin prüfen, inwiefern sie uns zu einem erweiterten theoretischen und methodischen Fundament von Wettbewerbsanalyse und Wettbewerbsstrategie in internationalisierenden Bran- chen führen.

4.23 Ländermuster des internationalen Wettbewerbs im Lichte der Inter- nationalisierungstheorie

Hatten wir im vorangegangenen Abschnitt eine spezielle Internationalisierungs- theorie daraufhin geprüft, welche Erkenntnisse sie für ein vertieftes Verständnis von Wettbewerbsanalyse und Wettbewerbsstrategie in internationalisierenden Branchen zu liefern vermag, so soll nun der umgekehrte Weg beschritten wer- den: Ein Problem des Wettbewerbs in internationalisierenden Branchen wird aufgegriffen und über Internationalisierungstheorien erläutert. Genau dies ist das Vorgehen Koguts (1988), wenn er sich den empirisch offensichtlich höchst be- deutsamen[110] Ländermustern des internationalen Wettbewerbs widmet:

> "Clearly, there exist strong country patterns in the intersectoral distri-
> bution of production and trade. Patterns of trade reveal that countries,
> or groups of countries, specialize in the production and trade of diffe-

---

109   Vgl. das Beispiel bei Kogut (1988a:44).
110   Man denke nur an die neuesten Analysen Porters (1990,1990a).

rent categories of goods ... Furthermore, to continue the analogy with industry competitive analysis, there is strong descriptive evidence to suggest that, like strategic groups, firms from the same country tend to follow similar strategies and that, like the competitive forces of an industry, the institutional structure of a country influences the appropriability of rents of the strategic asset." (Kogut (1988:316))

Im folgenden wollen wir zeigen, auf welche Internationalisierungstheorien Kogut (1988) zur Erläuterung dieses zweifellos an der Frage des Wettbewerbsvorteils von Ländern anknüpfenden Problems zurückgreift (1) und welche Konsequenzen sich daraus für Wettbewerbsanalyse und Wettbewerbsstrategie in internationalisierenden Branchen ergeben (2).

(1) Wie werden länderspezifische Konzentration auf die Erstellung spezifischer Güter und damit Ländermuster des internationalen Wettbewerbs in der Internationalisierungstheorie[111] erklärt? Sicherlich nur unzureichend durch die traditionelle Theorie der komparativen Vorteile: "To explain the country patterns of trade, comparative advantage in terms of static differences in factor abundance and costs is not sufficient."[112] So überrascht es nicht, daß Kogut (1988) auf andere Theorien zurückgreift, die dem Phänomen komparativer Vorteile eine facettenreichere Beleuchtung verleihen:

- So gibt es Theorien, die "... agree that intra-industry trade arises out of differential skills among countries which in turn reflect demand and institutional characteristics of the market."[113] Dazu rechnen erstens die Erkenntnisse Linders (1961), welcher zu dem Ergebnis gelangt, daß "... trade patterns derive from differential skills among work-forces of different countries which lead to first-mover advantages (e.g. brand recognition and economies of scale) and that these skills have in turn been developed in response to relatively stable, though changing, consumer characteristics."[114] Zweitens läßt sich auf die Produktlebenszyklustheorie Vernons (1966,1974) rekurrieren, deren ältere Versionen davon ausgehen, daß Unternehmen ihre Innovationsbemühungen zunächst auf die Nachfrage- und Angebotsbedingungen des Heimatlandes ausrichten. Des weiteren betrachtet Kogut (1988) neuere Überlegungen Bhagwatis (1982): Dieser macht die 'genetische' Konstitution

---

111   Vgl. zur Einordnung der im folgenden angesprochenen Theorien jeweils Abb. 4-3.
112   Kogut (1988:324).
113   Kougt (1988:321).
114   Kogut (1988:319); vgl. auch Linder (1981:106).

(Einkommensniveau, F&E-Niveau, Familienstruktur und -größe usw.) von Ländern für die Spezialisierung der Unternehmen dieser Länder auf die Erstellung bestimmter Produkte verantwortlich.

- Darüber hinaus zeigen neuere Theorien des 'intra-industry'-Handels[115] die große Bedeutung des Heimatmarktanteils, d.h. der economies of scale, für den internationalen Wettbewerbsvorteil von Unternehmen, während andere Erweiterungen des Denkens in komparativen Vorteilen annehmen, "... that organisations are products of their initial environments and consist of routines which limit managerial capabilities and strategic opportunities. From this perspective, intra-industry trade is a reflection of comparative advantages, not in the sense of differences in factor or production costs, but rather in the social characteristics and related organisational routines which generate varied skills among countries."[116]

Die Kombination dieser theoretischen Erkenntnisse hinsichtlich der Quellen nationaler Wettbewerbsvorteile mit den Theorien der oligopolistischen Interdependenz[117] münden nach Kogut (1988:316) in

> "... a view of international competition as an evolutionary process, which begins with firms investing in organisational and technological resources which correspond to the cultural and demand characteristics of the immediate local environment. These investments result over time in organisational routines and skills which are characteristic of the country, much like the genetic pool of a population. Hence, the origins of a firm confer first-mover advantages in terms of the technical and organisational abilities to produce a particular array of products.
> Given the development of its skills, the international competitiveness of a firm is determined by the characteristics of demand and of oligopolistic rivalry in different national markets ..."

(2) Diese stark den Internationalisierungstheorien entlehnte Sichtweise des internationalen Wettbewerbs führt durchaus zu neuartigen Perspektiven hinsichtlich Wettbewerbsanalyse und Wettbewerbsstrategie in internationalisierenden Branchen: *Internationale Wettbewerbsstrategie* wird hier zum einen gesehen als Ausnutzung und Erhaltung der bereits in Kap. 2.42 hervorgehobenen Wettbewerbsvorteile von *Ländern*. Zum anderen bezieht sie sich jedoch auch auf die

---

115 Vgl. Helpman/Krugman (1985).
116 Kogut (1988:324 f.).
117 Vgl. Abb.4-3.

wechselseitige Aneignung dieser Vorteile über die Durchdringung verschiedener nationaler Oligopole. Damit hat die *internationale Wettbewerbsanalyse* nicht nur die Erforschung von Quellen nationaler Wettbewerbsvorteile (nationale Nachfrage, kulturelle und institutionelle Bedingungen, F&E-Bedingungen usw.) zum Gegenstand. Sie muß vielmehr auch ermitteln, inwieweit solche Vorteile im internationalen oligopolistischen Wettbewerb erhaltbar bleiben, inwieweit also ihrer internationalen Diffusion Isolierungsmechanismen im Wege stehen. Anders ausgedrückt: Die internationale Wettbewerbsanalyse muß *länderspezifisch* die Bedingungen der Aneignung ('conditions of appropriability'[118]) nationaler Wettbewerbsvorteile analysieren: So kann die starke wechselseitige Durchdringung nationaler Oligopole und mithin die Erosion nationaler Wettbewerbsvorteile beispielsweise verhindert werden durch:[119]

- Enge sozio-kulturelle Einbettung nationaler Vorteile. So haben Westney/Sakakibara (1985) festgestellt, daß kulturelle und organisatorische Faktoren dafür verantwortlich sind, daß die F&E-Aktivitäten sich in Japan mehr auf Prozeßinnovationen, in USA dagegen eher auf Produktinnovationen richten.

- Enge interorganisatorische Netzwerke bzw. vertikale oder horizontale Integration innerhalb der einzelnen Länder. Diese können nationale Vorteile wie etwa Innovationen oder individuelle Fähigkeiten gewissermaßen 'gefangen' halten und stellen eine potentielle Barriere für Neueindringlinge dar.

- Hoher, möglicherweise von Regierungsseite geförderter Konsens innerhalb der einzelnen nationalen Oligopole gegenüber ausländischen Neueindringlingen.

- Starke Konzentration, d.h. geringe Vielfalt der nationalen Nachfrage. In diesem Falle ist das gemeinsame Interesse der jeweiligen nationalen Anbieter zu erwarten, gegen Neueindringlinge geschlossen vorzugehen.

---

118   Zu diesem Begriff erläutert Kogut (1988:323): "By the conditions of appropriability, it is not meant only the strength of property right claims and legal institutions, but also the degree to which a firm's claim on a return to its investment is influenced by the type of innovation, the nature of interfirm relations, and the cohesiveness of firms and government within a country."

119   Vgl. Kogut (1988:326 ff., 329 ff.).

- Hohe Korrelation der Nachfrage zwischen Ländern

- Symmetrie der Eintrittsbedingungen zwischen Ländern.

4.24 Ergebnis

Auf unserer Suche nach einem erweiterten theoretischen und methodischen Fundament für die Betrachtung von Wettbewerbsanalyse und Wettbewerbs-strategie in internationalisierenden Branchen hatten wir in Kap. 4.2 bei den Internationalisierungstheorien Halt gemacht. Auf verschiedenen Wegen wurde versucht, Fragen von Wettbewerbsanalyse und -strategie unter Rückgriff auf diese Theoriebasis zu Leibe zu rücken: So konnte zunächst (Kap. 4.21) angedeutet werden, wie Internationalisierungstheorien mit der internationalen strategischen Ausrichtung von Unternehmen, mit Fragen der Umwelt- wie auch der betrieblichen Stärken-/Schwächen-Analyse und schließlich mit den spezifisch internationalen Wettbewerbsvor- und -nachteilen sowie deren Einflußfaktoren in Verbindung gebracht werden können. In Kap. 4.22 wurde dagegen mit der Internalisierungstheorie eine spezielle Internationalisierungstheorie betrachtet: Sie lieferte interessante Einsichten in den Aufbau und die Ausnutzung von Wettbewerbsvorteilen über internationale Strategien der externen Interdependenz. In Kap. 4.23 schließlich stand das empirisch evidente Problem der Ländermuster des internationalen Wettbewerbs am Anfang. Seine Konsequenzen für die Konzeption von Wettbewerbsanalyse und Wettbewerbsstrategie konnten mit Hilfe verschiedener Internationalisierungstheorien erhellt werden.

Freilich dürfte auch klar geworden sein, daß ein alleiniger Rückgriff auf Internationalisierungstheorien zur Stärkung des theoretischen Rückgrates von Wettbewerbsanalyse und Wettbewerbsstrategie zu kurz griffe: So darf nicht übersehen werden, daß es sich um Theorien handelt, die z.T. mit befremdlichen Annahmen operieren oder aus anderen Gründen (vgl. Kap. 4.223) nur beschränkt auf unsere Fragestellung anwendbar sind. Besonders schwer wiegt bei dieser kritischen Reflexion das zuweilen recht weitgehende Ausblenden der sozialen Einbettung ökonomischen Handelns. Im folgenden Kapitel soll diese Lücke zumindest ansatzweise geschlossen werden: Wir verlassen die Internationalisierungstheorie und prüfen den Beitrag der (sozialen) Netzwerktheorie für Wettbewerbsanalyse und Wettbewerbsstrategie in internationalisierenden Branchen.

Auch diese Theorie, soviel sei bereits jetzt vorweggenommen, kann nur *ein* Baustein sein:

> "The network paradigm is not to be viewed as a substitute for any theory of the firm, of markets, or industrial organization but rather as a supplement, a viewpoint with both normative and positive implications." (Thorelli (1986:44))

4.3 Wettbewerbsanalyse und Wettbewerbsstrategie im Lichte der Netzwerktheorie

Hinter den Begriffen 'Netzwerk', 'Netzwerkanalyse' und 'Netzwerktheorie' verbirgt sich erheblich mehr, als deren arg lapidare Nennung im interdisziplinären Ansatz Dunnings (1988)[120] vermuten läßt. Wir haben es vielmehr mit einem hochkomplexen Forschungsgebiet der Soziologie, aber auch der Betriebswirtschaftslehre zu tun. Letztere verwendet die Netzwerktheorie auf verschiedene Weise zur Handhabung von Managementproblemen, nicht jedoch speziell für Fragen der Wettbewerbsanalyse und Wettbewerbsstrategie. Wenn im folgenden also Wettbewerbsanalyse und Wettbewerbsstrategie in internationalisierenden Branchen vor dem Hintergrund der Netzwerktheorie thematisiert werden sollen, so ist allerlei klärende Vorarbeit zu leisten (**Kap. 4.31**): Es ist eine Brücke zu bauen zwischen der 'Theorie sozialer Netzwerke' sowie dem 'Netzwerkdenken' einerseits und Fragen von Wettbewerbsanalyse und Wettbewerbsstrategie in internationalisierenden Branchen andererseits. Herzstück dieser Brücke ist ein 'Bezugsrahmen zum Netzwerkapproach des internationalen Management'. Auf der Folie dieses Bezugsrahmens können sodann in **Kap. 4.32** und **Kap. 4.33** die konkreten Konsequenzen der Netzwerktheorie für Wettbewerbsanalyse bzw. Wettbewerbsstrategie in internationalisierenden Branchen problematisiert werden.

4.31 Das interne und externe Netzwerk des multinationalen Wettbewerbers

Im folgenden soll der zunächst vielleicht nicht unmittelbar einsichtige Bezug zwischen Netzwerktheorie und Wettbewerbsanalyse bzw. Wettbewerbsstrategie in

---

120 Vgl. Abb. 4-5.

internationalisierenden Branchen hergestellt und konkretisiert werden: Die Darstellung folgt dabei einer den Betrachtungswinkel zunehmend verengenden Sichtweise: **Kap. 4.311** thematisiert die Verbindung zwischen Netzwerktheorie und unserem Wettbewerbsapproach im Überblick. Dabei wird die Netzwerktheorie kurz vorgestellt und gezeigt, daß ihr durchaus betriebswirtschaftlich relevante Anwendungsgebiete zueigen sind, die sich auch für die Thematisierung gewisser Schlüsselprobleme der Internationalisierung heranziehen lassen. Sodann (**Kap. 4.312**) erfolgt eine Einengung des Betrachtungshorizontes auf eben diese Schlüsselprobleme: Unter Rückgriff auf einen neueren Vorschlag von Ghoshal/Bartlett (1990) wird ein Bezugsrahmen zum Netzwerkapproach des internationalen Management entrollt, in den schließlich im Rahmen einer dritten Einengung (**Kap. 4.313**) vielfältige Fragen von Wettbewerbsanalyse und Wettbewerbsstrategie in internationalisierenden Branchen einordenbar werden.

4.311 Die Verbindung zwischen Netzwerkansatz und Wettbewerbsapproach im Überblick

Netzwerktheorie, das Konzept des sozialen Netzwerkes und Netzwerkanalyse sind als ein theoretischer bzw. methodischer Zweig der Soziologie anzusehen[121], welcher es sich zum Ziel gesetzt hat, das Zusammenwirken von Menschen, Gruppen, aber auch Organisationen auf strukturellem Wege zu beschreiben und zu erklären. Ausgangspunkt bildet dabei das analytische Konstrukt des Netzwerkes "... als eine(r) durch Beziehungen eines bestimmten Typs verbundene Menge von sozialen Einheiten wie Personen, Positionen, Organisationen usw.."[122] Dieses Konstrukt läßt sich als Graph mit Knoten (soziale Einheiten) sowie Kanten (Beziehungen) auffassen und dient dann der Beschreibung von

> "... Beziehungen zwischen den Elementen einer jeweiligen Untersuchungseinheit ... , da sich über die Stege bzw. Kanten des Netzes die Zug- und Druckkräfte im Feld ausbreiten können und eine Gleichzeitigkeit des Wirkungsverbundes der Elemente im Feld besteht. Daraus ergibt sich, daß die Interaktionen zwischen einem Paar von Elementen im Feld das Verhalten und die Interaktionen benachbarter Elemente mit einer gewissen Wahrscheinlichkeit beeinflußt. Durch die Konstruktion des Netzes wirkt dies unter Umständen auf die Interagierenden zurück." (Müller (1986:304 f.))

---

121 Einführungen und Überblicke bieten beispielsweise: Pappi (1987); Schenk (1983), (1984).

122 Pappi (1987:13)(Kursivdruck weggelassen).

Ein derartiges Netzwerk führt zu verschiedenen Analysegegenständen:

Erstens können die Knoten selbst Analysegegenstand sein: So lassen sich etwa zentrale Knoten und periphere Knoten unterscheiden, aber auch gatekeeper und Brücken[123] identifizieren. Auf abstrakterem Niveau lassen sich Aktorenvarietät sowie Aktorenvariabilität unterscheiden[124] oder auch *struktural äquivalente* Einheiten feststellen.[125]

Zweitens lassen sich mit Hilfe der mathematischen Graphentheorie auch die Beziehungen selbst hinsichtlich verschiedener formaler und inhaltlicher Eigenschaften untersuchen.[126] Zu den formalen Eigenschaften zählen dabei Größe, Stabilität, Reflexivität, Symmetrie (Reziprozität), Transitivität, Reichweite (Anzahl der verschiedenen alteri, die erreicht werden), Häufigkeit, Erreichbarkeit, Dauer[127] und Dichte[128] von Beziehungen, aber auch der Durchmesser, Clusterungen und Offenheit von Netzwerken. Die inhaltliche Komponente bezieht sich dagegen auf Typen und Inhalte der Netzwerkrelationen. Die in diesem Zusammenhang in der Literatur vorgeschlagenen Typisierungen[129] erscheinen etwas undifferenziert: Zumindest wird der Unterschied zwischen erstens denkbaren Beziehungsinhalten (z.B.: Kommunikation, Tausch, Gefühl, Normen und Werte), zweitens Typen von Beziehungen (z.B.: Freundschaftsbeziehungen; berufliche Kontakte; politische Gespräche; Verwandtschaftsbeziehungen) und drittens Be-

---

123 Hiermit ist ein Knoten gemeint, "... who is member of multiple clusters in the network." (Tichy/Tushman/Fombrun (1979:508)).

124 Kutschker (1980:147 f.) versteht unter Aktorenvarietät die Unterschiedlichkeit der Aktoren im Netzwerk. Aktorenvariabilität bezieht sich dagegen auf Geschwindigkeit, mit der die Aktoren ihre Merkmale ändern.

125 Vgl. dazu das Konzept von Burt (1978). Es handelt sich dabei um eine Form der Netzanalyse, die nicht, wie sonst üblich, relational, sondern positional vorgeht: Aktoren sind struktural äqivalent, wenn sie dasselbe Beziehungsmuster zu anderen Aktoren haben. Damit müssen sie selbst nicht zwingend in Beziehung stehen. Dazu ausführlich: Schenk (1984: 79 ff.).

126 Vgl. Kutschker (1980:138 ff.); Pappi (1987:15 ff.); Schenk (1984:40 ff. und 65 ff.); Tichy/Tushman/Fombrun (1979:508).

127 Kutschker (1980:148) spricht von Kantenvariabilität und meint damit die Geschwindigkeit des Abbrechens, Unterbrechens und Anknüpfens von Beziehungen.

128 Diese wird zumeist über das Verhältnis zwischen tatsächlichen und potentiell möglichen Beziehungen operationalisiert und hilft beim Aufspüren von sog. Cliquen und Clustern. Vgl. Schenk (1983:91).

129 Vgl. etwa: Barnes (1972); Knoke/Kuklinski (1982: 15 f.); Pappi (1987:17 f.).

ziehungsatmosphäre (z.B.: kategoriale Einflüsse (Schicht usw.); strukturale Einflüsse (Rollenverhältnisse, Machtverhältnisse, Abhängigkeitsverhältnisse usw.)) vermischt. Dabei ist eine Trennung sehr wichtig, denn die Netzwerkanalyse kann sich immer nur auf einzelne Beziehungstypen konzentrieren, hat also partielle Netzwerke zum Gegenstand ihrer Analyse. Die partielle Analyse kann sich dann freilich auf das Gesamtnetzwerk (Beziehungen zwischen mehreren Einheiten) oder auf ein ego-zentriertes Netzwerk (Netzwerk aus der Sicht eines Aktors) beziehen.[130]

Nun stellt sich natürlich die Frage nach dem Zweck solcher Analysen.[131] Dieser erhellt sich, wenn man bedenkt, daß die Analyse sich nicht unbedingt auf die Strukturbeschreibung von Netzwerken beschränken muß. Es können zudem Überlegungen zur Strukturentwicklung vor allem aber bezüglich des Einflusses der Struktur auf das Verhalten der Einheiten des Netzwerkes angestellt werden und mithin gehaltvolle Fragen thematisiert werden. Dadurch wird der Vorwurf, die Netzwerktheorie sei im Grunde nur eine *Methode* an sich, deren mathematische Kompliziertheit in keinem rechten Verhältnis zu ihren theoretischen Implikationen stehe, durchaus abgeschwächt.[132] Vollends entkräftet werden kann er gleichwohl nicht, selbst wenn verschiedene Ansätze zur theoretischen Untermauerung der Netzwerktheorie etwa über Austauschtheorie, Balancetheorie oder auch Strukturalismus existieren.[133]

Nach diesem groben Eindruck der Netzwerktheorie stehen wir nun vor der Kernfrage: Was hat das alles mit betriebswirtschaftlichen Fragestellungen oder gar mit Wettbewerbsanalyse und Wettbewerbsstrategie in internationalisierenden Branchen zu tun? Die Antwort auf diese Frage verbirgt sich in Abb. 4-11 und soll im folgenden überblicksartig entfaltet werden:

---

130   Vgl. dazu die Übersicht bei Pappi (1987:14).
131   Vgl. Pappi (1987:18 f.).
132   Zur Frage, ob die Netzwerktheorie lediglich eine Methode oder doch eine Theorie ist: Kutschker (1980:118 f.).
133   Vgl. Schenk (1984: 109 ff.).

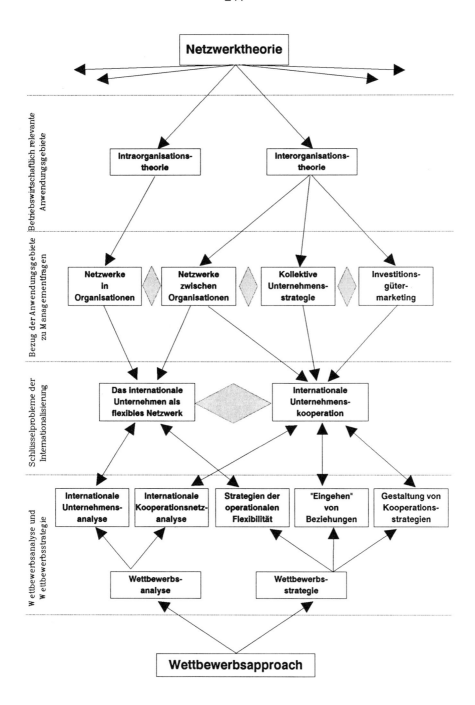

Abb. 4-11:   Die Verbindung zwischen Netzwerktheorie und Wettbewerbsapproach

(1) Eine erste Verbindung zwischen Netzwerktheorie und Betriebswirtschaftslehre wird erkennbar, wenn man bedenkt, daß Netzwerke auch innerhalb oder zwischen Organisationen und mithin Unternehmen existieren. Dieses Anwendungsgebiet[134] der Netzwerktheorie hat zweifellos betriebswirtschaftliche Relevanz.

In diesem Zusammenhang wird, wie wir schon gesehen haben, zunehmend eine Abkehr von hierarchischen Strukturen postuliert. Dies ist sicherlich eine Entwicklung, die mit Hilfe der Netzwerktheorie entscheidend vorangetrieben werden könnte: Beispielsweise ließen sich die recht qualitativen Aussagen jener Autoren, die als Alternative zu überkommenen starren Strukturen ein auf informalen Beziehungen basierendes *networking* in und zwischen Unternehmen postulieren[135], möglicherweise auf operationalere Füße stellen.

Hinsichtlich der *Beziehungen zwischen Organisationen* bzw. Unternehmen ist es gerade die reiche Interorganisationsforschung[136], die sich intensiv der Netzwerkanalyse und Netzwerktheorie bedient und diese mit Austauschtheorie, Rollentheorie, Handlungstheorie, Machttheorie usw. unterfüttert. Sie thematisiert das Verhältnis formaler Netzwerkeigenschaften zu verschiedenen Typen interorganisatorischer Beziehungen und problematisiert Mechanismen der Koordination zwischen Organisationen sowie deren Einflußgrößen. Freilich sind diese Untersuchungen vielfach auf Organisationen aus dem non-business - Bereich (Krankenhäuser, Schulen usw.) beschränkt. Ein direkter Bezug zu Fragen des strategischen Management kann daher eher über andere Forschungsgebiete gelingen, die sich aus der Interorganisationsforschung herausentwickelt haben,

---

134 Zur Anwendung der Netzwerkanalyse auf Organisationsebene: Fombrun (1982) und Tichy/Tushman/Fombrun (1979).
135 Vgl. zu dieser Diskussion: Hine (1984); Lipnack/Stamps (1982); Mc Innes (1984); Lutz (1985); Mueller (1986). In ähnlicher Weise postuliert auch die *New Age-Bewegung* eine Herausforderung alter hierarchisch - starrer Strukturen durch das Netzwerkdenken: vgl. Ferguson (1980); Gerken (1984).
136 Überblicke der Literatur bis 1980 finden sich bei: Kutschker (1980:108 ff.) und Whetten (1981). Als wichtige Einzelbeiträge bis etwa 1980 seien erwähnt: Aldrich/Whetten (1981); Benson (1975); Cook (1977); Evan (1966); Ven et al (1975), (1979); Warren (1967). Auch nach 1980 wurde diese Forschungstradition fortgesetzt: vgl. etwa die Veröffentlichungen von Rogers/Whetten et al. (Hrsg., 1982); Cummings (1984); Mizruchi/Schwartz (Hrsg.,1987); Chisholm (1989). Einen aktuellen Überblick mit dem Versuch der Integration gibt Oliver (1990).

gleichwohl aber auf die Netzwerktheorie rekurrieren bzw. für diese ein Anwendungsfeld darstellen: Hier ließe sich hinweisen auf die interaktionsorientierte Forschung zum Investitionsgütermarketing[137], auf die Diskussion kollektiver Unternehmensstrategien[138] aber auch auf die jüngeren industriesoziologischen Analysen bezügl. der flexiblen Spezialisierung als neuer Form der industriellen Arbeitsteilung.[139] Letztere weist den Weg zu Konzeptionen von Netzwerken zwischen Organisationen, die durchaus stärkeren Bezug zu Fragen des strategischen Management aufweisen als die *reine* Interorganisationstheorie: Man denke nur an das "dynamische Netzwerk" von Miles/Snow (1986)[140].

(2) Über diese Verbindungsstufe ist der Weg zu gewissen Schlüsselproblemen des **internationalen** Management wahrlich nicht mehr weit (vgl. Abb. 4-11)! Ohne Frage greift die Netzwerktheorie auch für eine Analyse der Beziehungen im multinationalen Unternehmen, welches wir bereits an anderer Stelle[141], damals jedoch ohne tiefgreifendes Theoriefundament, als flexibles Netzwerk thematisiert hatten. Ohne Frage lassen sich die Erkenntnisse der interorganisational orientierten Marketing- und Strategieforschung für das so bedeutsame Problem der internationalen Kooperation fruchtbar machen.

(3) Da diese Schlüsselprobleme zugleich auch Kernfragen unseres Wettbewerbsapproach darstellen, scheint es vor diesem Hintergrund gar nicht mehr völlig abwegig, der Netzwerktheorie zumindest in ihren betriebswirtschaftlich relevanten Weiterentwicklungen eine gewisse Relevanz für Wettbewerbsanalyse und Wettbewerbsstrategie zuzusprechen. Mauthe (1983:250) hat dies - aller

---

137 Vgl. Kutschker (1980) und die "Industrial Marketing and Purchasing Group", deren neueste Veröffentlichung Ford (Hrsg., 1990) darstellt. Neuerdings werden Investitionsgütermärkte auch von Reddy/Rao (1990) als 'Interfirm Organization' aufgefaßt.
138 Vgl. Astley (1984); Astley/Fombrun (1983); Bresser (1989); Bresser/Harl (1986); Carney (1987); Dollinger (1990); Fombrun/ Astley (1983),(1983a).
139 Vgl. Piore/Sabel (1985).
140 Siehe auch Miles/Snow (1984). Vgl. ähnlich auch: Thackray (1986); Thorelli (1986); Wilson (1986).
141 Vgl. Kap. 3.23.

dings unabhängig vom internationalen Kontext - bereits früh erkannt und schlägt vor, die Netzwerktheorie unter anderem für folgende Bereiche der *strategischen Analyse* anzuwenden:

* Dekomposition und Abgrenzung des organisatorischen Feldes in konkretere Analysefelder[142]

* Analyse von Reaktionsfolgen seitens Konkurrenten und anderer Betroffener

* Generelle Strukturierung bei Branchen-, Markt-, Geschäftsfeldanalysen und den damit korrespondierenden Konkurrenzanalysen

* Analyse interorganisatorischer Kommunikationsnetze.

Diese Überlegungen wollen wir aufgreifen, auf den internationalen Kontext hin konkretisieren und um Aspekte der Wettbewerbsstrategie erweitern. Abb. 4-11 deutet bereits an, welche Gegenstände von Wettbewerbsanalyse und Wettbewerbsstrategie in internationalisierenden Branchen vor dem Hintergrund der Netzwerktheorie thematisierbar sind. Ehe eine solche Thematisierung allerdings erfolgen kann, bedarf es eines etwas genaueren Bezugsrahmens zum Netzwerkapproach des internationalen Management, in den sich die Bereiche von Wettbewerbsanalyse und Wettbewerbsstrategie integrieren lassen. Im nächsten Kapitel wollen wir einen solchen Bezugsrahmen kurz entfalten.

4.312 Ein Bezugsrahmen zum Netzwerkapproach des internationalen Management

Dem Autor der vorliegenden Arbeit sind nur drei Veröffentlichungen zum internationalen Management bekannt, die explizit auf die Netzwerktheorie zurückgreifen: Der Beitrag von Herbert (1984) ist erstens der relativ älteste und nimmt zweitens nur auf den nicht mehr ganz taufrischen, im Sinne Kutschkers zudem lediglich *unecht* interorganisationalen[143] Austauschansatz von Levine/White

---

142 Vgl. auch Kirsch (1984a:988) sowie die Klassifikation von Netzwerken und Feldsegmenten bei Kutschker (1980:137).
143 Zur Unterscheidung zwischen echten und unechten interorganisationalen Ansätzen: Kutschker (1980:108 ff.). Echte interorganisationale Ansätze betrachten nicht nur einzelne Organisationen in ihren Beziehungen zu an-

(1961) Bezug. Da andererseits der Ansatz von Walker (1988) weniger konzeptionell denn methodisch orientiert ist, wollen wir es vorziehen, unseren Überlegungen den jüngeren Aufsatz über "The Multinational Corporation as an Interorganizational Network" von Ghoshal/Bartlett (1990) zugrundezulegen. Freilich: Den Autoren geht es um die Erklärung der Ressourcenkonfiguration im multinationalen (internen) Netzwerk als Resultante der durch unternehmensexterne Beziehungen erwirkten Machtpositionen einzelner organisatorischer Einheiten. Gleichwohl entwickeln sie eine Sichtweise des multinationalen Wettbewerbers, die auch für unser Forschungsinteresse relevant ist und daher im folgenden in drei Schritten entrollt werden soll:

(1) Ghoshal/Bartlett (1990) sehen das multinationale Unternehmen selbst als interdependentes, **inter**organisationales Netzwerk und öffnen damit erstmals das Unternehmensinnere der Interorganisationsforschung. Immerhin sprechen allerhand Gründe dafür:

- Die Teile des multinationalen Unternehmens sind weit in der Welt verstreut und operieren in z.T. gänzlich unterschiedlichen sozialen, ökonomischen, kulturellen Umgebungen. Zudem können sie durch große physische und psychische Distanzen getrennt und in unterschiedlichem Maße mit Ressourcen ausgestattet sein, unterschiedliche Ziele und Machtpotentiale haben, in unterschiedlichem Maße mit wichtigen externen Aktoren (Regierungsstellen, Lieferanten usw.) verkettet sein, so daß die Bedeutung von Eigentumsbeziehungen abnimmt:

> "We believe that an entity such as any of these large multinational corporations can be more appropriately conceptualized as an interorganizational grouping rather than as a unitary *organisation*."(Ghoshal/Bartlett (1990:604))

- Das multinationale Unternehmen (MNU) läßt sich problemlos in klassische Typologisierungen interorganisatorischer Netzwerke einordnen. So verweisen Ghoshal/Bartlett (1990) auf die bekannte Klassifikation von Warren (1967). In dieser würde das multinationale Netzwerk in etwa zwischen dem unitary type

---

deren, sondern widmen sich ganzen interorganisatorischen Feldern und Kollektivtäten.

(stark hierarchisch) und dem federativ type (etwas weniger straff, aber gleichwohl mit gewisser hierarchischer Entscheidungsfindung) anzusiedeln sein.[144]

In inhaltlicher Hinsicht interessieren sich Ghoshal/Bartlett in Anlehnung an Cook (1977) und Benson (1975) vor allem für die *Austauschbeziehungen*, die zwischen den Einheiten stattfinden. Der Austausch kann sich dabei auf *skills*, Technologie, Managementfähigkeiten etc. beziehen. Gefühle, Normen und Werte als Beziehungsinhalte werden ausgeklammert. Machtaspekte im Sinne unserer Beziehungsatmosphäre gleichwohl integriert.

(2) Auf der anderen Seite betrachten Ghoshal/Bartlett (1990) auch die Einbettung des MNU in den strukturellen Kontext externer (Austausch)beziehungen zu Lieferanten, Kunden, Wettbewerbern und Regulatoren (z.B. Regierungsstellen).[145] Diese Beziehungen werden beispielsweise koordiniert über Direktoratsverschachtelungen[146], Langzeitverträge, gegenseitiges Halten von Anteilen, Institutionalisierung von Personalaustausch oder auch über intermediäre Organisationen[147] wie Berater, Banken usw.. In der Sprache der Netzwerktheorie werden mithin auch partielle Ego-zentrierte Netzwerke der einzelnen organisatorischen Einheiten in ihren spezifischen Länderumwelten betrachtet. Diese von Evan (1966) und Aldrich/Whetten (1981) auch als 'Organization Set' bezeichneten Netze lassen sich in ihrer Dichte bestimmen. Allerdings wird die Dichte (*Within* Dichte) je nach Land und betroffenem Geschäft variieren.

(3) Drittens schließlich stehen die einzelnen Sets ihrerseits in Beziehung zueinander, so daß alle Mitglieder aller 'Organization Sets' des MNU ein externes

---

144 Ähnliche Überlegungen hinsichtlich divisionalisierter Unternehmen stellte früher bereits Provan (1983:83) an.
145 Die schwedischen Forscher zum Investitionsgütermarketing unterscheiden in diesem Zusammenhang zwischen technischen, ablauforganisatorischen, erfahrungsbasierten, finanziellen, rechtlichen und sozialen Beziehungen zwischen Unternehmen. Vgl. Hammarkvist/Hakansson/Mattson (1983:23 f.).
146 Derartige 'interlocking directorates' werden in empirischen und theoretischen Studien der Interorganisationsforschung besonders gerne analysiert. Vgl. Bazerman/Schoorman (1983); Pennings (1980); Poensgen (1980); Richardson (1987); Scott/Griff (1984). Stockman/Ziegler/Scott (Hrsg.,1985) untersuchten für das Jahr 1976 die Personalverflechtungen zwischen den größten Industrie- und Finanzunternehmen aus zehn Nationen. Auch transnationale Verbindungen wurden dabei berücksichtigt.
147 Zur soziologischen Perspektive intermediärer Organisationen vgl. auch: Streek (1987).

Netzwerk im Sinne von Tichy/Tushman/Fombrun (1979:509) bilden, das wiederum in seiner Dichte (*Across*-Dichte) bestimmbar ist. Hier wird dann nicht mehr das einzelne 'Organization Set' betrachtet, sondern vielmehr die Ego-Zentrierung zugunsten einer Betrachtung des externen Gesamtnetzes aufgegeben. Gleichwohl wird auch hier nur das Partialnetz der Tauschbeziehungen betrachtet.

Natürlich ist eine solche Sichtweise des internationalen Wettbewerbers mit Problemen behaftet:[148] Das beginnt bei der Beschränkung auf *Dichte* als Netzmerkmal und zeigt sich vor allem in den stark vereinfachenden Annahmen: So werden beispielsweise lediglich Austauschbeziehungen betrachtet, wobei weder klar ist, wie unterschiedliche Arten des Austauschs (z.B. Informationsaustausch vs. Ressourcenaustausch) unterschieden werden können, noch deutlich wird, wie deren Verhältnis etwa zu querliegenden oder überlappenden Abhängigkeitsnetzwerken oder Netzwerken kognitiver Orientierungen[149] zu sehen ist. Des weiteren bleibt das Problem unberücksichtigt, daß ein MNU in der Regel aus verschiedenen Geschäftseinheiten besteht, für die dann jeweils 'alles ganz anders aussieht'. Da sich Ähnliches auch mit Bezug auf unterschiedliche Funktionen sagen läßt, müßten im Grunde die Netzbeziehungen geschäftsfeldweise und zugleich überlagernd funktionsweise betrachtet werden. Trotz dieser Kritikpunkte halten wir es für möglich und zumindest interessant, diesen Netzwerkapproach aufzugreifen und nicht nur - wie Ghoshal/Bartlett (1990) es tun - für Fragen der Mutter-Tochter oder Tochter-Tochter - Beziehung, sondern auch für solche der Wettbewerbsanalyse und Wettbewerbsstrategie nutzbar zu machen. Im folgenden soll genau dieser letzte Punkt konkretisiert werden. Die Frage lautet: Was hilft eine solche Netzwerksichtweise des multinationalen Unternehmens für Wettbewerbsanalyse und Wettbewerbsstrategie?

---

148 Vgl. die Selbstkritik bei Ghoshal/Bartlett (1990:621 f.).
149 Kutschker (1980:150 ff.) hat gezeigt, daß Abhängigkeitsnetze, Kommunikationsnetze und Netze kognitiver Orientierungen als die zumindest im Investitionsgütermarketing relevanten Netze anzusehen sind. Ohne Zweifel handelt es sich dabei um interdependente Netzwerktypen (vgl. Kutschker (1980:118)).

4.313 Wettbewerbsanalyse und Wettbewerbsstrategie im Lichte des Netzwerkapproach

Betrachtet man das internationale Unternehmen, wie oben geschehen, als interdependentes internes und externes Netzwerk, so ergeben sich eine Reihe neuartiger Perspektiven für Wettbewerbsanalyse (1) und Wettbewerbsstrategie (2). Diese Konsequenzen sollen an dieser Stelle in ihrer Breite betrachtet und in den beiden folgenden Kapiteln teilweise genauer beleuchtet werden.

(1) Der Netzwerkansatz bringt für die **Wettbewerbsanalyse** in internationalisierenden Branchen folgende neue Perspektiven:

*Unternehmens- und Konkurrenzanalysen können differenzierter erfolgen. Es wird erstens möglich, genauer zu überprüfen, wieweit das internationalisierende Unternehmen tatsächlich vom Wettbewerbsvorteil des multinationalen Netzwerkes[150] entfernt ist und aufzuzeigen, welche Lücken im internen Netzwerk gegebenenfalls zu schließen wären. Auch ließen sich die in Kap. 2.35 angesprochenen *Rollen* der einzelnen organisatorischen Einheiten z.B. über die Analyse struktureller Äquivalenzen erhellen. Zweitens könnte die *internationale Beziehungsexpansion* des Unternehmens und seiner Konkurrenten untersucht werden.

*Es wird möglich, neuartige Wege der Branchenabgrenzung zu beschreiten. Statt die einzelnen relevanten Wettbewerber herauszufiltern, würde nun der Weg beschritten, auch andere Marktteilnehmer, z.B. Lieferanten, Regierungsstellen usw. in die Branchenabgrenzung einzubeziehen. Dazu wäre an den einzelnen 'Organization Sets', aber auch am gesamten externen Netzwerk anzuknüpfen.

*Darüber hinaus bietet die Netzwerkperspektive erhebliche Verbesserungen bei der internationalen Kooperationsnetzanalyse[151]. Die theoretischen und methodischen Erkenntnisse der Netzwerktheorie bieten ein hilfreiches Instru-

---

150   Vgl. Kap. 3.233.
151   Vgl. zu diesem Defizit in den herkömmlichen Konzepten von Wettbewerbsanalyse und Wettbewerbsstrategie: Kap. 2.32.

mentarium, um Eigenschaften von Kooperationsnetzen und Positionen darin besser zu durchschauen.

*Viertens könnte über die Erfassung strukturell äquivalenter Unternehmen in internationalisierenden Branchen eine völlig neue Form der Bildung strategischer Gruppen und mithin der brancheninternen Strukturanalyse geschaffen werden. Strategische Gruppen würden dann nach dem Kriterium gebildet, daß ihre Teilnehmer eine ähnliche externe Beziehungsgestaltung verfolgen. Da im internationalen Wettbewerb gerade diese Beziehungsgestaltung so außerordentlich bedeutsam ist[152], wäre dies sicherlich eine interessante Sichtweise.

*Fünftens ermöglicht die Netzwerkperspektive eine Analyse der Branchenentwicklung im Sinne des Internationalisierungsprozesses des externen Netzwerks.

*Sechstens lassen sich über den Netzwerkansatz die Ein- und Austrittsbarrieren in verschiedene internationale Teilbranchen in neuartiger Weise als Zutritts- bzw. Abgangsschranken in bzw. aus Netzwerke(n) auffassen.

*Siebtens schließlich bieten die Erkenntnisse der interorganisationalen Netzwerkforschung interessante Einblicke in die Bedingungen der Wahl alternativer kooperativer Arrangements[153], die sich von den Erkenntnissen der Transaktionskostentheorie[154] durchaus unterscheiden.

(2) Über diese Erweiterungen der Wettbewerbsanalyse hinaus, helfen Netzwerktheorie und ihre 'Ableger' auch bei der Gestaltung internationaler **Wettbewerbsstrategien**:

*So können wichtige Einsichten in Ursachen des Eingehens kooperativer Wettbewerbsstrategien und in die Gestaltung, d.h. koordinationstechnische Abwicklung von Wettbewerbsstrategien der externen Interdependenz gewon-

---

152   Die Bedeutung von 'transnational linkages' für die Unternehmensstrategie arbeitet z.B. Mascarenhas (1989) heraus.
153   Vgl. Oliver (1990).
154   Vgl. Kap. 4.222.

nen werden, wenn man diese als Gestaltung von 'Organization Sets' bzw. externen Netzwerken auffaßt.

*Des weiteren wird es möglich, Wettbewerbsstrategie als ein ständiges 'Eingehen' von Beziehungen und Anstreben bzw. Aufrechterhalten von strategisch bedeutsamen Netzwerkpositionen zu thematisieren. So unterscheiden beispielweise Johanson/Mattson (1988) verschiedene Typen von Internationalisierungsstrategien vor dem Hintergrund einer Netzwerksichtweise.

*Drittens wird es möglich, über Netzwerkanalysen die Ausgestaltung von Wettbewerbsstrategien der operationalen Flexibilität zu problematisieren.

*Viertens eröffnet der Netzwerkansatz Einblick in eine viel differenziertere, weit über die pauschale Nennung generischer Strategien hinausgehende Sichtweise der Wettbewerbsstrategie. Gerade im internationalen Kontext ist das höchst bedeutsam, denn:

> "Discussions on company - or even business-level generic strategies and how they "fit" generic types of competitive structures are too far removed from the reality of highly differentiated strategic approaches that can be expected in different parts of the different network organization."[155]

Wir können nicht alle dieser Implikationen der Netzwerkperspektive für die Wettbewerbsanalyse und Wettbewerbsstrategie in internationalisierenden Branchen en detail durchleuchten: Das würde nicht nur den Rahmen der vorliegenden Arbeit sprengen. Zudem ist stets zu beachten, daß der Netzwerkapproach zum internationalen Management noch sehr jung ist. So notieren Ghoshal/Bartlett (1990:604) hinsichtlich ihres Ansatzes:

> "A note of caution must, however, be sounded at this stage. Because network analysis is a rapidly emerging and highly complex field of study and because of the considerable divergence on definitions and approaches that exists within this field, it is unlikely that this initial attempt to apply network concepts to the study of MNCs will be either complete or above reproach ... . This article must be viewed, therefore, as an initial attempt to identify the possibility of developing a *network theory of the MNC*, rather than as a rigorous presentation of such a theory."

---

155   Ghoshal/Bartlett (1990:620).

Natürlich trifft das auch für unseren Netzwerkansatz des internationalen Wettbewerbsapproach zu. Gleichwohl soll im folgenden versucht werden, einige Fragen von Wettbewerbsanalyse (**4.32**) und Wettbewerbsstrategie (**4.33**) etwas genauer zu durchleuchten.

4.32 Internationale Wettbewerbsanalyse im Lichte des Netzwerkansatzes

Aus der oben angezeigten Fülle an Möglichkeiten, netzwerkorientierte Wettbewerbsanalyse zu betreiben, sollen in diesem Abschnitt zwei Fragenkomplexe angeschnitten werden: Zunächst wollen wir erhellen, welche konkreten Gewinne eine Netzwerkperspektive für die Kooperationsnetzanalyse mit sich bringt (**Kap. 4.321**). Im Anschluß daran soll angedeutet werden, wie Erkenntnisse die Interorganisations- bzw. Netzwerktheorie für das Verständnis der *Bedingungen* alternativer Kooperationsformen in internationalisierenden Branchen herangezogen werden können (**Kap. 4.322**). In beiden Fällen ist darauf zu achten, daß die Wettbewerbsanalyse gewissermaßen zwischen Außen- und Innenperspektive zu oszillieren hat:[156] Bald wird die Perspektive des einzelnen Netzwerkteilnehmers einzunehmen sein, bald jene des (externen) Netzwerkes als Ganzem - ein Problem, dessen Existenz dem Analysierenden stets präsent sein sollte.

4.321 Kooperationsnetzanalyse im Lichte der Netzwerkperspektive

Die Kooperationsnetzanalyse bezieht sich auf die Analyse des externen Netzes des betrachteten Wettbewerbers.[157] Dabei stellt sich zunächst ein Abgrenzungsproblem: Wie bestimmt man die Grenzen der einzelnen 'Organization Sets' der jeweiligen Landesgesellschaften? Wie bestimmen sich die Grenzen von übergeordneten Netzen zwischen den 'Organization Sets'? (1) Mit dieser Frage geht bereits das Problem einher, welche Inhalte des Austausches zwischen den Netzwerkteilnehmern Gegenstand der Analyse sein können (2). Sind diese Fra-

---

156 Vgl. auch Miles/Snow (1986:56 ff.).
157 Vgl. Kap. 4.232.

gen geklärt, so kann erläutert werden, welche Erkenntnisse über Kooperationsnetze sich via Netzwerkanalyse gewinnen lassen (3).

(1) Seltsamerweise gehen viele netzwerkanalytischen Methoden davon aus, daß
das relevante Gesamtnetzwerk dem Analytiker bereits gegeben ist: Man untersucht die Beziehungen zwischen a priori festgelegten Analyseeinheiten. Sicherlich ist es richtig, daß sich die genauen Grenzen einzelner 'Organization Sets'
und Subnetze eines externen Netzwerks erst über eine Anwendung des methodischen Instrumentariums ergeben. Andererseits sollte jedoch auch zu Beginn
der Analyse ein Gefühl dafür gewonnen werden, welche Knoten prinzipiell einbe-
zogen werden könnten. Diese Dilemmasituation spiegelt sich in der vielfach getroffenen Unterscheidung zwischen deduktiver und induktiver Vorgehensweise
wider:[158] Während deduktive Methoden der Netzwerkkonstruktion bereits gege-
bene Grundgesamtheiten von Beziehungen in Cliquen größerer und geringerer
Dichte sezieren, also die Abgrenzung der Grundgesamtheit bereits vorausset-
zen, operieren induktive Methoden nach dem Schneeballprinzip und spannen
Netzwerke von den Teilnehmern einer einzelnen Transaktion ausgehend auf.
Auch in diesem Falle ist freilich der 'Schnitt' zur Grenzbestimmung willkürlich
festzulegen. Kutschker (1980:130 ff.) schlägt daher vor, Laienurteile sowie eine
neutrale Vogelperspektive des Forschers kombinativ zu verwenden und beide
durch formale Methoden zu unterstützen:

> "Die Kombination der Lösungshypothesen von Praxis und Theorie re-
> sultiert in einer zugegebenermaßen auch pragmatischen Grenzzie-
> hung, die jedoch die Willkür ausschließt, wie sie in den ... organisati-
> onstheoretischen Untersuchungen zu beobachten ist. Unabhängig
> von der Ausdehnung der Netzwerke kann grundsätzlich jedes Netz-
> werk den ... formalen Methoden der Netzwerkanalyse unterzogen
> werden. Damit stehen formale Tests zur Verfügung, die die von Laien
> und Theoretikern vorgenommene Netzwerkabgrenzung auf ihre Rich-
> tigkeit überprüfen können."[159]

Im internationalen Kontext ist über diese Problembereiche der Abgrenzung hinaus zu beachten, daß räumliche Gesichtspunkte eine Rolle spielen können: Es
sind einerseits die jeweils nationalen Netze zu bestimmen[160], um die

---

158   Vgl. Kutschker (1980:120 ff.).
159   Kutschker (1980:133 f.)(Absatz weggelassen; Druckfehler korrigiert).
160   So beschränkt Rogers (1986) ihre Netzwerkanalyse der Internationalisie-
       rung der US-Kohle - Industrie allein auf Veränderungen im US-Netzwerk
       dieser Branchen. Zu Rogers Abgrenzung dieses Netzes siehe Rogers
       (1986: FIG. 2.1., S.15).

'Organization Sets' der Landesgesellschaft untersuchen zu können, darüber hinaus ist jedoch zusätzlich das internationale Netz der Verflechtungen zu betrachten.

(2) Mit derartigen Fragen der Netzabgrenzung geht das Problem einher, anhand welcher Arten von Verbindungen die Kooperationsnetzanalyse vonstatten gehen soll. Selbst, wenn man sich - wie oben geschehen - auf Tauschverbindungen beschränken will, bleibt dennoch ein Fülle alternativer Tauschinhalte (von Informationen bis hin zu Gütern) und Tauschmodi in Erwägung zu ziehen. So kann die Analyse sich auf die Koalitionsbildung in Wirtschaftsverbänden, auf Lieferbeziehungen oder auch auf Kapitalverbindungen und Personalverbindungen konzentrieren.[161] Nicht immer wird es möglich oder auch von Interesse sein, alle diese Gegenstände einzubeziehen. Vielfach werden die Möglichkeiten schon durch die in Frage kommenden Methoden der Datensammlung begrenzt: So unterscheiden Tichy/Tushman/Fombrun (1979:510)[162] vier verschiedene Methoden der Datensammlung (vgl. Abb. 4-12), die durchaus unterschiedliche Anforderungen an den Datenzugang stellen.

Method	Strengths	Weaknesses
1. Positional Analysis (Formal Communication/ Influence)	Easy Access	Least accurate; Must be used with other methods
2. Reputational/ Attributional	Simplicity of design and data collection; Can deal with multiple networks; Limited sample size	Taps only perceived networks; Status bias often built in; Specification of where to cut off "snowball" often arbitrary; No way to choose "right" issues; Questions of reliability with data
3. Decisional Analysis	Reconstructs networks; Can deal with multiple networks; Issue specific	Ignores indirect, subtle influence; Definition of key issues important; Choice of issues important; Problems with managing "snowball" sample
4. Interactional Analysis	Benefits of all the above approaches; Easy to gather; Reliability of data	Definition of boundaries; Need for high return rate (total universe needed); Costly to manage and administer; Requires high commitment on part of respondent, also high trust

Abb. 4-12: Methoden der Datensammlung für Netzwerkanalysen (aus: Tichy/Tushman/Fombrun (1979:510))

In positionalen Analysen erfolgt die Datensammlung anhand öffentlich zugänglicher formaler Daten. Reputationale/attributionale Methoden greifen dagegen zu-

---

161 In der wissenschaftlichen Forschung sind vor allem Personal- und Kapitalverflechtungen Gegenstand der Analyse. Vgl. z.B. Pappi/Kappelhoff/Melbeck (1987); Ziegler (1984), (1984a).

162 Vgl. zur Ergänzung auch die 'Network Indicators' bei Rogers (1986:26).

rück auf "... judgements of selected community members as to "who are the top leaders" or "Who are the most influential persons in your community"".[163] Ausgehend von den auf diese Weise identifizierten Kernknoten werden sodann über Interviews die relevanten Kommunikations- und Einflußnetzwerke identifiziert. Demgegenüber konstruieren entscheidungsorientierte Analysen solche Netze direkt aus Prozessen der Entscheidungsfindung heraus. Die interaktionale Methode setzt schließlich explizit an vergleichsweise leicht zu erfassenden Daten über Interaktionsbeziehungen an.

(3) Hat man obige Fragen geklärt, so kann die Analyse internationaler Kooperationsnetzwerke auf das reiche Instrumentarium der Netzwerkanalyse zurückgreifen. Dieses Methodenspektrum kann nach Burt (1982:29 ff.) anhand zweier Dimensionen geordnet werden: Zum einen sind verschiedene Niveaus der Aktorenaggregation denkbar (ein Aktor; eine Teilmenge von Aktoren; alle Aktoren bzw. Subgruppen), zum anderen ist zwischen relationaler und positionaler Analyse zu unterscheiden:

> "In a "relational" approach, network models describe the intensity of relationship between pairs of actors. Network models within a "positional" approach describe the pattern of relations defining an actor's position in a system of actors. The relational approach fosters models in which an actor's involvement in one or a few relations can be described without attending to his many other relations. The positional approach fosters models in which an actor is one of many in a system of interconnected actors in a sense that all defined relations in which he is involved must be considered." (Burt (1982:30))

Ergänzt man diese Unterscheidung um die Differenzierung zwischen 'Organization Set' und 'externem Netzwerk'[164], also um unsere Überlegungen hinsichtlich eines 'Bezugsrahmens zum Netzwerkapproach des internationalen Management', so ergibt sich ein Analysespektrum, wie es in Abb. 4-13 wiedergegeben ist:

---

163 Tichy/Tushman/Fombrun (1979:511).
164 Vgl. Kap. 4.232.

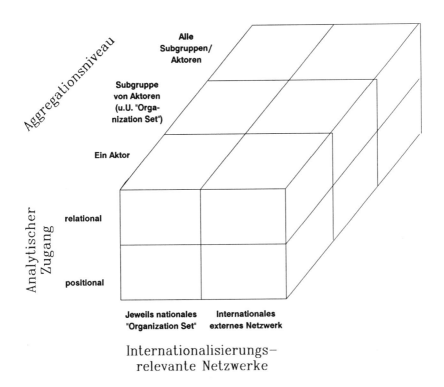

Abb. 4-13: Formen der Kooperationsnetzanalyse in internationalisierenden Branchen

Auf diesem Wege gelangt man zu erheblich detaillierteren Aussagen über (internationale) Kooperationsnetze, als sie die bisher üblichen Darstellungen von Kapitalbeteiligungen ermöglichten. Um dies zu erläutern, seien einige Teile des Würfels herausgegriffen. Hinsichtlich der nicht erwähnten Teile gelten analoge Überlegungen:

Die jeweils **nationalen 'Organization Sets'** können über vielfältige Formen der Analyse betrachtet werden: Auf niedrigstem Aggregationsniveau (ein Unternehmen) läßt sich beispielsweise in positionaler Hinsicht die Zentralität[165] der jeweiligen Landesgesellschaft oder ihrer Konkurrenten bestimmen. Diese Art von Kooperationsnetzanalyse führt zu interessanten Einsichten in die Positionierungsverhältnisse im betrachteten Ländernetz. Greift man dagegen auf das Ag-

---

165 Entsprechende Zentralitätsmaße liefert z.B. Freeman (1977), (1979).

gregationsniveau aller Aktoren im 'Organization Set' zurück, so könnte man etwa in relationalem Zugang über entsprechende Maße die Dichte der einzelnen Ländernetze feststellen. Eine solche Messung struktureller Kohäsion[166] ermöglicht es einerseits, zu ermitteln, wie hoch beispielsweise die Eintrittsbarrieren in das betrachtete Ländernetz zu bewerten sind: Hohe Dichte läßt auf hohe Eintrittsbarrieren schließen.[167] Andererseits wird es möglich, daß gesamte 'Organization Set' nochmals in Subgruppen besonders hoher Dichte (Cliquen) zu partitionieren.

Betrachtet man indessen das **gesamte internationale externe Netz**, so könnte es von besonderem Interesse sein, spezifische strategische Gruppen von Unternehmen zu identifizieren, die ähnliche Netzwerkstrategien eingeschlagen haben, d.h. mit ähnlichen Aktoren Beziehungen eingegangen sind. Dazu bedarf es einer positionalen Analyse, die das Netzwerk nach dem Aspekt struktureller Äquivalenz partitioniert. Es gilt dann, daß "... organizations in each subset (or *block*) share similar relations with organizations in other blocks *whether or not they are connected to another*."[168] In methodischer Hinsicht helfen hier die bereits gut ausgearbeiteten Instrumente der Blockmodellanalyse.[169] Vielfach werden zusätzlich zur Ermittlung struktural äquivalenter Blöcke auch, sofern gegeben, deren relationale Beziehungen (Dichte etc.) ermittelt.[170] In diesem Falle dient die Blockbildung dann der Vereinfachung durch Reduktion des Analyseaufwandes.

4.322 Analyse der Bedingungen alternativer Kooperationsformen

Orientierten sich die Überlegungen im vorangegangenen Kapitel vor allem an den quantitativ-methodischen Bereicherungen, die die Netzwerkbetrachtung den Instrumenten der Wettbewerbsanalyse in internationalisierenden Branchen

---

166 Die Messung struktureller Kohäsion partitioniert dann Netzwerke "... into sets of organizations that interact maximally with one another and minimally with other members of the population." (DiMaggio (1986:343)).
167 Gerade in Japan, so wird immer wieder betont, sei diese Art von Eintrittsbarriere besonders hoch. Vgl. Westney/Sakakibara (1985).
168 DiMaggio (1986:344).
169 Vgl. Kappelhoff (1987).
170 Dies ist das Vorgehen, mit dem Pappi/Kappelhoff/Melbeck (1987) die Struktur der Unternehmensverflechtungen in der Bundesrepublik untersuchten. Dies ist auch das Vorgehen von Walker (1988) bei seiner Analyse internationaler Joint Ventures in der Aluminium-Branche.

bietet, so sollen nun vergleichweise qualitative Beiträge berücksichtigt werden. Damit entfernen wir uns ein wenig von der Ausgangsquelle der Netzwerktheorie und zapfen verstärkt die Erkenntnisse ihrer 'Ableger', der Interorganisationstheorie und der 'collective strategy'-Forschung an. Diese Forschungsbereiche helfen durchaus, Bedingungen alternativer Kooperationsformen zu durchleuchten, die als Bedingungen des Aufbaus und Ausnutzens von Wettbewerbsvorteilen, mithin als Gegenstand der Wettbewerbsanalyse gedeutet werden können.

So betrachtet beispielsweise Oliver (1990) in ihrem aktuellen und integrativen Beitrag die Interorganisationstheorie unter dem Gesichtspunkt, welche Ursachen sie für das Eingehen verschiedener Typen zwischenorganisatorischer Beziehungen feststellt. Sie bezeichnet diese Ursachen als *kritische Kontingenzen* und nennt im einzelnen:[171] Zwang zur Zusammenarbeit infolge von Machtasymmetrien, Reziprozitätssituationen, Möglichkeit der Steigerung der internen Effizienz, Möglichkeit der Handhabung von Unsicherheit (*stability*) und schließlich die Möglichkeit der Legitimitätserhöhung. Da Oliver diese Kontingenzen zusätzlich mit verschiedenen Formen kooperativer Organisationsbeziehungen in Verbindung bringt und darüber hinaus spezifizierende Bedingungen der genannten Ursachenkomplexe nennt, sind ihre Ergebnisse auch für die Wettbewerbsanalyse von Interesse. Abb. 4-14, die Olivers Untersuchung zusammenfaßt, liefert somit ein reichhaltiges Raster von Einflußgrößen alternativer Kooperationsstrategien, welches gewiß auch für die Wettbewerbsanalyse in internationalisierenden Branchen von Interesse ist.

---

171   Vgl. Oliver (1990:242 ff.).

Critical Contingencies: Examples for six Types of Relationships					
Type of Relationship	Critical Contingency				
	Asymmetry	Reciprocity	Efficiency	Stability	Legitimacy
Trade association	Lobby state regulators	Promote collective good (e.g., trade shows)	Obtain economic advantages	Reduce legislative uncertainty (e.g., product standardization)	Enhance members´ image
Voluntary agency federations	Increase collective power in fund - raising	Coordinate network affiliates	Achieve economies in collection and distribution of donations	Stabilize flow of donation to members	Increase members´ community visibility
Joint ventures	Increase market power and entry barriers	Obtain synergies in technology, information sharing	Increase economies of scale	Share risks in entering new markets	Enhance profile in industry
Joint programs	Exert control over access to resources	Facilitate exchange of clients or personnel	Reduce costs of service delivery	Share risks in mounting new programs	Demonstrate norms of cooperation
Corporate financial interlocks	Influence sources of capital	Share knowledge and information	Reduce search costs for capital	Co-opt financial constituents	Project appearance of financial viability
Agency-sponsor linkages	Augment power relative to other agencies	Facilitate information exchange	Rationalize acquisition of funding	Reduce uncertainty in flow of funds	Increase agency´s acceptance and prestige
Conditions of Relationship for Each Contingency					
Trade associations	Strong threat of government intervention	Equitable contributions by members	Low cost in the maintenance of relationship	Intermediate domain size	Explicit public criticism of industry
Voluntary agency federations	Lack of fixed money market for funding	Equitable allocation of funding to affiliates	Moderate degree of standardi - zation among affiliates	Stringent resource environment	Explicit public criticisms of agencies´ activities
Joint ventures	Low potential for erosion of competitive position	Balanced bargaining position between participants	Low cost for interorganizational relationships relative to market or hierarchy alternatives	High risk in entering new markets or activities	Requirement for local legitimacy in host country or new market
Corporate-financial interlocks	Severe market constraints	Equal or symbiotic contributions by participants	Potential for high quality advice or experience	High unpredictability in availability or acquisition of capital	External pressure to demonstrate financial viability
Agency-sponsor linkages	Sponsor centrality in social service network	Low probability of sacrifices to decision- making autonomy	Efficiency-based criteria for sponsorship decisions	High uncertainty in resource environment	Low community awareness of agency or its programs

Abb. 4-14:   Bedingungen alternativer Kooperationsstrategien (aus: Oliver (1990:249, 251))

Dabei zeigt die obere Tabelle die Konkretisierung der kritischen Kontingenzen: So können Joint Ventures gebildet werden, um Asymmetrie zu begegnen, d.h. Marktmacht und Eintrittsbarrieren zu erhöhen. Genauso gut können sie aber auch gebildet werden, um etwa Synergien zu erzielen, also aus Gründen der Reziprozität. Demgegenüber zeigt die untere Tabelle die Bedingungen, welche andeuten, wann die verschiedenen Kooperationstypen auf Grund welcher kritischer Kontingenzen wahrscheinlicher werden. Um beim Beispiel des Joint Venture zu bleiben: Unter Aspekten der Asymmetrie werden Joint Ventures am ehesten dann gebildet, wenn die Gefahr der Erosion von Wettbewerbsvorteilen gering ist. Aus Gründen der Reziprozität werden sie am ehesten dann gebildet, wenn eine einigermaßen gleichgewichtige Verhandlungsposition zwischen den Partnern besteht usw.. Genau diese Aspekte (besteht eine große Gefahr der Erosion von Wettbewerbsvorteilen? sind die Verhandlungspositionen ausbalanciert?) sind somit Gegenstände der Wettbewerbsanalyse. Und diese Gegenstände sind durchaus anders als jene, die die Transaktionskostentheorie zum gleichen Thema anzubieten hatte.[172]

4.33 Internationale Wettbewerbsstrategie im Lichte des Netzwerkansatzes

Aus der Fülle von Anwendungsbereichen des Netzwerkdenkens für Fragen der internationalen Wettbewerbsstrategie[173] interessiert eine ganz besonders: Gibt es Netzwerkstrategien der Internationalisierung? Kann der Wettbewerb in internationalisierenden Branchen als 'Kampf' um *Beziehungen* thematisiert werden? Um dieser Frage nachzugehen, soll zunächst gezeigt werden, daß 'Internationalisierung' erstens etwas mit Netzwerkbildung zu tun hat (1) und sich daraus zweitens verschiedene Konsequenzen für die Betrachtung internationaler Wettbewerbsstrategien ergeben (2).

(1) Der Zusammenhang zwischen Internationalisierung und dem *Eingehen von Beziehungen* wird in der Literatur durchaus diskutiert. So argumentiert Mascarenhas, "... that sensitivity to linkages embedded in the world economy provides

---

172   Vgl. Kap. 4.222.
173   Vgl. Kap. 4.233.

valuable insights into business patterns and can be the basis for imaginative international strategies."[174] Ganz ähnlich notiert Kutschker:

> "Viele der Probleme, die beispielsweise bei der Internationalisierung von Unternehmen auftreten, lassen sich darauf zurückführen, daß dieses Unternehmen aus welchen Gründen auch immer nicht in der Lage ist, Anschluß an die relevanten Kommunikationsnetze zu finden." (Kutschker (1980:178)(Fußnote weggelassen))

Ein interessanter Beleg dieser Thesen findet sich in der ausführlichen Analyse von Rogers (1986). Sie untersuchte die Konsequenzen der zwischen 1980 und 1982 rapiden Internationalisierung der US-Kohle - Industrie für die Bildung und Veränderung von Netzwerken innerhalb dieser Branche:

> "What kinds of new interorganizational patterns occurred in the U.S. coal industry as it entered a challenging new market for exporting steam coal? How can we explain the origins of these interorganizational patterns in terms of current interorganizational theory? Finally, what effects did new patterns of interaction have on distributions of power among U.S. coal firms, and what might be socially significant about this reorganization?" (Rogers (1986:5 f.))

Bei ihrer Untersuchung stellte Rogers (1986) fest, daß diese Fragen in der Tat ihre Berechtigung haben: Unternehmerische Aktivitäten, das Anvisieren neuer Informationsquellen, die Bildung temporärer Allianzen und Koalitionen, supraorganisatorische Aktivitäten und politisch orientierte, makrokooperative Aktivitäten konnten als Schichten von 'network realignments' identifiziert werden[175], die aus der internationalisierungsbedingten Unsicherheit resultierten.

(2) Vor diesem Hintergrund erscheint es nicht mehr völlig abwegig, die Frage nach internationalen Wettbewerbsstrategien als eine Frage des Einklinkens in, Ausbauens und Aufrechterhaltens von (externen) Netzwerkpositionen und -beziehungen zu konzeptualisieren.[176]

---

174   Mascarenhas (1986:63).
175   Vgl. Rogers (1986:8 ff., 20 ff., 212 ff.).
176   Zur Bedeutung des Anstrebens zentraler Positionen: Walker (1988:231 f.). Mattson (1985) unterscheidet zwischen Mikro-Position und Makro-Position. Erstere betrifft die Beziehung eines Netzwerkteilnehmers zu einem spezifischen anderen Knoten. Letztere meint die Beziehung eines Netzwerkteilnehmers zum Netzwerk als Ganzem.

Immerhin deckt sich diese Sichtweise mit jener der schwedischen Forscher zum Investitionsgütermarketing:[177] Für sie beziehen sich Netzwerkstrategien auf die Entwicklung von Rollen und Positionen im Netzwerk. Im Gefolge des ständigen Netzwerkwandels sowie der Veränderung von Macht- und Stabilitätsverhältnissen im Netzwerk, eröffnen sich den Unternehmen, so die Annahme, vielfältige strategische Gelegenheiten:

> "In order to exploit opportunities, they may try to establish new relations inside the network, establish relations with actors outside, change the character of old relations, or even liquidate them, or they may relate different networks to each other. Changes in the network structure, except for breaks of relations, cannot be made unilaterally. But, they can be initiated. Other actors must be influenced to participate in the change. Large changes may require considerable resources, and support by several actors may have to be mobilized. Such mobilization may be based on power relations between the actors or on common interests."(Hakanson/Johanson (1988:371 f.))

Die in diesem Prozeß stattfindenden Taktiken der Positionserhaltung und -entwicklung können sich mithin beziehen auf den Aufbau neuer und den Abbruch bestehender Beziehungen, die Festigung und das ständige Aufrechterhalten von Beziehungen sowie die Steigerung der Effizienz bestehender Beziehungen.[178]

Reichert man diese Überlegungen um den internationalen Aspekt an, so bedeutet Internationalisierung, "... that the firm establishes and develops positions in relation to counterparts in foreign networks."[179] Nach Johanson/Mattson (1988:296 f.) kann dies über drei Wege erfolgen:

* Internationale Expansion: Etablieren von für die Unternehmung völlig neuen Netzwerkpositionen in verschiedenen Ländermärkten.

* Penetration: Weiterentwicklung von bereits vorhandenen Positionen in ausländischen Netzwerken.

* Internationale Integration: Anstreben einer zunehmenden Koordination zwischen Positionen in verschiedenen nationalen Netzen.

---

177 Vgl. Hakansson (Hrsg.,1982); Hakansson/Johanson (1988); Hammarkvist/Hakansson/Mattson (1982); Johanson/Mattson (1985), (1988).
178 Vgl. Hammarkvist/Hakansson/Mattson (1982).
179 Johanson/Mattson (1988:296).

Vor diesem Hintergrund informiert der Internationalisierungsgrad von Unternehmen über das "... extent to which the firm occupies certain positions in different national nets, and how important and integrated are those positions".[180] Der Internationalisierungsgrad der Branche, genauer: des Netzwerks, bemißt sich dagegen wie folgt:

> "A high degree of internationalisation of a production net implies the there are many and strong relationships between the different national sections of the global production net. A low degree of internationalisation, on the other hand, means that the national nets have few relationships with each other." (Johanson/Mattson (1988:296))

Führt man beide Gesichtspunkte zusammen, so ergibt sich eine Matrix alternativer Internationalisierungsstrategien, die trotz ihrer ursprünglichen Beschränkung auf Investitionsgütermärkte auch für unsere Analysen zur Wettbewerbsstrategie in internationalisierenden Branchen von Interesse ist (vgl. Abb. 4-15).

| | | Degree of internationalisation of the market (the production net) | |
		Low	High
Degree of internationalisation of the firm	**Low**	The Early Starter	The Late Starter
	High	The Lonely International	The International Among Others

Abb. 4-15: Internationale Wettbewerbsstrategien im Lichte des Netzwerkkonzeptes (aus: Johanson/ Mattson (1988:298))

So dürfte unter wettbewerbsstrategischen Überlegungen das Anstreben einer 'Lonely International'-Position besonders ratsam erscheinen[181]: Angesichts der bereits gewonnenen Internationalisierungserfahrung und der bereits existierenden 'Positionen' wird es dem Unternehmen im Vergleich zum 'Early Starter' nicht nur leichter fallen, in Auslandsmärkte einzusteigen, die Internationalisierungsbewegungen von Konkurrenten zu kontrollieren und den erforderlichen Ressourcenaufwand zu reduzieren. Entscheidend ist vor allem die Möglichkeit, sich rela-

---

180 Johanson/Mattson (1988:296).
181 Vgl. zum folgenden die Beschreibung der einzelnen Internationalisierungstypen bei Johanson/Mattson (1988:298 ff.).

tiv früh strategisch wichtige Netzwerkpositionen in eng strukturierten nationalen Netzen zu sichern und auf diese Weise Wettbewerbsvorteile gegenüber der Konkurrenz aufzubauen. Der 'Early Starter' ist demgegenüber auf gut positionierte *counterparts* in den ausländischen Netzen angewiesen, die ihn in den Markt einführen und zu einer günstigen Netzposition verhelfen können. Dem 'Late Starter' dürfte es indessen schwer fallen, sich in Positionen einzuklinken, die Wettbewerbsvorteile versprechen. Zu sehr hinkt er seinen Konkurrenten hinterher. Im Falle des 'International Among Others' werden Wettbewerbsvorteile wohl am ehesten über ein geschicktes, oligopolistische Interdependenz berücksichtigendes 'Springen' zwischen den verwobenen nationalen Netzen, d.h. im gesamten externen Netz[182], erzielt.

Bedenkt man zudem, daß Positionierungen in der in Abb. 4-15 wiedergegebenen Matrix je Geschäftsfeld möglicherweise in unterschiedlicher Weise erfolgen müssen, so deutet sich hier ein durchaus reizvolles Instrument, eine völlig neuartige Portfolioanalyse der Gestaltung internationaler Wettbewerbsstrategien an. Reizvoll ist dieses Instrument vor allem deshalb, weil die Ausprägungen der Achsen über netzwerkanalytisches Instrumentarium *meßbar* sind, Positionierungen mithin relativ einfach vorgenommen werden können.

4.4   Zusammenfassung

Dieses Kapitel hatte zum Gegenstand, mögliche Bausteine eines erweiterten theoretischen und methodischen Fundamentes für die Betrachtung von Wettbewerbsanalyse und Wettbewerbsstrategie in internationalisierenden Branchen zusammenzutragen und auf ihre Eignung zu prüfen.

Ausgangspunkt bildete dabei das eklektische Paradigma Dunnings (1988)(**Kap. 4.1**). Trotz - oder gerade wegen - ihrer geringen integrativen Kraft erwiesen sich Dunnings Analysen in vielerlei Hinsicht als hilfreich: Sie lieferten nicht nur umfassende Checklisten hinsichtlich der Wahl alternativer Internationalisierungspfade, hinsichtlich der denkbaren Quellen von Wettbewerbsvorteilen in internationalisierenden Branchen sowie hinsichtlich Branchen-, Länder- und Unternehmenseinflußgrößen dieser Vorteile. Vielmehr ist es darüber hinaus ein Verdienst Dun-

---

182   Vgl. unser Sprachspiel in Kap. 4.232.

nings, auf die Vielfalt an (auch nicht streng ökonomischen) Theorien hingewiesen zu haben, auf die zur Erklärung 'internationaler Produktion' zurückgegriffen werden kann.

Für die Suche nach Wegen der Theoriefundierung von Wettbewerbsanalyse und Wettbewerbsstrategie erschien es uns besonders interessant, aus dem 'Theorieangebot' Dunnings zwei Theoriestränge gesondert herauszugreifen und vertieft zu analysieren: Die Internationalisierungstheorien sowie die Netzwerktheorie:

Bezüglich der Internationalisierungstheorien (**Kap. 4.2**) wurde zunächst (4.21) überblicksartig demonstriert, wie sich aus ihnen Arten und Einflußgrößen alternativer Wettbewerbsstrategien herleiten lassen. Dabei erwies sich insbesondere der Rückgriff auf Überlegungen Colbergs (1989) als fruchtbar: Er leitete explizit die spezifischen Vor- und Nachteile internationaler Unternehmenstätigkeit sowie deren Bedingungen aus der Internationalisierungstheorie ab - ein Vorgehen, dessen Resultate unserem Konzept Wettbewerbsanalyse und Wettbewerbsstrategie wahrlich nicht mehr fern sind.

Sodann überprüften wir die Bedeutung einer speziellen Internationalisierungstheorie, der Internalisierungstheorie, für Wettbewerbsanalyse und Wettbewerbsstrategie (4.22). Diese Theorie führte insbesondere zu vertiefenden Einblicken in das Verhältnis zwischen alternativen (kooperativen) Formen der Internationalisierung und dem Aufbau bzw. der Ausnutzung von Wettbewerbsvorteilen. Der Aufbau von Wettbewerbsvorteilen über Strategien der externen Interdependenz wurde dabei im Lichte der Reduktion von Transaktionskosten thematisiert.

In einem dritten Schritt (4.23) thematisierten wir unter Rückgriff auf Kogut (1988) eine besonders intensiv diskutierte Frage der internationalen Wettbewerbsanalyse und Wettbewerbsstrategie: Die Ländermuster der Internationalisierung und damit das Problem des Wettbewerbsvorteils von Ländern. Auch zur Klärung dieses Problemfeldes konnten Internationalisierungstheorien beitragen.

In **Kap. 4.3** stand - zum Zwecke der Relativierung und Kontrastierung der Internationalisierungstheorien - bewußt ein nicht-ökonomischer Theoriestrang im Zentrum des Interesses: Wir prüften den Beitrag der Netzwerktheorie für Wettbewerbsanalyse und Wettbewerbsstrategie in internationalisierenden Branchen.

Da die Netzwerktheorie usprünglich der Soziologie entstammt, wurde zunächst ein Brückenschlag zwischen Netzwerkansatz und Wettbewerb in internationalisierenden Branchen versucht (4.31). Dieser mündete in einen 'Bezugsrahmen zum Netzwerkapproach des internationalen Management', aus dem sich eine Reihe teilweise völlig neuartiger Sichtweisen von Wettbewerbsanalyse und Wettbewerbsstrategie in internationalisierenden Branchen ableiten ließen: So konnte im Bereich der Wettbewerbsanalyse gerade die Analyse von Kooperationsnetzen auf methodisch und inhaltlich neue Beine gestellt werden. Zudem zeigte sich, daß aus der Interorganisationstheorie, einem 'Ableger' der Netzwerktheorie, durchaus auch Checklisten bezügl. der Bedingungen alternativer Kooperationsformen ableitbar sind (4.32).

Die Wettbewerbsstrategie stellte sich im Lichte des Netzwerkansatzes schließlich als ein ständiges Suchen nach, Einklinken in und Abbrechen von Beziehungen in verschiedenen nationalen und internationalen Netzwerken dar (4.33). Internationaler Wettbewerb ist, so betrachtet, als Kampf um günstige Positionen in komplexen Netzwerken zu verstehen - eine völlig neue Dimension des Aufbaus von Wettbewerbsvorteilen in internationalisierenden Branchen.

5. Schluß: Erneuerung von Wettbewerbsanalyse und Wettbewerbss-
    strategie als Konsequenz des Phänomens der Internationalisie-
    rung?

Unsere Arbeit ist zuende. Ob wir es wagen dürfen, zum Beschluß mehr als einen
Rückblick auf die vergangenen Kapitel zu geben, ob wir es also wagen dürfen,
von einem *Ausblick* zu sprechen, ist letztlich eine Frage der *Anschlußfähigkeit*
unserer Analysen: Kann auf ihrer Basis im Wissenschaftsystem oder auch in der
Praxis weiterkommuniziert werden? Werden hinreichend innovative, vor allem
aber fruchtbare Anstöße gegeben?

Es wäre vermessen, diese Anschlußfähigkeit für die vorangegangene Untersuchung a priori zu reklamieren. Sie zu konstatieren oder zu bestreiten ist Sache
des Lesers. Dem Autor ist es jedoch ein besonderes Anliegen, darauf hinzuweisen, daß er - obzwar vom Impuls der Literaturvergewisserung getrieben - stets
zumindest bemüht war, das *Neue* zu suchen und mithin Wege zum Fortschritt,
zur Entwicklung zu suchen. Insofern mag es vielleicht interessant sein, die Arbeit
unter diesem Gesichtspunkt[1] noch einmal Revue passieren zu lassen, Rückblick
und Ausblick kombinativ zu verbinden: Kann - ähnlich einem Paradigmawech-
sel[2] - von einer Erneuerung der Wettbewerbsanalyse und Wettbewerbsstrategie
als Konsequenz des Phänomens der Internationalisierung gesprochen werden?

Dieser Frage nachgehend, wurde in **Kap. 1** zunächst geprüft, inwiefern die Internationalisierung von Branchen das, was wir unter Wettbewerbsanalyse und
Wettbewerbsstrategie verstehen wollen, überhaupt mit einem neuen Bedingungsrahmen konfrontiert. Dabei erwies es sich zwar als klar, *daß* eine neue
Herausforderung besteht. Keineswegs evident und eindeutig beantwortbar war
dagegen die Frage, *worin* die neue Herausforderung besteht: Es konnten aller-

---

1   Die Problematik der sequentiellen Darstellung nicht linearisierbarer Theo-
    rieformen und damit die Möglichkeit, Inhalte aus immer wieder anderer
    Perspektive zu entrollen, schildert beispielsweise: Luhmann (1985: 13 f.).
2   Der auf Kuhn (1976) zurückgehende Begriff des Paradigmas bezieht sich
    einerseits auf Konstellationen von Gruppenpositionen, d.h. von Meinun-
    gen, Werten und Methoden, die von einer wissenschaftlichen Gemein-
    schaft geteilt werden (vgl. Kuhn (1976:193 ff.). Andererseits betrifft er *ge-
    meinsame Beispiele*, die dem Wissenschaftler helfen, "... die Aufgabe *so
    zu sehen*, wie eine Aufgabe, vor die er schon gestellt war." (Kuhn
    (1976:201).

dings Elemente des neuen Bedingungsrahmens von Wettbewerbsanalyse und Wettbewerbsstrategie ausgemacht werden.

Diese Elemente und damit ein gewisses *Gefühl* für die neue Herausforderung der Internationalisierung im Hinterkopf, betrachteten wir in **Kap. 2** traditionelle Konzepte von Wettbewerbsanalyse und Wettbewerbsstrategie. Denn das Erfordernis derer Erneuerung resultiert ja nicht schon daraus, daß sie mit einem veränderten Bedingungsrahmen konfrontiert werden! Immerhin könnte es durchaus sein, daß sie diesem auch in ihrem alten Gewande vollauf gewachsen sind. Unsere Analyse konnte diese These allerdings nicht bestätigen. Im Gegenteil: Herkömmliches Theoriefundament, herkömmliche Instrumente der Wettbewerbsanalyse und herkömmliche Konzepte der Wettbewerbsstrategie erwiesen sich in Anbetracht des Phänomens der Internationalisierung als durchaus lückenhaft, man könnte auch sagen: erneuerungsbedürftig.

Auf der Suche nach Bausteinen der Erneuerung machten wir daraufhin (**Kap.3**) bei managementtheoretischen Konzepten von Wettbewerbsanalyse und Wettbewerbsstrategie in internationalisierenden Branchen Station. Es handelt sich dabei um neuere Entwicklungen, die explizit bemüht sind, der Herausforderung der Internationalisierung zu begegnen. In der Tat fanden sich *neue* Konzepte, Vorschläge, Ideen. Sie mußten sich freilich den Vorwurf gefallen lassen, entweder eines tiefgreifenden Theoriefundamentes zu entbehren, oder aber ihre Theoriebasis zu wenig erneuert zu haben.

So war es denn im **vierten Kapitel** unser Bestreben, verstärkt diese Lücken zu füllen. Gibt es, so fragten wir, neue Theoriebasen, die Wettbewerbsanalyse und Wettbewerbsstrategie in Anbetracht der Internationalisierung *beleben* können, wie seinerzeit der Industrial Organization-Ansatz den 'nationalen' Wettbewerbsapproach belebte? Interessanterweise zeigte sich, daß es durchaus auch *alte* Theorien sind, auf die in neuer Weise und mit neuem Erkenntnisinteresse zurückgegriffen werden kann. Freilich: Unsere Überlegungen zur Nutzbarmachung der Internationalisierungstheorien und zur Bedeutung netzwerktheoretischer

Sichtweisen sind noch keineswegs abgeschlossen. Sie sind als Anstöße zu verstehen, die den Prozeß der Erneuerung in Gang halten sollen, man könnte auch sagen: sie *gestalten* die Wahrnehmung des neuen Bedingungsrahmens (Kap.1) mit: So zeigt sich eine gewisse zirkuläre Geschlossenheit unseres Gesamtkonzeptes, in das somit Fortschritt und Erneuerung von vornherein eingebaut sind.

Literaturverzeichnis

Aaker, D.A./ Mascarenhas, B. (1984), The need for strategic flexibility, in: Journal of Business Strategy 5 (1984), Fall, S. 74 - 84

Abell, D.F. (1980), Defining the Business: The Starting Point of Strategic Planning, Englewood Cliffs (N.J.) 1980

Abernathy, W.J./ Clark, K.B./ Kantrow, A.M. (1981), The new industrial competition, in: Harvard Business Review 59 (1981), 5, S. 68 - 81

Ackoff, R. (1974), Redesigning the future, New York 1974

Agmon, T./ Kindleberger, Ch. P. (Hrsg., 1977), Multinationals from Small Countries, Cambridge (Mass.) 1977

Agmon, T./ Lessard, D. (1977), Financial factors and the international expansion of small - country firms, in: Agmon, T./ Kindleberger, Ch.P. (Hrsg., 1977), S.197 - 219

Agthe, K. (1982), "Multi - local" statt "Multi - national" als strategisches Konzept eines internationalen Unternehmens, in: Lück, W./ Trommsdorff, V. (Hrsg., 1982), S. 147 - 170

Aharoni, Y. (1966), The Foreign Investment Decision Process, Boston 1966

Albach, H. (1978), Strategische Unternehmensplanung bei erhöhter Unsicherheit, in: Zeitschrift für Betriebswirtschaft 48 (1978), 8, S. 702 - 715

Albach, H. (1979), Zur Verlegung von Produktionsstätten ins Ausland, in: Zeitschrift für Betriebswirtschaft 49 (1979), 10, S. 945 - 952

Albach, H. (1981), Die internationale Unternehmung als Gegenstand betriebswirtschaftlicher Forschung, in: Zeitschrift für Betriebswirtschaft 51 (1981), Ergänzungsheft 1, S. 13 - 24

Aldrich, H.E. (1979), Organizations and Environments, Englewood Cliffs (N.J.) 1979

Aldrich, H.E./ Whetton, D. (1981), Organization - sets, action - sets, and networks: making the most of simplicity, in: Nystrom, P./ Starbuck, W. (Hrsg., 1981), S. 385 - 408

Aliber, R.Z. (1970), A Theory of Direct Investment, in: Kindleberger, Ch.P. (Hrsg., 1970), S. 17 - 34

Aliber, R.Z. (1971), The Multinational Enterprise in a Multiple Currency World, in: Dunning, J.H. (Hrsg., 1971), S. 49 - 56

Althans, J. (1989), Marktsegmentierung, internationale, in: Macharzina, K./ Welge, M.K. (Hrsg., 1989), Sp. 1469 - 1477

Altschul, K. (1982), Was wird aus dem Marketing-Management in den USA?, in: Absatzwirtschaft 25 (1982), 1, S. 6 - 12

Andrae, C.-A./ Benisch, W. (Hrsg., 1982), Wettbewerbsordnung und Wettbewerbsrealität, Köln usw. 1982

Andrews, K.R. (1971), The Concept of Corporate Strategy, Homewood (Ill.) 1971

Ansoff, H.I. (1965), Corporate Strategy, New York usw. 1965

Ansoff, H.I. (1984), Implanting Strategic Management, Englewood Cliffs (N.J.) 1984

Ansoff, H.I. (1987), The Emerging Paradigm of Strategic Behavior, in: Strategic Management Journal 8 (1987), 6, S. 501 - 515

Ansoff, H.I./ Steward, J.M. (1967), Strategies for a Technology-Based Business, in: Harvard Business Review 45 (1967), 6, S. 71 - 83

Arndt, J. (1979), Toward a concept of domesticated markets, in: Journal of Marketing 43 (1979), Fall, S. 69 - 75

Arnold, U. (1989), Global Sourcing - An Indispensable Element in Worldwide Competition, in: Management International Review 29 (1989), 4, S. 14 - 28

Arnold, U. (1990), Global Sourcing - Ein Konzept zur Neuorientierung des Supply Management von Unternehmen, in: Welge, M.K. (Hrsg., 1990), S. 49 - 71

Arrow, K.J. (1962), Economic Welfare and the Allocation of Ressources for Invention, in: The Rate and Direction of Inventive Action: Economic and Social Factors, National Bureau of Economic Research, Princeton University Press, Princeton 1962

Arthur D. Little (1981), The Strategic Management of Technology, Davos 1981

Astley, W.G. (1984), Toward an Appreciation of Collective Strategy, in: Academy of Management Review 9 (1984), 3, S. 526 - 535

Astley, W.G./ Fombrun, Ch.J. (1983), Collective Strategy: Social Ecology of Organizational Environments, in: Academy of Management Review 8 (1983), 4, S. 576 - 587

Astley, W.G./ Fombrun, Ch.J. (1983), Technological innovation and industrial structure: The case of telecommunications, in: Lamb, R. (Hrsg., 1983), S. 205 - 229

Axelrod, R. (1981), The Evolution of Cooperations among Egoists, in: American Political Science Review 75 (1981), 2, S. 306 - 318

Axelrod, R. (1984), The Evolution of Cooperation, New York 1984

Backhaus, K. (1987), Die Macht der Allianz, in: Absatzwirtschaft 30 (1987), 11, S. 122 - 130

Bain, J.S. (1956), Barriers to new Competition: Their character and consequences in manufacturing industries, Cambridge (Mass.) 1956

Bain, J.S. (1968), Industrial Organization, 2. Aufl., New York usw. 1968

Bakka, B. (1986), Die Bedeutung der Globalisierung für kleine Unternehmen, in: Thexis 3 (1986), 3, S. 31 - 38

Baldwin, W.L. (1969), The feedback effect of business conduct on industry structure, in: Journal of Law and Economics 12 (1969), 1, S. 123 - 153

Baliga, B.R./ Jaeger, A.M. (1984), Multinational Corporations: Control Systems and Delegation Issues, in: Journal of International Business Studies 15 (1984), Fall, S. 25 - 40

Barnes, J.A. (1072), Social Networks, Addison-Wesley Module Puplications 26, Reading (Mass.) 1972

Barnes, L.B. (1981), Managing the paradox of organizational trust, in: Harvard Business Review 59 (1981), 2, S. 107 - 116

Bartlett, Ch.A. (1979), Multinational Structural Evolution: The Changing Decision Environment in International Divisions, unveröffentlichte Dissertation, Harvard Business School, Boston 1979

Bartlett, Ch.A. (1981), Multinational Structural Change: Evolution versus Reorganization, in: Otterbeck, L. (Hrsg., 1981), S. 121 - 145

Bartlett, Ch.A. (1982), How Multinational Organizations Evolve, in: The Journal of Business Strategy 2 (1982), Summer, S. 20 - 32

Bartlett, Ch.A. (1985), Global competition on MNC managers, ICCH - Note No. 0 - 385 - 287, Harvard Business School, Boston 1985

Bartlett, Ch.A. (1989), Aufbau und Management der transnationalen Unternehmung: Die neue organisatorische Herausforderung, in: Porter, M.E. (Hrsg., 1989), S. 425 - 464

Bartlett, Ch.A./ Ghoshal, S. (1986), Tap your Subsidaries for Global Reach, in: Harvard Business Review 64 (1986), 6, S. 87 - 94

Bartlett, Ch.A./ Ghoshal, S. (1987), Managing across Borders: New Organizational Responses, in: Sloan Management Review 29 (1987), Fall, S. 43 - 53

Bartlett, Ch.A./ Ghoshal, S. (1987a), Managing across Borders: New Strategic Requirements, in: Sloan Management Review 28 (1987), Summer, S. 7 - 17

Bartlett, Ch.A./ Ghoshal, S. (1987b), Arbeitsteilung bei der Globalisierung, in: Harvard Manager 9 (1987), 2, S. 49 - 59

Bartlett, Ch.A./Ghoshal, S. (1989), Managing across Borders: The Transnational Solution, Boston 1989

Bateson, G. (1981), Ökologie des Geistes, Frankfurt/Main 1981

Bauer, H.H. (1989), Marktabgrenzung, Berlin 1989

Baumol, W.J./ Panzar, J.C./ Willig, R.D. (1982), Contestable Markets and the Theory of Industry Sructure, New York 1982

Bazerman, M.H./ Schoorman, F.D. (1983), A Limited Rationality Model of Interlocking Directorates, in: Academy of Management Review 8 (1983), 2, S. 206 - 217

Beamish, D.W./ Banks, J.C. (1987), Equity Joint Ventures and the Theory of the Multinational Enterprise, in: Journal of International Business Studies 18 (1987), 2, S. 1 - 16

Benedetti, C. de (1988), Weltweite Bündnis- und Wettbewerbsstrategie, in: Henzler, H. (Hrsg., 1988), S. 165 - 181

Benson, J.K. (1975), The Interorganizational Network as a Political Economy, in: Administrative Science Quaterly 20 (1975), 2, S. 229 - 249

Benson, J.K. (Hrsg., 1977), Organizational Analysis: Critique and Innovation, Beverly Hills 1977

Berekoven, L. (1977), Internationale Verbrauchsangleichung, Nürnberg 1977

Berekoven, L. (1978), Internationales Marketing, Wiesbaden 1978

Berg, S.V./ Duncan, J./ Friedman, Ph. (1982), Joint Venture Strategies and Corporate Innovation, Cambridge (Mass.) 1982

Berg, S.V./ Friedman, Ph. (1977), Joint Ventures, Competition, and Technological Complementaries, in: Southern Economic Journal 43 (1977), 3, S. 1330 - 1337

Bergston, C.F./ Horst, T./ Moran, T.H. (1978), American Multinationals and American Interests, Washington D.C. 1978

Berle, A.A./ Means, G.C. (1932), The Modern Corporations and Private Property, New York 1932

Bernskopf, G. (1980), Strategien zur Auswahl ausländischer Märkte, München 1980

Bhagwati, J.N. (1977), The New International Economic Order: The North-South Debate, Cambridge (Mass.) 1977

Bhagwati, J.N. (1982), Shifting comparative advantage, protectionist demands, and policy response, in: Bhagwati, J.N. (Hrsg., 1982), S. 153 - 195

Bhagwati, J.N. (Hrsg., 1982), Import competition and response, Chicago 1982

Blair, H.O. (1976), International licencing, Lexington (Mass.) 1976

Blois, K.J. (1990), Research Notes and Communications - Transaction Costs and Networks, in: Strategic Management Journal 11 (1990), 6, S. 493 - 496

Boddewyn, J.J. (1985), Theories of Foreign Direct Investment and Divestment: A Classificatory Note, in: Management International Review 25 (1985), 1, S. 57 - 65

Boddewyn, J.J. (1986), International political strategy: A forth "generic" strategy?, Paper presented at the annual meeting of the Academy of International Business, London 1986

Böbel, I. (1978), Industrial Organization, Tübingen 1978

Boettcher, E. (Hrsg., 1972), Theorie und Praxis der Kooperation, Tübingen 1972

Boettcher, E. (1974), Kooperation und Demokratie in der Wirtschaft, Tübingen 1974

Boisot, M.H. (1986), Markets and Hierarchies in a Cultural Perspective, in: Organization Studies 7 (1986), 2, S. 135 - 158

Borner, S. (1986), Internationalization of Industry, Berlin usw. 1986

Borys, B./ Jeminson, D.B. (1989), Hybrid Arrangements as Strategic Alliances: Theoretical Issues in Organizational Combinations, in: Academy of Management Review 14 (1989), 2, S. 234 - 249

Bourgeois, L.J. (1980), Strategy and Environment: A Conceptual Integration, in: Academy of Management Review 5 (1980), 1, S. 25 - 40

Bradley, D.G. (1977), Managing against Expropriation, in: Harvard Business Review 55 (1977), July/August, S. 75 - 83

Braybrooke, D./ Lindblom, C.E. (1963), A Strategy of Decision, Glencoe 1963

Breeley, R./ Myers, S. (1981), Principles of corporate finance, New York 1981

Bresser, R.K. (1989), Kollektive Unternehmensstrategien, in: Zeitschrift für Betriebswirtschaft 59 (1989), 5, S. 545 - 564

Bresser, R.K./ Harl, J.E. (1986), Collective Strategy: Vice or Virtue?, in: Academy of Management Review 11 (1986), 2, S. 408 - 427

Bretz, H. (1988), Unternehmertum und Fortschrittsfähige Organisation, München 1988

Brooke, M.Z. (1984), Autonomy and centralization in multinational firms, in: International Studies of Management and Organisation 14 (1984), 1, S. 3 - 22

Buaron, R. (1981), New-Game Strategies, in: Mc Kinsey Quarterly 18 (1981), Frühjahr, S. 24 - 40

Buchs, M. (1987), Zur Methodik von Marktuntersuchungen, Bern- Stuttgart 1987

Buckley, P.J. (1983), New Theories of International Business: Some Unresolved Issues, in: Casson, M. (Hrsg., 1983), S. 34 - 50

Buckley, P.J. (1985), New Forms of International Industrial Co-operation, in: Buckley, P.J./ Casson, M. (1985), S. 39 - 59

Buckley, P.J. (1988), The Limits of Explanation: Testing the Internalization Theory of the Multinational Enterprise, in: Journal of International Business Studies 19 (1988), Summer, S. 181 - 193

Buckley, P.J./ Casson, M. (1976), The Future of Multinational Enterprise, London 1976

Buckley, P.J./ Casson, M. (1985), The Economic Theory of the Multinational Enterprise, London-Baringstoke 1985

Buckley, P.J./ Casson, M. (1988), A Theory of Co-operation in International Business, in: Management International Review 28 (1988), Special Issue, S. 19 - 38

Bulcke, van den, D. (1984), Decision making in Multinational Enterprises and the Information and Consultation of Employees: The proposed Vredling Directive of the Ec. Commission, in International Studies of Management and Organization 14 (1984), 1, S. 36 - 60

Burt, R.S. (1978), Cohesion versus Structure Equivalenz as a Basis for Network Subgroups, in: Sociological Methods & Research 7 (1978), S. 189 - 213

Burt, R.S. (1982), Toward a Structural Theory of Action, New York 1982

Burt, R.S./ Carlton, D.S. (1989), Another Look at the Network Boundaries of American Markets, in: American Journal of Sociology 95 (1989), 3, S. 723 - 753

Busse von Colbe, W./ Hammann, P./ Laßmann, G. (1990), Betriebswirtschaftstheorie, Band 2: Absatztheorie, Dritte verbesserte Auflage, Berlin usw. 1990

Bye, M. (1958), Self-financed multiterritorial units and their time horizon, in: International Economic Papers 8 (1958), S. 147 - 178

Calvet, A.L. (1980), Markets and hierarchy: Towards a theory of international business, Dissertation, Cambridge (Mass.) 1980

Calvet, A.L. (1987), A Synthesis of Foreign Direct Investment Theories and Theories of the Multinational Firm, in: Dymsza, W.A./ Vamberry, R.G. (Hrsg., 1987), S. 103 - 119

Carl, V. (1989), Problemfelder des internationalen Managements, München 1989

Carney, M.G. (1987), The Strategy and Structure of Collective Action, in: Organization Studies 8 (1987), 4, S. 341 - 362

Casson, M. (1979), Alternatives to the Multinational Enterprise, London 1979

Casson, M. (1983), The growth of international business, Boston (Mass.) 1983

Casson, M. (1986), Multinationals and world trade: vertical integration and the division of labour in world industries, Boston (Mass.) 1986

Caves, R.E. (1971), International Corporations: The Industrial Economics of Foreign Investment, in: Economica 38 (1971), 1, S. 1 - 27

Caves, R.E. (1974), Industrial Organization, in: Dunning, J.H. (Hrsg., 1974), S. 115 - 140

Caves, R.E. (1974a), Causes of Direct Investment: Foreign Firms' Shares in Canadian and United Kingdom Manufacturing Industries, in: The Review of Economics and Statistics 56 (1974), 3, S. 279 - 293

Caves, R.E. (1982), American industry: Structure, conduct, and performance, 5. Auflage, Englewood Cliffs (N.J.) 1982

Caves, R.E. (1982a), Multinational Enterprise and Economic Analysis, Cambridge (Mass.) 1982

Caves, R.E./ Porter, M.E. (1977), From Entry Barriers to Mobility Barriers: conjectural Decisions and contrived Deterrence to new Competition, in: Quarterly Journal of Economics 91 (1977), May, S. 241 - 262

Chamberlin, E.H. (1950), The theory of monopolistic competition: A Re-Orientation of the Theory of Value, 6. Auflage, Cambridge (Mass.), 1950

Chamberlin, E.H. (1975), Die Theorie der monopolistischen Konkurrenz: Produktdifferenzierung, in: Herdzina, K. (Hrsg., 1975), S. 76 - 89

Chandler, A.D. (1962), Strategy and Structure: Chapters in the History of the Industrial Enterprise, Cambridge (Mass.) 1962

Chandler, A.D. (1990), Scale and Scope: The Dynamics of Industrial Capitalism, Cambridge (Mass.) 1990

Channon, D.F./ Jalland, M. (1979), Multinational Strategic Planning, London-Basingstoke 1979

Child, J. (1972), Organizational Structure, Environment, and Performance. The Role of Strategic Choice, in: Sociology 6 (1972), 1, S. 1 - 22

Chisholm, D. (1989), Coordination without Hierarchy: Informal Structures in Multiorganizational Systems, Berkley (CA) 1989

Chrisman, J.J./ Hofer, Ch.W./ Boulton, W.R. (1988), Toward a System for Classifying Business Strategies, in: Academy of Management Review 13 (1988), 3, S. 413 - 428

Cichon, W. (1988), Globalisierung als strategisches Problem, München 1988

Clarke, I.M. (1985), The Spatial Organization of Multinational Corporations, New York 1985

Coase, R.H. (1937), The Natur of the Firm, in: Economica 4 (1937), S. 386 - 405

Colberg, W. (1989), Internationale Präsenzstrategien von Industrieunternehmen, Kiel 1989

Commons, J.R. (1934), Institutional Economics, Madison 1934

Contractor, F.J. (1983), Technology Licensing Practice in U.S. Companies: Corporate and Puplic Policy Implications of an Empirical Study, in: Columbia Journal of World Business 18 (1983), Fall, S. 80 - 88

Contractor, F.J. (1985), Licencing in International Strategy: A Guide for Planning and Negotiations, Westport (Ct.) 1985

Contractor, F.J./ Lorange, P. (1988), Competition vs. Cooperation: A Benefit/Cost Framework for Choosing Between Fully-Owned Investments and Cooperative Relationships, in: Management International Review, 28, 1988, Special Issue, S. 5 - 18

Contractor, F.J./ Lorange, P. (Hrsg., 1988), Cooperative Strategies in International Business, Lexington (Mass.) 1988

Cook, K.S. (1977), Exchange and Power in Networks of Interorganizational Relations, in: Benson, J.K. (Hrsg., 1977), S. 64ff

Coyne, K. (1986), Sustainable of Sustainable Competitive Advantage, in: The Mc Kinsey Quaterly 23 (1986), Spring, S. 50 - 56

Cummings, T.G. (1984), Transorganizational development, in: Cummings, L.L./ Staw, B.M. (Hrsg., 1984), S. 367 - 422

Cummings, L.L./ Staw, B.M. (1984), Research in Organizational Behavior , Bd.6, Greenwich (Ct.)

Cvar, M.R. (1984), Competitive strategies in global industries, unveröffentlichte Dissertation, Harvard Business School, Boston 1984

Davidson, W.H. (1982), Global strategic management, New York 1982

Davidson, W.H. (1987), The Location of Foreign Direct Investment Activity: Country Characteristics and Experience Effects, in: Dymsza, W.A./ Vamberry, R.G. (Hrsg., 1987), S. 120 - 133

Davis, S.M./ Lawrence, P.R. (1977), Matrix, Reading 1977

Deardoff, A. (1979), Weak Links in the Chain of Comparative Advantage, in: Journal of International Economics 9 (1979), S. 197 - 209

Devlin, G./ Bleackley, M. (1988), Strategic Alliances - Guidelines for Success, in: Long Range Planning 21 (1988), 5, S. 18 - 23

Dholakia, N./ Arndt, J. (Hrsg., 1985), Alternative Paradigms for widening marketing theory, Greenwich (Ct.) 1985

Dichtl, E./ Issing, O. (Hrsg., 1984), Exporte als Herausforderung für die deutsche Wirtschaft, Köln 1984

Dickson, D.N. (Hrsg., 1983), Managing Effectively in the World Marketplace, New York usw. 1983

DiMaggio, P. (1986), Structural Analysis of Organizational Fields: A Blockmodel Approach, in: Staw , B.M. (Hrsg., 1986), S. 335 - 370

Dobry, A. (1983), Die Steuerung ausländischer Tochtergesellschaften - Eine theoretische und empirische Untersuchung ihrer Grundlagen und Instrumente, Gießen 1983

Dörnberg, E.A. Frhr. v. (1982), Die Internationalisierung mittelständischer Industrieunternehmen, Göttingen 1982

Dollinger, M.J. (1990), The Evolution of Collective Strategies in Fragmented Industries, in: Academy of Management Review 15 (1990), 2, S. 266 - 285

Douglas, S.P./ Wind, Y. (1987), The Myth of Globalization, in: Columbia Journal of World Business 22 (1987), 4, S. 19 - 29

Downie, J. (1958), The Competitive Process, London-Southampton 1958

Doz, Y.L. (1978), Managing manufacturing rationalization within multinational companies, in: Columbia Journal of World Business 13 (1978), Fall, S. 82 - 94

Doz, Y.L. (1979), Government Control and Multinational Strategic Management, New York 1979

Doz, Y.L. (1980), Strategic Management in Multinational Companies, in: Sloan Management Review 21 (1980), Winter, S. 27 - 46

Doz, Y.L. (1985), Automobiles: shifts in international competitiveness, in: Hochmuth, M./ Davidson, W.H. (Hrsg., 1985), S. 189 - 212

Doz, Y.L. (1986), Strategic Management in multinational companies, Oxford usw. 1986

Doz, Y.L. (1989), Die Rolle des Staates im globalen Wettbewerb, in: Porter, M.E. (Hrsg., 1989), S. 257 - 306

Doz, Y.L. (1990), Erkenntnisse und Anwendungen aus zeitbegleitender Forschung, Beratung und Lehre; Europa, Fernost und USA, in: Management Partner und INSEAD (Hrsg., 1990), S. 16 - 31

Doz, Y.L./ Bartlett, C.A./ Prahalad, C.K. (1981), Global competitive pressures and host country demands: managing tensions in MNC's, in: California Management Review 24 (1981), Spring, S. 63 - 74

Doz, Y.L./ Prahalad, C.K. (1981), Headquarter Influence and Strategic control in MNC's, in: Sloan Management Review 23 (1981), Fall, S. 15 - 29

Doz, Y.L./ Prahalad, C.K. (1988), Quality of Management: An Emerging Source of Global Competitive Advantage?, in: Hood, N./ Vahlne, J.-E. (Hrsg., 1988), S. 345 - 369

Drumm, H.J. (1983), Transfer Pricing in the International Firm, in: Management International Review 23 (1983), 4, S. 32 - 43

Dülfer, E. (1981), Zum Problem der Umweltberücksichtigung im "Internationalen Management", in: Pausenberger, E. (Hrsg., 1981), S. 1 - 44

Dunning, J.H. (Hrsg., 1971), The Multinational Enterprise, London 1971

Dunning, J.H. (1973), The Determinants of International Production, in: Oxford Economic Papers 25 (1973), 3, S. 289 - 336

Dunning, J.H. (Hrsg., 1973), The International Allocation of Economic Activity, London 1973

Dunning, J.H. (Hrsg., 1974), Economic Analysis and the Multinational Corporation, London 1974

Dunning, J.H. (1974), Multinational Enterprises, Market Structure, Economic Power and Industrial Policy, in: Journal of World Trade Law 8 (1974), S. 575 - 613

Dunning, J.H. (1977), Trade, Location of Economic Activity and the MNE: A Search for an Eclective Approach, in: Ohlin, B. et al. (Hrsg., 1977), S. 395 - 418

Dunning, J.H. (1979), Explaining Changing Patterns of International Production: In Defence of the Eclective Theory, in: Oxford Bulletin of Economics and Statistics 41 (1979), November, S. 269 - 295

Dunning, J.H. (1980), Towards an Eclectic Theory of International Production: Some Empirical Tests, in: Journal of International Business Studies 11 (1980), 1, S. 9 - 31

Dunning, J.H. (1988), Explaining International Production, London usw. 1988

Dunning, J.H. (1988a), The Eclectic Paradigm of International Production: A Restatement and Some Possible Extensions, in: Journal of International Business Studies 19 (1988), Spring, S. 1 - 31

Dunning, J.H. (1989), The Study of International Business: A Plea for a more Interdisciplinary Approach, in: Journal of International Business Studies 20 (1989), Fall, S. 411 - 436

Dymsza, W.A. (1984), Global Strategic Planning: A Model and Recent Developments, in: Journal of International Business Studies 15 (1984), Fall, S. 169 - 183

Dymsza, W.A./ Vamberry, R.G. (Hrsg., 1987), International Business Knowledge, New York usw. 1987

Eckstein, A. (Hrsg., 1971), Comparison of Economic Systems, Berkley usw. 1971

Eden, L. (1985), The Microeconomics of Transfer Pricing, in: Rugman, A.M./ Eden, L. (Hrsg., 1985), S. 13 - 46

Edge, G.M./ Wiese, G.G. (1982), Erfinder nicht gefragt, in: Wirtschaftswoche (1982), 15, S. 32 - 36

Egelhoff, W.G. (1982), Strategy and Structure in Multinational Corporations: An Information-Processing Approach, in: Administrative Science Quarterly 27 (1982), 3, S. 435 - 458

Egelhoff, W.G. (1988), Organizing the Multinational Enterprise: An Information-Processing Perspective, Cambridge (Mass.) 1988

Emery, F.E./ Trist, E.L. (1965), The Causal Texture of Organizational Environments, in: Human Relations 18 (1965), 1, S. 21 - 32

Encarnation, D.J./ Wells, L.T. (1989), Wettbewerbsstrategien auf globalen Märkten: Eine Betrachtung aus der Perspektive der Gastgeberländer, in: Porter, M.E. (Hrsg., 1989), S. 307 - 333

Endress, R. (1975), Strategie und Taktik der Kooperation: Grundfragen der zwischen- und innerbetrieblichen Zusammenarbeit, Berlin usw. 1975

Engelhard, J. (1990), Exportförderung, Exportentscheidungsprozesse und Exporterfolg, Habilitationsschrift, Stuttgart 1990

Engelhardt, W.H./ Plinke, W. (1978), Elemente der Marktstrategie, 1978

Engels, B. (Hrsg., 1986), Präsenz der deutschen Wirtschaft in Übersee - was ist zu tun?, München usw. 1986

Esser, W.-M. (1989), Die Wertkette als Instrument der Strategischen Analyse, in: Riekhof, H.-Ch. (Hrsg., 1989), S. 191 - 211

Evan, W.M. (1966), The Organization-Set: Toward a Theory of Interorganizational Relations, in: Thompson, J.D. (Hrsg., 1966), S. 173 - 188

Fagre, N./ Wells, L. (1982), Bargaining power of multinationals and host governments, in: Journal of International Business Studies 13 (1982), Fall, S. 9 - 23

Fannin, W.R./ Rodriguez, A.F. (1988), National or Global? Control vs. Flexibility?, in: Long Range Planning 19 (1988), 5, S. 84 - 88

Faust, K./ Schedl, H. (1984), Internationale Wettbewerbsfähigheit und struktu-relle Anpassungserfordernisse, München 1984

Fayerweather, J. (1969), International Business Management - A Conceptual Framework, New York 1969

Fayerweather, J. (1978), International Business - Strategy and Administration, Cambridge (Mass.) 1978

Fayerweather, J. (1981), A Conceptual Framework for the Multinational Corpo-ration, in: Wacker, W.H./ Haussmann, H./ Kumar, B. (Hrsg., 1981), S. 17 - 31

Fayerweather, J. (1981a), Four Winning Strategies For The International Corpo-ration, in: The Journal of Business Strategy 1 (1981), Fall, S. 25 - 36

Fayerweather, J./ Kapoor, A. (1976), Strategy and Negotiation for the Interna-tional Corporation, Cambridge (Mass.) 1976

Fellner, W. (1949), Competition among the few, New York 1949

Fels, G./ Horn, E.J. (1972), Der Wandel der Industriestruktur im Zuge der welt-wirtschaftlichen Integration der Entwicklungsländer, in: Die Welt-wirtschaft 21 (1972), S. 107ff

Ferguson, M. (1980), The Aquarian Compiracy: Personal and Social Transfor-mation in the 1980's, Los Angeles 1980

Flowers, E.B. (1976), Oligopolistic reactions in European and Canadian direct investment in the United States, in: Journal of International Bu-siness Studies 7 (1976), 2, S. 43 - 55

Fombrun, Ch.J. (1982), Strategies for Network Research in Organizations, in: Academy of Management Review 7 (1982), 2, S. 280 - 291

Fombrun, Ch.J./ Astley, W.G. (1982), The telecommunications community: An international overview, in: Journal of Communication 32 (1982), 4, S. 56 - 68

Fombrun, Ch.J./ Astley, W.G. (1983), Beyond Corporate Strategy, in: The Jour-nal of Business Strategy 3 (1983), 4, Spring, S. 47 - 54

Fombrun, Ch.J./ Astley, W.G. (1983a), Strategies of collective action: The case of the financial service industry, in: Lamb, R. (Hrsg., 1983), S. 125 - 139

Ford, D. (Hrsg., 1990), Understanding Business Markets, London usw. 1990

Fouraker, L.E./ Siegel, S. (1963), Bargaining Behavior, New York 1963

Francis, A./ Turk, J./ Willman, P. (Hrsg., 1983), Power, Efficiency and Instituti-ons: A Critical Appraisal of the "Markets and Hierarchies" Para-digm, London 1983

Franko, L. (1971), Joint Venture Survival in Multinational Corporations, New York 1971

Freeman, L.C. (1977), A Set of Measures of Centrality Based on Betweenness, in: Sociometry 40 (1977), S. 35 - 41

Freeman, L.C. (1979), Centrality in Social Networks: Conceptual Clarification, in: Social Networks 1 (1979), S. 215 - 239

Fuest, W./ Kroker, R. (1987), Unternehmens- und Investitionsbesteuerung im internationalen Vergleich, in: Deutscher Instituts-Verlag (Hrsg.), IW-Trends (1987), 1, S. A1 - 17

Fusfeld, D.R. (1958), Joint Subsidaries in the Iron and Steel Industry, in: American Economic Review 48 (1958), 2, S. 578 - 587

Gahlen, B. (1985), Zur internationalen Wettbewerbsfähigkeit der deutschen Wirtschaft, Augsburg 1985

Gambetta, D. (Hrsg., 1988), Trust: Making and Breaking Cooperative Relations, Oxford 1988

Garnier, G.A. (1982), Context and Decision Making Autonomy in the Foreign Affiliates of U.S. Multinational Corporation, in: Academy of Management Journal 25 (1982), 4, S. 893 - 908

Garsombke, D.J. (1989), International Competitor Analysis, in: Planning Review 17 (1989), May/June, S. 42 - 47

Gates, S.R./ Egelhoff, W.G. (1986), Centralization in headquarters-subsidary relationships, in: Journal of International Business Studies 17 (1986), Summer, S. 71 - 92

Gaugler, E./ Meissner, H.G./ Thom, N. (Hrsg., 1986), Zukunftsaspekte der anwendungsorientierten Betriebswirtschaftslehre, Stuttgart 1986

Geringer, J.M. (1988), Joint Venture Partner Selection: Strategies for Developed Countries, Westport (Ct.) 1988

Gerken, G (1984), Netzwerke in und für die Zukunft, in: Radartrend (1984), 31, S. 38 -41

Gerl, K./ Roventa, P. (1983), Strategische Geschäftseinheiten, in: Kirsch, W./ Roventa, P. (Hrsg., 1983), S. 141ff

Gerstenberger, W./ Schedl, H. (1986), Hat sich die Wettbewerbsposition der deutschen Unternehmen international verschlechtert?, in: Engels, B. (Hrsg., 1986), S. 43 - 72

Ghemawat, P. (1986), Sustainable Advantage, in: Harvard Business Review 64 (1986), Sept./Oct., S. 53 - 58

Ghemawat, P./ Porter, M.E./ Rawlinson, R.A. (1989), Das strukturelle Gefüge internationaler Koalitionen, in: Porter, M.E. (Hrsg., 1989), S. 401 - 424

Ghertman, M./ Leontiades, J. (Hrsg., 1978), European Research in International Business, Amsterdam usw. 1978

Ghoshal, S. (1987), Global Strategy: An Organizing Framework, in: Strategic Management Journal 8 (1987), 5, S. 425 - 440

Ghoshal, S./ Bartlett, Ch.A. (1990), The Multinational Corporation as an Interorganizational Network, in: Academy of Management Review 15 (1990), 4, S. 603 - 625

Gilbert, K./ Strebel, P. (1985), Outpacing Strategies, IMEDE - Perspectives for Managers (1985), 2, September

Gilbert, K./ Strebel, P. (1987), Strategies to Outpace the Competition, in: Journal of Business Strategy 7 (1987), Summer, S. 28ff

Gillespie, D.F./ Mileti, D. (1979), Technostructures and Interorganizational Relations, Lexington (Mass.) 1979

Glismann, H.-H./ Horn, E.-J. (1984), Tarifäre und nicht-tarifäre Handelshemmnisse, in: Dichtl, E./ Issig, O. (Hrsg., 1984), S. 73 - 103

Glueck, W.F. (1980), Business Policy and Strategic Management, 2. Auflage, New York 1980

Godiwalla, Y.H. (1986), Multinational Planning - Developing a Global Approach, in: Long Range Planning 19 (1986), 2, S. 110 - 116

Goehle, D.G. (1980), Decision Making in Multinational Corporations, Ann Arbor 1980

Goldhar, J.D./ Jelinek, M. (1983), Plan for economies of scope, in: Harvard Business Review 61 (1983), Nov./Dec., S.141 - 148

Gorde, T.M./ Teece, D.J. (1989), Competition and Co-operation: Striking the Right Balance, in: California Management Review 31 (1989), Spring, S. 25 - 37

Gouldner, A.W. (1984), Reziprozität und Autonomie, Frankfurt/Main 1984

Graham, E.M. (1974), Oligopolistic Institution and European Direct Investment in the United States, unveröffentlichte Dissertation, Harvard Graduate School of Business, Boston 1974

Graham, E.M. (1978), Transatlantic investment by multinational firms: a rivalistic phenomenon?, in: Journal of Post-Keynsian Economics 1 (1978), Fall, S. 82 - 99

Grandori, A. (1987), Perspectives on Organization Theory, Cambridge (Mass.) 1987

Gray, H.P./ Martin, J.P. (1980), The Meaning and Measurement of Product Differentiation in International Trade, in: Weltwirtschaftliches Archiv, 116 (1980), S. 322 - 329

Grubel, H.G. (1967), Intra-Industry specialisation and the pattern of trade, in: The Canadian Journal of Economic and Political Science 33 (1967), S. 374ff

Grubel, H.G./ Lloyd, P.J. (1975), Intra-Industry-Trade - The theory and measurement of international trade indifferent products, Bristol 1975

Gullander, S. (1976), Joint Venture and Cooperative Strategy, in: Columbia Journal of World Business 11 (1976), Winter, S. 104 - 114

Gutenberg, E. (1976), Grundlagen der Betriebswirtschaftslehre, Bd. 2: Der Absatz, 15. Auflage, Berlin usw. 1976

Haase, K.D. (1982), Internationaler Steuerbelastungsvergleich und Unternehmenspolitik, in: Lück, W./ Trommsdorf, V. (Hrsg., 1982), S. 547 - 561

Haberler, G. (1933), Der internationale Handel, Berlin 1933

Hackmann, W. (1984), Verrechnungspreise für Sachleistungen im internationalen Konzern, Wiesbaden 1984

Hakansson, H. (1982), International Marketing and Purchasing of Industrial Goods: An Interaction Approach, Chichester-New York 1982

Hakansson, H./ Johanson, J. (1988), Formal and Informal Cooperation Strategies in International Industrial Networks, in: Contractor, F.J./ Lorange, P. (Hrsg., 1988), S. 369 - 379

Hamel, G./ Doz, Y./ Prahalad, C.K. (1989), Collaborate with your Competitors - and win, in: Harvard Business Review 67 (1989), Jan./Feb., S. 133 - 139

Hamel, G./ Prahalad, C.K. (1983), Managing Strategic Responsibility in the MNC, in: Strategic Management Journal 4 (1983), Oct./Dec., S. 341 - 351

Hamel, G./ Prahalad, C.K. (1985), Do you really have a global strategy?, in: Harvard Business Review 63 (1985), July/Aug., S. 139 - 148

Hamel, G./ Prahalad, C.K. (1988), Creating Global Strategic Capability, in: Hood, N./Vahlne, J.-E. (Hrsg., 1988), S. 5 - 39

Hamel, G./ Prahalad, C.K. (1989), "Strategic Intent" - aber jetzt gegen die Japaner, in: Harvard Manager 11 (1989), 4, S. 90 - 102

Hammarkvist, K.-O./ Hakansson, H./ Mattsson, L.-G. (1982), Marknadsföring för Konkurrenskraft (Marketing for Competitiveness), Malmö 1982

Hansen, U./ Raffée, H./ Riemer, U./ Segler, K. (1983), Kooperation zwischen japanischen und deutschen Unternehmen, Arbeitspapier Nr. 33 des Instituts für Marketing, Universität Mannheim 1983

Hansz, J.E./ Goodnow, J.D. (1973), A Multivariate Classification of Overseas Country Market Environments, in: Proceeding Series Nr. 34, American Marketing Association (1973), S. 191 - 198

Hardin, R. (1982), Collective action, Baltimore 1982

Harrigan, K.R. (1980), The Effect of Exit Barriers Upon Strategic Flexibility, in: Strategic Management Journal 1 (1980), 2, S. 165 - 176

Harrigan, K.R. (1981), Barriers to Entry and Competitive Strategies, in: Strategic Management Journal 2 (1981), 4, S. 395 - 412

Harrigan, K.R. (1985), Vertical integration and corporate strategy, in: Academy of Management Journal 28 (1985), 3, S. 686 - 697

Harrigan, K.R. (1985a), Strategic Flexibility: A Management Guide for Changing Times, Lexington (Mass.) 1985

Harrigan, K.R. (1985b), Strategies for Joint Ventures, Lexington (Mass.) 1985

Harrigan, K.R. (1986), Managing for Joint Venture Sucess, Lexington (Mass.) 1986

Harrigan, K.R. (1988), Joint Ventures and Competitive Strategy, in: Strategic Management Journal 9 (1988), 2, S. 141 - 158

Harrigan, K.R. (1988a), Strategic Alliances and Partner Asymmetries, in: Management International Review 28 (1988), Special Issue, S. 53 - 72

Hatten, K.J./ Hatten, M.L. (1987), Strategic Groups, Asymmetrical Mobility Barriers and Contestability, in: Strategic Management Journal 8 (1987), 4, S. 329 - 342

Hawkins, R.G. (Hrsg., 1979), Research in International Business and Finance, Bd.1, Greenwich (Ct.) 1979

Hax, A.C./ Majluf, U.S. (1988), Strategisches Management - Ein integratives Konzept aus dem MIT, Frankfurt/Main 1988

Heckscher, E.F. (1919), The effect of foreign trade on the distribution of income, in: Economisk Tidskrift 21 (1919), S. 497 - 512

Hedlund, G. (1981), Autonomy of Subsidaries and Formalization of Headquarters Subsidary Relationships in Swedish MNC's, in: Otterbeck, L. (Hrsg., 1981), S. 25 - 78

Hedlund, G. (1986), The Hypermodern MNC - A Heterarchy?, in: Human Ressource Management 25 (1986), Spring, S. 9 - 35

Hefler, D.I. (1981), Global Sourcing. Offshore Investment Strategy for the 1980's, in: The Journal of Business Strategy 1 (1981), 1, S. 7 - 12

Helpman, E./ Krugman, P. (1985), Market structure and foreign trade. Increasing returns, imperfect competition, and the international economy, Cambridge (Mass.) 1985

Henderson, B. (1984), Die Erfahrungskurve in der Unternehmensstrategie, 2. überarbeitete Auflage, Frankfurt/Main 1984

Hennart, J.-F. (1982), A Theory of Multinational Enterprise, Ann Arbor 1982

Hennart, J.-F. (1986), What is Internalization?, in: Weltwirtschaftliches Archiv 122 (1986), 4, S. 791 - 804

Hennart, J.-F. (1988), A Transaction Cost Theory of Equity Joint Ventures, in: Strategic Management Journal 9 (1988), 4, S. 361 - 374

Henseler, E. (1979), Unternehmensanalyse, Köln 1979

Henzler, H. (1980), Strategisches Marketing als Impulsgeber der 80er Jahre, in: Zeitschrift für betriebswirtschaftliche Forschung 32 (1980), Sonderheft, 11, S. 70 - 86

Henzler, H. (1988), Von der strategischen Planung zur strategischen Führung: Versuch einer Positionsbestimmung, in: Zeitschrift für Betriebswirtschaft 58 (1988), 12, S. 1286 - 1307

Henzler, H. (Hrsg., 1988), Handbuch strategische Führung, Wiesbaden 1988

Henzler, H./ Rall. W. (1985), Aufbruch in den Weltmarkt, in: Manager Magazin (1985), 9, S. 176 - 190; 10, S. 254 - 262; 11, S. 167 - 174

Henzler, H./ Rall, W. (1986), Facing up to the Globalization Challenge, in: The Mc Kinsey Quaterly 23 (1986), Winter, S. 52 - 68

Herbert, T.T. (1984), Strategy and Multinational Organization Structure: An Interorganizational Relationships Perspective, in: Academy of Management Review 9 (1984), 2, S. 259 - 270

Herck, G. van (1984), Entry, exit, and profitability, in: Managerial and Decision Economies 5 (1984), 1, S. 25 - 31

Herdzina, K. (1975), Wettbewerbstheorie, Köln 1975

Herdzina, K. (1981), Wirtschaftliches Wachstum, Strukturwandel und Wettbewerb, Berlin 1981

Herget, M./ Morris, D. (1989), Accounting Data for Value Chain Analysis, in: Strategic Management Journal 10 (1989), 2, S. 175 - 188

Herz, C. (1973), Der Kooperationserfolg - Probleme seiner Bestimmung. Ein Beitrag zur Theorie der zwischenbetrieblichen Kooperation, Dissertation, Berlin 1973

Hesse, H. (1967), Strukturwandlungen im Welthandel 1950 - 1960/61, Tübingen 1967

Hesse, H. (1968), Bestimmungsfaktoren für unterschiedliches Exportwachstum, in: Wirtschaftsdienst 48 (1968), 2, S. 80ff

Heuss, E. (1965), Allgemeine Markttheorie, Tübingen-Zürich 1965

Hill, Ch.W.L. (1988), Differentiation versus Low Cost or Differentiation and Low Cost: A Contingency Framework, in: Academy of Management Review 13 (1988), 3, S. 401 - 412

Hill, Ch.W.L. (1990), Cooperation, Opportunism, and the Invisible Hand: Implications for Transaction Cost Theory, in: Academy of Management Review 15 (1990), 3, S. 500 - 513

Hine, V. (1984), Networks in a Global Society, in: The Futurist 18 (1984), Juni, S. 11 - 13

Hinterhuber, H.H. (1982), Wettbewerbsstrategie, Berlin-New York 1982

Hinterhuber, H.H. (1984), Strategische Unternehmensführung, 3. Auflage, Berlin-New York 1984

Hinterhuber, H.H./ Kirchebner, M. (1983), Die Analyse strategischer Gruppen von Unternehmen, in: Zeitschrift für Betriebswirtschaft 53 (1983), 9, S. 854 - 868

Hirsch, S. (1976), An International Trade and Investment Theory of the Firm, in: Oxford Economic Papers 28 (1976), 2, S. 258 - 270

Hochmuth, M.S./ Davidson, W.H. (Hrsg., 1985), Revitalizing American Industry, Cambridge (Mass.) 1985

Hoenack, St.A. (1986), Economic Behavior Within Organizations, Cambridge (Mass.) 1986

Hofer, C.W. (1976), Research on strategic planning: A survey of past studies and suggestions for future efforts, in: Journal of Economics and Business 28 (1976), 3, S. 261 - 286

Hofer, C.W./ Schendel, D. (1978), Strategy formulation: Analytical concepts, New York 1978

Hofmann, H.-J. (1982), Die Evolution von Marktstrukturen: eine theoretische und empirische Untersuchung zur Entwicklung der horizontalen Unternehmenskonzentration, Bern-Stuttgart 1982

Hollander, A.J. (1979), The Foreign Location Decisions of U.S. Transnational Firms, Dissertation, University of Minnesota 1979

Hood, N./ Vahlne, J.-E. (Hrsg., 1988), Strategies in Global Competition, London 1988

Hoppmann, E. (1974), Die Abgrenzung des relevanten Marktes im Rahmen der Mißbrauchsaufsicht über marktbeherrschende Unternehmen, Baden-Baden 1974

Horn, E.J. (1971), Zum Einfluß des technologischen Faktors auf die internationale Arbeitsteilung, in: Die Weltwirtschaft (1971), 1, S. 112ff

Horst, T. (1974), At Home Abroad: A Study of the Domestic and Foreign Operations of the American Food-Processing Industry, Cambridge
(Mass.) 1974

Hout, T./ Porter, M.E./ Rudden, E. (1982), How global companies win out, in:
Harvard Business Review 60 (1982), Sept./Oct., S. 98 - 108

Hufbauer, G.C. (1970), The Impact of national characteristics and technology on
the commodity composition of trade in manufactured goods, in:
Vernon, R. (Hrsg., 1970), S. 145ff

Hulbert, J.M./ Brandt, W.K. (1980), Managing the Multinational Subsidary, New
York usw. 1980

Hunt, M.S. (1972), Competition in the major home appliance industry 1960 -
1970, unveröffentlichte Dissertation, Harvard Business School, Boston 1972

Hymer, S.H. (1976), The International Operations of National Firms, Cambridge
(Mass.) 1976

Imai, K./ Itami, H. (1984), Interpenetration of Organization and Market: Japan's
Firm and Market in Comparison with the U.S., in: International
Journal of Industrial Organization 2 (1984), S. 285 - 310

Institut der Deutschen Wirtschaft (Hrsg., 1990), Zahlen der wirtschaftlichen Entwicklung der Bundesrepublik Deutschland, Ausgabe 1990, Köln
1990

Isard, W. (1956), Location and Space Economy, Cambridge (Mass.) 1956

Issing, O. (1981), Kriterien der internationalen Wettbewerbsfähigkeit, in: Marketing 3 (1981), 1, S. 60 - 62

Iversen, C. (1935), Aspects in the Theory of International Capital Movements,
Kopenhagen-London 1935

Jahrreiß, W. (1984), Zur Theorie der Direktinvestitionen im Ausland, Berlin 1984

Jantsch, E. (1979), Die Selbstorganisation des Universums, München-Wien
1979

James, B.G. (1985), Alliance: the new strategic forms, in: Long Range Planning
18 (1985), 3, S. 76 - 81

Jarillo, J.C. (1988), On Strategic Networks, in: Strategic Management Journal 9
(1988), 1, S. 31 - 41

Jarillo, J.C. (1990), Research Notes and Communications - Comment on
"Transaction Costs and Networks", in: Strategic Management
Journal 11 (1990), 6, S. 497 - 499

Johanson, J./ Mattsson, L.-G. (1985), Marketing instruments and market investments in industrial networks, in: International Journal of Research
in Marketing 2 (1985), 3, S. 185 - 195

Johanson, J./ Mattsson, L.-G. (1988), Internationalization in Industrial Systems - A Network Approach, in: Hood, N./ Vahlne, J.-E. (Hrsg., 1988), S. 287 - 314

Johanson, J./ Vahlne, J.-E. (1977), The internationalization process of the firm, in: Journal of International Business Studies 8 (1977), Spring/Summer, S. 23 - 32

Johanson, J./ Vahlne, J.-E. (1978), A Model for the Decision-Making Process Affecting the Pattern and Pace of the Internationalization of the Firm, in: Ghertman, M./ Leontiades, J. (Hrsg., 1978), S. 9 - 28

Johansson, J.K./ Moinpour, R. (1977), Objective and Perceived Similarity of Pacific Rim Countries, in: Columbia Journal of World Business 12 (1977), 4, S. 65 ff.

Johnson, H.G. (1970), The Efficiency and Welfare Implications of the International Corporation, in: Kindleberger, Ch.P. (Hrsg., 1970), S. 35 ff.

Johnston, R./ Lawrence, P.R. (1989), Vertikale Integration II: Wertschöpfungs-Partnerschaften leisten mehr, in: Harvard Manager 11 (1989), 1, S. 81 - 88

Jürgensen, H./ Berg, H. (1968), Konzentration und Wettbewerb im gemeinsamen Markt, Göttingen 1968

Juhl, P. (1980), Industrielle Vorwärtsverflechtungen und grenzüberschreitende Follow-up-Investitionen, in: Konjunkturpolitik 26 (1980), 5, S. 308 - 320

Juhl, P. (1981), Forward Linkages and Follow-up Investment Abroad: An Input-Output-Analytical Approach, in: Management International Review 21 (1981), 1, S. 64 - 74

Kantrow, A.M. (1980), The strategy-technology connection, in: Harvard Business Review 58 (1980), July/Aug., S. 6 - 21

Kappelhoff, P. (1987), Blockmodellanalyse: Position, Rollen und Rollenstrukturen, in: Pappi, F.U. (Hrsg., 1987), S. 101 - 128

Kappich, L. (1989), Theorie der internationalen Unternehmungstätigkeit. Betrachtung der Grundformen des internationalen Engagements aus kooperationskostentheoretischer Perspektive, München 1989

Kashani, K. (1989), Beware the Pitfalls of Global Marketing, in: Harvard Business Review 67 (1989), Sept./Oct., S. 91 - 98

Kaufer, E. (1980), Industrieökonomik, München 1980

Keegan, W.J. (1989), Global Marketing Management, 4.Auflage, Englewood Cliffs (N.J.) 1989

Keegan, W.J./ Mac Master, N.A. (1983), Global Strategic Marketing, in: Kirpalani, V.H. (Hrsg., 1983), S. S. 94 - 105

Kefalas, A.G. (1990), Global Business Strategy: A Systems Approach, Cincinatti (OH) 1990

Kenter, M.E. (1985), Die Steuerung ausländischer Tochtergesellschaften - Instrumente und Effizienz, Frankfurt/Main 1985

Khandwalla, P.N. (1981), Properties of competing organizations, in: Nystrom, P./ Starbuck, W. (Hrsg., 1981), S. 409 - 432

Kiechel, W. (1981), Three (or Four, or More) Ways to Win, in: Fortune (1981), Oct., S. 181 - 188

Kiechel, W. (1981a), The Decline of the Experience Curve, in: Fortune (1981), Oct., S. 139 - 146

Killing, J.P. (1983), Strategies for Joint Venture Success, London 1983

Kim, W.C. (1988), The Effects of Competition and Corporate Political Responsiveness of Multinational Bargaining Power, in: Strategic Management Journal 9 (1988), 3, S. 289 - 295

Kindleberger, Ch.P. (1969), American Business Abroad: Six Lectures on Direct Investment, New Haven 1969

Kindleberger, Ch.P. (1970), The International Corporation, Cambridge (Mass.)-London 1970

Kindleberger, Ch.P./ Audretsch, D.B. (Hrsg., 1983), The Multinational Corporation in the 1980's, Cambridge (Mass.)-London 1983

Kirpalani, V.H. (Hrsg., 1983), International Marketing, Chicago 1983

Kirsch, W. (1984), Wissenschaftliche Unternehmensführung Oder Freiheit Vor Der Wissenschaft?, 1. Halbband, München 1984

Kirsch, W. (1984a), Wissenschaftliche Unternehmensführung Oder Freiheit Vor Der Wissenschaft?, 2. Halbband, München 1984

Kirsch, W. (1990), Unternehmenspolitik und strategische Unternehmensführung, München 1990

Kirsch, W./ Roventa, P. (Hrsg., 1983), Bausteine eines Strategischen Managements, Berlin-New York 1983

Klein, K.-G. (1988), Die steuerliche Verrechnungspreisgestaltung international tätiger Unternehmungen, Bergisch Gladbach 1988

Kleinaltenkamp, U. (1987), Die Dynamisierung strategischer Marketing-Konzepte - Eine kritische Würdigung des "Outpacing Strategies"-Ansatzes von Gilbert und Strebel, in: Zeitschrift für betriebswirtschaftliche Forschung 39 (1987), 1, S. 31 - 52

Kliemt, H. (1986), Antagonistische Kooperation. Elementare spieltheoretische Modelle spontaner Ordnungsentstehung, Freiburg-München 1986

Klimecki, R.G. (1985), Laterale Kooperation. Zur Analyse und Gestaltung der Zusammenarbeit zwischen Abteilungen in der Unternehmung, Bern-Stuttgart 1985

Knickerbocker, F.T. (1973), Oligopolistic Reaction and Multinational Enterprise, Boston 1973

Knoke, D./ Kuklinski, J.H. (1982), Network Analysis, Beverly Hills-London 1982

Knyphausen, D. zu (1988), Unternehmungen als evolutionsfähige Systeme, München 1988

Kobrin, S.J. (1982), Managing Political Risk Assessment, Los Angeles 1982

Koch, H. (Hrsg., 1983), Unternehmensstrategie und Strategische Planung, Zeitschrift für betriebswirtschaftliche Forschung 35 (1983), Sonderheft 15

Koch, J.V. (1980), Industrial Organization and Prices, 2. Auflage, Englewood Cliffs (N.J.) 1980

Köhler, R./ Hüttemann, H. (1989), Marktauswahl im internationalen Marketing, in: Macharzina. K./ Welge, M.K. (Hrsg., 1989), Sp. 1428 - 1440

Kogut, B. (1983), Foreign Direct Investment as a Sequential Process, in: Kindleberger, Ch.P/ Audretsch, D.B. (1983), S. 38 - 56

Kogut, B. (1984), Normative observations on the international value-added chain and strategic groups, in: Journal of International Business Studies 15 (1984), Fall, S. 151 - 167

Kogut, B. (1985), Designing Global Strategies: Comparative and Competitive Value Added Chains, in: Sloan Management Review 26 (1985), Summer, S. 15 - 28

Kogut, B. (1985a), Designing global strategies: profiting from operational flexibility, in: Sloan Management Review 27 (1985), S. 27 - 38

Kogut, B. (1986), Cooperative and Competitive Influences on Joint Venture Stability under Competing Risks of Acquisition and Dissolution, working paper, Reginal H. Jones Center, Wharton School, University of Pennsylvania 1986

Kogut, B. (1986a), On Designing Contracts to Guarantee Enforceability: the Case of East-West Trade, in: Journal of International Business Studies 17 (1986), Fall, S. 47 - 62

Kogut, B. (1987), Understanding International Competition - Competition in Global Industries, edited by M.E. Porter, reviewed by B. Kogut, in: Sloan Management Review 28 (1987), Winter, S. 73 - 76

Kogut, B. (1988), Country Patterns in International Competition: Appropriability and Oligopolistic Agreement, in: Hood, N./ Vahlne, J.-E. (Hrsg., 1988), S. 315 - 340

Kogut, B. (1988a), A Study of the Life Cycle of Joint Ventures, in: Management International Review 28 (1988), Special Issue, S. 39 - 52

Kogut, B. (1989), Research Notes and Communications - A Note on Global Strategies, in: Strategic Management Journal 10 (1989), 4, S. 383 - 389

Kogut, B./ Rolander, D. (1984), Stabilizing cooperative ventures: Evidence from the telecommunications and auto industry, working paper 84-11, Wharton School, University of Pennsylvania 1984

Koopman, K./ Montias, J.M. (1971), On the Description and Comparison of Economic Systems, in: Eckstein, A. (Hrsg., 1971), S. 27 - 78

Kortzfleisch, G. v. (1989), Technologietransfer, in: Macharzina, K./ Welge, M.K. (Hrsg., 1989), Sp. 2052 - 2063

Kotabe, M./ Omura, G.S. (1989), Sourcing Strategies of European and Japanese Multinationals: A Comparison, in: Journal of International Business Studies 20 (1989), 1, S. 113 - 130

Kotler, Ph. (1990), Globalization - Realities and Strategies, in: Die Unternehmung 44 (1990), 2, S. 79 - 99

Kotler, Ph./ Fahey, L./ Jatusripitak, S. (1985), The New Competition, Englewood Cliffs (N.J.) 1985

Krause-Junk, G. (1989), Steuerungssysteme(n) und Steuerbelastung(en), Vergleich von, in: Macharzina, K./ Welge, M.K. (Hrsg., 1989), Sp. 2006 - 2018

Kravis, J.B. (1956), "Availability" and other influences on the commodity composition of trade, in: Journal of Political Economy 64 (1956), 2, S. 143 - 155

Krerzkowski, H. (Hrsg., 1984), Monopolistic Competition and Institutional Trade, London 1984

Kreutzer, R. (1989), Global-Marketing, Wiesbaden 1989

Krugman, P. (1980), Scale Economies, Product Differentiation, and the Pattern of Trade, in: American Economic Review 70 (1980), 5, S. 950 - 959

Kuhn, H. (Hrsg., 1986), Probleme der Stabilitätspolitik, Festgabe zum 60. Geburtstag von Norbert Kloten, Göttingen 1986

Kuhn, T.S. (1976), Die Struktur wissenschaftlicher Revolutionen, 2. revidierte Auflage, Frankfurt/Main 1976

Kutschker, M. (1980), Feldtheoretische Perspektiven für den Interaktionsansatz des Investitionsgütermarketing, unveröffentlichte Habilitationsschrift, München 1980

Kutschker, M. (1987), Internationalisierungsstrategie der Unternehmung, in: Thexis 4 (1987), 1, S. 22 - 25

Kux, B./ Rall, W. (1990), Marketing im globalen Wettbewerb, in: Welge, M.K. (Hrsg., 1990), S. 73 - 84

Lamb, R. (Hrsg.,1983), Advances in strategic management, Bd. 1, Greenwich (Ct.) 1983

Lawrence, P.R./ Dyer, D. (1983), Renewing American Industry, New York 1983

Leblebici, H. (1985), Transactions and Organizational Forms: A Re-analysis, in: Organization Studies 6 (1985), 2, S. 97 - 115

Lehr, J.H./ Rodriguez, J.E. (1987), Orbital Management: Beyond the Hierarchy, Lanham 1987

Leitherer, E. (1980), Betriebliche Marktlehre, 3. durchgesehene Auflage, Stuttgart 1989

Leontiades, M. (1982), Management policy, strategy, and plans, Boston-Toronto 1982

Leontiades, J. (1984), Market share and corporate strategy in international industries, in: Journal of Business Strategy 4 (1984), Summer, S. 30 - 37

Leontiades, J. (1985), Multinational corporate strategy, Lexington (Mass.) 1985

Leontiades, J. (1986), Going global - Global strategies vs. national strategies, in: Long Range Planning 19 (1986), 6, S. 96 - 104

Lessard, D.R. (1976), World, Country, and Industry Relations in Equity Returns: Implications for Risk Reduction through International Diversification, in: Financial Analysts' Journal (1976), Jan./Feb., S. 32 - 38

Lessard. D.R. (1979), Transfer Prices, Taxes and Financial Markets: Implications of Internal Financial Transfers within the Multinational Corporation, in: Hawkins, R.G. (Hrsg., 1979), S.101 - 135

Lessard, D.R. (1989), Die Finanzpolitik des Unternehmens und der globale Wettbewerb: Größenvorteile im Finanzbereich und Strategien gegen schwankende Wechselkurse, in: Porter, M.E. (Hrsg., 1989), S. 165 - 207

Levine, S./ White, P.E. (1961), Exchange as a Conceptual Framework for the Study of Interorganizational Relationship, in: Administrative Science Quarterly 5 (1961), 4, S. 583 - 601

Levitt, T. (1983), The globalization of markets, in: Harvard Business Review 61 (1983), 3, S. 92 - 102

Levy, H./ Sarnat, M. (1970), International Diversification in Investment Portfolios, in: American Economic Review 60 (1970), 4, S. 668 - 675

Liander, B./ Terpstra, V./ Yoshino, M.Y./ Sherbini, A.A. (1967), Comparative Analysis for International Marketing, Boston 1967

Lindert, P.H./ Kindleberger, Ch.P. (1982), International Economics, 7. Auflage, Homewood (Ill.) 1982

Linder, S. (1961), An Essay on Trade and Transformation, New York 1961

Linnemann, H. (1966), An econometric study of international trade, Amsterdam 1966

Lipnack, J./ Stamps, J. (1982), Networking: People Connecting with People, Linking Ideas and Resources, New York 1982

Litvak, I./ Maule, Ch. (1970), Foreign Investment, New York 1970

Lochridge, R.K. (1981), Strategy in the Eighties, in: The Boston Consulting Group, Annual Perspective 1981

Lösch, A. (1944), Die räumliche Ordnung der Wirtschaft, 2. neu durchgearbeitete Auflage, Jena 1944

Lorange, P. (1988), Co-operative Strategies: Planning and Control Considerations, in: Hood, N./ Vahlne, J.-E. (Hrsg., 1988), S. 370 - 389

Lorenz, D. (1967), Dynamische Theorie der internationalen Arbeitsteilung - Ein Beitrag zur Theorie der weltwirtschaftlichen Entwicklung, Berlin 1967

Luce, R.D./ Raiffa, H. (1957), Games and Decisions, New York 1957

Lück, W./ Trommsdorff, V. (Hrsg., 1982), Internationalisierung der Unternehmung als Problem der Betriebswirtschaftslehre, Berlin 1982

Luehrman, T.A. (1990), The Exchange Rate Exposure Of A Global Competition, in: Journal of Interantional Business Studies 21 (1990), 2, S.225 - 442

Luhmann, N. (1985), Soziale Systeme - Grundriß einer allgemeinen Theorie, 2. Auflage, Frankfurt/Main 1985

Luhmann, N. (1990), Die Wissenschaft der Gesellschaft, Frankfurt/Main 1990

Lutz, R. (1985), Das Netzwerk formiert sich, in: GDI-Impuls (1985), Dez., S. 12 - 19

Lyles, M.A. (1988), Learning Among Joint Venture Sophisticated Firms, in: Management International Review 28 (1988), Special Issue, S. 85 - 97

Macharzina, K. (1981), Entwicklungsperspektiven einer Theorie internationaler Unternehmenstätigkeit, in: Wacker, W.H./ Haussmann, H./ Kumar, B. (Hrsg., 1981), S. 33 - 56

Macharzina, K. (1982), Theorie der internationalen Unternehmenstätigkeit - Kritik und Ansätze einer integrativen Modellbildung, in: Lück, W./ Trommsdorff, V. (Hrsg., 1982), S. 111 - 143

Macharzina, K. (1986), Organisatorische Gestaltung bei Internationalisierungs-strategien, in: Gaugler, E./ Meissner, H.G./ Thom, N. (Hrsg., 1986), S. 175 - 189

Macharzina, K. (1989), Die Wettbewerbsfähigkeit der Bundesrepublik Deutschland im internationalen Vergleich, in: Betriebswirtschaftliche Forschung und Praxis 41 (1989), 5, S. 472 - 485

Macharzina, K. (1989a), Internationale Betriebswirtschaftslehre, in: Macharzina, K./ Welge, M.K. (Hrsg., 1989), Sp. 903 - 914

Macharzina, K./ Engelhard, J. (1984), Internationalisierung der Unternehmen-stätigkeit - Vorüberlegungen zur Konzeption eines Forschungs-programms, Hohenheimer betriebswirtschaftliche Beiträge, Nr. 16, Stuttgart 1984

Macharzina, K./ Welge, M.K. (1989), Export und Internationale Unternehmung - Einführung der Herausgeber, in: Macharzina, K./ Welge, M.K. (Hrsg., 1989), S. V - X

Macharzina, K./ Welge, M.K. (Hrsg., 1989), Handwörterbuch Export und Internationale Unternehmung, Stuttgart 1989

Machlup, F. et al. (Hrsg., 1972), International Mobility and Movement of Capital, New York 1972

Magee, S.P. (1977), Information and the Multinational Corporation: An Appro-priability Theory of Direct Foreign Investment, in: Bhagwati, J.N. (Hrsg., 1977), S. 317 - 340

Mahini, A. (1988), Making Decisions in Multinational Corporations. Managing Relations with Sovereign Governments, New York usw. 1988

Maidique, M.A. (1980), Entrepreneurs, Champions, and Technological Innova-tion, in: Sloan Management Review 21 (1980), Winter, S. 59 - 76

Maitland, I./ Bryson, J./ Ven, A. van de (1985), Sociologists, economists, and opportunism, in: Academy of Management Review 10 (1985), 1, S. 59 - 65

Management Partner und INSEAD (Hrsg., 1990), Strategische Allianzen - Gewinner und Verlierer, Dokumentation der Podiumsveranstaltung am 18. September 1990, Stuttgart 1990

Mann, H.M. (1966), Seller concentration: Barriers To Entry And Rates Of Return In Thirty Industries 1950 - 1960, in: Review of Economics and Statistics 48 (1966), 3, S. 296 - 307

Martinez, J.I./ Jarillo, J.C. (1989), The Evolution Of Research On Coordination Mechanisms In Multinational Corporations, in: Journal of International Business Studies 20 (1989), Fall, S. 489 - 514

Marton, K./ Singh, R.K. (1988), Technology Transfer, in: Walter, J./ Murray, T. (Hrsg., 1988), Section 17

Mascarenhas, B. (1986), International Strategies of Non-Dominant Firms, in: Journal of International Business Studies 17 (1986), 1, S. 1 - 25

Mascarenhas, B. (1989), Transnational Linkages and Strategy, in: Negandhi, A.R./ Savara, A. (Hrsg., 1989), S. 53 - 67

Mascarenhas, B./ Aaker, D.A. (1989), Mobility Barriers and Strategic Groups, in: Strategic Management Journal 10 (1989), 5, S. 475 - 485

Mason, E.S. (1939), Price and Production Policies of Large-Scale Enterprises, in: American Economic Review 29 (1939), Supplement, S. 61 - 74

Mason, H.R./ Miller, R.R./ Weigel, D.R. (1975), The economics of international business, New York usw. 1975

Masson, R.I./ Qualls, P.D. (Hrsg., 1976), Essays on industrial organization in honor of Joe S. Bain, Cambridge (Mass.) 1976

Mastenbroek, W.F.G. (1987), Conflict Management and Organizational Development, New York 1987

Masuch, W. (1986), Verrechnungspreise zwischen deutschen und amerikanischen Gesellschaften eines Konzerns, in: Zeitschrift für betriebswirtschaftliche Forschung 38 (1986), 9, S. 805 - 811

Mattsson, L.-G. (1895), An application of a network approach to marketing: defending and changing market positions, in: Dholakia, N./ Arndt, J. (Hrsg., 1985), S. 263 - 288

Mauthe, K.-D. (1983), Strategische Analyse, Darstellung und kritische Würdigung der Ansätze zur strategischen Unternehmens- und Umweltanalyse, München 1983

McGee, J. (1985), Strategic groups. A bridge between industry structure and strategic management?, in: Thomas, H./ Gardner. D. (Hrsg., 1985), S. 293 - 313

McGee, J./ Thomas, H. (1986), Strategic Groups: Theory, Research and Taxonomy, in: Strategic Management Journal 7 (1986), 2, S. 141 - 160

McGee, J./ Thomas, H. (1988), Making Sense of Complex Industries, in: Hood, N./ Vahlne, J.-E. (Hrsg., 1988), S. 40 - 78

McInnes, N. (1984), Networking: A Way to Manage Our Changing World?, in: Futurist 18 (1984), 3, S. 9 - 10

McKinsey & Company, Inc. (Hrsg., 1983), Japan Business, Obstacles and Opportunities, Tokyo 1983

McManus, J.C. (1972), The Theory of the International Firm, in: Pacquet, G. (Hrsg., 1972), S.66 - 93

Meffert, H. (1985), Zur Typologie internationaler Marketingstrategien - ein situativer Ansatz, in: Thexis 2 (1985), 2, S. 3 - 7

Meffert, H. (1986), Marketing im Spannungsfeld von weltweitem Wettbewerb und nationalen Bedürfnissen, in: Zeitschrift für Betriebswirtschaft 56 (1986), 8, S. 689 - 712

Meffert, H. (1986a), Multinationales oder globales Marketing?, in: Gaugler, E./ Meissner, H.G./ Thom, N. (Hrsg., 1986), S. 191 - 209

Meffert, H. (1990), Implementierungsprobleme globaler Strategien, in: Welge, M.K. (Hrsg., 1990), S. 93 - 115

Meffert, H./ Katz, R. (1983), Unternehmensverhalten in stagnierenden und gesättigten Märkten, Arbeitspapier Nr. 12 der Wissenschaftlichen Gesellschaft für Marketing und Unternehmensführung e.V., Münster 1983

Meffert, H./ Ohlson, G.T. (1982), Was Sie beim Marktein- und austritt beachten müssen, in: Die Absatzwirtschaft 25 (1982), Sonderheft 10, S. 178 - 190

Meissner, H.G. (1988), Strategisches Internationales Marketing, Berlin usw. 1988

Meissner, H.G./ Gerber, S. (1980), Die Auslandsinvestition als Entscheidungsproblem, in: Betriebswirtschaftliche Forschung und Praxis 32 (1980), 3, S. 217 - 228

Messere, K.C./ Owens, J.P. (1987), International Comparison of Tax Levels: Pitfalls and Insights, in: OECD Economic Studies 8 (1987), Spring, S. 93 - 119

Michael, D. (1973), On learning to plan and planning to learn, San Francisco 1973

Miles, R.E./ Snow, Ch.C. (1984), Fit, Failure, and the Hall of Fame, in: California Management Review 26 (1984), Spring, S. 10 - 28

Miles, R.E./ Snow, Ch.C. (1986), Network Organizations: New Concepts for New Forms, in: McKinsey Quarterly 23 (1986), S. 53-66

Miles, R.H. (1980), Macro organizational behavior, Santa Monica (CA), 1980

Miller, D./ Friesen, P.H. (1980), Momentum and Revolution in Organizational Adaption, in: Academy of Management Journal 23 (1980), 4, S. 591 - 614

Miller, E. (1977), Managerial Qualifications of Personnel Occupying Overseas Management Positions as Percveived by American Expatriate Managers, in: Journal of International Business Studies 8 (1977), Spring/ Summer, S. 59 - 69

Millington, A./Bayliss, B.T. (1990), The Process of Internationalisation: UK Companies in the EC, in: Management International Review 30 (1990), 2, S. 151 - 161

Minderlein, M. (1990), Markteintrittsbarrieren und strategische Verhaltensweisen, in: Zeitschrift für Betriebswirtschaft 60 (1990), 2, S. 155 - 178

Mirow, M. (1990), Einsatz Strategischer Allianzen Als Wirkungsvolles Mittel Zum Zweck: Ausbau Der Wettbewerbsposition, in: Management Partner und INSEAD (Hrsg., 1990), S. 7 -15

Mizruchi, M.S./ Schwartz, M. (Hrsg., 1987), Intercorporate Relations: The Structural Analysis of Business, Cambridge 1987

Moe, T. (1984), The New Economics of Organization, in: American Journal of Political Science 28 (1984), S. 739 - 777

Monczka, O.M./ Giunipera, L.C. (1984), International Purchasing: Characteristics and Implementation, in: Journal of Purchasing and Materials Management 20 (1984), 3, S. 2 - 9

Moore, G.G. (1978), Development of a Model for Analyzing the International Location of U.S. Foreign Direct Investment, Dissertation, George Washington University, Washington 1978

Morgenstern, O. (1963), Spieltheorie und Wirtschaftswissenschaften, Wien 1963

Morrison, A.J. (1990), Strategies in Global Industries: How U.S. Businesses Compete, Westport (Ct) 1990

Morrison, A.J./ Roth, K. (1989), International Business-Level Strategy: The Development of a Holistic Model, in: Negandhi, A.R./ Savara, A. (Hrsg., 1989), S. 29 - 51

Mowery, D.C. (1987), Alliance Politics and Economics: Multinational Joint Ventures in Commercial Airkraft, Cambridge (Mass.) 1987

Moxon, R.W., Geringer, J.M. (1985), Multinational Ventures in the Commercial Aircraft Industry, in: Columbia Journal of World Business 20 (1985), Summer, S.55 - 62

Müller, G. (1986), Strategische Suchfeldanalyse, Wiesbaden 1986

Mueller, R.K. (1986), Betriebliche Netzwerke, Freiburg im Breisgau 1986

Müller, S./Kögelmayr, H-G. (1986), Die psychische Distanz zu Auslandsmärkten: Ein verkanntes Exporthemmnis, in: Zeitschrift für betriebswirtschaftliche Forschung 38 (1986), 9, S. 788 - 804

Mundell, R.A. (1957), International Trade And Factor Mobility, in: the American Economic Review 47 (1957), 3, S. 321 - 335

Muroyama, J.H./ Stever, H.G. (Hrsg., 1988), Globalization of Technology: International Perspectives, Washington 1988

Murray, A.T. (1988), A Contingency View of Porter's "Generic Strategies", in: Academy of Management Review 13 (1988), 3, S. 390 - 400

Negandhi, A.R. (Hrsg., 1975), Interorganization Theory, Kent 1975

Negandhi, A.R., Savara, A. (Hrsg., 1989), International Strategic Management, Lexington (Mass.) 1989

Neidhardt, F. (Hrsg., 1983), Gruppensoziologie, Sonderheft der Kölner Zeitschrift für Soziologie und Sozialpsychologie, Köln 1983

Neumann, M. (1979), Industrial Organization. Ein Überblick über die quantitative Forschung, in: Zeitschrift für Betriebswirtschaft 49 (1979), 7, S. 645 - 660

Newman, H.H. (1978), Strategic groups and the structure-performance relationship, in: Review of Economics and Statistics 60 (1978), 3, S. 417 - 427

Nightingale, J. (1978), On the Definition of 'Industry' and 'Market', in: Journal of Industrial Economics 27 (1978), 1, S. 31 - 40

Nurkse, R. (1934), Ursachen und Wirkungen der Kapitalbewegungen, in: Zeitschrift für Nationalökonomie 5 (1934), S.78 - 96

Nystrom, P./ Starbuck, W. (Hrsg., 1981), Handbook of Organizational Design, Vol I, Oxford 1981

Oates, J. (1982), An Economic Theory of Firm, London 1982

Ochsenbauer, C. (1988), Organisatorische Alternativen zur Hierarchie, München 1988

Oetinger, B. v. (1983), Wandlungen in den Unternehmensstrategien der 80er Jahre, in: Koch, H. (Hrsg., 1983), S. 42 - 51

Ohlin, B. (1933), Interregional and International Trade, Cambridge (Mass.) 1933

Ohlin, B./ Hesselborn, P.-O./ Wijkman P.M., (Hrsg., 1977), The International Allocation of Economic Activity, London 1977

Ohmae, K. (1985), Macht Der Triade, Wiesbaden 1985

Ohmae, K. (1987), The Triad World View, in: The Journal of Business Strategy 7 (1987), 4, S. 7 - 19

Ohmae, K. (1989), The Global Logic of Strategic Alliances, in: Harvard Business Review 67 (1989), 2, S. 143 - 154

Oliver, Ch. (1990), Determinants of Interorganizational Relationships: Integration and Future Directions, in: Academy of Management Review 15 (1990), 2, S. 241 - 265

Olson, M. (1968), The Logic of Collective Action, New York 1968

Osborn, R.N./ Baughn, C.Ch. (1990), Forms of Interorganizational Governance for Multinational Alliances, in: Academy of Management Journal 33 (1990), 3, S.503 - 519

Otterbeck, L. (Hrsg.,1981), The Management of Headquarter-Subsidiary-Relationships in Multinational Corporations, Aldershot 1981

Ouchi, W. (1980), Markets, Bureaucracies and Clans, in: Administrative Science Quarterly 25 (1980), 1, S. 129 - 141

O.V. (1979), Information Use: A Professional Strategy, in: Human Relations 32 (1979), 6, S. 503 - 522

O.V. (1982), Spiel ums Überleben, in: Wirtschaftswoche, 1982, 20, S. 46 - 61

Pacquet, G. (Hrsg., 1972), The Multinational Firm and the Nation State, Ontario-New York 1972

Paine, F.T./ Naumes, W. (1978), Organizational Strategy and Policy, Philadelphia 1978

Panzar, J.C./ Willig, R.D. (1981), Economies of Scope, in: American Economic Review 71 (1981), 2, S. 268 - 272

Papandreou, A.G. (1949), Market Structure and Monopoly Power, in: American Economic Review 39 (1949), 5, S. 883 - 897

Pappi, F.U. (1987), Die Netzwerkanalyse aus soziologischer Perspektive, in: Pappi, F.U. (Hrsg., 1987), S. 11 - 37

Pappi, F.U. (Hrsg., 1987), Methoden der Netzwerkanalyse, München 1987

Pappi, F.U./ Kappelhoff, P/ Melbeck, Ch. (1987), Die Struktur der Unternehmensverflechtungen in der Bundesrepublik, in: Kölner Zeitschrift für Soziologie und Sozialpsychologie 39 (1987), S.669 - 692

Parry, G. (1980), The Multinational Enterprise, Greenwich (Ct) 1980

Paul, J. (1984), Multinationale Unternehmungen - Ein Überblick über die Literatur, Diskussionsbeitrag Nr. 7/1984, Institut für Betriebswirtschaftslehre an der Hochschule St. Gallen, St. Gallen 1984

Pausenberger, E. (Hrsg., 1981), Internationales Management, Stuttgart 1980

Pennings, J.M. (1980), Interlocking Directorates, San Francisco 1980

Pennings, J.M. (1981), Strategically interdependent organizations, in: Nystrom, P./ Starbuck, W. (Hrsg., 1981), S. 434 - 455

Penrose, E.T. (1961), The theory of the growth of the firm, 2.Auflage, Oxford 1961

Perlitz, M. (1981), Entwicklung und Theorien der Direktinvestitionen im Ausland, in: Wacker, W.H./ Haussmann, H./ Kumar, B. (Hrsg.,1981), S. 95 - 119

Perlitz, M. (1989), Technologieauswahl, in: Macharzina, K./ Welge, M.K. (Hrsg.,1989), Sp. 2033 - 2043

Perlmutter, H.V. (1969), The Tortuous Evolution of the Multinational Corporation, in: The Columbia Journal of World Business 4 (1969), 1, S. 9 - 18

Perlmutter, H.V./ Heenan, D.A. (1986), Cooperate to compete Globally, in: Harvard Business Review 64 (1986), 2, S. 136 - 152

Pfeffer, J./Salancik, G.R. (1978), The External Control of Organizations, New York 1978

Phillips, A. (1962), Market Structure, Organization and Performance, Cambridge (Mass.) 1962

Picot, A. (1982), Transaktionskostenansatz in der Organisationstheorie: Stand der Diskussion und Aussagewert, in: Die Betriebswirtschaft 42 (1982), 2, S. 267 - 284

Picot, A./ Dietl, H. (1990), Transaktionskostentheorie, in: Wirtschaftswissenschaftliches Studium 19 (1990), 4, S. 178 - 184

Piore, M.J./ Sabel, C.F. (1985), Das Ende der Massenproduktion. Studie über die Requalifizierung der Arbeit und die Rückkehr der Ökonomie in die Gesellschaft, Berlin 1985

Plaßmann, M. (1974), Die Kooperationsentscheidung des Unternehmers, Münster 1974

Poensgen, O.H. (1980), Between Market and Hierarchy - The Role of Interlocking Directorates, in: Zeitschrift für die gesamten Staatswissenschaften 136 (1980), 2, S.209 - 225

Pollak, Ch. (1982), Neue Formen internationaler Unternehmenszusammenarbeit ohne Kapitalbeteiligung, München usw. 1982

Porter, M.E. (1973), Consumer behavior, retailer power, and manufacturer strategy in consumer goods industries, unveröffentlichte Dissertation, Harvard Business School, Boston 1973

Porter, M.E. (1976), Please note location of nearest exit: Exit barriers and strategic and organizational planning, in: California Management Review 19 (1976), 2, S. 21 - 33

Porter, M.E. (1976), Interbrand choice, strategy, and bilateral market power, Cambridge (Mass.) 1976

Porter, M.E. (1979), The structure within industries and companies' performance, in Review of Economics and Statistics 61 (1979), 2, S. 214 - 227

Porter, M.E. (1981), The contributions of Industrial Organization to Strategic Management, in: Academy of Management Review 6 (1981), 4, S. 609 - 620

Porter, M.E. (1981a), Strategic Interaction: Some Lessons form Industry Histories for Theory and Anti-Trust Policy, in Salop, St. (Hrsg., 1981), S. 449 - 506

Porter, M.E. (1983), The Technological Dimension of Competitive Strategy, in: Rosenbloom, R.S. (Hrsg., 1983), S. 1 - 34

Porter, M.E. (1983a), How Competitive Forces Shape Strategy, in: Dickson, D.N. (Hrsg., 1983), S. 156 - 170

Porter, M.E. (1986), Wettbewerbsvorteile, Frankfurt/ Main 1986

Porter, M.E. (1986a), Changing Patterns of International Competition, in: California Management Review 28 (1986), 2, S. 9 - 40

Porter, M.E. (1987), From Competitive Advantage to Corporate Strategy, in: Harvard Business Review 65 (1987), 3, S. 43 - 49

Porter, M.E. (1988), Wettbewerbsstrategie, 5. Auflage, Frankfurt/ Main 1988

Porter, M.E. (Hrsg., 1989), Globaler Wettbewerb, Wiesbaden 1989

Porter, M.E. (1989), Der Wettbewerb auf globalen Märkten: Ein Rahmenkonzept, in: Porter, M.E. (Hrsg., 1989), S. 17 - 68

Porter, M.E. (1990), The Competitive Advantage of Nations, in: Harvard Business Review 68 (1990), S. 73 - 93

Porter, M.E. (1990a), The Competitive Advantage of Nations, Boston 1990

Porter, M.E./ Fuller, M.B. (1989), Koalitionen und globale Strategien, in: Porter, M.E. (Hrsg., 1989), S. 363 - 400

Posner, M.V. (1961), International Trade and Technical Change, in: Oxford Economic Papers 13 (1961), 3, S.323 - 341

Powell, W.W. (1987), Hybrid Organizational Arrangements, in: California Management Review 30 (1987), 1, S. 67 - 87

Prachowny, M.F.J. (1972), Direct Investment and the Balance of Payments of the United States. A Portfolio Approach, in: Machlup, F. et al (Hrsg., 1972), S. 443 - 464

Prahalad, C.K. (1976), The Strategic Process in a Multinational Corporation, unveröffentlichte Dissertation, Harvard Graduate School of Business Administration, Boston 1976

Prahalad, C.K./ Doz, Y.L. (1981), An Approach to Strategic Control in MNC's, in: Sloan Management Review 22 (1981), Summer, S. 5 - 14

Prahalad, C.K./ Doz, Y.L. (1987), The Multinational Mission: Balancing Local Demands and Global Vision, New York 1987

Prahalad, C.K./ Hamel, G. (1990), The Core Competence of the Corporation, in: Harvard Business Review 68 (1990), 3, S. 79 - 91

Probst, G. (1987), Selbstorganisation. Ordnungsprozesse in sozialen Systemen aus ganzheitliche Sicht, Berlin-Hamburg 1987

PROGNOS AG (Hrsg., 1975), Beiträge zur Unternehmensführung, Bd. II: Standortpolitik und Unternehmensplanung, Basel 1975

Provan, K.G. (1983), The Federation as an Interorganizational Linkage Network, in: Academy of Management Review 8 (1983), 1, S.79 - 89

Raffee, H./ Segler, K. (1984), Marketingstrategien im Export, in: Dichtl, E/ Issing, O. (Hrsg., 1984), S. 294 - 307

Raffee, H./ Segler, K. (1989), Konkurrenzanalyse, internationale, in: Macharzina, K./ Welge, M.K. (Hrsg., 1989), Sp. 1118 - 1134

Raffee, H./ Wiedmann, K-P. (Hrsg., 1985), Strategisches Marketing, Stuttgart 1985

Rall, W. (1986), Globalisierung von Industrien und ihre Konsequenzen für die Wirtschaftspolitik, in: Kuhn, H. (Hrsg., 1986), S.152 -174

Rall, W. (1989), Organisation für den Weltmarkt, in: Zeitschrift für Betriebswirtschaft 59 (1989), 10, S. 1074 - 1089

Rappa, M.A. (1985), Capital financing strategies of the Japanese semiconductor industry, in: California Management Review 27 (1985), 2, S.85 - 99

Rasche, H. (1970), Kooperation - Chance und Gewinn, Heidelberg 1970)

Reddy, N.M., Rao, M.V.H. (1990), The Industrial Market As An Interfirm Organization, in: Journal of Management Studies 27 (1990), 1, S.43 - 59

Reich, R.B. (1984), Japan Inc., USA, in: The New Republik, 26. November 1984, S.19 - 23

Rentsch, F. (1974), Markt, in: Tietz, B. (Hrsg., 1974), Sp. 1301 - 1307

Reuter, K.P. (1975), Internationale Standortwahl - Fakten, Entwicklungsperspektiven, Entscheidungshilfen, in: PROGNOS AG (Hrsg., 1975), S. 119 - 141

Ricardo, D. (1817), Principles of political economy and taxation, Londen 1817

Richardson, G.B. (1972), The Organization of Industry, in: Economic Journal 82 (1972), September, S. 883 - 896

Richardson, R.J. (1987), Directorship Interlocks and Corporate Profitability, in: Administrative Science Quarterly 32 (1987), 3, S. 367 - 386

Riekhof, H.-Ch. (Hrsg., 1989), Strategieentwicklung, Stuttgart 1989

Ring, P.S./ Lenway, S.A./ Govekar, M. (1990), Management Of The Political Imperative In International Business, in: Strategic Management Journal 11 (1990), 2, S. 141 - 151

Robins, J.A. (1987), Organizational Economics: Notes on the Use of Transaction-Cost Theory in the Study of Organizations, in: Administrative Science Quarterly 32 (1987), 1, S.68 - 86

Robinson, E.A.G. (1941), Monopoly, 7. Auflage, New York-London 1949

Robinson, J. (1964), The Economics of Imperfect Competition, London 1964

Robinson, R.D. (1988), The International Transfer of Technology, Cambridge (Mass.) 1988

Rogers, D.L./ Whetten, D.A. et al. (Hrsg., 1982), Interorganizational Coordination: Theory, Research, and Implementation, Ames 1982

Rogers, K.S. (1986), U.S. Coal Goes Abroad: A Social Action Perspective on Interorganizational Networks, New York 1986

Rosenbloom, R.S. (Hrsg., 1983), Research on Technological Innovation, Management and Policy, Londen 1983

Roth, K./ Schweiger, D./ Morrison, A.J. (1989), "An Empirical Analysis of Porter's International Strategy Types", presented at the 1989 Annual Conference of the Academy of Management, 1989

Rothchild, W.E. (1984), How to Gain (and Maintain) the Competitive Advantage in Business, New York 1984

Rugman, A.M. (1979), International Diversification and the Multinational Enterprise, Lexington (Mass.) usw. 1979

Rugman, A.M. (1981), Inside the Multinationals, London 1981

Rugman (1986), New Theories of the Multinational Enterprise: An Assessment of Internalization Theory, in: Bulletin of Economic Research 38 (1986), 2, S. 101 - 118

Rugman, A.M./ Eden, L. (Hrsg., 1985), Multinationals and Transfer Pricing, London-Sydney 1985

Rugman, A.M./ Verbeke, A. (1990), Multinational Corporate Strategy and the Canada - U.S. Free Trade Agreement, in: Management International Review 30 (1990), 3, S.253 - 266

Samuelson, P. (1948), International Trade and Equalisation of Factor Prices, in: Economic Journal 58 (1948), S. 163 - 184

Schäfer, E. (1974), Absatzwirtschaft, in: Tietz, B. (Hrsg., 1974), Sp. 186 - 193

Scheld, M. (1985), Wettbewerbsdiagnose und -prognose im Rahmen der strategischen Unternehmensplanung von Industrieunternehmen, Pfaffenweiler 1985

Schelling, T.G. (1960), The Strategy of Conflict, London 1960

Schenk, M. (1983), Das Konzept Des Sozialen Netzwerkes, in: Neidhardt, F. (Hrsg., 1983), S. 88 - 104

Schenk, M. (1984), Soziale Netzwerke und Kommunikation, Tübingen 1984

Scherer, F:M: (1980), Industrial Market Structure and Economic Performance, 2. Auflage, Chicago 1980

Schiefer, F. (1982), Faktoren der internationalen Wettbewerbsfähigkeit - aufgezeigt am Vergleich USA, Japan, Deutschland, in: Zeitschrift für betriebswirtschaftliche Forschung 34 (1982), 1, S.34 - 51

Schiemenz, B. (1989), Technologie, angepaßte, in: Macharzina, K./ Welge, M.K. (Hrsg., 1989), Sp. 2023 - 2032

Schmidt, R. (1989), Internationalisierungsgrad, in: Macharzina, K./ Welge, M.K. (Hrsg., 1989), Sp. 964 - 973

Schneider, D. (1985), Die Unhaltbarkeit des Transaktionskosten-Ansatzes für die "Markt oder Unternehmung"-Diskussion, in: Zeitschrift für betriebswirtschaftliche Forschung 55 (1985), 12, S. 1237 - 1254

Schneider, D.J.G. (1973), Unternehmensziele und Unternehmenskooperation. Ein Beitrag zur Erklärung kooperativ bedingter Zielvariationen, Wiesbaden 1973

Scholl, R.F. (1989), Internationalisierungsstrategien, in: Macharzina, K./ Welge, M.K. (Hrsg., 1989), Sp. 983 - 1001

Scholz, Ch. (1985), Strategische Branchenanalyse durch Mustererkennung, in Zeitschrift für Betriebswirtschaft 55 (1985), 2, S.120 - 141

Scholz, Ch. (1987), Strategisches Management. Ein integrativer Ansatz, Berlin-New York 1987

Schon, D.A. (1971), Beyond the Stable State, New York 1971

Schossleitner, D. (1982), Hinarbeiten auf unternehmerische Spitzenleistung, McKinsey & Company, Inc., München 1982

Schreyögg, G. (1984), Unternehmensstrategie, Berlin-New York 1984

Schubert, W./ Küting, K. (1981), Unternehmenszusammenschlüsse, München 1981

Schumpeter, J.A. (1950), Kapitalismus, Sozialismus und Demokratie, 2.Auflage, München 1950

Schumpeter, J.A. (1952), Theorie der wirtschaftlichen Entwicklung. Eine Untersuchung über Unternehmergewinn, Kapital, Kredit, Zins und den Konjunkturzyklus, 5. Auflage, Berlin 1952

Schwartau, C. (1977), Phasenkonzepte, Unternehmensverhalten, Wettbewerb. Die Klassifikation von Phasenkonzepten zur Entwicklung einer Marktprozeßtheorie, Berlin 1977

Scott, J./ Griff, C. (1984), Directors of Industry: The British Corporate Network 1904 - 1976, Cambridge 1984

Segler, K. (1986), Basisstrategien im internationalen Marketing, Frankfurt/ Main-New York 1986

Seibert, K. (1981), Joint Ventures als strategisches Instrument im internationalen Marketing, Berlin 1981

Selznik, P. (1957), Leadership in Administration, New York 1957

Sethi, N.K. (1982), Strategic Planning Systems for Multinational Companies, in: Long Range Planning, 15 (1982), 3, S.80 - 89

Sethi, S.P. (1971), Comparative Cluster Analysis for World Markets, in: Journal of Marketing Research, 8 (1971), 3, S.348 - 354

Shepherd, W.G. (1979), The Economics of Industrial Organization, Englewood Cliffs (NJ) 1979

Simmonds, K. (1985), Global Strategy: Achieving the Geocentric Ideal, in: International Marketing Review 2 (1985), Spring, S. 8-17

Simon, H. (1988), Management strategischer Wettbewerbsvorteile, in: Zeitschrift für Betriebswirtschaft 58 (1988), 4, S.461 - 480

Simon, H. (1990), Markteintrittsbarrieren, in: Macharzina, K./ Welge, M.K. (Hrsg., 1989), Sp.1441 - 1453

Simon, H.A. (1957), A Behavioral Model of Rational Choice, in: Simon, H.A. (Hrsg., 1957), S.241 ff.

Simon, H.A. (Hrsg., 1957), Models of Man, New York 1957

Simonis, B. (1971), Die Aussagen der neueren Oligopolpreistheorie und ihre Bedeutung für die Wettbewerbspolitik, Meisenheim am Glan 1971

Singh, R.K. (1981), Policy Issues and Trends in Parent-Affiliate Relationships in Developing Countries, in: Otterbeck, L. (Hrsg., 1981), S.11 - 24

Soldner, H. (1981), Neuere Erklärungsansätze internationaler Unternehmensaktivitäten, in: Wacker, W.H./ Haussmann, H./ Kumar, B. (Hrsg., 1981), S.71 - 94

Solnik, B.H. (1974), Why Not Diversify Internationally?, in: Financial Analysts' Journal 30 (1974), 4, S.48 - 54

Solvell, O. (1988), Is the Global Automotive Industry Really Global?, in: Hood, N./ Vahlne, J.-E. (Hrsg., 1988), S.181 - 208

Southard, F.A. (1931), American Industry in Europe, Boston 1931

Stackelberg, H. v. (1934), Marktform und Gleichgewicht, Wien-Berlin 1934

Stackelberg, H. v. (1951), Grundlagen der theoretischen Volkswirtschaftslehre, Tübingen-Zürich 1951

Stahr, G. (1989), Internationale strategische Unternehmensführung, Stuttgart usw. 1989

Staks, H. (1984), Einfluß der internationalen Besteuerung auf Konzernentscheidungen, in: Zeitschrift für betriebswirtschaftliche Forschung 36 (1984), Sonderheft 17, S. 191 - 204

Statistisches Bundesamt (Hrsg., 1989), Statistische Jahrbuch 1989 für das Ausland, Stuttgart 1989

Staudt, E. (1989), Technologiepolitik, in: Macharzina, K./ Welge, M.K. (Hrsg.,1989), Sp. 2043 -2052

Staw, B. (Hrsg., 1986), Research in Organizational Behavior, Bd. 8, Greenwich (Ct.) 1986

Steiner, A./ Miner, J.B. (1977), Management Policy and Strategy, New York 1977

Stobaugh, R./ Wells, T. jr. (Hrsg., 1984), Technology Crossing Borders: The Choice, Transfer, and Management of International Technology Flows, Boston 1984

Stockman, F.N./ Ziegler, R./ Scott, J. (Hrsg., 1985), Networks of Corporate Power: A Comparative Analysis of Ten Countries, Cambridge 1985

Stopford, J./ Wells jr., L. (1972), Managing the Multinational Enterprise, Londen 1972

Streek, W. (1987), Vielfalt und Interdependenz, in: Kölner Zeitschrift für Soziologie und Sozialpsychologie 39 (1987), S. 471 - 495

Strüven, P. (1981), Strategieentwicklung und Konkurrenzanalysen, Unterlagen zur AGPlan Fachtagung: Strategieerarbeitung in der Praxis, Wiesbaden, Dezember 1981

Strüven, P./ Herp, T. (1985), Möglichkeiten und Grenzen strategischer Analyseinstrumente, in: Raffee, H./ Wiedmann, K.-P. (Hrsg., 1985), S. 185 - 196

Stuckey, A. (1983), Vertical Integration and Joint Ventures in the Aluminium Industry, Boston 1983

Sullivan, D./ Bauernschmidt, A. (1990), Incremental Internationalization: A Test of Johanson and Vahlne's Theses, in: Management International Review, 30 (1990), 1, S. 19 - 30

Taira, K./ Wada, T. (1987), Business-government relations in modern Japan: a Todai-Yakkai-Zaikai complex?, in: Mizruchi, M.S./ Schwarz, M. (Hrsg., 1987), S. 264 - 297

Teece, D.J. (1980), Economies of Scope and the Scope of the Enterprise, in: Journal of Economic Behavior and Organization 1 (1980), S.233 - 247

Teece, D.J. (1986), Transaction Cost Economics and Multinational Enterprise: An Assessment, in: Journal of Economic Behavior and Organization 7 (1986), 1, S. 21 - 45

Terpstra, V. (1985), The Changing Environment of International Marketing, in: International Marketing Review 2 (1985), Autumn, S. 7 - 16

Tesch, P. (1980), Die Bestimmungsgründe des internationalen Handels und der Direktinvestition. Eine kritische Untersuchung der außenwirtschaftlichen Theorien und Ansatzpunkte einer standorttheoretischen Erklärung der leistungswirtschaftlichen Auslandsbeziehungen der Unternehmen, Berlin 1980

Thackray, J. (1986), Americas Vertical Cut Back, in: McKinsey Quarterly 23 (1986), S.41 ff.

Thomas, H./ Gardner, D. (Hrsg., 1985), Strategic Marketing and Management, Chichester usw. 1985

Thomas, H./ Venkatraman, N. (1988), Research On Strategic Groups: Process And Prognosis, in: Journal of Management Studies 25 (1988), 6, S. 537 - 555

Thompson, A.A./ Stricklund, A.J. (1983), Strategy Formulation and Implementation, rev. ed., Dallas 1983

Thompson, J.D. (1967), Organizations in Action, New York usw. 1967

Thompson, J.D. (Hrsg., 1966), Approaches to Organizational Design, Pittsburgh 1966

Thorelli, H.B. (1986), Networks: Between Markets and Hierarchies, in: Strategic Management Journal 7 (1986), 1, S. 37 - 51

Thurow, L.C. (1990), Competing Nations: Survival of the Fittest - The Competitive Advantage of Nations By Michael E. Porter, reviewed by Lester C. Thurow, in Sloan Management Review 31 (1990), Fall, S.95 - 97

Tichy, N.M./ Tushman, M.L./ Fombrun, Ch. (1979), Social Network Analysis for Organizations, in: Academy of Management Review 4 (1979), 4, S. 507 - 519

Tietz, B. (Hrsg., 1974), Handwörterbuch der Absatzwirtschaft, Stuttgart 1974

Timmermann, A. (1981), Erarbeitung innovativer Strategien, Unterlagen zur AG-Plan Fachtagung: Strategieerarbeitung in der Praxis, Wiesbaden, Dezember 1981

Tomlinson, J. (1970), The Joint Venture Process in International Business, Cambridge (Mass.) 1970

Toyne, B./ Walters, P.G.P. (1989), Global Marketing Management, Boston usw. 1989

Triffin, R. (1960), Monopolistic Competition and General Equilibrium Theory, Cambridge 1960

Tsurumi, Y. (1977), Multinational Management: Business Strategy and Government Policy, Cambridge (Mass.) 1977

Vancil, R.F./ Lorange, P. (1975), Strategic Planning in Diversifies Companies, in: Harvard Business Review 53 (1975), 1, S.81 - 90

Ven, van de, A.H./ Emmett, D.C./ Koenig jr., R. (1975), Frameworks for Interorganizational Analysis, in: Negandhi, A.R. (Hrsg.,1975), S.19 - 38

Ven, van de, A.H./ Walker, G./ Liston, J. (1979), Coordination Patterns Within an Interorganizational Network, in: Human Relations 32 (1979), 1, S.19 - 36

Venkatraman, N./ Camillus, J.C. (1984), Exploring the Concept of "Fit" in Strategic Management, in: Academy of Management Review 9 (1984), 3, S.513 - 525

Vernon, R. (1966), International Investment and International Trade in the Product Cycle, in: Quarterly Journal of Economics 80 (1966), 2, S. 190 - 207

Vernon, R. (Hrsg., 1970), Technology Factors in International Trade, New York 1970

Vernon, R. (1971), Sovereignty at Bay: The Multinational Spread of US Enterprises, New York 1971

Vernon, R. (1974), The Location of Economic Activity, in: Dunning, J.H. (Hrsg., 1974), S. 89 - 114

Vernon, R. (1979), The Product Cycle Hypothesis in a New International Environment, in: Oxford Bulletin of Economics and Statistics 41 (1979), 4, S. 255 - 267

Vickers, G. (1965), The Art of Judgement, Londen 1965

Victor, B./ Blackburn, R.S. (1987), Interdependence: An Alternative Conceptualization, in: Academy of Management Review 12 (1987), 3, S. 486 - 498

Voß, H. (1989), Internationale Wettbewerbsstrategien, Bayreuth 1989

Voss, T, (1985), Rationale Akteure und soziale Institutionen, Beitrag zu einer endogenen Theorie des sozialen Tausches, München 1985

Wacker, W.H./ Haussmann, H./ Kumar, B. (Hrsg., 1981), Internationale Unternehmensführung - Managementprobleme international tätiger Unternehmen, Festschrift zum 80. Geburtstag von Eugen Hermann Sieber, Berlin 1981

Walker, G. (1988), Network Analysis for Cooperative Interfirm Relationships, in: Contractor, F.J./ Lorange, P. (Hrsg., 1988), S.227 - 240

Walter, J./ Murray, T. (Hrsg., 1988), Handbook Of International Management, New York usw. 1988

Warren, R.L. (1967), The Interorganizational Field as a Focus for Investigation, in: Administrative Science Quarterly 12 (1967), 3, S. 397 - 419

Waterson, M. (1983), Economies of scope within market frameworks, in: International Journal of Industrial Organization 1 (1983), 2, S.223 - 237

Watson, C.M. (1982), Counter - competition abroad to protect home markets, in: Harvard Business Review 60 (1982), 1, S.40 -42

Weber, A. (1922), Über den Standort der Industrie, 2. Auflage, Tübingen 1922

Weick, K.E. (1985), Der Prozeß des Organisierens, Frankfurt/Main 1985

Welge, M.K. (1980), Management in deutschen multinationalen Unternehmen, Stuttgart 1980

Welge, M.K. (Hrsg, 1990), Globales Management. Erfolgreiche Strategien für den Weltmarkt, Stuttgart 1990

Wells jr., L.T. (Hrsg., 1972), The Product Life Cycle and International Trade, Boston 1972

Westney, D.E./ Sakakibara, K. (1985), The Role of Japan-Based R&D in Global Technology Strategy, in: Technology in Society 1985, S. 315 - 330

Whetten, D. (1981), Interorganizational relations: A Review of the field, in: Journal of Higher Education 52 (1981), 1, S.1-28

White, R. (1986), Generic Business Strategies, Organizational Context and Performance: An Empirical Investigation, in: Strategic Management Journal 7 (1986), 3, S.217 - 231

Wiechman, U. (1974), Integrating Multinational Marketing Activities, in: Columbia Journal of World Business 9 (1974), 4, S.7-16

Williamson, O.E. (1975), Markets and Hierarchies: Analysis and Antitrust Implications, New York 1975

Williamson, O.E. (1979), Transaction-Cost Economics: The Governance of Contractual Relations, in: Journal of Law and Economics 22 (1979), 2, S. 233 - 261

Williamson, O.E. (1981), The Modern Corporation: Origins, Evaluation, Attributes, in: Journal of Economis Literature 19 (1981), 4, S.1537 - 1568

Williamson, O.E. (1981a), The Economics of Organization: The Transaction-Cost Approach, in: American Journal of Sociology 87 (1981), 3, S. 548 - 577

Williamson, O.E. (1985), The Economic Institutions of Capitalism, New York 1985

Williamson, O.E./ Ouchi, W. (1983), The Market and Hierarchies Programme of Research: Origins, Implications, Prospects, in: Francis, A./ Turk, J./ Willman, P. (Hrsg., 1983), S. 13 - 34

Williamson, O.E./ Waechter, M.L./ Harris, J.E. (1975), Understanding the Employment Relation: The Analysis of Idiosyncratic Exchange, in: Bell Journal of Economics 6 (1976), 1, S.250 - 278

Wilson (1986), And now, the post - industrial corporation, in: Business Week, 3. März 1986, S. 60 ff.

Wind, Y./ Douglas, S.P./ Perlmutter, H.V. (1973), Guidelines for Developing International Marketing Strategies, in: Journal of Marketing 37 (1973), 2, S. 14 - 23

Winterstein, H. (1971), Das Dilemma der Marktabgrenzung in der Preistheorie, in: Schmollers Jahrbuch 91 (1971), S.129 ff.

Wolf, H.D. (1970), Wesen und empirische Bedeutung von Marktzugangsbeschränkungen im Einzelhandel, Frankfurt/ Main 1970

Wolff, R.D. (1970), Modern Imperialism: The View from the Mertropolis, in: American Economic Review 60 (1970), S.225 - 236

Yip, G.S. (1982), Barriers to Entry, Lexington-Toronto 1982

Yip, G.S. (1989), Global Strategy ... In a World of Nations?, in: Sloan Management Review 31 (1989), Fall, S. 29 - 41

Yip, G.S. (1990), An Exploratory Test Of A Globalization Framework, Working Paper No 90.01, School of Business Adminitration, Georgetown University Washington, 24.09.1990

Ziegler, R. (1984), Der Forschungsverbund "Analyse sozialer Netzwerke", in: Kölner Zeitschrift für Soziologie und Sozialpsychologie 36 (1984), S.615 - 618

Ziegler, R. (1984a), Das Netz der Personen- und Kapitalverflechtungen deutscher und österreichischer Wirtschaftsunternehmen, in: Kölner Zeitschrift für Soziologie und Sozialpsychologie 36 (1984), S.585 - 614

Zysman, J. (1976), Political Strategies for Industrial Order, Berkeley 1976